Friedens-Fibel

Eichborn  Verlag

Wir reichen diese Stimmen weiter in der ungeduldigen Hoffnung,
daß die Inhalte weitergegeben werden von den Eltern an die Kinder, an die Nachgeborenen. Ihnen ist das Buch gewidmet.

Herausgegeben vom Verband Deutscher Schriftsteller (VS)
in der IG Druck und Papier Hessen

Redaktion: Frank Arlig, Ilse Braatz, Wulf Goebel, Adam Seide,
Elisabeth Steffen

Gesamtgestaltung: Rambow / Lienemeyer / van de Sand

Bildredaktion: Evelyn Schwark

Lektorat: Uwe Gruhle

Produktion: Klaus Langhoff, Friedrichsdorf

Umschlag unter Verwendung eines Fotos von August Sander
(Vorderseite) und von dpa — Hoffmann — (Rückseite)

Die Rechte an den Einzelbeiträgen liegen bei den Autoren.

CIP-Kurztitelaufnahme der Deutschen Bibliothek

Friedens-Fibel / [hrsg. vom Verb. Dt. Schrift-
steller (VS) in d. IG Druck u. Papier Hessen.
Red.: Arlig / Seide ...]. — Frankfurt am Main:
Eichborn, 1982.
    ISBN 3-8218-1009-2

NE: Arlig / Seide [Red.]; Verband Deutscher
Schriftsteller < Deutschland, Bundesrepublik >

Lizenzausgabe: Vito von Eichborn GmbH & Co. Verlag KG,
Frankfurt am Main, 1982
1. Auflage: März 1982
2. Auflage: April 1982
© Copyright by Büchergilde Gutenberg, Frankfurt am Main, 1982
Satzherstellung: Ursula Pigge, Bad Homburg v. d. H.
Reproduktion: Reprotechnik D. Wörn & Co. Frankfurt am Main
Druck- und Bindearbeiten: Fuldaer Verlagsanstalt GmbH
Printed in Germany
ISBN 3-8218-1009-2

Inhalt

1. Stimmen gegen den Krieg

Auch ich schwärme für die Abrüstung und den allgemeinen Frieden ... Und ich verspreche, so weit es an mir liegt, mit meiner ganzen Kraft und aus vollem Herzen an der Versöhnung der Völker mitzuarbeiten.

Emile Zola

Es muß zu großen Geldsammlungen aufgerufen werden, die dazu dienen sollen, Flugblätter, Broschüren und Bücher herzustellen, in denen unsere Wissenschaftler in einfachster Sprache, vielleicht unterstützt von uns Schriftstellern, die Wahrheit über die Gefahr der Experimente mit Atomwaffen für die ganze Erde sagen. Die Mütter müssen Geld geben und sammeln, kleinweise, in Pfennigen, damit örtlich und im Großen das Wissen verbreitet wird, das ihre Kinder retten soll. Die Nachbarn müssen die Nachbarn anreden. Lehrend würden sie am besten lernen. Sich und die Ihren verteidigend, würden sie alle zur Verteidigung aufrufen.
Lassen Sie uns gegen die unkonventionellen Waffen, wie die amerikanische Regierung ihre Atombomben nennt, zu unkonventionellen Mitteln der Verbreitung des Wissens greifen!

Bertolt Brecht

Ich war gerade im Begriff, Ihren Roman „Die Waffen nieder!" zu lesen, den mir H. Boulgakoff geschickt hatte, als ich Ihren Brief erhielt. Ich schätze Ihr Werk sehr, und es kommt mir der Gedanke, daß die Veröffentlichung Ihres Romans ein glückliches Vorzeichen darstellt.
Der Abschaffung der Sklaverei war das berühmte Werk einer Frau, H. Beecher-Stowe, vorausgegangen. Gott möge es so fügen, daß die Abschaffung des Krieges Ihrem Werke folge. Ich glaube nicht, daß Schiedsgerichtsbarkeit ein wirksames Mittel zur Abschaffung des Krieges darstellt. Ich beende soeben eine Abhandlung über dieses Thema, in der ich von dem einzigen Mittel spreche, das meiner Meinung nach Kriege unmöglich machen kann. Alle Bemühungen, welche von einer echten Liebe zur Menschheit diktiert werden, werden ihre Früchte tragen, und der Kongreß von Rom wird, so wie der des vergangenen Jahres in London — ich bin dessen ganz sicher —, viel dazu beitragen, den Gedanken des offenkundigen Widerspruchs, in dem sich Europa befindet, den militärischen Stand der Völker und die christlichen und menschlichen Prinzipien, zu denen sie sich bekennen, gemeinverständlich zu machen.
(...) *Leo Tolstoj* an Bertha von Suttner, 10./22. Oktober 1891

Die Aufgabe des Schriftstellers ist es noch immer, Barmherzigkeit, Mitleid und Menschlichkeit zu vertreten, und nicht, einen politischen Sadismus zu unterstützen.
Es wird hierbei erinnert an das Verhalten des großen Dichters Jeremias, der sein Vaterland vor unsinnigen Rüstungen und Provokationen warnte. Er wurde dafür ins Gefängnis geworfen, und die Nieren wurden ihm losgeprügelt. Befreit aus der Haft wurde er von den siegreichen Feinden. Er ging in die Emigration und starb in Ägypten.

Hans Henny Jahnn

Solange ein Wort meine Lippen verläßt, solange Blut meine Adern durchfließt, solange will ich arbeiten für die Sache des Friedens, auch dann, wenn mir diese Arbeit Glück und Leben raubt.

Selma Lagerlöf

Du. Dichter in deiner Stube. Wenn sie dir morgen befehlen, du sollst keine Liebeslieder, du sollst Haßlieder singen, dann gibt es nur eins: Sag NEIN!

Wolfgang Borchert

Ich persönlich glaube, daß es [das menschliche Leben] angesichts der Entwicklung, welche der sogenannte Fortschritt genommen hat, nur im Sozialismus fortgeführt werden kann. Aber ich kann mir vorstellen, daß auf einen Vorschlag mit einem Gegenvorschlag geantwortet wird, mit einem Denken aus Vernunft, mit gemeinsamen sachlichen Überlegungen, mit dem Gespräch. An die Stelle solcher Erwägungen setzt der Antikommunismus die Rüstung, die Vorbereitung des Krieges. Übrigens wird er nicht an einem Krieg, sondern an seiner Rüstung zugrunde gehen, so, wie der manische Mensch nicht in einer Aktion, sondern in dem katatonischen Zustand der Erstarrung endet.
So wäre denn der öffentliche Auftrag an den Schriftsteller klar: er wird gebeten, am Frieden mitzuwirken. Selbstverständlich kann er schreiben, was er will, das Papier, auf dem er schreibt, wird sich ja auf alle Fälle rot färben, aber besser wäre es schon, wenn er sich von Anfang an entschlösse, mit seinen Wörtern den Frieden zu stiften. Denn ein neuer Krieg, das wissen wir, würde ja die Erinnerung an alle Bücher dieser Welt auslöschen.

Alfred Andersch

Ich bin ein Kind des Friedens und will Friede halten für und für mit der ganzen Welt.

Johann Wolfgang von Goethe

Durch das Buch, nicht durch das Schwert, wird die Menschheit die Lüge und Ungerechtigkeit besiegen, den endgültigen Bruderfrieden unter den Völkern erobern.

Emile Zola

Literatur heute muß Friedensforschung sein.
Es schreibt sich nicht leichter, seit wir wissen, daß unsere beiden Länder, die einmal „Deutschland" hießen und diesen Namen verwirkten, als sie ihn durch Auschwitz verdarben — daß das Land zu beiden Seiten der Elbe im Fall der „Atomaren Auseinandersetzung" als eines der ersten ausgelöscht sein würde. Es wird wohl schon Landkarten geben, welche die Phasen dieser Auslöschung aufgezeichnet haben. Kassandra, denke ich mir, muß Troja mehr geliebt haben als sich selbst, als sie es wagte, ihren Landsleuten den Untergang ihrer Stadt zu prophezeien. Sind vielleicht, frage ich mich, diese beiden Länder von ihren Bewohnern nicht genug geliebt worden und neigen dazu — wie ein Mensch, der nicht geliebt wurde und daher nicht lieben kann —, sich und andre zu zerstören? Dies frage ich, um mir heftig zu widersprechen, und als Beweis des Gegenteils nehme ich, wie absurd es scheinen mag, die Literatur. Es genügte nicht, ich weiß, hätte ein Volk Heimat nur in seiner Literatur. Und doch, schlage ich vor — wie die Lage ist, sollte jeder, auch der abwegigste Vorschlag erlaubt sein —: Soll doch jener Todeskarte die Literatur ihre eigne Karte entgegenhalten dürfen. Soll, was sie an Ort- und Landschaften, an menschlichen Zusammenhängen genau, gerecht und parteiisch, schmerzvoll, kritisch, hingebungsvoll, angstvoll und freudig, ironisch, aufsässig und liebend beschrieb, von jener Todeskarte getilgt werden und für gerettet gelten. Soll endlich einmal die Literatur der Deutschen nicht folgenlos bleiben; soll, was in den beiden deutschen Staaten die Literatur über drei Jahrzehnten lang an Trauer- und Freudenarbeit geleistet, soll die „Wahrheit des Diesseits", der sie sich gestellt hat, doch einmal zu Buche schlagen und den beiden Ländern zugute kommen. Soll Literatur endlich einmal, dieses eine Mal, beim Wort genommen und herangezogen werden, um sichern zu helfen den Bestand des Irdischen.

Christa Wolf

Der Krieg ist ein lächerlicher Hohn auf den Gedanken Menschheit.

Blaise Pascal

Es tönt die Schalmei
Der Frieden zog ein
Wir würzen den Wein
Mit Zimt und Salbei
Die Oliven gedeihn
Der Krieg ist vorbei   *Aristophanes* („Der Frieden")

(...) heute, da der Atomschatten, unter dem wir leben, schwer auf Europa lastet, zittern wir zuerst um Europa. Denn dieser Kontinent, dem ich soviel verdanke, trägt auch eine große Schuld, und er braucht Zeit, um seine Sünden wiedergutzumachen ...   *Elias Canetti*

da hört ein Totengräber auf, ein Massengrab für hundert Tote auszuheben, denn ringsherum stinken tausend andre Tote, und tausend Sterbende wimmern vor sich hin, während der Totengräber die Hälfte seiner letzten Stulle ißt
da klettert eine Fotografin über die toten Steine und über die toten Leute, sie visiert, sie knipst, ein Stück Papier fällt aus dem Kasten, nichts ist drauf, aber dann kommt es, wird bunt, wird scharf, man kann zwei Wörter auf dem Schild lesen: letzte Nachrichten
da sagt einer alles doppelt und dreifach: diediedie Menschen haben keinekeinekeine Erde mehr, diediedie Erde hathathat keine Menschen mehrmehrmehr
da schleicht ein Dieb herum und sucht Gegenstände, die er stehlen könnte, aber er findet keine, bis auf einen Kaffeefilter, den er wieder wegwirft, weil er weder Kaffee noch Strom noch Gas hat, dann sucht er weiter
da stochert ein Blinder mit seinem weißen Stock in den Resten, aber alles ist anders als sonst, so daß er nicht herauskriegt, was er berührt
da streckt ein Bettler statt eines Huts seine Hand aus, der Hut ist ihm weggeflattert, die rechte Hand bleibt leer, jetzt nimmt er die linke, aber wo keiner gibt, kann keiner nehmen, er trifft niemanden, außer einem zweiten Bettler
da schießt ein Soldat um sich, wie er es gelernt hat, aber er tötet keinen Menschen, weil keiner da ist, er ermordet bloß eine Katze, die sowieso im nächsten Augenblick gestorben wäre   *Wolfgang Weyrauch*

Genau bedacht, ist der Krieg nicht ein Ergebnis des Muts, sondern der allgemeinen Feigheit. Denn es ist passiv, verzichtend und greisenhaft, das Leben geringzuachten und es leichtfertig aufzugeben. Wer lebend für das große, das herrliche, das einmalige Leben wirkt, ist ein Kämpfer. Wer es aufgibt, wer unnütz stirbt oder läßlich tötet, ist ein Verräter.
Nicht der „Pazifist" ist ein Schwächling: der „Bellezist", der Kriegsgläubige ist es!   *Axel Eggebrecht* (1948)

Zerstäubte Helden und geschleifte Mauern:
Erleuchtung zweier Kriege, nicht des Lichts —
Du wirst den nächsten nicht mehr überdauern
Und Deutschland nicht und abernichts.
Und merkt euch Klotz und Spruch, das habt zum Zeichen:
Was war nun Deutschland und was wird es sein?
Was ist es, wenn nicht wir und unsresgleichen?
Und NEIN von unserm NEIN.   *Peter Rühmkorf*

Der Mensch ist heilig, und es bleibt immer ein Verbrechen, ihm das Leben zu nehmen.   *Laetantius* (4. Jahrh).

Der Krieg ist im Atomzeitalter keine politische Möglichkeit mehr; und jeder, der dazu hilft, ihn als Wahnsinn aufzudecken und dies Verbrechen zu verhüten, leistet damit einen Dienst zur Bekämpfung der Unmenschlichkeit und einen Beitrag zur Rettung der Menschheit.   *Martin Niemöller*

Du sollst nicht töten!   2. Mose 20, 13

Wann werden die Völker begreifen, daß die Vergrößerung eines Verbrechens es niemals kleiner machen kann? Wenn Töten Sünde ist, so kann Töten en masse doch unmöglich ein mildernder Umstand sein, wenn Stehlen schandbar ist, so kann die Wegnahme einer Provinz doch kein Ruhm sein.   *Victor Hugo*

Krieg führen ist ein rudimentärer Instinkt.   *G. Fr. Nicolai*

Waffen und Gesetz gedeihen nicht zusammen.   *G. J. Caesar*

Es ist ein eigentümlicher Anblick bei den Kriegführern, daß ihr das Kreuz schweben seht in den Reihen der beiden feindlichen Heere. Kreuz gegen Kreuz und Christus gegen Christus und Gebete gegen Gebete, um sich gegenseitig zu vernichten.   *D. Erasmus*

Überhaupt ist es mit dem Nationalhaß ein eigenes Ding. Auf der untersten Stufe der Kultur werden sie ihn immer am stärksten und heftigsten finden. Es gibt aber eine Stufe, wo er ganz verschwindet und wo man gewissermaßen über den Nationen steht und man ein Glück und Wehe des Nachbarvolkes empfindet, als wäre es dem eigenen begegnet.   *Johann Wolfgang von Goethe*

Indem wir die Einheit des Menschengeschlechtes behaupten, widerstreben wir auch jeder unerfreulichen Annahme von höheren und niederen Menschenrassen. Alle Volksstämme sind gleich zur Freiheit bestimmt. Das Höchste ist die Idee der Menschlichkeit, das Bestreben, die Grenzen einseitiger Ansichten aller Art aufzuheben und die gesamte Menschheit als einen großen Stamm zu betrachten.   *Alexander von Humboldt*

Eine Sache kann noch so gerecht sein — wenn man das Schwert für sie zieht, ist sie es nicht mehr, denn dann ist sie kein Objekt mehr des Rechtes, sondern ein Objekt der Macht.   *G. Fr. Nicolai*

Es ist der Krieg ein roh, gewaltsam Handwerk.   *Fr. v. Schiller*

Nur die Bestie im Menschen kann den Krieg wollen. Also behandle man alle Urheber und Veranstalter von Kriegen wie Bestien und entferne sie aus der gesitteten Gesellschaft der Kulturmenschen. Wer aber in der Presse zum Kriege hetzt und dem Massenmord das Wort redet, den stelle man wie einen gemeinen Bravo und Totschläger vor das Gericht.   *G. M. Conrad*

Der Krieg — wenn ich nur an dieses Wort denke, so überkommt mich ein Grauen, als spräche man mir von Hexen, von Inquisition — von einem entfernten, überwundenen, abscheulichen naturwidrigen Dinge. Der Krieg — sich schlagen! Erwürgen, niedermetzeln! Und wir besitzen heute — in unserer Zeit, mit unserer Kultur, mit dem so ausgedehnten Wissen, mit so hoher

Stufe der Entwicklung, auf der wir angelangt zu sein glauben —
wir besitzen Schulen, wo man lernt zu töten — auf recht große
Entfernung zu töten, eine recht große Anzahl auf einmal —.
Das Wunderbare ist, daß die Völker sich dagegen nicht erheben,
daß die ganze Gesellschaft nicht revoltiert bei dem bloßen Worte:
Krieg.   *Guy de Maupassant*

Wann wird das menschliche Geschlecht doch endlich
    seiner Wut vergessen
Und sich nach Billigkeit und Recht, nicht nach der
    blinden Macht gestählter Fäuste messen?
                                    Johann Christoph Gottsched

Pflicht eines jeden Katholiken ist es, daß er auch ein Anhänger
der Friedensbewegung ist.   *Don Vercesi* (Friedenskongreß 1906)

Aus innerster Überzeugung erkläre ich mich mit den Zielen jeder Friedensliga einverstanden, in gehorsamer Verehrung unseres erhabenen Meisters aus Nazareth.   *Konrad Ferdinand Meyer*

Es ist verkehrt, den Mord im Frieden zu bestrafen und den
Mord im Krieg zu belohnen. Es ist verkehrt, den Henker zu ver-
achten und selbst, wie es Soldaten tun, mit einem Menschen-
abschlachtungsinstrument, wie es der Degen oder der Säbel ist,
stolz herumzulaufen. Verkehrt ist es, die Religion Christi, diese
Religion der Duldung, Vergebung und Liebe, als Staatsreligion
zu haben und dabei ganze Völker zu vollendeten Menschen-
schlächtern heranzubilden.   *Gerhart Hauptmann*

Des Menschengeschlechts Brandmal alle Jahrhunderte hindurch, der Hölle lautestes, schrecklichstes Hohngelächter ist der
Krieg.   *Friedrich Gottlieb Klopstock*

Eine christliche Nation, die sich zu einem Kriege anschickt,
sollte der Logik nach nicht nur das Kreuz von ihren Kirch-
türmen herabnehmen, die Kirchen zu einem andern Gebrauche
verwenden, der Geistlichkeit andere Pflichten zu geben und
vor allem das Evangelium verbreiten, sondern sie sollte auch
alle Ergebnisse der Moral aufgeben, die dem christlichen Gesetze
entströmen.   *Leo Tolstoj*

Wenn Sie Brüder sein wollen, lassen Sie die Waffen fallen. Man
kann nicht lieben mit Angriffswaffen in den Händen.
                                    Papst Paul VI. (vor der UNO)

Ein persischer Soldat, der nicht gerade mit Begeisterung in die
Schlacht ging, konnte noch von Glück sagen, wenn ihm nichts
anderes widerfuhr, als daß er gegeißelt wurde. Gelegentlich ließ
der König ihm nicht heldenmäßig genug erscheinende Leute sogar in zwei Stücke hauen, die Körperhälften des abschrecken-
den Beispiels halber rechts und links am Wege hinlegen und das
Heer zwischen ihnen hindurchmarschieren. Waren solche Greuel
möglich, so darf uns nicht wundern, wenn die Wut des Monarchen sich auch noch an gefallenen Feinden ausließ, wenn deren
Leichen gegeißelt wurden oder wenn, wie es dem toten Körper
des Leonidas geschah, ihnen die Köpfe abgeschnitten und der
Rumpf ans Kreuz geschlagen wurde.   *Herodot*

Angeschossen, — hochgeschmissen, —
Bauch und Därme aufgerissen.
Rote Häuser — blauer Äther —
Teufel! Alle heiligen Väter! ...
Mutter! Mutter!! Sanitäter!!!
So stirbt der edle Kriegerstand,
in Stiefel, Maul und Ohren Sand
und auf das Grab drei Schippen Sand —
mit Gott, mit Gott, mit Gott,
mit Gott für König und Vaterland.   *Erich Mühsam*

Der Krieg ist der Quell aller Übel und Sittenverderbnis, das größte
Hindernis des Moralischen.   *Immanuel Kant*

Geschändet, entehrt, im Blute watend, von Schmutz triefend —
so steht die bürgerliche Gesellschaft da, so ist sie. Nicht wenn
sie, geleckt und sittsam, Kultur, Philosophie und Ethik, Ordnung, Frieden und Rechtsstaat mimt — als reißende Bestie,
als Hexensabbat der Anarchie, als Pesthauch für Kultur und
Menschheit, so zeigt sie sich in ihrer wahren, nackten Gestalt.
                                        Rosa Luxemburg

Alles, was Gefühlsbindungen unter den Menschen herstellt,
muß dem Krieg entgegenwirken.   *Sigmund Freud*

Der Mensch also, ein geselliges Tier von Natur aus. Die allgemeine Verbrüderung unter den Menschen ist älter und ur-
sprünglicher als der gegenseitige Kampf, der erst später in die
Menschheit hineingetragen worden ist.   *G. Fr. Nicolai*

Laßt Nationen wie Individuen sich nur einander kennen, und
der gegenseitige Haß wird sich in gegenseitige Hilfsleistung verwandeln, und anstatt natürlicher Feinde, wie benachbarte Länder zuweilen genannt sind, werden wir alle natürliche Freunde
sein.   *Charlyle* (an Goethe, 22. Dezember 1829)

Man muß so lange philosophieren, bis die Heerführer für Esels-
führer gehalten werden.   *Sokrates*

Wir haben erst dann das Recht, nach dem Frieden zu rufen,
wenn wir nicht mehr, wie bisher, gedankenlos und meinungslos
falsche Pflichten erfüllen. Und wir können erst dann den Frieden auf Erden verwirklichen, wenn wir aufhören, die großen
Nichtigkeiten in den Mittelpunkt des Lebens zu stellen, sondern Wesen mit dem göttlichen Wissen, daß jeder Mensch unser
Bruder ist, daß alle Menschen dieser Erde Träger der ewigen
Seele sind.
Nur der Mensch, der sich zu seiner Seele bekennt, die ihm ver-
bietet, dem Bruder zu schaden, ist reich, steht ununterbrochen
im glühenden Fluß der Gefühle.   *Leonhard Frank*

Das Stählen der Menschen durch den Krieg hält nicht länger
als das Stärken der Wäsche.   *Jean Paul*

Der Friede besteht nicht in einem Verschontsein von Krieg, sondern in der Einigung und Eintracht der Gesinnung.
                                        Baruch de Spinoza

Stehende Heere (miles perpetuus) sollen mit der Zeit ganz aufhören. Denn sie bedrohen andere Staaten unaufhörlich mit Krieg durch die Bereitschaft, immer dazu gerüstet zu erscheinen; reizen diese an, sich einander in Menge der Gerüsteten, die keine Grenzen kennt, zu übertreffen, und, indem durch die darauf verwandten Kosten der Friede endlich noch drückender wird als ein kurzer Krieg, so sind sie selbst Ursache von Angriffskriegen, um diese Last loszuwerden ...

Immanuel Kant

Kein Staatswesen hat von seiner Armee je behauptet, daß sie zum Angriff gehalten würde. Jedes hat versichert, sie sei nur zur Verteidigung da. Vier Jahre lang haben einige Dutzend Armeen irgendwas gegen irgendwas verteidigt. Nur die eine Tatsache blieb unverteidigt, daß es mit Armeen nichts zu verteidigen gibt, das einen solchen Aufwand von Menschenleben rechtfertigen könnte. Es ist ein Aberglaube, die Abrüstung müßte international beschlossen werden. Die das behaupten, wollen eben bestenfalls von der Abrüstung nur reden. Es kommt aber nur darauf an, daß ein Staat von sich aus erklärt, er verzichte darauf, eine Armee zu halten wegen der völligen Aussichtslosigkeit, sich gegen alle Armeen der übrigen Welt zu verteidigen, wenn es dieser übrigen Welt einfallen sollte, ihn zu überfallen oder gar deshalb zu überfallen, weil dieser Staat eben keine Armee besitze, also gewissermaßen nicht satisfaktionsfähig sei. Und solches als einigermaßen vernünftiges Staatswesen auch gegenüber jedem Staatsrowdytum so wenig zu sein prestiere, wie im privaten ein vernünftiger Mann gegenüber einem Korpsstudenten, der eine „Mensur" haben will. Warum soll ein Staat nicht sagen: ich schlage mich nicht auf Giftgase, denn ich bin nicht sicher, ob ich dabei mit dem Leben davonkomme, und habe deshalb auf diesen Modus, Händel auszutragen, verzichtet? Dem deutschen Mannesmut, der rechts in die Kanne, links mit dem Rapier steigt, sei gesagt, daß es Mut, wirklichen Mut zu zeigen, unendlich viele Gelegenheiten gibt. Ohne daß man sich dazu zu stimulieren braucht mit Hohenfriedberger, Fahnenschwenken, Trommelwirbel, Schnaps, Zeitungsartikeln, Reden, gefälschten Nachrichten. Man braucht sich den Mut zum Mut nicht erst im Blut des Feindes anzutrinken. Nur die Lieder behaupten, das Soldatenleben sei ein schönes Leben, wenn es auch für eine Weile lustiger sein kann als das Leben eines Bergarbeiters, der, der Lockung und Behauptung des Liedes erliegend, seine Haue hinschmeißt und: aufs Pferd, Kameraden, aufs Pferd steigen will. Gar bald sieht er sich in einem andern Loch mit einer Gasmaske vor dem Gesicht und pfeift aus einem andern Loch. *Robert Musil*

Niemand ist so bar aller Vernunft, daß er den Krieg dem Frieden vorzüge, denn im Frieden begraben die Kinder die Väter, im Kriege aber die Väter die Kinder. *Herodot*

Denn zunächst beschäftigen sich die Fürsten lieber mit militärischen Dingen, von denen ich nichts verstehe und verstehen will, als mit den vernünftigen Künsten des Friedens, und sie sind vielmehr darauf bedacht, sich durch Recht oder Unrecht neue Reiche zu erwerben, als das Erworbene gut zu verwalten. *Thomas Morus* („Utopia")

Das arme Landvolk schwitzet,
Bebaut mühsam sein Feld.
Umsonst! Gleich wird stibitzet
Ihm wiederum das Geld ...
Wer weiß! gäb's keine Fürsten,
Gäb es auch keinen Krieg,
Aus wär' das teure Dürsten
Nach Schlachten und nach Sieg. *Elisabeth von Österreich*

Lassen Sie uns doch alle gesellschaftlichen Systeme, an die wir denken mögen, zuallererst daraufhin untersuchen, ob sie ohne Krieg auskommen. Lassen Sie uns zuallererst um die Freiheit kämpfen, Frieden verlangen zu dürfen. Sage keiner: Erst müssen wir darüber sprechen, was für ein Friede es sein soll. Sage jeder: Erst soll es Friede sein. Dulden wir da keine Ausflucht, sehen wir da nicht den Vorwurf, primitiv zu sein! Seien wir einfach für den Frieden! Diffamieren wir alle Regierungen, die den Krieg nicht diffamieren! Erlauben wir nicht, daß über die Zukunft der Kultur die Atombombe entscheidet! *Bertolt Brecht*

Zum ewigen Frieden: Bald, es kenne nur jeder den eigenen, gönne dem andern seinen Vorteil, so ist ewiger Friede gemacht.
Zum ewigen Krieg: Keiner bescheidet sich gern mit dem Teile, der ihm gebühret, und so habt ihr den Stoff immer und ewig zum Krieg. *Johann Wolfgang von Goethe*

Es gibt Kriege aus Panik, aus Furcht vor dem Frieden. Ein Regime kann sich schon von der Befürchtung, im Frieden nicht mehr überleben zu können, zum Krieg verleiten lassen: Man flüchtet aus der Ungewißheit des Friedens in die Sicherheit des Krieges ... Je größer ein Land ist, um so leichter läßt es sich in Kriege verwickeln. *Karl W. Deutsch*

(...) die Kriege mögen bisweilen Lokomotiven der Weltgeschichte sein, aber nur die Werke des Friedens zählen in der Kultur (...) *Ernst Bloch*

Die Kultur braucht nicht verteidigt zu werden. Weder von Militärs noch von Politikern. Und jene, die vorgeben, ihre Verteidiger zu sein, sind in Wirklichkeit, ob sie es wollen oder nicht, Verteidiger des Krieges. Wenn die Soldaten des Imperialismus den Parthenon verteidigen, verteidigt in Wirklichkeit der Parthenon den Imperialismus. Man muß Kultur nicht schützen, den einzigen Dienst, den sie erwartet, müssen wir Intellektuellen ihr erweisen: man muß sie abrüsten. *Jean Paul Sartre*

Jeder Tag glüht von dem brennenden Verlangen der Jugend nach der Entfaltung und nach dem Ausleben ihrer Kräfte und Talente in Freiheit und Kultur, ein Verlangen, dem die mehr und mehr zusammenschrumpfenden Bildungs- und Berufsmöglichkeiten für die Söhne und Töchter der Werktätigen hohnlachend ins Gesicht schlagen, ein Verlangen, das von dem Arbeitsdienst unter die Füße schrankenloser kapitalistischer Ausbeutung und militärischen Kadavergehorsams geworfen wird, von der „Jugendertüchtigung" zum Antreiber imperialistischer Beutegier, faschistischer Unterdrückungspolitik entwürdigt werden soll. Jeder Tag steigert im Zusammenhang mit dem allen die Unmöglichkeit, daß Geistesarbeiter ein ihren Fähigkeiten, Kenntnissen und Wünschen entsprechendes Wirkungsfeld, eine gesicherte wirtschaftliche Existenz finden. *Clara Zetkin* (1932)

Friede bedeutet Sieg für alle. Einen anderen Sieg gibt es nicht mehr. *Alva Myrdal*

Das Trocknen einer Trän' ist wahrer Ehre
Näher als das Vergießen blut'ger Meere. *Lord Byron*

Wir wollen unserer Söhne und unserer Brüder blutige Ermordungen vergessen. — Ach — Liebt euch untereinander! so wie einst — daß Wohlstand gedeih' und ewiger Frieden! *Homer, „Odyssee"*

Der Sozialismus nach dem Kriege wird organisierter internationaler Pazifismus sein, oder er wird nicht sein. *M. Adler*

In dem Maße, wie die Ausbeutung eines Individuums durch ein anderes aufhört, wird die Ausbeutung einer Nation durch eine andere aufhören. *Karl Marx*

Krieg ist ein Zentnerwort, die Geißel der Menschheit und der Völker, der Antichrist aller Vernunft, wenn auch nicht selten die Ernte der Großen, der Minister, der Generale und Lieferanten. Krieg ist das Schandgemälde der Menschheit, und Krieg gebar zuerst den Despotismus, Krieg gebar das Feudalsystem, Krieg machte aus freien Menschen die ersten Sklaven. *Demokrit*

Der Feind, der heute niederzuwerfen ist, haust weder in Ost noch in West, ist nicht das auf gleicher Kultur stehende Nebenvolk — es ist das uns alle gleich bedrückende Barbarentum. — Der Friede ist die höchste Wohltat — oder vielmehr die Abwesenheit der größten Übeltat —, der einzige Zustand, in welchem die Interessen der Bevölkerung gefördert werden können, und da sollte man einem Bruchteil dieser Bevölkerung das Recht zuerkennen, den gedeihlichen Zustand weg zu wünschen und den verderblichen zu ersehnen? Krieg führen, damit die Armee beschäftigt werde? Häuser anzünden, damit die Löschmannschaft sich bewähren und Dank ernten könne?! *Bertha von Suttner*

Hinfort greifen wir Christen nicht mehr die Waffen gegen irgend ein Volk oder lernen nicht mehr, wie man Krieg führt, sind wir doch Söhne des Friedens worden durch Jesum, dem wir folgen als unserm Führer. *Origines*

Mars ist ein treuloser Gott. Wie töricht sind Nationen, die ihre Größe im Ruhme der Waffen suchen! Eine jede besaß solchen einmal und verlor ihn wieder. *F. Gregorovius*

Unglücklich das Land, das Helden braucht! *Bertolt Brecht*

Beim Nachdenken über Vorbilder
Die uns vorleben wollen
wie leicht das Sterben ist
Wenn sie uns vorsterben wollten
wie leicht wäre das Leben *Erich Fried*

Wer seine Schüler das ABC gelehrt, hat eine größere Tat vollbracht als der Feldherr, der eine Schlacht geschlagen. *Gottfried Wilhelm von Leibniz*

Die Schule hat zum Frieden zu erziehen. Religionskriege, Rassenkriege, Staats- und Nationalkriege sind nie Volkskriege gewesen, sondern Kriege der Kabinette und der sie konstituierenden, am Kriege interessierten Machtgruppen, die im Volk nicht verwurzelt sind. Viktor Hugo sagt in seiner Rede zum Gedächtnis Voltaires: „Wer immer heute sagt, daß Macht vor Recht geht, beginge eine mittelalterliche Tat und spräche zu einem Volke von vor dreihundert Jahren. Heute bedeutet Macht Gewalt, und man beginnt, sie zu verurteilen. Die Völker beginnen zu verstehen, daß ein Mörder ein Mörder ist und daß vergossenes Blut vergossenes Blut ist." *Oskar Kokoschka*

Was haben sie denn eigentlich getan zum Wohle der Menschheit, die Männer des Krieges? Nichts. Was haben sie erfunden? Kanonen und Gewehre. Das ist alles. Der Erfinder des Schieb-

karrens, hat er nicht mehr für die Menschheit getan durch diese einfache und praktische Idee, ein Rad mit zwei Balken zu verbinden, als der Erfinder der modernen Befestigungen? *Guy de Maupassant*

Kanonen und Feuerwaffen sind grausame und verdammenswerte Maschinen. Ich halte sie für eine direkte Eingebung des Teufels. Wenn Adam in einem Traum gesehen hätte, welch schreckliche Werkzeuge seine Kinder erfinden würden, so würde er vor Gram gestorben sein. *Martin Luther*

Nach meiner Ansicht ist der Krieg als solcher eine so rohe, grausame und verabscheuenswerte Sache, daß kein Mensch, wenigstens kein Christ, persönlich die Verantwortung für den Beginn eines solchen auf sich nehmen kann. *Leo Tolstoj*

Wenn die Politik die Nationen nicht bewegen kann, endlich abzurüsten, aufzuatmen, zu arbeiten — was ist dann eigentlich die Politik, und wodurch unterscheidet sich unsere Zivilisation von der Barbarei? *J. Simon*

Der Krieg ist wie die dunkle Wildnis endlos.
Der Friede
beginnt
auf einem einzigen
Stuhl. *Pablo Neruda*

Der Erzieher soll das Kind zwei Dinge lieben lehren: den Frieden und die Arbeit. Und ein Ding verabscheuen lehren: den Krieg. *Anatole France*

Diesen Krieg hättet ihr Frauen in den Herzen der Männer bekämpfen sollen, ehe er noch ausbrach. *Romain Rolland*

Es kommt dazu, daß Frauen, solange sie nicht auf ihre angeborenen Instinkte Verzicht leisten, die berufenen Träger des Friedensgedankens sind. Leben geben und Leben vernichten sind unvereinbare Gegensätze. *Auguste Kirchhoff*

Wir Frauen, die wir die natürlichen Erhalterinnen sind, müssen herausfinden, warum die Söhne, die wir zur Welt bringen, in Linien geordnet und erschossen werden. Wir müssen uns mit unseren mehr erleuchteten Brüdern organisieren und einen Generalstreik gegen den Krieg erklären. *Helen Keller* (1912)

Wollen wir wirklich zu dauerndem Frieden gelangen, dann heißt es, neben den äußeren Grundbedingungen auch die innere Friedensbereitschaft schaffen. Dann heißt es, eine junge Generation heranbilden, der mit der Muttermilch das Bewußtsein in Fleisch und Blut übergeht, daß Aufbauen, Erhalten, nicht aber Vernichten und Zerstören Aufgabe und Inhalt menschlichen Lebens ist. *Auguste Kirchhoff*

Die Kriege und die Kriegsgefahr sind in demselben Maße in Europa gewachsen, wie die Armeen zunahmen. Je größer die Heere, je größer die Kriegsgefahr und je häufiger die Kriege. *August Bebel* (1876)

Ich möchte was darum geben, genau zu wissen, für wen eigentlich die Taten getan worden sind, von denen man öffentlich sagt, sie wären für das Vaterland getan worden.

Lichtenberg

Das sind dieselben Kreise, die die Zwietracht der Völker zu Gold münzen. Ob sie in Deutschland oder in Frankreich sind, sie haben die gleichen Interessen ... Das Vaterland ist in Gefahr! Es ist aber nicht in Gefahr vor dem äußeren Feinde, sondern vor jenen gefährlichen inneren Feinden, vor allem vor der internationalen Rüstungsindustrie. *Karl Liebknecht*

Den Frieden kann das Wollen nicht bereiten:
Wer alles will, will sich vor allen mächtig;
Indem er siegt, lehrt er die andern streiten,
Bedenkend macht er seinen Feind bedächtig.
So wachsen Kraft und List nach allen Seiten,
Der Weltkreis ruht von Ungeheuern trächtig,
Und der Geburten zahllose Plage
Droht jedem Tag als mit dem jüngsten Tage. *J. W. v. Goethe*

Nur darum?
Sind nur darum Europas Staaten,
Daß die Soldaten grünen und blühn?
Müssen für drei Millionen Soldaten
Unsere zweihundert Millionen sich mühn?
Freilich, das ist das Glück, das moderne,
Das uns gelehrt hat Soldaten erziehn!
Ganz Europa ist eine Kaserne,
Alles Dressur und Disziplin. *Hoffmann von Fallersleben*

Sah die alten Welten langsam zerbrechen und in die neue Kasernenwelt, die sich entwickelt, passe ich nun einmal nicht mehr hinein. *Max Beckmann*

Jeder Krieg wird in einen Verteidigungskrieg umgedreht. In jedem Krieg wird die nationale „Ehre" heraufbeschworen, und so entsteht immer wieder dasselbe Bild, daß die leicht entflammbare Jugend sich innerlich aufgerufen fühlt, für die nationale Ehre sich mit dem eigenen Leben einzusetzen. Es ist für unabsehbare Zeit eine Schraube ohne Ende. *Käthe Kollwitz*

Jedesmal, wenn — wie leider auch in diesen Tagen — am Horizont der Menschheit Zeichen auftauchen, die an einen drohenden Krieg denken lassen, möge in den Herzen der Menschen um so stärker der Wunsch nach Frieden aufkommen ... Ein Wunsch, der in der Lage ist, die Drohung von Krieg und Zerstörung zu überwinden. *Papst Johannes Paul II., 23. August 1981*

Der Kampf scheint zwei divergierenden Gesetzen zu folgen: Das Gesetz des Blutes und Todes, das alle neuen Zerstörungsmittel bringt und die Menschen zwingt, sich ununterbrochen zur Arbeit auf dem Schlachtfelde bereit zu halten, und das Gesetz des Friedens, der Arbeit, des Heils, die Menschen von allen Übeln zu befreien. Das erste spricht nur von blutigen Eroberungen, das andere treibt dazu, den Menschen zu Hilfe zu kommen; das letztere schätzt das menschliche Leben höher als alle Siege; das andere opfert 100 000 Menschenleben dem Ehrgeiz eines einzelnen. *Louis Pasteur*

Wenn wir hören, dort haben die Männer nicht Zeit zu den produktiven Geschäften; Waffenübungen und Umzüge nehmen ihnen den Tag weg, und die übrige Bevölkerung muß sie nähren und kleiden, ihre Tracht aber ist auffallend, oftmals bunt und voll Narrheit ... — es „ist das Bild einer barbarischen, in Gefahr schwebenden Gesellschaft". Vielleicht, daß der eine hinzufügt, es ist die Schilderung Spartas, ein anderer aber wird nachdenklich werden und vermeinen, es sei unser modernes Militärwesen beschrieben, wie es inmitten unserer andersartigen Kultur und Sozialität dasteht, als ein lebendiger Anachronismus, als das Bild, wie gesagt, einer barbarischen, in Gefahr schwebenden Gesellschaft, als posthumes Werk der Vergangenheit, welches für die Räder der Gegenwart nur den Wert eines Hemmschuhs haben kann. *Friedrich Nietzsche*

Das Unglück der Erde war bisher, daß zwei den Krieg beschlossen und Millionen ihn ausführten, indes es besser gewesen wäre, daß Millionen ihn beschlossen hätten und zwei gestritten. *Jean Paul*

Nicht das Bild einer nackten Frau, die ihre Schamhaare entblößt, ist obszön, sondern das eines Generals in vollem Wichs, der seine in einem Aggressionskrieg verdienten Orden zur Schau stellt; obszön ist nicht das Ritual der Hippies, sondern die Beteuerung eines hohen kirchlichen Würdenträgers, daß der Krieg um des Friedens willen nötig sei. *Herbert Marcuse*

Nicht Kriege werden die Gewalt vernichten.
Stell Generale an auf Jahrmarktsfesten.
Dem Frieden eine Stätte zu errichten,
Versammelt sind die Edelsten und Besten.
Nicht mehr in Waffen siegt ein Volk du weißt es;
Denn keine Schlacht entscheidet seinen Lauf. *Walter Hasenclever*

Die Zeiten der Barbarei sind vorbei, ihr Völker, wo man euch im Namen Gottes anzukündigen wagte, ihr seid Herdenvieh, das Gott deswegen auf die Erde gesetzt habe, um einem Dutzend Göttersöhne zum Tragen ihrer Lasten, zu Knechten und Mägden ihrer Begehrlichkeit und endlich zum Abschlachten zu dienen; daß Gott unbezweifeltes Eigentumsrecht über euch an diese übertragen habe und daß sie kraft eines göttlichen Rechts, als seine Stellvertreter, euch für eure Sünden peinigten: ihr wißt es oder könnt euch davon überzeugen, wenn ihr's noch nicht wißt, daß ihr selbst Gottes Eigentum nicht seid, sondern daß er auch sein göttliches Siegel, niemand anzugehören als euch selbst, mit der Freiheit tief in eure Brust eingeprägt hat. *Johann Gottlieb Fichte*

Im längsten Frieden spricht der Mensch nicht soviel Unsinn und Unwahrheit als im kürzesten Krieg. *Jean Paul*

Ich hoffe, daß der Frieden dauern wird und daß die Menschheit auf die Dauer, da sie sich vernünftige Wesen nennen, Vernunft und gesunden Menschenverstand genug haben wird, um ihre Differenzen beizulegen, ohne sich die Kehlen abzuschneiden; denn nach meiner Ansicht gab es noch niemals einen guten Krieg oder einen schlechten Frieden. *Benjamin Franklin*

In künftigen Tagen, um deren Sicherheit wir uns bemühen, sehen wir freudig einer Welt entgegen, die auf vier wesentlichen Freiheiten der Menschen gegründet ist.
Die erste dieser Freiheiten ist die der Rede und des Ausdrucks, und zwar überall in der Welt.
Die zweite dieser Freiheiten ist die, Gott auf seine Weise zu verehren, für jedermann und überall.
Die dritte dieser Freiheiten ist die Freiheit von Not. Das bedeu-

tet weltweite wirtschaftliche Verständigung, die jeder Nation gesunde Friedensverhältnisse für ihre Einwohner sichert, und zwar überall in der Welt.

Die vierte Freiheit aber ist die von Furcht, das bedeutet eine weltweite Abrüstung, so gründlich und so lange durchgeführt, bis kein Staat mehr in der Lage ist, seine Nachbarn mit Waffengewalt anzugreifen, und zwar überall in der Welt ...

Franklin D. Roosevelt

Sie werden ihre Schwerter zu Pflugscharen und ihre Spieße zu Sicheln machen; denn es wird kein Volk wider das andere ein Schwert aufheben und werden hinfort nicht mehr kriegen lernen. *Jesaia 2, 4*

Seit hundert Jahren haben militärische Allianzen sich für defensiv gehalten; sie selber taten das, aber die andere Seite sah es anders, und so wie der Mensch ist, so wie die Macht ist, mußte sie es anders sehen. 1914 haben beide europäischen Allianzsysteme sich für defensiv gehalten, und doch ist dieser Zustand einer Verteidigung aller gegen alle schließlich zu einem Krieg aller gegen alle geworden, ist dieses Verteidigungssystem explodiert. Darum wirkt die deutsche Berufung auf das Recht, auf das Völkerrecht, die Atlantik-Charta, das Selbstbestimmungsrecht der Nationen heute im Grunde irreal. Man kann nicht Dinge gleichzeitig haben, die sich widersprechen; man kann den kalten Krieg haben oder den Frieden und das Recht, man kann beides nicht haben. Wenn man sagt, daß wir den kalten Krieg nicht gewählt haben, daß er uns aufgedrängt wurde, daß wir ihn haben müssen, dann heißt das eben, daß wir Frieden und Recht nicht haben können. Wir sollten dann nicht das Recht verfolgen, sondern solche praktischen Kompromisse, wie sie Gegner auch im Krieg oder in kriegsähnlichen Zuständen schließen mögen, weil sie im Interesse beider Seiten liegen. *Golo Mann*

Und eines Tages werden die Schrecken des Krieges dermaßen ins Ungeheure gewachsen sein, daß ihnen die Selbstvernichtung der kriegführenden Gesellschaft ein Ende setzen wird.

Arnold Toynbee

Das ungeheure Tempo unserer technischen Entwicklung gibt uns wenigstens den Trost, daß die Götterdämmerung des Krieges bald kommt. *G. Fr. Nicolai*

Mit Atombomben in ihren Händen und den endogenen aggressiven Trieben eines jähzornigen Affen im Nervensystem hat die moderne Menschheit gründlich ihre Balance verloren.

Kurt Lorenz

Wenn ich jetzt die Nationen im Kriege miteinander sehe, so ist es, als ob ich zwei besoffene Kerle sähe, die sich in einem Porzellanladen mit Prügeln herumschlagen. Denn nicht genug, daß sie an den Beulen, die sie einander beibringen, lange zu kurieren haben, müssen sie noch den Schaden bezahlen, den sie anrichten. *Douglas Hume*

Die modernen Kriege machen viele Menschen unglücklich, solange sie dauern, und niemanden glücklich, wenn sie vorüber sind.

Johann Wolfgang von Goethe

Wer hub es an? Wer brachte den Fluch? Von heut
Ist's nicht und nicht von gestern, und die zuerst
    Das Maß verloren, unsre Väter
      Wußten es nicht und es trieb ihr Geist sie.
Zu lang, zu lang schon treten die Sterblichen
Sich gern aufs Haupt und zanken um Herrschaft sich
    Den Nachbarn fürchtend und es hat auf
      Eigenem Boden der Mann nicht Segen.
Und unstät wehn und irren, dem Chaos gleich,
Dem gährenden Geschlechte die Wünsche nach,
    Und wild ist und verzagt und kalt von
      Sorgen des Lebens der Armen immer.
Du aber wandelst ruhig die sichere Bahn,
O Mutter Erd' im Lichte! Dein Frühling blüht!
    Melodisch wechselnd gehen dir die
      Wachsenden Zeiten, du Lebensreiche!
Mit deinem stillen Ruhme genügsame!
Mit deinen ungeschriebenen Gesetzen auch,
    Mit deiner Liebe komm und gib ein
      Bleiben im Leben, ein Herz uns wieder.

Aus: *Hölderlin,* „Der Friede"

Ohne den Willen zur freundschaftlichen Koexistenz kann es keine Besserung in der Gesinnung weder im Westen noch im Osten geben, einzig Verschlimmerungen. Entweder nehme man Verfinsterung und länderweites Unglück als unabänderlich hin, oder man beseitige die Vorurteile, die man gezüchtet hat, von Grund auf. Atombomben zu besitzen, um damit zu drohen, ohne doch ihre Anwendung zu betreiben, muß politische Niederlagen einbringen. Und sie anwenden zu wollen, den Überfall zu wollen — da befinden wir uns jenseits der humanen Vernunft. Hier, am Schlagbaum vor dem Abgrund, ist die Meinung jedes einzelnen genauso wichtig wie die der Staatsleute und Militärs. *Hans Henny Jahnn*

Wo es sich um Atomwaffen handelt, kann kein Volk zu seinem Gegner sagen: „Nun sollen die Waffen entscheiden", sondern nur: „Nun wollen wir miteinander Selbstmord begehen, indem wir uns gegenseitig vernichten." *Albert Schweitzer*

Der Krieg — diese Landplage und dieses Verbrechen, worin alle Landplagen und alle Verbrechen enthalten sind! ... Alle vereinigten Laster aller Zeiten und Länder werden nicht dem Unheil gleichkommen, welches ein einziger Krieg verursacht.

Voltaire

Der Krieg bietet nicht die geringste Garantie, daß mit ihm auch das Recht zum Siege geführt werde, das Gegenteil ist ebenso der Fall. *Johann Gottlieb Fichte*

Das einzige, was uns retten kann, ist ein alter Traum der Menschheit: Weltfriede und Weltorganisation. Sie galten als unerreichbar, als Utopie ... Der Weltfriede in einer kleiner gewordenen Welt ist keine Utopie mehr, weil er eine Notwendigkeit ist, eine Bedingung für das Überleben des Menschengeschlechts.

Carl Friedrich von Weizsäcker

Jeder Mann und Frau hat die Pflicht, an der Friedensarbeit mitzuwirken. Heilige Pflicht ist es jedes Menschen von Herz, der nicht blind und stumpfsinnig ist. *Henri Dunant*

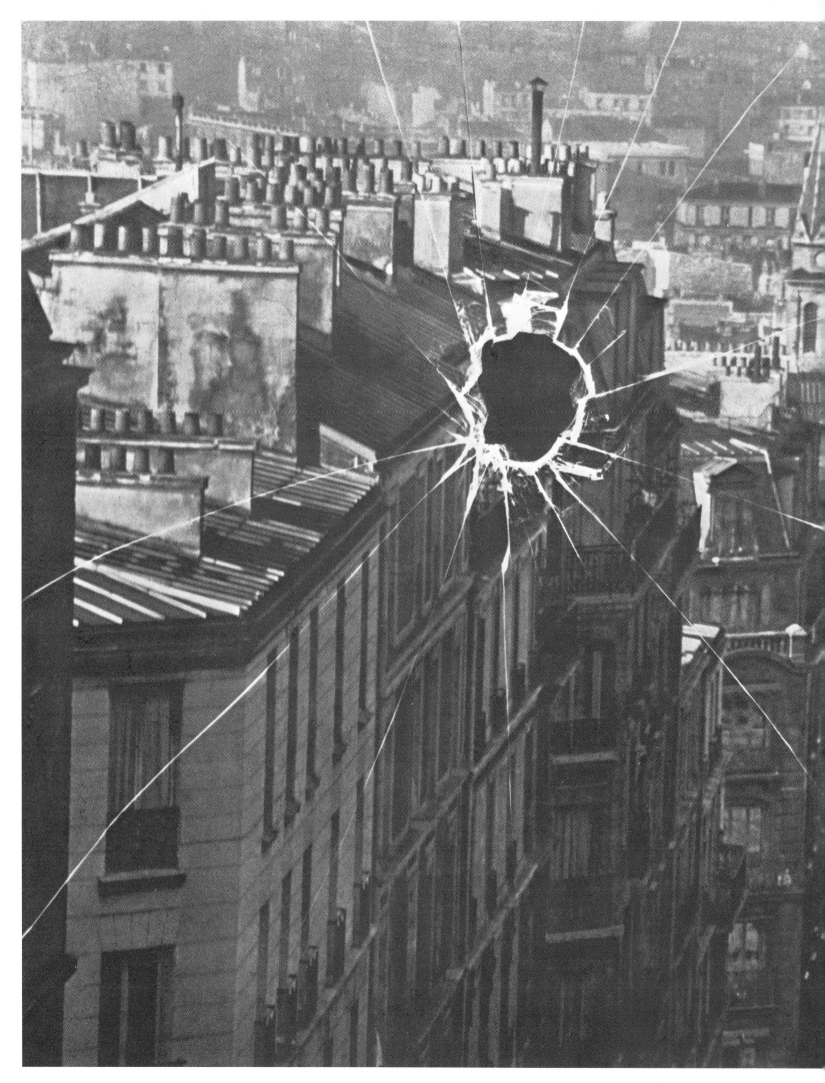

2. Café de la Paix

17

Heimat im Vaterland oder in der Muttersprache?

Vor meines Vaters Haus steht — keine Linde!

Denn erstens war es nie *sein* Haus — die Großeltern wohnten dort mit ihren fünf Kindern zur Untermiete —, zweitens stand das Haus in Berlin am Alexanderplatz (oder Alex, wie die Berliner liebevoll sagen), drittens wurde das Haus 1945 bis in die Grundmauern zerbombt, und viertens — liegt dieses Gebiet um den Alex heute im Ostteil der Stadt ...

Meine Großmutter war eine Halbjüdin aus Franken, mein Großvater, geboren in Königsberg, mit französischer Ahnenreihe (die Vorfahren flohen zum Teil während der Hugenottenverfolgungen in Frankreich, zum Teil als der Marschall Ney 1815 standrechtlich erschossen wurde, weil er Napoleon nach dessen Sturz weiter unterstützte — also aus politischen Motiven. Die Familie konnte sich ins Ostpreußische retten ...), mein Großvater also war Sozialdemokrat von Gesinnung — und Polizist von Beruf. Das konnte nicht gutgehen, denn die Sozis wurden nicht gerade liebevoll akzeptiert. Mitte der zwanziger Jahre wurde mein Großvater denn auch in Königsberg vom Dienst „suspendiert", was heißt: er erhielt Berufsverbot, wurde arbeitslos. (Wie sich — nebenbei betrachtet — die Zeiten ändern: heute sprechen die Sozis selber Berufsverbote aus gegen alles, was links von ihnen steht ...)

Mein Großvater flüchtete mit seiner Familie in die Großstadt, nach Berlin, Ende der zwanziger Jahre.

Da kam mein Vater gerade in die Schule. Als der Krieg ausbrach, war er gerade 17 Jahre alt, konnte sich lange vor dem Marschbefehl drücken, arbeitete dann, als es sich nicht mehr verhindern ließ, als Helfer beim Flughafen-Bodenpersonal in Berlin, wo die Maschinen aufgetankt und repariert wurden.

1944 kam dennoch der Marschbefehl an die Front. Sechs Monate lang war er Flak-Helfer in Rußland, MG-Schütze mit, wie er sagte, „mehr Angst im Bauch als Vaterlandsliebe" ...

Kurz vor Kriegsende wurde er schwer verwundet an den Beinen, geriet erst in russische, dann in amerikanische Kriegsgefangenschaft, wurde wieder entlassen — berufsunfähig geschossen. 32 Jahre später, 1978, ist er — 56jährig — gestorben: ein körperliches und seelisches Wrack. Der Krieg hatte sein Leben zerstört, bevor es eigentlich noch begonnen hatte...

Mein Großvater starb — 55jährig — noch in den letzten Kriegstagen, kurz vor der Kapitulation, auf den Straßen Berlins, von fanatischen Nazi-Schergen erschossen, die das Ende Hitlers nicht wahrhaben wollten.

Meine Mutter wurde von Hitler — als Deutsch-Ukrainerin — 1943 aus der Ukraine heraus deportiert. Man schaffte sie in den Harz, getrennt von ihrer Familie. Dort lernte sie meinen Vater kennen, der ab 1946, um überhaupt etwas zu verdienen, als sogenannter „Leichenfriseur" arbeitete, d. h. er rasierte und frisierte die sterbenden oder eben gestorbenen Patienten einer Lungenheilanstalt.

1949 heirateten die beiden, zogen nach Malente/Eutin in Holstein um, zwei Kinder kamen, 1950 mein Bruder, 1951 ich.

1955 zogen wir um nach Baden-Württemberg, nach Pforzheim. Dort gab es Arbeitsplätze in der Industrie, dort ging ich bald darauf zur Schule. Durch Schule, Beruf und Weiterbildung kam ich praktisch im ganzen Land herum: Köln, München, Hamburg, Berlin, Frankfurt, Würzburg, Ulm, Mosbach, Bodensee, Hannover, Kassel, Münster, Karlsruhe ... Dort blieb ich 1971 hängen.

Eine Stadt voller Beamter, Bundesgrenzschützer, Soldaten, Polizisten, Richter ... usw. Eine arrogante, kleinkarierte Stadt, Heimat von 2/3 der „Terroristen der 3. Generation" ...

Meine Heimat? Nein, ich habe dort nur neun Jahre „gelebt". Ist „Heimat" automatisch, wo man aufgewachsen ist, geboren ist? Nein, nicht für mich.

Habe ich keine? Bulgakow sagt doch: „Ein Schriftsteller kann nicht ohne Heimat leben!"

Nein, für mich ist Heimat vielleicht der Ort, wo ich mich gerade wohlfühle, wo meine Freunde wohnen, wo ich jemanden liebe ... — oder dort, wo ich gerade lebe, um zu arbeiten.

Es gibt Leute, die sind nie in ihrem Leben aus dem Kaff rausgekommen, in dem sie geboren sind. Die denken vermutlich nicht darüber nach, ob das Heimat für sie ist, wo sie wohnen. Vermutlich denken sie eher in Begriffen wie „Vaterland" obwohl sie es nicht kennen. Gleichwohl würden sie es widerspruchslos verteidigen gehen, egal in welchem anderen Land.

Ich habe an so vielen Orten innerhalb dieses Landes gewohnt, gelebt, ich habe auch einige ausländische Staaten gesehen, die für mich „Heimat" sein könnten ... Thomas Mann hat ja mal vom „Weltbürger" gesprochen, der sich überall wohlfühlt, wo's ihm gefällt der den nationalistischen Vaterlandstick ignoriert. Das wäre ich gerne: ein „Weltbürger". Ich kann also auf Heimat und Vaterland getrost verzichten. Aber wie ist das mit der Muttersprache? Der Sprache, in der ich rede und — vor allem — schreibe?

Ich muß — fürchte ich — Bulgakows Sentenz für mich selbst leicht abwandeln und sagen: „Der Schriftsteller hat seine Heimat zuallererst in der Sprache, der Muttersprache!" Oder auch andersherum: Solange er in dieser Sprache schreiben kann, ist er nicht ohne Heimat!

Norbert Ney

Aus dem Leben eines Taugenichts

Mit der Laute und einem
Plastikbeutel über die
Autobahn getrampt.
Im Regen bei Hildesheim
zwischen km 9,7 und 9,8
zuletzt gesehen.
Mitgenommen
von einem US-Straßenkreuzer,
Kennzeichen unbekannt.

„Mich brennt's an meinen Reiseschuh'n ..."
soll er gesungen haben
zur Laute,
am Straßenrand laufend,
trotz des Regens,
von Polizeistreifen verfolgt.
Eine Müllerschürze habe er
über den Jeans getragen,
die wehte bei Innsbruck

wie eine
weiße Fahne
der Ergebung
über den
verschneiten Alpen.
Seitdem fehlt jede Spur.

Jochen Hoffbauer

Störenfried

Achtzehn zwanzig zwo Kästen Bier zwei Maurer und ein Jägermeister für alle HOSEN RUNTER Achtzehn zwanzig zwo WEG
Pikus der Waldspecht Wie heißt das Kind die zwei Blinden
gedrückt BLANK die Zehn auf der Hand As sticht HERZ ist
Trumpf SCHAFSKOPF Einundsechzig ohne Einem mal Herz
SCHNEIDER FREI Horcht mal sagt einer Die Stimmung ist
BOMBIG Achtzehn zwanzig zwo ein leerer Kasten Bier GEBEN
HÖREN SAGEN Horcht mal sagt einer SECHS MINUTEN
sagt einer Nix bleibt übrig Mit so einem Omaspiel CONTRA RE
und DURCHMARSCH bis MOSKAU In sechs Minuten sagt
einer Immer der fragt ist dran Wer sich vergibt zahlt eine Runde
HORCHT DOCH MAL sagt einer Die Häuser sollen stehen bleiben
Achtzehn zwanzig zwo WEG hören sagen GEBEN Der pennt
sagt einer Sechs Minuten Der Käse ist gegessen SCHNEIDER
FREI sagt einer Deckt die BLINDEN auf sagt einer Zieht ein AS
aus dem Ärmel UNTERSCHREIBEN sagt einer WER SCHREIBT
DER BLEIBT Achtzehn zwanzig zwo leere Kästen Bier zwei
Maurer und ein Jägermeister für alle FEIERABEND in sechs
Minuten Ein Störenfried der Wirt. ZAHLEN!

Herbert Friedmann

Heimatgedicht

Einfach Angst
auf der Zielscheibe
Mitteleuropa verlassen
Australien Neuseeland überleben
auf einem anderen Kontinent
einfach so
Leben versichern andere
die Prämie zahlen lassen
so einfach
denkt es sich nachts angstwach
vom Flügelschlag der Falken
einfach
die Tauben füttern Unterschriften
zum Beispiel
hier jetzt
Heimat.

Herbert Friedmann

1. rush hour,
Frankfurt am Main, 10. Mai 1979

Eine sehr junge Frau
6.00 Uhr morgens, mir direkt gegenübersitzend,
fast erkennbar nach dem Schlaf, unter der farbigen
Haut eines Indianers (Reservat Helena Rubinstein)
sieht mich an …
ich, ahnungslos — noch 'ne halbe Stunde vorm Frühdienst —
beginne mich zu freuen, beiß mir erregt auf die Lippen, als träfe
ich gerade völlig überraschend einen Verbündeten, den ich nicht
gleich verwirren will durch meine sehnsüchtige Erwartung
als ich Seite 62 aufschlage und während der raschen Fahrt
anfange zu lesen in den Schriften
eines Ausländers, Homos, Katholiken, Kommunisten
im zweiten Wagen der Linie S 5
… die Frau steht hastig auf, guckt nochmal zurück,
bleibt erschreckt stehen auf der ganzen Strecke von
Frankfurt-West bis Hauptbahnhof …
ich lese noch immer unter den Neonröhren im S-Bahn-Wagen
von der Abtreibung, diesem Drama, in dem die Frau allein bleibt,
wenn sie von der Welt ausgeschabt, erleichtert und verlassen wird,
nachdem sie im Bett vorher nicht allein war
… wie eine bunte Maske vor mir: jetzt guckt sie wieder zurück,
als wollte sie mir lieber „in die Fresse schlagen",
noch immer erstarrt im Gang der S5, II. Klasse (wäre sie doch
aus diesem Gesicht gefallen, ruhig noch vor Beginn ihrer
Frühschicht. Tut mir leid, Schwester, meine plötzliche
Demaskierung vorhin
denke ich, als)
der Zug stoppt:

Hauptwache. In die U-Bahn umsteigend
strömt die schweigsame Menge, stürzt halbwach
mit mir, würde mich eh' mitreißen mit ihren
müden, aggressiven Gesichtern
(keiner ist zu identifizieren,
stoßt mich nur nicht aufs Gleis!)

Ich hör die Bahn ranrollen.
Den Freibeuter, weil der gewissen Bürgern die
Larve von ihren Gesichtern runterriß, haben
Faschisten kaltgemacht,
jagt mir durchs Hirn.
Ich notiere mir das hier in fünf/sechs Wörtern rasch auf einem
Zettel, trete zur Seite, bleibe stehen.
Ein Junge, so 14 Jahre, vielleicht 15, schaut triumphierend
zu mir, glaubt, mich dingfest zu machen, als er ganz laut sagt:
„Ein Kontrolleur!"
Die A1 bremst zur Weiterfahrt.

Gert-Peter Merk

Friede im Lande

Da wird
in diesem unserm Land
die Nutzung, friedlich, der Kernenergie
bis an die Zähne bewaffnet
verteidigt gegen Bürgerangst
und die Zukunft niedlich
Entsorgung geheißen
's ist Friede im Lande.

Da ist
in diesem unserm Land,
wenn wer den Rasen betritt,
mit Schlagstock und Kampfanzug
und Reizgas dazu
die Polizei zu Diensten,
dein Helfer und Freund.
's ist Friede im Lande.

Da wird
in diesem unserm Land
der Pflichtigen Eigentum
aufs staatlichste geschützt
vor denen,
die ihn eintreiben,
den Anspruch der Verfassung.
's ist Friede im Lande.

Da geht man
in diesem unserem Land
nimmermüd gegen die Feinde vor
der Verfassung, zur Ordnung gestutzt
von jenen Jägern und Hegern,
die allemal breitbeinig
den Rasen zertreten.
's ist Friede im Lande.

Da findet
in diesem unserm Land,
die Begriffe längst umgemünzt,
geistige Ausbürgerung statt
nicht nur in BILD und Vilshofen.
Heut Sympathisant
und morgen dann Asylant.
's ist Friede im Lande.

Da wimmelt's
in diesem unserm Land
von Kampfansagen.
Auf den Fußballfeldern toben die Schlachten,
in Industrie und Parlamenten.
Die Toten türmen sich im Verkehr.
's ist Friede im Lande.

Da wird
in diesem unserm Land
laut und mit Fackeln geblasen
zu Gelöbnis und Zapfenstreich,
als ginge es drum,
einen Frieden
wegzuprovozieren.
'ist Friede im Lande.

Da ist
in diesem unserm Land
lang niemand Hungers gestorben,
wie anderwärts bei den Hottentotten,
beschränkt genug, wie die sind,
das Letzte, und unsres,
in Waffen zu stecken.
's ist Friede im Lande.

Da türmen sich
in diesem unserm Land
unter schlichten Pseudonymen
die Vernichtungsarsenale,
daß wir uns drunter verkrabbeln,
zwiefach im Fadenkreuz
platonischer Friedensliebe.
's ist Friede im Lande.

Wie dann
in diesem unserm Land
soll man das Häuflein verstehn,
die „Volks-Front", Herr Kohl, jawohl,
der mehr als dreihunderttausend
Spinner voll Sehnsucht und Emotion,
die laut und verletzt nach **Frieden** schrein?
's ist doch Friede im **Lande**. *Klaus Stadtmüller*

Gegenpredigt

Spuckt eure Frömmigkeit in ein Weihwasserbecken
tragt euer Herz in einem Klingelbeutel spazieren
ein Orden im Reiche des Herrn ist euch sicher.
Schaut in die vatikanischen Börsenblätter:
die Konjunktur ist gut die Aktien steigen.
Salbt eure Seelen mit dem Öl der Unschuld
vielleicht daß ein Mord den ihr stillschweigend billigt
gesühnt wird.
Gebt nur den Hungrigen billige Seife zu fressen
und den Armen die gezuckerten Kaldaunen eures Mitleids.
Vielleicht krepiert dann der Hunger an Fettsucht
der Aussatz an Grippe.
Vielleicht holt sich der Haß im Bett einer Vettel
den Tripper.

Ihr aber schlaft auf Gesangbüchern süß und auf
reuigen Huren
ihr träumt in Zahlen von einem kleinen Krieg im Osten
(möglichst weit weg) und von fetten Profiten.
Ihr füttert mit Psalmen die Hühner und lockt
mit leeren Sprüchen die gläubigen Hennen ans Bett.
Ein finsteres Absteigequartier ist euer Gewissen
eure Meineide übernachten darin eure Lügen Ehebrüche.
Ein schwüles Treibhaus ist euer Leib ein Kehricht-
haufen eure Seele.
Hört auf zu beteuern hört auf von Liebe zu sabbern
zu beten:
euer Hochmut ist ranzig die Kirchen stinken davon.

Kurt Sigel

Café de la Paix

Auch wenn die Füße ihn
nicht mehr wie früher über diese Straße tragen:
der alte Mann da gegenüber
auf dem Stuhl vorm Haus,
vor den blauen Fensterläden,
der alte Mann gehört dazu.
Dreimal hat er versucht,
die erloschene Zigarette,
die seit Stunden
zwischen seinen Lippen klebt,
mit einem Streichholz anzuzünden.
Dreimal fällt ihm die Schachtel hin.
Dreimal läuft einer zu ihm, bückt sich rasch.
Der Alte dankt.
Anzünden kann er selbst,
da lehnt er jede Hilfe ab.
Beim vierten Mal gelingt es ihm.
Zufrieden rubbelt er den weißen Stoppelbart.
Sein Lächeln wird erwidert
von Frauen, die vom Einkauf kommen,
von Männern im Arbeitszeug,
die Pause machen
und ihre milchigweißen,
roten, grünen, violetten
Zauberwasser trinken.

Man spricht vom Alltag,
spricht vom Sport, von Politik.
Der alte Mann hört zu.
Früher hat er wohl heftig debattiert
mit tiefem Baß vorbei am Zigarettenrauch
und manchmal manchen übertönt.
Heut lebt er leiser,
wirft ein paar Sätze ein,
die andern stocken,
bemühen sich, ihn zu verstehn,
antworten, nehmen ihn
mit ins Gespräch um ihre Sachen, die
auch immer seine Sache waren.

Mittagszeit in Salses.
Die Sonne malt, druckt Schatten auf die Straße,
bleicht Farben aus, brennt Löcher
in gekälkte Häuserwände.
Im Schatten sitzt man angenehm,
drüben vor hellen Fensterläden,
hier unter den Platanen
vorm Café.

Gäste werden
stets freundlich aufgenommen.
Eroberer waren
hier noch nie beliebt.

Daß einmal Krieg war,
ist nicht mehr zu sehen,
doch sicherlich auch nicht vergessen.
Der Alte war
bestimmt mit im Maquis,
war einer von den vielen,
die den Faschisten Feuer gaben.
Ich habe ihn nicht gefragt,
ich nehm es einfach an:
der Alte war mit im Maquis.

Daß sie
die Nazis aus dem Land gejagt,
den Menschen sieht man's an,
den Straßennamen, Plätzen.

Der Wirt bringt café crème.
Nirgendwo schmeckt der Kaffee so gut.
Wir fühlen uns hier wie zu Hause.
Nein, besser.
Kaum eine Fahrt durch Frankreich
ohne Rast in Salses,
unter Platanen
auf gelben Plastikstühlen
vorm Café zum Frieden.

Jens Hagen

Alt-Heidelberg

Was brauchten sie den Feind zu fürchten,
der aufzog vom Südwesten, seine Reiterei
über den Flußlauf setzte, mit den schweren Stücken
vom Berg herunter auf die Tore und die Brücke
Kanonenbälle schleudern ließ.

Bei ihren Neckarmühlen blieben sie,
deren gab's drei, die an der Böschung ihre Räder
ins Wasser senkten schaufelweise,
ganz ohne Dampf, man sah weithin die Wellen
talwärts silbern gefurcht.

Schon brannte an den Lanzen trockner Wisch,
den die Soldaten unter Dächergiebel schoben
zum Ruf „brûlez la ville!" Da lohte es
in jeder Gasse, und der Rauch stand schwarz
um beide Kirchen, bald über dem Schloß.

Am Neckar hielt sich Frieden um die Mühlen,
die innen polterten und hölzern ächzten,
während der Stein über das Korn hinrollte.
Mehlsäcke zerrten Knechte übern Bretterboden,
buckelten auf und warfen sie zu Stapeln ab.

Was brauchten sie den Feind zu fürchten,
der jetzt noch durch die Häuser stöberte
und was in Zopf und Mieder auf den Rücken zwang.
Mehl machten ihre Mühlen, weiter nichts.
Wer lebt, braucht Brot.

Als der Fouragemeister kam mit Offizieren,
den Sackbestand zu zählen, um den Troß
der Karren zu bestimmen für den Abtransport,
da standen sie, die Hand im Schurz und weiß bestäubt.
Sie lachten vage mit dem Feind.

Gespießte Müller sind doch niemand nutz,
solang das Heer im Leder essen will.
Gern hätten sie noch Schrot gesiebt und Mehl gesackt,
denn Brot ist gleiches allzumal.
Gefesselt stieß man sie ins Wasser bei den Mühlen.

Sinnlos wie aller Rauch der Kriege.

Arno Reinfrank

Hunger

Manchmal habe ich
Hunger
nach nichts als
einem freundlichen Wort —
ein Wort
gegen die Kälte,
gegen die Angst,
ein einziges Wort
zum Aufwärmen
und zum Luftholen,
ein Wort ohne Bleigewicht,
nur beladen mit
einem Gran Frieden,
damit es nicht
gleich davonfliegt.   *Peter Schütt*

Die Papierrose

auf dem Rummelplatz
wollte ich dir
mit dem Luftgewehr
den einen Wunsch
nicht erfüllen

die Papierrose schoß dir
ein anderer

bis heute
hält mein Entsetzen an
wenn ich an wichtigere Wünsche
denke
die ich dir
irgendwann später
hätte erfüllen müssen.

Ingo Cesaro

Deutsches Wanderlied

Ein Herrenreiter geht zu Fuß
weil er dem Volk sich zeigen muß
als guter Christ und Demokrat
der für das Volk was übrig hat
fiderallalallalla
wir wandern
wir wandern von einem Ort
zum andern

Der Karte ist nicht mehr zu traun
durch Deutschland zieht ein hoher Zaun
von Lübeck bis zum Böhmerwald
dem Wanderer werden die Füße kalt
fiderallallalla
wir wandern
wir wandern von einem Zaunpfahl
zum andern

Den Wanderer drückt ein Stein im Schuh
Vergangenes läßt ihm keine Ruh:
Von der Maas bis an die Memel
Von der Etsch bis an den Belt
fiderallallalla
wir wandern
wir wandern von einem Krieg
zum andern

Raketen werden aufgestellt
auch wenn der Arsch der Welt
danach in Scherben fällt
von der Maas bis an die Memel
von der Etsch bis an den Belt
fiderallallalla
Marschflugkörper wandern
Marschflugkörper wandern von einem Land
zum andern
von einem Land zum andern

Rainer Beuthel

Spätes Verstehen

Vierzehn
werde ich wohl gewesen sein
wir
meine Eltern und ich
fuhren die unendlich
lange gerade Straße
die Maas entlang
auf dem Weg zu unseren Verwandten

kurz vor der Stadt
die neue Brücke
elegant den Strom überspannend
eine neue Brücke
die alte ersetzend
die Geschichte gemacht
(nicht nur im Film)

und ich erinnere mich genau
als wäre es gestern geschehen
wir hielten an
nahe dem Hauptbahnhof
rasch stieg ich aus
trat auf einen Herrn zu
sagte
,,Entschuldigen Sie bitte
wie kommt man zum Velperbinnenzingel"
er sah kurz auf
erwiderte
— wenn auch mit Akzent —
in einwandfreiem Deutsch
,,Wenn du etwas von mir wissen willst,
mußt du holländisch mit mir reden"

Jahre später
1976 in Straßburg vor dem Sitz des Europarats
bei der Demonstration
gegen Berufsverbote in der BRD
Seite an Seite mit holländischen
belgischen französischen und luxemburgischen
Antifaschisten
fiel er mir wieder ein
der ,,unfreundliche" Holländer
und sie
die Brücke von Arnheim
und die Greueltaten
an unseren holländischen Verwandten

Michael Tonfeld

Ausflug

communis heißt eben gleich sein sagt robert
da fuhren wir noch richtung erkner — extra
langsam: damit wir sie nicht aus dem bett holen
& weißt du der vor der tür der wollte nicht glauben
daß alles erstmal vorbei ist zweieinhalb jahre
stand der hier rum & nun sollte alles vorbei sein —
da mußte ich lachen & dachte an die noch fällige
revolution da rauchte ich schon die dritte zigarette
& trank tintdunklen vin rouge einmal da fuhren wir
im auto mit einem freund durch die stadt immer
im schritt wir wollten ja reden immer im schritt die stasi
acht wagen uns nach neun wagen im schritt stell
dir vor die linden hoch die linden runter die
stalinallee hoch die stalinallee runter gleichmäßig
verteilt auf drei spuren: ich kam mir vor wie
im regierungskonvoi da schenkte katja
zum zweitenmal ein doch die wirklich schwere zeit
hier in grünheide brach aus für die die gegen
mich waren weißt du sagt robert eigentlich geht es mir gut
gut einmal ums haus bringt mich außer atem
doch allein mein hier-sitzen wie kaputt macht es
erst die. die revolution ist nicht ausgang der großen
bewegung sagt robert da fuhren wir schon wieder
gen erkner sondern der endpunkt

1979

Frank-Wolf Matthies

Was für ein Aufwand in der Stadt

was für ein aufwand in der stadt
der regierungspaläste veranstalten
die unbelehrbaren jung
volktreffen: & in schwerin stehen
die polizisten in erhöhter alarm
bereitschaft stehen an den grenzen
der hauptstadt grünweiße shigulis
mit maschinenpistolen in den
heckfenstern stehen an den ecken
der großen straßen den plätzen
der halben stadt berlin herren
mit kleinen schirmen & hand
taschen stehen haushohe
tribünen rechts & links der stalin
allee vor dem neuen palast der neu
reichen tribünen tribünen tribünen
& kameras auf den dächern der häuser
die die beobachten welche die beobachten
auf den tribünen die stehend starren
auf die die sie beobachtend vorbei
marschieren froh optimistisch gesund, was für
ein aufwand ist denen die keiner liebt
die gehaßt werden nur von wenigen verachtet
von allen vonnöten
: sich zu beweisen wie beliebt sie
doch sind. stramme alte männer
rentner von gottes gnaden grüßen
die jugend der welt

Frank-Wolf Matthies

3. Abendfrieden überall

Mangel an Tränen

1
56 auf dem schulhof
mit den schuhspitzen zogen wir kreise
in den weichen sand
und einer sagte
der russe ist in ungarn.
scheiße war unsre antwort.
wir hatten schon einiges gelernt.
der lehrer mit dem holzbein
lehnte knorrig am baum
und weinte.
wir waren damals 9.

2
ein einfacher regentag.
der unterricht entfiel
wir durften einen film ansehn
(den titel habe ich vergessen).
von weither kam die angst,
nagasaki & hiroshima.
und draußen
mußte ich mich vor der unbesetzten
kinokasse übergeben.
ich war 10.

3
die meisten ferientage
verbrachten wir am waldrand
kaum weg von den wohnhäusern
lagen in der sonne
auf zerborstnen bunkerdecken
und überlegten
wie der bombe entgehen.
in die erde buddeln,
da unten abwarten.
wir würden eine madigweiße haut bekommen.
wir waren 11 oder 12.

4
(ja ja
damals)
rotz & wasser

5
er ist begrenzt tendenz geworden
unser friede
wir haben ihn bewältigt, intellektuell
das ist nun mal so
wir arrangieren uns
vergessen andre nicht
(z. b. spendenaufruf.
finger auf der landkarte, wo)
wir gehen auf die straße
wir verteidigen ihn
wie einen, der sich nicht zu wehren weiß
wir haben unsre kleinen hoffnungen
das ist nun mal so

6
ein überfluß an selbstbestimmter kälte
ein defizit an eignen tränen
(keine chance für jahresringe)
ist es nicht so

Rolf Anton

Heute

Das sind eben
friedliche
Tage

Einer
mörderisch
und kalt
wie der andere

H. Jürgen Großkurth

Abendfrieden überall

Das war einer von diesen heißen Tagen
im August in den Blumenkästen
knisterten die trockenen Blitze und
in den Kneipen standen
die Bierhähne auf Sturm.

Der andere hatte die Hand
in den Haaren und verstand
seine Stirn nicht mehr: „Das darf doch alles
nicht wahr sein", sagte er. „Viermal
hintereinander nichts. Und dabei
ist das ein todsicheres System." —
„— Für wen." Fragte der andere.

Das war einer von den Tagen
an denen sich im Innern
der Stadt eigentlich nichts rührte.
Was sich dennoch bewegte,
kam nicht weit.

Da sagte der andere: „Der war scheißteuer,
der Tip. Aber top." Er nahm einen Bierdeckel
und fing an
Zahlen zu schreiben, „Eine bestimmte Kombination
und gezielt versetzt. Das ist der Trick.
Das spielt garantiert
den Einsatz zurück."
„— Wer sagt das." Fragte der andere.

Das war einer von den Tagen
an denen die Leute nach Feierabend noch
diese kalte Nässe
auf den Gesichtern hatten und
hinter den Mündern
sich Worte wie mörderisch
breitmachten.

„Nur mit Arbeit", sagte der andere,
„kommst du aus dem Clinch
nicht raus. Was du brauchst,
ist Glück." Er hatte den Deckel voll.
„Hier die Siebzehn, die müßte das bringen
das nächste mal."
„Ist das dein Geburtstag?" fragte der eine.
„Warum?" fragte der andere.
„Spiel doch mal
auf deinen Sterbetag." Sagte der eine.

Das war einer von diesen Tagen,
an denen die Straßen flimmerten
wie leere Fernsehbilder.
Und auf den Friedhöfen kamen die Witwen
mit dem Gießen nicht nach.

„Man müßte zusammenlegen und
verdoppeln", sagte der andere. „Alles oder nichts."
„Nichts", sagte der eine.
„Alles ist schon nichts." —
— „Rot oder Schwarz. Krieg oder
Frieden."
Er nahm noch einen Deckel.
„Bei einfachem Einsatz hast du die doppelte Chance.
Bei doppeltem Einsatz hast du
die vierfache Chance, und immer so weiter." —
„Du hast keine Chance", sagte der eine. „Einfach
oder doppelt. Aber vielleicht
ist das deine Chance." —

Das war einer von diesen Abenden,
an denen die Leute in den Himmel schauten
und sich schwer atmend
an den Zäunen festhielten.

Manchmal kippten die Leute um
und manchmal die Zäune.

Wulf Goebel

Der Ort

Ein kleiner Flecken;
stiller, blauer
Schatten,
den ein paar Häuser
werfen.

Das Dorf wächst ganz
nach unten.
Tiefer krallt
sich's ein
als Hahnenfuß
und Quecke.
Es hat noch alte
Wurzeln.

Das Dorf lebt lang.
Es atmet nah
am wolligen Bauch
des Berges,
der ruhig wieder-
käut.

Hier wohnt ein Schein
von Frieden.
Nur manchmal
klopft es wie
ein Veteranenstumpf
auf Pflastersteine.

Dann geht die Zeit
vorbei.   *Susanne Faschon*

Die Botschaft

I   Morje Kinner werds was gewwe
    un kaaner will de Christbaam butze ...

    Die jetz im Jumbo nach Pordugal flieche
    nach Teneriffa odder Agadir
    die's Fest in de Siedsee feiern
    all dene frehlische Weihnachde
    denn die hawwe die Gnad schon abgekrieht
    hosianna!

II Wach uff Dabbes weksel die Socke
    un zieh e frisch gebichelt Hemd aa
    des Christkind schdeht vor de Dier
    un kaaner wills reilasse
    die Lisbeth lääft noch in Lockewickler rum
    des Lorsche triweliert un die Bälsch kreische
    als häddese seit acht Daach nix ze esse krieht
    Heilisch Awend halleluhja
    un mach endlich des Geplärr vom Platteschbieler aus!

    Los Dabbes schdeck die Kerze aa
    heut is de Heiland geborn!
    awwer schmeiß de Baam net um debei odder die Kuchle runner
    die Reklameengel in de Schaufensder frohlocke
    (se zwitschern schon seit siwwe Woche devo)
    un die effentliche Weihnachtsbäm sin mit Schprich behängt:
    Friede uff Erde un dene e Wohlgefalle
    die merr guhd leide kenne

    O du frehlische o du seelische
    Jahreszeit fer Geschäfdemacher Politredner un Seeleverkäufer
    Fridde de Arme wannse die Reiche noch reicher mache
    Fridde alle Geechner wenn se Freunde werrn
    Fridde de Feinde wannse dood sin
    Friede all dene die guhden Willens sin
    un unserer Meinung

III Hasde die Botschaft geheert Dabbes?
    hosianna!
    laß die Kinner rei se wolle Lebkuche fuddern
    un nachher die Lichtcher ausblase
    im Radio is schon e mords Glockegebimmel
    un aussem Flimmerkasde schdeicht
    die Nickeloos middem große Sack uffem Buckel
    hosianna!
    die Herze un Seele sin programmiert hosianna
    nor e ganz Kompanie Weihnachtsmänner
    von Neggermann un Herdie
    hockt noch im Schnellimbiß am Bahnhof
    un die dick Erna vom Reichshof
    kaut annem Hihnche

Kurt Sigel

Ostern '79

Schon wieder
stürzte ein Phantom-Jäger
vom Elektronikhimmel,
versetzte ein fränkisches Dorf
in Angst und Schrecken.
Maßlose, verbissene Rüstungswut
fordert ihre Opfer.
Etwa dreißig Millionen
kostet diese Wundermaschine —
und beide Piloten tot.
Sie waren nicht die ersten
und werden nicht die letzten sein.

Siegfried Schwerdtfeger

Wir sind wie das Gras

Und der Krieg sagt mir mein Freund
der Krieg
ist ein übles Geschäft
er häutet die Lebenden
und macht die Leblosen
reich Jahr für Jahr
so ist der Krieg sagt mir der
Freund:
    auf der Wiese vor unserem Haus
    lief ich Schlittschuh
    auf einem zugefrorenen
    Bombentrichter
    ich war ein glückliches Kind
    erzählen die Eltern
    und meinen Bruder
    nahm ich gern an die Hand
    leise
    klopfte das Wasser ans Eis ...
Und der Friede sagt mir mein Freund
der Friede
ist ein sanfter Wind
der mit den Vögeln zieht
durch die Nacht und die Bäume
bewegt Tag für Tag
so ist der Friede sagt mir der
Freund:
    ich rücke noch einen Stuhl
    an den Tisch
    wir essen wir trinken wir
    schweigen
    und treten bald schon gemeinsam
    vors Haus sind wie das Gras
    und wie ich war so will ich mich
    wiedererkennen.

Johann P. Tammen

Hände hoch

Ich hatte nie verstanden, was der Pförtner damals gewollt hatte. Und warum das? Wenn ich ihm aber auf der Straße irgendwo außerhalb unsres Werkes *sonst* begegnet war, verlangte er es nicht von mir. Aber auch mit den anderen hatte er's, wenn er Dienst an der Pforte hatte. Als deswegen auch meine Eltern angesprochen wurden, sagten sie: Tu's doch! Wir tun es auch, das gehört sich so!

Mit drei Jahren habe ich mehrmals versäumt, an der Pforte des Werkes „Heil Hitler" zu sagen. Mein Vater hatte in der Filmfabrik der IG-Farben-Werke einen höheren Posten — und wir wohnten auch im Werksgelände. Wir mußten also mitunter mehrmals täglich am Pförtner vorbei. Ich hatte schon gesehen, daß andre Leute auch grüßten — mit der ausgestreckten Hand. Und wenn der andre finster blickte, die Grußszene eigentlich danebenging, spielte das so eine Rolle?

Ich sah noch nicht ein, daß der Mann das von mir wollte; im Kindergarten machten wir's ja auch nicht!

„Das hat Konsequenzen", habe der Chef meines Vaters gesagt. „Die Zeiten sind schlecht", sagte dann mein Vater, „sag's doch endlich, das ‚Heil Hitler', das machen doch *alle* an der Pforte des Werkes... Was wir hier privat machen, wenn unsre Besucher zu uns kommen, das geht keinen etwas an", ergänzte er Mutter gegenüber entschuldigend.

Fortan lieferte ich den Gruß: „Hali", das sagte ich gedehnt, nicht knapp und militärisch. Es gibt noch ein Foto aus dieser Zeit, wie ich durch die Pforte gehe: mit erhobener, gestreckter Hand, an dem Pförtnerhäuschen mit todernstem Gesicht vorbei. Schwer fiel es mir schließlich nicht, denn ich brauchte es nur den anderen Erwachsenen nachzumachen, die grüßend vorbeischritten. Als ich in die Schule kam, wollte ich den Gruß auch liefern. Ich wartete darauf, aber das wollte der Lehrer auf einmal nicht. War hier der Gruß vorher schon schiefgegangen? Wenn ich hier zurückgewiesen wurde, hat er mich vielleicht nicht richtig verstanden, vielleicht war ihm nicht wohl gewesen? Er guckte so komisch. Ach, was spielt Grüßen überhaupt für 'ne Rolle!

Es war inzwischen 1945, Kriegsende, gewesen. Wir hatten aus dem Werk ausziehen müssen. Mein Vater war lange vorher verreist gewesen. Erst viel später hat dann meine Mutter mir erzählt, daß ihn Leute abgeholt hatten. In Zivil seien sie gekommen. Nein, nicht wegen meines Nicht-Grüßens damals. Viele seien damals abgeholt worden oder einfach verschwunden, weil sie anderer Meinung gewesen seien, als es die Vorschrift war. Aber warum hatten sie *mich* statt dessen nicht gleich mitgenommen, als ich nicht richtig den Gruß geleistet hatte?

Aber die Antwort war für Mutter selbstverständlich: ich *hatte* ja dann gegrüßt — mit „Hali", und ich sei doch noch so klein gewesen. Ja, wir haben dann in einer Seitenstraße in Dessau gestanden. Mit Blick auf die eine Seite des Zuchthauses. An einem der vielen vergitterten Fensterchen, dort in der Ferne, tauchten ab und zu so etwas wie die Umrisse eines Gesichts auf, das immer rasch wieder verschwand, um von den Aufsehern rund um das Zuchthaus nicht gesehen zu werden, um nicht aufzufallen. „Das dort ist Vati", sagte meine Mutter. Ich glaubte es ihr nur halb, denn ich konnte ihn nicht erkennen — und ich brauchte noch keine Brille. Dort im Zuchthaus blieb er nur wenige Monate, bis er nach Sachsenhausen abtransportiert wurde.

Aber nun, etwas älter, fragte ich sie doch einmal, ob sie *dann* endlich *andrer Meinung* gewesen sei, als sie Vater abgeholt hatten. Zu meiner Verwunderung sagte sie, daß sie überhaupt nicht anderer Meinung gewesen sei, als er dafür bestraft worden sei. „Aber hast du Vati gar nicht gern gehabt? Wenn du eure Gedanken bereut hättest, hättest du ihm ja aus der Haft helfen können!"

Aus dem Werk der IG Farben, die aus ihren Laboratorien das Giftgas Zyklon B direkt in die Vernichtungslager Auschwitz

und Birkenau geliefert haben, wurde nach 45 ein volkseigener Betrieb der DDR. Mein Vater, längst zurück aus den vier Jahren Haft im KZ, wurde Aktivist seines Staates. Ich war, wie fast alle, Mitglied in der Kinderorganisation „Junge Pioniere" — und gehorsamer geworden. Der Gruß, den ich als Junger Pionier zu leisten hatte, machte mir keine Mühe mehr: „Seid bereit" hieß es — „Immer bereit" war die Antwort — mit jenem zukunftsfrohen Gesichtsausdruck, dem jeder Eroberungswille gegenüber fremden Ländern, alle Vernichtung artfremder, andersdenkender Volksgenossen fremd war: die ausgestreckte Hand erhoben, den Arm nicht gerade ausgestreckt, sondern zu Kopf und Schläfe gewinkelt. Wurde das nun regelmäßig ausgeführt, merkte ich, wie leicht einem Imitieren fiel, wie in mir doch wieder eine Welt entsteht, die solche Grüße, in Reih und Glied, als selbstverständlich ertragen läßt.

Jahre später, als jugendliches Mitglied der „Freien deutschen Jugend", vollführte ich ganze Gehorsamsgesten mit der Hand und sagte dabei „Freundschaft" zu den anderen FDJlern und DDR-Bürgern, wie wir's gewohnt waren. Einen Gruß, der zum politischen Ritus geworden war.

Kaum war er so für uns eine gewohnte Geste, die ich wählen konnte und mit der ich frei umgehen durfte, indem ich mich z. B. Leuten zeigen konnte, ihnen mit meiner Grußform meine Freude, die anderen Bekannten und Freunde zu sehen und ihre Antwort zu erleben, direkt auszudrücken imstande war — aber nur einigen gegenüber, nicht allen. War ich somit zum Mini-Tribünenpolitiker beim Vorbeizug am Moskauer Roten Platz, zur lebenden Gallionsfigur geworden, oder blieb ich das fähnchenschwingende Republikkind, das zum Besuch des ausländischen Staatspräsidenten in der Stadt schulfrei bekommt?

Ich bin zu der Zeit ein Jugendlicher gewesen, der seine Interessen, sein Verhalten noch finden wollte. Dem die Welt, die er grüßt, eigentlich noch gar nicht selbstverständlich ist.

Doch auf einmal war wieder mein Vater, der DDR-Aktivist, verschwunden. Da er in einem der wenigen Sonder-Hotels der DDR, im „Wilden Mann" in Weimar, arbeitete, wo schon Goethe, später Hitler, dann auch Ulbricht und Chruschtschow gerne essen gingen oder hinchauffiert wurden, war mein Vater ein „Sicherheitsrisiko" geworden. Bei ihm war man in seiner Funktion als Küchenleiter nicht recht sicher, wie er die Speisen für die Polit-Prominenz würzte und würzen ließ. Hatte er es doch nie richtig „zum Gruß" gebracht, indem er schon bei den Nazis der falschen Partei seine Zustimmung gegeben hatte.

Ein paar Jahre später fand ich mich also im Westen wieder, legal, ohne meine Schulfreunde und meine bürgerliche Tanzstunde(nfreundin) — die ich mittlerweile gehorsam absolviert hatte. Unsere Familie wurde in der BRD wieder zusammengeführt, nachdem mein Vater auf einen sicheren, geheimen Tip eines Vorgesetzten hin, der Sicherheitsdienst der DDR wolle ihn „kassieren", über Nacht nach Süddeutschland geflüchtet war.

Ich bin älter geworden. Keine 4, keine 10 Jahre, keine 17 mehr. Der Nazismus ist schon halb vergessen. Und mit der DDR haben wir in der Bundesrepublik ganz gute Wirtschaftskontakte. Ein Bekannter von mir hat sogar das Studium an einer Bundeswehrhochschule geschafft. Dort wird der Dienst für die Bürger im Staat geübt, indem sie verteidigt werden. Die neben ihm, mit denen er leben will oder muß, sie grüßt er mit erhobener Hand zur Rekrutenmütze. Die zu Gegnern erklärten Menschen grüßt er mit einem fixierenden Blick, dann zähnefletschend, schließlich mit der Waffe in der Hand. Bestenfalls kommt darauf eine wiedergrüßende Gebärde der Gegner, indem sie schnell beide Hände hochreißen. Ich bin nicht stolz auf meinen neuen Bekannten. Aber ich toleriere sein Leben, solange er meines in Ruhe läßt. Wovor sollte er mich als Verteidiger „schützen"? Gottlob, es geht uns heute nicht schlecht, solange wir uns von Feinden nicht bedroht fühlen. Wir leben hier in einem modernen Industriestaat und dürfen an den Fortschritt glauben —

als alte Geschichte läßt Preußen grüßen; die Weimarer Republik hat uns ihren Denkzettel hinterlassen. Nun haben wir unsre Freiheitliche Demokratische Grundordnung mit genügend Gesetzesergänzungen zwecks Notstand. Das ist nun mal so! Und doch kenne ich Leute und ganze Gruppen, die nicht mal das wahrhaben wollen.

Gert-Peter Merk

Wenn Sie mich fragen ...

Wenn Sie mich fragen, dann muß ich auch sagen, daß ich kaum drüber nachdenke. Frieden — das ist irgendwie ein Wort, da kann ich mir nichts Gescheits drunter vorstellen. Wenn ich sag: Haus. Dann weiß ich, was los ist, aber beim Frieden — das ist schwierig. Ich find, man hat sich halt schon dran gewöhnt. Das ist genauso, wenn man sein ganzes Leben lang nur Mercedes fährt. Zum Schluß weiß man das teure Auto nicht mehr zu schätzen. Wenn sich aber jemand die 30 000 Mark jahrelang erkämpfen muß und kann sich dann mal so etwas leisten, dann ist das ganz anders. Vielleicht ist es beim Frieden genauso. Ich denk mirs halt. Damals wie der Krieg aus war, sind wir alle froh gewesen. Wenn man wieder ruhig schlafen konnte und net die ganze Nacht die Ohren gespitzt hat, ob nicht das Brummen von einem Flieger zu hören ist. Doch heut ist das alles vergessen. Ich kann halt nur eins sagen: ich habe den Krieg gesehen und so etwas darf nimmer kommen. Doch was red ich drüber. Meine Meinung ist doch egal. Uns habens damals net gefragt und heute auch net. Früher, als junge Kerls, hats immer geheißen: „Bevor, daß ich draufgeh, nehm ich noch drei Iwans mit." Irgendwie war das auch eine falsche Einstellung. Die, drüben in der Ostzone oder in Rußland, haben auch genauso Angst wie wir. Ich weiß das net, aber ich denks halt. Denn da drüben ist es genauso wie hier. Diejenigen, die den Krieg anstiften, ziehen letzten Endes den Kopf durch die Schlinge. Der kleine Mann auf dem Feld verreckt und net die Herren im Frack. Aber des war schon immer so und wird auch immer so bleiben. Da kann die Jugend ruhig für den Frieden sein, des ist nichts Besonders, heut ist jeder dafür, doch einen Krieg so zu verhindern, des kann keiner, und mit Demonstrieren und Autos-Anzünden gleich zweimal net.

Tonbandprotokoll mit Hans N. (58 Jahre) am 14. 9. 1981
H.-P. Siebenhaar

Mein Beitrag

Wir sitzen in der kleinen bekümmerten Konferenz
Fest steht, daß wir uns da nicht heraushalten werden
Die Sessel sind bequem, Krieg und Frieden sind
Darüber dürfte wohl kein Zweifel aufkommen
Unser aller dringlichstes Thema
Sagt einer von uns, fast egal, welcher
Nur ich bin es nicht, schon wieder nicht gewesen
Jedem von uns, mich eingeschlossen
Ist jetzt ganz wichtig
Wie er seine Tasse Kaffee trinken wird
Nehmen Sie Milch? Etwas Zucker? Ganz schwarz
Ach ganz schwarz vor Augen wird ihr im neuen Pullover
Wenn sie an den noch nie so schlimm wie derzeit
Bedrohten Frieden denkt
Und diese Referentin — schöne Frisur heute —
Fragt jetzt, alle und keinen
Wer denn überhaupt in dieser Gegenwart
Noch schlafen könne, wer denn
Fühlt nicht diese Umzingelung
Von Raketen, Abschußrampen, Sprengkraft?
Ich eigentlich nicht, nicht abends im Bett,
Kämpferisch auf Friedlichkeiten angewiesen
Sind es doch nicht Waffen
Die mich ablenken.
Ich habe mir zu lang eine Photographie
Von der Entstehung unserer Galaxis angeschaut
Keinen richtigen Schauplatz für
Liebe Tote gewußt
Dorthin mich dennoch gewendet
Zur Zeile VERGIB MIR MEINE SCHULD
Ist mir zu viel eingefallen.
Ein Dramaturg, er raucht jetzt nicht mehr
Hat also hierfür einen herzlichen und neidischen
Glückwunsch verdient, freut sich
Über die Anerkennung, die seine karierte
Jacke kurz zwischendurch findet
Daß es schon wieder regnet
Macht auch nur mich nicht unglücklich.
Man kann kaum mehr atmen
In der derzeitigen Kriegsbedrohung
Wird eben festgestellt
Und ich frage mich weiter danach
Was ich endlich Dauerhaftes tun könnte
Um die Telefonstimme, zweimal täglich
Meiner Mutter zur Lustigkeit zu zwingen.
Was mir neulich abends im Zirkus
Am besten gefallen hat
Das weiß ich
Das war die stetige Erinnerung an den Moment
In dem du mir
Plötzlich zwischen lauter äußerst
Erwachsenen Fahrkarten, am Reisebüroschalter
Diese Überraschung gemacht hast:
Zwei mal Loge, Sitz Eins und Zwei, bitte!
Und als dein kleines Kind
Zu dem ich wurde
Habe ich mir von meinen ebenfalls
Um ihre höheren Lebensalter gebrachten
Lieben Verwandten Erlaubnis erbettelt
Ich würde mich so schrecklich gern
Auf den Drahtseilexzentriker freuen!
Laßt uns miteinander ein bißchen
Unsinn mundartlich, in der
Heiterkeitsverstellung treiben!
Danach erst jeweils
Wenn ich spielen kann, daß es euch gutgeht
Wäre mein Beitrag zur Krieg- und Frieden-Veranstaltung
Denkbar, als Ablenkung übrigens willkommen.

Noch etwas Kaffee? Ja, bitte,
Ganz schwarz
Wirklich sehr schwarz sehen ernstzunehmende Leute
Angenehme Leute wie die hier in unserer
Kleinen bekümmerten stimulierten Konferenz
Ganz schwarz für unsere Zukunft
Wenn das überhand nähme
Wenn das viele wären
Mit dem privaten Harmonie-Verlangen
Viele wie ich
Mit meinem fahrlässigen Plan jetzt
Nachher einfach noch mal ein Extra-Telefonat
In den Vorort zu riskieren
Und LIEBE MUTTER LASS DIR'S DOCH GUTGEHEN
zu rufen, SCHLAF GUT, ich will die Raubtiere genießen!
Jemand vergibt mir unaufhörlich
Hat einen festen Wohnsitz
War nicht auf dem galaktischen Foto
Hält sich sehr zurück
Unentbehrlich
Für mein Beharren darauf
Hier in der Gruppierung der Verantwortungsvollen
Wie gewissenlos dazusitzen
Bei Kriegsausbrüchen nicht weinend —
Über einen Tonfall
Sind mir die Tränen gekommen.

Gabriele Wohmann

Kanonen, keine

Der Zug fährt an,
Hunde bellen, ich
lauf. Über den
Holzplatz.
Männer winken. Sie
arbeiten, ich
springe auf.
Schulweg.

Zwischen Bahnhof und
Sägewerk der
Teich.
Enten lassen
Spuren.

Schnee auf Hügeln,
Gurkenfeldern.
Krautköpfe. Morgen
Sauerkraut.

Dieses Land. Ohne Krieg.
Wir
hungern.
Wir
leben.

Horst Bingel

Die weiße Feder

Es ist wieder soweit: in unserer Straße sind Truppen aufmarschiert. Gepanzerte Fahrzeuge, Wasserwerfer, angespannte junge Gesichter unter viel zu großen Helmen schirmen einen Laden ab. Ich stehe inmitten der aufgebrachten, wütenden Menge, viel zu weit weg, um die Auslagen im schmutzigen Schaufenster betrachten zu können. Aber ich weiß auch so, daß es keine Juwelen sind. Es sind Faustkeile, blutige Faustkeile, und an einigen kleben noch verkrustete Bündel von Menschenhaar. „Wozu die ganze Aufregung?" hat neulich ein eiliger Passant gefragt, „das sind doch bloß Bücher, verrückte Bücher!"
Ja, wenn ich die Augen zusammenkneife, sehe ich auch, daß es bloß Bücher sind. Mit einiger Anstrengung kann ich sogar die Titel lesen: „Die Auschwitz-Lüge", „Volk ohne Raum" und „Ritterkreuzträger erzählen". Doch seltsamerweise verschwimmt mir das Bild immer wieder vor den Augen. Diese Flecken dort auf dem ausgeblichenen Samt — ist das nicht geronnenes Blut? Und der Einbanddeckel des dicken Wälzers vorn sieht verdächtig nach vergilbter Menschenhaut aus. Hat man nicht früher zu einer gewissen Zeit Schirme für Nachttischlampen aus solchem Material gemacht? Von der Mütze der Titelseite blakt mir höhnisch ein Totenschädel entgegen. Oben, in Höhe der flackernden Neonröhre, krampft sich lautlos ein Schrei zusammen. Ein stummer Schrei aus Millionen Kehlen.
Vom Balkon des Hauses, geschützt im Rücken der Polizei, lachen andere Uniformierte zynisch auf die Straße herab. Ihre Uniformen sind schwarz. Nur die Totenköpfe fehlen auf dem Kragenspiegel ihrer Hemden. Sie knipsen Erinnerungsfotos und amüsieren sich köstlich dabei.
Die Menge starrt fassungslos auf den Balkon. Hände ballen sich zur Faust. Jemand hebt einen Stein. „Laß mal stecken, mein Junge ... so erreichen wir heute nichts mehr", sagt ein älterer Arbeiter. Ich kenne ihn. Wir nicken uns jeden Morgen um die gleiche Zeit beim Brötchenholen zu.
„Deutsche Polizisten schützen die Faschisten!" ruft jetzt die Menge. Die ersten Familienväter gehen nach Hause. Schließlich hat man erst kürzlich in der Zeitung gelesen, daß der gezielte Todesschuß wieder grundsätzlich erlaubt ist. Die Angst bleibt in der Straße zurück, kriecht die Hauswände hinauf bis zu den Dachmansarden. „Und das ist nun meine Straße ...", denke ich. „Oder besser: sie war es mal. Denn heute ist wieder ein Stück davon gestorben." Ich gehe auch.
In der Eckkneipe beim Griechen stürze ich schnell ein zorniges Bier hinunter. Dann in den Park. Nur weg hier, keine Menschen mehr sehen müssen! Am Rande des Parks warten weitere Truppen auf ihren Einsatzbefehl. Die Zufahrtswege sind planmäßig abgeriegelt. Über verdörrte Blumenbeete hinweg laufe ich in den Schutz der Büsche und Bäume. Eine Stunde sitze ich so und versuche zu vergessen, daß ich Deutscher bin.
Dann hat die Realität mich wieder eingeholt: „Na, was ist denn, was ist denn?" schimpft ein Opa dicht neben mir und zerrt an der Leine. An der Leine zappelt aber diesmal nicht der obligatorische keuchende Kurzhaardackel, sondern das Enkelkind. Es hängt in so einer Art Laufgestell mit Brustriemen, das ihm gerade so viel Bewegungsfreiheit läßt, daß es nicht umfällt, hängt an der Leine, schwankt auf kurzen Stummelbeinchen hin und her.
Ich starre fasziniert auf dieses Wunderwerk moderner Kindererziehung. Auch der Opa ist unsicher auf den Beinen. Man weiß eigentlich gar nicht, wer wen im Gleichgewicht hält. Der Alte will weitertappen. Das Kind nicht. Es hat etwas entdeckt: eine wunderschöne, weiße Flaumfeder liegt da am Boden, kuschelweich und verlockend plusterig. Das Kind will sich bücken, kommt aber wegen des Laufgestells nicht mit den kurzen Ärmchen an den Boden, es zurrt und zerrt und zurrt am Lederriemen. „Na was ist denn, na was ist denn?" brummt der Opa ärgerlich. Er sieht nichts, vermutlich ist er nahezu blind. Das Kind versucht noch immer nach der schönen weißen Feder zu grabschen, zweimal, dreimal, viermal ... vergebens, es kommt nicht ran.

Zuletzt — ich halte den Atem an — geht mit dem Kind eine seltsame Veränderung vor: die Erkenntnis, keine Chance zu haben, läuft plötzlich über sein Gesicht und verzerrt es hin zur Häßlichkeit. Wenn es schon mit den Fingern die weiße, wunderschöne Feder nicht erreichen kann, dann wenigstens mit den Füßen. Mit einem wütend-enttäuschten Aufschrei stampft es die weiße Feder in den Staub.
Benommen stehe ich auf. Ich habe genug gesehen. Ich gehe zurück in die Straße, die einmal mein Zuhause war. Auf dem Pflaster trocknen die Spuren der Wasserwerfer. Oder ist es diesmal Blut? „Komisch", denke ich dabei, „was ist nur los mit diesem Land? Weiße Federn gibt es doch viele. Bloß nicht genug Menschen, die sie aufheben können."

Harald Braem

Frankfurt Ankunft

Nicht ratifiziert, las ich, und folgt Salt III auf Salt II: der eine König starb, schon jubelt der nächste im Volksmaul, dann fielen mir die Alliierten auf, die Schutzmacht; ich war kaum aus dem Zug, dem Bahnhof, durch die Unterführung. Wie sich ihm einigermaßen menschlich die olivgrünbraunen Hosenseiten beulen: schwarzer Soldat, Lower Class, prima Mittelgewichtler. Nicht mich grinst er an, sondern Erinnerung wohl, ein Anflug von Slumgeruch durchweht „god's today army". Wieso's mich ausgerechnet nach Frankfurt verschlage, will sie wissen. Später allerdings. Immerhin, eine ehrliche Stadt: „Die drei Riesenphalli" beverste ich spontan den ersten Eindruck. Erhebt sich blitzend mit Spiegelflächenfenstern. Dachte schon auf der Kaiserstraße dran, wie David den Goliath. Nun is er's selber. Man reiche mir 'nen Fotoapparat. Das Geschlingere um mich, die bunten Farben, der Schweiß, Spitzenfotos für Millionen Agfa Klick Starfighter vor untergehender Sonne. Die Darstellung der aufgerißnen Gebärmütter von My Lai oder wie sie sie hineinpferchten, schoben, wälzten mit Baggern und vorgezognen Schaufeln, die Leichen in riesige Gruben. Das ist vorbei, lange her, man soll nicht nachtragend sein. Weggeschnittene Brüste, deren Wiedergabe pervers genannt würde von solchen Ästheten: Die tadellose Formung eines Maschinengewehrs. Und wo ich hinblicke, jetzt, dazu sind sechsundzwanzig Jahre gut: Mercedesflut metallic. Träume, Stahl. Raucht, der Mensch dort, „seelenruhig". Lärm und ein Anflug von Chaos, in dem wie Dolche die Banklatten stecken, Kristallblut gefrorener Arbeit, während eine dickliche Frau mir entgegenschlendert, betütet, kurzatmig. Schneider (dein goldenes Haar) Margarete, geb. Wiese, 8. Juni 29, erblickt das Licht, früher BDM, dann: „Nie wieder Krieg" (wie eben alle) gerufen, aber schon gejubelt, als Kennedy nach Berlin kam, und erste Panzer, vorher bereits, entrollten der freiesten Republik aller ins Gehege der NATO. Flüchtig geht's mir über die Augen: Gestorben wird morbid bei uns oder fett, denn 65 Prozent der Deutschen sind übergewichtig, fettleibig, den Menschen ein Wohlverfallen. Die Deutschen pflegen ihre Füße nicht. Vergessen Sulamith, wie sie, Frau Schneider, jetzt stemmt die Fäuste in ihre weichen Hüftseiten. Die Küche einer Dreizimmerwohnung, Essensgeruch. Vor ihr auf dem weißen Stuhl der Junge, sieht zu Boden. „Herrgott, macht doch nur nich imma so'n Theater! Das Lebn fordert auch Pflichten, is nich nur Zuckerschleckn. Was meinst'n wo wa jetz wärn ohne die Amerikaner ..." Und setzt hinzu: „So'n kleines Land wie wir." — Der Junge schweigt. Frau Schneider denkt flüchtig ans Einkaufen, die Hitze, Vater und die offenstehenden Abzahlungsraten wegen des Kredits. Dann die Russen, wie se reinmarschiert kamen, 45 in Machdeburch. Ham die Mädel sich auffes Holz vonner Dachluke gelegt, gekauert, mit angehaltnem Atem. Nich maa flüstern durftn wa. Das klopfende Herz. Leise Schreie, die kamen wie aus Watte vom Nachbarhaus her, wo der Kati angetan ward, was die Mädchen nur ahnten, damals. Man dachte Schreckliches davon, wenngleich beigemengt einen eigentümlichen Kitzel. Das Stampfen des schweren Schuhwerks. Die weichfremden, selten rauhen Sprachklänge: tief. Die Wärme der unterdrückt atmenden, aneinandergepreßten Körper. Der Junge antwortet noch immer nicht. Frau Schneider wendet sich dem Eintopf zu. „Was wißt denn schon ihr?!" Während unten die Straßenbahn vorbeifährt und das Lärmen der Dampfhämmer von der gegenüberliegenden Straßenseite in die Wohnung drängt, schlingere ich mich durch die Autoreihen, überquere die Kaiserstraße, aufdringlichen Linsengeruch in der Nase. Ich suche ein kleines Lokal, setze mich. „Einen Kaffee bitte." Der Kellner trägt enganliegende Hosen mit scharfen Bügelfalten. Haben uns unsere Großväter denn erzählt, wieviele sie vergewaltigten, arisch schwarzrotgold? Persönlich hat nie jemand jemanden. So ist das. Jeder amerikanische Soldat verkörpert ein Stückchen Freiheit der westlichen Welt. Vergessen die Wellpappdächer am Rand der Metropolen. Eichmann war ein fürsorglicher Familienvater. Überhaupt: Außerordentlich tierlieb. Die drückend feuchte Schwüle des Dschungels setzte ihnen zu: aufgeregte Schweißperlen im Gesicht, klatschnasse Hemden, das Drücken der MP-Halfterung. Erektion. Vor ihnen, am Boden, die leicht gelbhäutigen Gesichter, entsetzt. „Knebelt sie nicht, ich will sie schreien hören", sagte der Truppenchef mit flatterndem Tonfall. Dann rissen sie die Kleidung einer der von ihnen mit gespreizten Extremitäten gefesselten Frauen herunter. Die sanfte Erhebung über der Scham: so fest. Mit grinsendem Ernst stieß der erste sein Bajonett hinein. Drei weitere Soldaten, ranghöher wohl, Weiße, schlendern eilig zigarettenrauchend weißzähnig durchs Stadtgewühl. Amerikanische Wortbrocken, heiter, fliegen mich an. Irgendein Angestellter verläßt in korrekter Kleidung ein Geschäftshaus. Frau Schneider schleppt an zwei Plastiktüten, Hemdbluse und Mantel geöffnet. Die plötzlich aufgebrochene Hitze macht ihr zu schaffen. Drei Kinder hat sie geboren seit dem Krieg, davon eines, Annette, seinerseits eins. Man wird schnell zur Großmutter. Gut, daß die Wechseljahre vorüber sind. Vor der großen Vitrine von Meyer hält sie einen Moment. Ihr praktischer Geist wägt den Nutzen gegen die Spielerei. Als man den Schah vertrieb, hatte sie getrauert, auch Farahs wegen, und er war schließlich solch ein lieber Mann. Auch ihr Gatte beteuerte Angst der Weltlage wegen, rauchte jedoch kaum nervöser, streckte die Beine nur noch weiter aus. „Nie wieder Krieg", das war auch sein Ausruf gewesen, damals, vor fünfzig: Man ist eben allzu naiv in politischen Dingen. Und der Adenauer weiß schon, was er tut. Mit Stolz betrachteten Schneiders dann den uniformierten Meister. „Sieht'a nich schnieke aus?" Das Familienglück im Gruppenfoto, hängt heut im Wohnzimmer neben dem Fernsehgerät. Die Vietnamesin schrie, erbrach Essensreste, als sich das scharfe Metall ihr in die Eingeweide fraß. Einer der Soldaten hatte sein Glied entblößt, sich auf eine andere Vietnamesin geworfen. Rasend im Geschrei des aufgeschnittenen Leibs stieß er sein Rotzüngelndes dem Mädchen ins Geschlecht. Das Lustigste, erzählte Michael einmal, waren die Manöver in der Lüneburger Heide. Der Kaffee, eben gebracht, dampft vor mir. Ich rauche wieder Zigaretten. Neben mir ein alter Mann, zitronengesichtig. Ich hoffe immer, bei Menschen dieser Generation einem zu begegnen, der im KZ gewesen ist. Aber stehe ich einem solchen gegenüber, kann ich ihm nicht in die Augen sehn. Die meisten sind aber Mörder, zumindest solche der Unterlassung. Der neben mir hat das Zittern in den Händen und riecht leicht. Ich spüre einen unbestimmten Druck auf dem Gehör und

schämte mich neulich meiner Sprache: Paris, Centre Beaubourgh, Nuit et Brouillard (nie vergeß ich die Stimme Celans in der deutschen Fassung). Berthold und ich standen, zwei Deutsche unter lauter Franzosen, vor dem kleinen Bildschirm, der der Ausstellung eingegliedert war. Das aufgetürmte Frauenhaar, die abgezehrten verrotteten Leiber. Das Schlackern der toten Gliedmaßen. Die entsetzten Franzosengesichter. Abscheu. Ich konnte nicht einmal weinen. Hätt es so gern getan. Wir schwiegen. Nur nichts sagen: Man erkennt uns sonst. Auch nicht französisch sprechen: Dieser Akzent fällt überall auf. Stumm gingen wir fort nach dem Ende des Films, trauten uns kaum, uns anzusehen, mit der Schuld einer Nation auf dem Erbe. Später ging das Dorf in Flammen auf, die verbrannten die abgetrennten Körperteile, das Schreien, den Samen, das Blut. Und das Feuer soll Bahn sich brechen in die Dschungel, die Städte der Lichtreklamen. Feuer auf der Kaiserstraße, die Häuser werden niedergefressen wie von heißen Heuschreckenschwärmen. Feuer auf den Boulevards, in den Gerichtsgebäuden, dem Parlament. Explosionen der Flughäfen, Schiffe, Bungalows. Nachts wird es kühler, denke ich rauchend. Verfolge Frau Schneider, oder wie sie nun heißt, mit den Augen. Stelle sie mir vor, zu Hause angekommen, die Tüten in die Küche tragen, den Mantel ausziehen (sorgsam über den Bügel gehängt). Macht sich an die Vorbereitung des Mittagessens, dabei das Radio eingeschaltet. Funkwerbung. Schlager. Der Enkel kommt, druckst rum. Und mit gesenktem Blick statt mit Stolz (denn er spürt berechtigte Angst) erzählt er von der Musterung und seinem dort gestellten Antrag. „Verweigerung"!, fährt's durch die Familie wie ein Messer. Der Sohn will seinen Anteil nicht leisten. Sich drücken. Das is mir grade recht! Hab ich dich dazu erzogen?! — „Wie sag ich's dem Vater?", denn der ist Beamter, getreu eingeschworen auf den Staat. Schließlich muß es auch Polizisten geben. Frau Schneider schaut noch weg, macht sich dann aber Luft: „Herrgott, macht doch bloß nich imma so'n Theater! Das Lebn fordert auch Pflichtn, is nich nur Zuckerschleckn. Was meinstn wo wa jetz wärn ohne die Amerikana?!" Und setzt hinzu: „So'n kleines Land wie wir." Und denkt an die Russen plötzlich, die auf die Frauen sich warfen und von den Wänden montierten die Errungenschaften der Zivilisation, die zu verteidigen ist heut mehr denn je. Oder willste, dasse uns alles wegnehmen? Wozu all die Jahre härtester Arbeit? O ihr Jungen habt den Russn nich kennengelernt, aber wir auf der Luke des Dachbodens liegend im Schreien Katis und den wie geheimen Schüssen im Wald, bis daß wir gingen in die Freiheit, nachts, mit auf Schubkarren und Bollerwagen verstauten Habseligkeiten. Die dunkle Landstraße, die Kälte, das ferne Grollen. Bis wir dann kamen ins westliche Berlin, wo über den Trümmerhaufen die Fahne wehte mit Streifen und Sternen, Garant von Freiheitlichkeit. So fingen wir den Aufbau des Landes an ohne Rücksicht bis wieder mal an die Spitze der Welt. Also sind wir beneidet. — Aber dem Jungen blieb das ohne Wert, er schwieg passiv. Ich rühre vorsichtig um, gebe nochmals Milch nach, bis der Kaffee fast gelb aussieht unter dem Lichteinfall. Noch habe ich Zeit, aber die Angst kriecht mich schon an. Die Angst vor dem Haß, hier in der Hitze, dem Taumel. Frau Schneider ist weitergegangen, verschwunden irgendwo. Eine von unzähligen Personen, denen man hinterherlaufen könnte, sie auszufragen, zu protokollieren, was sie denken. Ach Gott, ich lächle: sinnlos. Manchmal möchte ich mich bewaffnen. Das Vergessen in der Aktion. Nach dem Zahlen des Kaffees verlasse ich das Lokal, kaufe eine Zeitung, lese im Stehen einige Schlagzeilen, werfe das Blatt dann in den nächstbesten Papierkorb, folge einer gutaussehenden Frau spaßeshalber einen Kilometer, betrinke mich, lasse mich verfangen im Straßennetz.

Alban Nikolai Herbst

Gehen und weitergehen

Vielleicht sollte ich doch das Gedicht schreiben —
der Nachmittag, wo die Kleine singend und ziemlich
weggetreten die Straße hochkam, den weißen Rock
über dem blauen Rock über den lila Pluderhosen
und die Blumen in der trockenen Hand. —

Sie kam vom Sozialamt und war völlig fertig
und kaputt und legte den heulenden Kopf
zu den Blumen auf den Tisch: „Ich geh noch
völlig kaputt", sagte sie.
Und das klang wie Sprache.

Wenn sie nicht beim Sozialamt ist
oder beim Arzt,
würde sie meist draußen wohnen
bei der Startbahn in dem Hüttendorf.
Bis zum Abbruch hat sie in Nied gewohnt
auf dem Abbruchgelände.
Da hat sie auch ihre Klamotten verloren,
den Schlafsack, paar Fotos,
die festen Schuhe.

Jetzt hat sie entzündete Eierstöcke und
eine Nierenbeckenentzündung.
„Ich bin mit den Nerven völlig runter", sagte sie.
Und ihre Mutter
würde nichts rausrücken.
„Weißt du, was ich der Tante
auf dem Sozialamt gesagt habe", fragte sie.
„Was denn", fragte ich.
„Ich habe der gesagt, daß ich mir irgendwann
die nächste Knarre nehme
und in die nächste Bank reingehe." —
— „Und warum machst du's nicht?"
„Ich hätte da keine Chance", sagte sie,
und ihr Kopf lag wieder
zwischen den Blumen.

— „Du hast auch so keine Chance. Im Wald
in deinem Erdloch wohnen
mit den kaputten Nieren
und dort verrecken oder die Knarre nehmen
und an der Knarre verrecken:
das kommt alles aus dem gleichen Musterkoffer." —

Dann langte sie rüber
und rauchte meine Overstolz.
Sie fragte, was das für eine komische Marke wäre.
Ich sagte ihr, das ist eine alte Arbeiterzigarette,
„aber das war vor deiner Zeit." —

Dann fragte sie den Uwe,
der mit seinem Köter gerade vom Scheißen kam,
ob er was zu rauchen hätte.
Nein, sagte Uwe, in der Stadt
würde er nichts mehr rauchen. —

— „Nein", sagte sie, ins Spital
würde sie nicht gehen. So schnell nicht.
Sie würde sich nicht mit Medikamenten und
Chemie vollschießen lassen. Ihren Kopf
würde sie sich nicht auch noch
kaputtmachen lassen.
Und ihre Scheißmutter hätte sich
für fünfzehntausend eine neue Küche gekauft. —

Sie hätte keine Zeit für Krankheit,
sie müsse powern, sagte sie.

Und ich sagte, daß sie mit den kaputten Nieren
nicht lange powern kann. „Irgendwann kippst du
hinten runter und hängst
an der künstlichen Niere. Und dann
beißt du dir in deinen durchgelegenen Arsch,
wenn du siehst,
wie ohne dich der Kampf
auch nicht weitergeht." —

Da hat sie wieder geheult und gesagt,
daß sie nicht mehr kann.
Dann ist sie weitergegangen. —

— Irgendwann sollte ich das Gedicht machen
über das Mädchen mit den kleinen Augen
und den runtergekauten Fingern.

Aber ich sollte vielleicht warten,
bis sie das Dorf geräumt haben
mit ein paar Hundertschaften und Hubschraubern
und die 400 Hektar Wald geschlagen haben
für die neue Startbahn
und die Straße und die Zubringerstraße
zur Straße —

damit die anderen nicht sagen können,
es wären verrückte und runtergekaute Spinner
gewesen, die draußen im Wald hocken
mit rotentzündeten Eiern
und sich in den letzten Baum verbeißen,
als würde ihr bißchen Leben
davon abhängen.

Wulf Goebel

Suche in einer Stadt

Fahren. Ausgestreckt auf der obersten schmalen Liege. Seit Stunden. Die Schlaftablette ist nicht stark genug. Die Stöße des Zuges bleiben ohne Wiegeneffekt. Im Fahrtwind klopft das Rollo ans Fenster. Halbschlaf, Halbtraum, Halbgedanke: Youssef, ich fahre in unsere Stadt. Ich unterbreche die Reise in unserer Stadt, wir werden uns treffen. Werden wir uns treffen, Youssef, lächelst du mir entgegen? Ich werde auf die Ramblas gehen, du lächelst mir entgegen, zierlich in deinem korrekten Sommeranzug, ich denke — wie ernst er ist an solch einem Tag. Wir werden uns sofort erkennen, nicht staunen, daß wir uns wiederfinden ohne Verabredung in der Stadt, in der wir uns das erste Mal zufällig begegnet sind. Ein Libanese, eine Deutsche begegnen sich in einer spanischen Stadt, das ist nichts Erstaunliches, es war Sommer, Youssef, ohne Verabredung werden wir uns wiedersehen auf dem Ramblas. Ich unterbreche die Fahrt, um dich zu treffen, Traum, Halbschlaf, der Zug fährt am Bahnhof durch, Paseo de Colon, fährt zwischen Autos zur Plaza Puerta de la Paz, im Hafen des Friedens ankern friedliche Schiffe, ich überquere den Platz, hier beginnen die Ramblas, keine Straßenkämpfe, keine Bombardements, sei aus Beirut hergereist, Youssef, es ist wieder Sommer —

Ich bin vom Bahnhof zu Fuß die vertraute Strecke zum Hotel Nilo gegangen. Hotel Nilo, zwei Minuten von den Ramblas entfernt, wohin ich gehe, noch bevor der Koffer geöffnet ist. Morgenkühle unter den Platanen, auf dem Pflaster Sonnenflecken, Hausfrauen mit prallen Einkaufstaschen, auf den Bänken neben den Kiosken Zeitungsleser. Noch ruht die Flanierstraße sich aus, sie ist besprengt worden, aber der Wind hat jeden Stein getrocknet, noch gehören die Ramblas ihm.

Mitten auf der Promenade steht eine Frau. Sie ist mit einer grauen Winterhose und einem durchsichtigen Unterhemd bekleidet, durch das sich der schwarze Büstenhalter abzeichnet. Rieseln ihre Gedanken auf den Boden, oder was steigt von dort zu ihr auf? Die nackten Arme hängen, als gehörten sie nicht zu dem konzentrierten Gesicht. In der einen Hand verbirgt sich ein Gegenstand. Als ich zurückkomme, steht die Frau noch an derselben Stelle.

Um diese Zeit sind nur solche Touristen auf den Ramblas, die ein großes Programm vor sich haben. Youssef hatte überhaupt kein Programm. Als wir uns damals trafen, hatte er von Barcelona nicht mehr gesehen als die Straßencafés auf den Ramblas. Auch nachdem er mich vor dem Ständer mit französischen Zeitungen angesprochen hatte — Parlez-vous-français, Madame? —, mit diesem ernsten Blick, und ich nicht wie gewohnt geantwortet hatte — Tut mir leid, pardon — und nicht weitergegangen war, sondern dem Zeitungsständer wie einer Drehtür einen leichten Stoß gegeben hatte — I prefer English, Monsieur — auch nach diesem, mich noch heute überraschenden Anfang saßen wir stundenlang in einem der kleinen Cafés unter den Platanen.

Heute morgen bin ich von den Ramblas aus über die Plaza Puerta de la Paz zum Hafen gegangen. Aber am Wasser habe ich nur das Ende meiner Schritte empfunden. Was mich schließlich zurückgetrieben hat ins Hotel, ist auch nicht die Mittagssonne gewesen, sondern die wachsende Unruhe in mir, die Bewegung des Wassers zwischen den Schiffen, leicht, nagend, soviel Geduld am Leib der Stadt, die sich ihm nur mit der Kaimauer widersetzt.

Im Hotel Nilo hat sich der Portier nicht an mich erinnert, obwohl er erfreut lächelte, als ich fragte — numero cinco, por favor, Señor? — Der schmale Balkon mit Blick durch die Gasse auf ein Stück des Paseo de Colon, tosende Hauptverkehrsader, er überfliegt sie und glitte aufs Meer, wenn dort nicht, den ganzen Einschnitt der Gasse füllend, ein Kriegsschiff ankerte, dessen Nationalität ich nicht ausmachen kann. Auf welchen Krieg wartet es im Hafen des Friedens? Oder ist es ein Schulschiff — welche Tode werden darauf geübt? Im Hafen heute morgen habe ich den Koloß mit seinen starrenden Aufbauten nicht bemerkt. Als ich ins Hotel zurückkam, hatte sich sein Mittelteil wie ein Riegel vor das Ende der Gasse geschoben, als habe in meiner Abwesenheit eine hohe Instanz unbemerkt eine Falle geschlossen.

Unter meinem Balkon zanken sich zwei Hunde. Frauen schleppen Gemüse aus dem kleinen Laden neben dem Hotel. Schräg gegenüber haben die Soldaten jetzt etwas Schatten auf ihrem Posten an der Rückseite der Kommandantur, diesem wetterschwarzen Klotz, der sich auf der ganzen rechten Seite der Gasse bis zum Paseo de Colon hinzieht. Die gelbgrünen Sommeruniformen, Blicke nach Frauen und Hunden lenken nicht von den Maschinenpistolen ab, im Anschlag belauern sie jeden Vorübergehenden in Höhe der Gürtellinie. Ich begegne schrägen Blicken herauf und fühle mich beobachtet. Bin ich denn illegal in dieser Stadt? Ist irgend eine Stelle an meiner Hoffnung, Youssef zu treffen, interessiert?

Aus der dürftigen Bar auf der linken Seite der Gasse wühlt sich die Stimme einer Nachrichtensprecherin. Die wenigen Worte, die ich verstehe, werden vieldeutig im Lärm der umliegenden Straßen. Er füllt auch die Gasse, das Kriegsschiff am anderen Ende sperrt davon nichts aus.

Ist dies etwa nicht die richtige Umgebung für uns, Youssef? I feel peaceful with you. Nachts auf den Stufen zum Wasser, die Santa Maria wiegte sich in ihrem rekonstruierten Traum vom gewürzduftenden Indien, über dem Meer dieser Mond, der nicht ahnte, welche Rolle er in einem kriegsverstörten Land spielt. I feel peaceful with you, töricht bescheidene Empfindung von Frieden, erst in der Bedrohung wird sie ein Wort für Liebe.

Das Balkongitter ist warm unter meinen Armen. Die Hitze in den Straßen schüchtert den Wind ein, er kommt vom Meer, er könnte ein Freund sein. Aber seine unsichere Berührung läßt nur die Fremdheit auf der Haut wachsen, bis ich sie nicht mehr der Erschöpfung durch ein ungewohntes Klima anlasten kann.

Komm jetzt auf die Ramblas, Youssef. Sitz in einem der Straßencafés, um diese Zeit ist es noch nicht unmöglich, einen Platz zu finden. Der Ständer mit ausländischen Zeitungen — Parlez-vous français, Madame? Youssef! Tut mir leid, Señor, pardon — Gehen, gehen, Gesichter, vorbei, Äffchen an die Käfige der Schildkröten und Vögel vor den Pavillons der Kleintierhändler gekettet, nicht bei den Blumen stehenbleiben, aber am Buchstand, hier hast du eine französische Ausgabe von Rimbaud gekauft, Youssef, wo bist du denn. Frauen mit Kinderwagen, Angestellte, die sich ein Stück Feierabend gönnen, bevor sie in der Familie untergehen, Touristen, Jugendliche mit hohem Rückengepäck, gehen, sich aneinander vorbeischieben, flüchtige Blicke, Gesicht an Gesicht. In den Reihen der Holzstühle, zwischen Rentnern und Arbeitslosen, denen die sieben Peseten Stuhlmiete nicht zuviel sind, brauche ich dich nicht zu suchen. Ich setze mich einen Augenblick neben den Mann mit Krücken in die erste Reihe. Von hier aus muß ich dich sehen, wenn du vorüberkommst. Die anderen nehmen keine Notiz von mir, wer hier sitzt, gehört unangesprochen dazu, man teilt die Umgebung, der Einsame ist nicht allein, daß er schweigt, fällt ihm, der immer schweigt, nicht auf.

Läßt sich ein Stück Leben wiederholen, ein Tag? Ich weiß nicht, Youssef, ob wir wieder nach Montserrat fahren sollen. Die befriedenden Namen, die das Volk den maskulinen Bergformationen um das Kloster gegeben hat, um ihre ragende Nacktheit erträglich zu machen, diese Kanonen, Panzerfäuste, von Urvätern auf uns gekommen, ob wir sie haben wollen oder nicht: *Glocke, Kapuze, Elefantenrüssel, Verwunschener Riese* — ich hatte Angst, die Straßenkämpfe von Beirut könnten das Schweigen der Riesen entzaubern.

Lebst du noch, Youssef? Schlägst du wieder den Kopf an die Mauern deines Kellers, in dem du wochenlang eingesperrt warst, weil in der Straße die Hölle tobte? Hast du rechtzeitig an einen Vorrat von Konserven gedacht? Ich sehe deinen Vater im Fensterbogen seines Landhauses stehen. Er schaut noch immer über die Plantagen. Er spricht noch immer kein Wort. Hat er inzwischen begriffen, daß seine Tochter auf der Fahrt ins Konservatorium von einem Angriff überrascht worden ist? Und sein Bruder in dem Augenblick auf den Balkon trat, als dort eine Granate explodierte? Wir sollten nicht wieder auf dem Felsplateau bei der Eremitage von San Miguel sitzen. Vielleicht ist die dünne Luft um die Felsen noch immer aufgestört. Die Zärtlichkeiten waren so gefährdet in unserer Ohnmacht, sie trennte uns, nicht einmal in der Gemeinsamkeit unserer Nacht konnten wir unsere Ohnmacht teilen.

Bis zum Ende der Ramblas gehen: Rambla Santa Mónica, Rambla Los Capuchinos, weiter bis zur Rambla Canaletas, die zur Plaza de Cataluña führt. Gehen, gehen, ich nehme kaum noch ein Gesicht wahr. An einer Stelle teilt sich der Strom und fließt nach wenigen Schritten wieder zusammen. Auf der ausgesparten Insel kniet die Frau, die mir heute morgen aufgefallen ist. Ich sehe sie nur von hinten, die graue Winterhose, darüber der nicht mehr junge Rücken mit dem schwarzen Streifen des Büstenhalters unter dem durchsichtigen Hemd. Sie beugt sich über das Straßenpflaster, der rechte Arm arbeitet, aber ich kann von hier aus nicht erkennen, was dort entsteht. Ich werde weitergeschoben. Hat es denn Sinn, hier zu suchen? Youssef. Suche ich wirklich Youssef? Seine Karte im Frühling aus Paris:

Hast du meinen Brief aus Beirut erhalten, warum bekomme ich keine Nachricht von dir, wohin reist du im Sommer — also ist die Postverbindung mit Libanon nicht mehr zuverlässig.

Ich strande an der Einmündung einer Seitenstraße. Jugendliche verteilen Flugblätter: UNIDAD. No gracias, Señorita, ich verstehe kein Spanisch, I don't speak your language. Das Mädchen winkt einen Jungen heran, er hat ein zutrauliches Lächeln. UNIDAD, Señora, together, for peace, no war, keine Ideologie, nein, nur der gute Wille zählt, in the whole world — Ich unterschreibe und merke, daß meine Hand zittert.

Alemana? Fragt er begeistert.

Si Señor, Alemana, und ich wollte hier einen libanesischen Freund treffen, in dieser spanischen Stadt —

UNIDAD! Er tippt lächelnd auf ein Flugblatt.

But may be, he has been killed (ich sollte mich nicht so aufregen), es wird wieder geschossen in Libanon, Señor, Mauern stürzen ein und erschlagen Menschen, can we help with this?

Not yet, Señora. Sein sehnsüchtiger Blick. Ich schäme mich. Auf dem Flugblatt hat mein Finger einen feuchten Fleck hinterlassen.

Die Frau sitzt noch immer auf dem Straßenpflaster. Der Strom der Passanten weicht noch immer bereitwillig dem Hindernis aus. Der warme Stamm der Platane, an dem ich lehne. Das Stück Pflaster, das die Frau noch immer bearbeitet. Die Bewegungen ihrer Hand, denen mein Blick folgt, auf und ab, klopfend, wischend. Das unter der Hand verborgene Werkzeug hinterläßt auf den blankgetretenen Steinen keine Spur, die Stelle bleibt leer, kein Zeichen, keine Scharte. Was geschieht dort, das sich mit Sinnlosigkeit tarnt?

Weil ich ahne, daß ich lange hier stehen werde, ziehe ich eine Zeitung aus der Tasche, um die Szene unauffällig im Blickfeld zu behalten. Ein Träger des Hemdes ist über die schmale Schulter der Frau gerutscht und macht auffälliger auf den Körper aufmerksam als der durchsichtige Stoff. Blasse Haut. Graue Strähnen im dunklen Haar, das unterhalb der Ohren gerade abgeschnitten ist. Eine Spange hält es aus der Stirn. Schwere Brauen. Das teigige Gesicht. Was habe ich mit dieser Frau zu tun? Empfinde ich wirklich Zärtlichkeit und Scheu? Warum glaube ich, inmitten der vielen Fremden zu ihr in einer besonderen Beziehung zu stehen? Und diese Beziehung muß nicht hergestellt werden in mir, sie ist da, ich stehe am Rand der Insel und gehöre dazu?

Ich habe die beiden Uniformierten nicht kommen sehen, auf einmal sind sie dicht neben mir, zwei junge Männer der Guardia Civil, wie man ihnen überall im Straßenbild begegnet. Mein Körper spannt sich. Haben sie etwas mit Youssef zu tun? Ist er vorbeigekommen, hat er mir gewinkt, während ich über dem Anblick der Frau alles vergaß, der Polizeitrupp hat sich geteilt, zwei für Youssef, zwei für mich, wo ist Youssef? Einer der Polizisten beugt sich zu der Frau und sieht lange aufs Pflaster, als lerne er eine unsichtbare Nachricht auswendig, sie ist nicht für ihn bestimmt, er wird sie weitergeben, wie es die Vorschrift verlangt. Ich möchte mich schützend neben die Frau kauern, aber ich weiß, ich darf nichts verschlimmern, nicht für die Frau, für mich, für Youssef.

Der Uniformierte spricht die Frau an. Sie sieht auf, als komme sie aus einem Schlaf. Der Mann redet ruhig auf sie ein. Sie wendet sich wieder dem Pflaster zu. Ihre Bewegungen stocken, während der Polizist immer wieder die gleiche Frage stellt, die ich nicht verstehe. Der zweite Uniformierte steht in gespielter Gleichgültigkeit daneben, als wolle er für nichts verantwortlich sein. Doch dann legt er dem Kameraden wortlos die Hand auf die Schulter, der richtet sich auf und läßt sich in den Menschenstrom schieben, wo sie untertauchen.

Die Frau findet nicht in ihre schützende Versunkenheit zurück. Unsicher steht sie auf, geht die drei, vier Schritte, die ihr die

Insel erlauben, kommt zurück, geht wieder, kommt zurück. Ihre Bewegungen sind unkoordiniert.

Auf einmal wird das Gesicht leer und langsam, wie in Trance, streckt sie einen Arm vor, preßt den anderen steif an den Körper, steht so, als erwarte sie einen Befehl, beugt sich zum Boden, legt ihr Werkzeug nieder, verläßt ohne Zögern, beide Hände tief in den Hosentaschen, die Insel, schwemmt mit dem Strom ab. Auf dem Stück Straßenpflaster, das mehr und mehr unter den Füßen der Passanten verschwindet, bleibt ein rundgewaschener Stein zurück.

Wie eng diese Gassen sind. Wie schmutzig. Pappe ersetzt Fensterscheiben. In einem der finsteren Häuser weint ein Kind. Ich kann der Frau kaum folgen, sie geht rasch und stetig, die Hände noch immer tief in den Taschen der grauen Hose. Sofort im Gewühl der Ramblas sind ihre Bewegungen zielstrebig geworden, sie hat zwischen Autos sorgsam die Fahrbahn überquert, ist ohne zu zögern in eine Seitenstraße eingebogen. Auch jetzt hat ihr Gang beinahe etwas Herrisches, wie sie in der Dämmerung sicher Kartons und Abfallbeutel umgeht, die überall im Weg liegen. Nur ihr Kopf, den sie in den Nacken gedrückt hält, die Augen, die ich nicht sehe, die aber bei dieser Kopfhaltung starr geradeausgerichtet sein müssen, lassen ahnen, daß das Ziel, bei dem wir ankommen werden, gar nicht ihr Ziel ist.

Ich habe längst die Orientierung verloren. Ich wage nicht, neben der Frau herzugehen, sie auf mich aufmerksam zu machen. Die Leute, die schwatzend vor den Häusern stehen, scheint sie nicht zu sehen. Und die schauen nur mir entgegen, verstummen, bis ich vorübergegangen bin. Der Anblick meiner Führerin ist ihnen uninteressant oder vertraut.

Ich biege um eine Ecke und stehe in einer kurzen Sackgasse. Wo ist die Frau geblieben? In dem Haus, das die Gasse abriegelt, schlägt die Tür zu, die fast bis zum Dach des niedrigen Gebäudes reicht. Zwei ausgetretene Steinstufen. Zwischen der Hausglocke und einer trüben Laterne ist auf ein gekalktes Rechteck in Druckbuchstaben ein langer Name gepinselt, von dem ich nur das Wort *Asilo* verstehe. Trotz der Verkommenheit des Gebäudes breitet sich das Wort ohne Schrecken in mir aus, als hätte ich es gesucht.

Die hohe Tür öffnet sich wieder einen Spalt. Bin ich durch das Fenster, das in der Mitte eingelassen ist, beobachtet worden? Eine Nonne beugt sich kurzsichtig zu mir herunter.

Juanita? Ihre Stimme klingt besorgt.

Madre —

Perdone, Señora! Sie tritt ins Haus zurück.

Madre —

Buena noche, Señora, paz contigo!

Die Tür schlägt zu. Ich springe die beiden Stufen hinauf, möchte gegen das Holz trommeln, lege die Hände ans Fenster, um das Licht der Laterne abzuschirmen. In der dunklen Scheibe sieht mir nur mein eigenes Gesicht entgegen.

Mein Gesicht. Im Aufwachen erinnere ich mich an mein Gesicht. Ich habe das Gefühl, in einer Höhle zu liegen, die nicht schützt. Ich will raus hier, es ist dunkel, eine Erschöpfung drückt auf die Augen, ich kann sie nicht öffnen. Wo bin ich gewesen? Straßen fallen mir ein, die sich zwischen nackten Felstürmen zu tarnen versuchen. Youssef. Habe ich Youssef gefunden? Die vielen Fremden. Die Gassen. Die Frau. Wie bin ich in mein Hotel zurückgekommen? Wo ist Youssef?

Durch die Balkontür dringt Sonne ins Zimmer. Der Lärm des Paseo de Colon ist schon da. Irgendwo rattert eine Baumaschine. Ich trete auf den schmalen Balkon: die Soldaten vor der Kommandantur. Das Kriegsschiff. Es riegelt noch immer die Gasse ab. Aber es hat sich verändert. Die Reling seiner Decke ist mit weißen Girlanden geschmückt wie für ein Fest. Was bedeutet das? Erst als ich mir das Gesicht mit kaltem Wasser erfrische habe, sehe ich, daß dies die Mannschaft ist, die in weißen Uniformen Aufstellung genommen hat, reglos, in gleichen Abständen, eine dreifach übereinandergeschlungene Kette.

Auf der Gasse sind zwei Frauen stehengeblieben und warten auf die Ausfahrt des Schiffes. In den hohen Wohnhäusern auf der linken Seite sind Fenster geöffnet. Alte Männer beugen sich heraus, den Kopf zum Hafen gewendet. Kinder drängeln. Junge Mütter halten ihre Säuglinge hoch. Ich lege mir ein Tuch um die Schultern, der Wind ist frisch.

Ist in diesem Augenblick ein Ruck oder ein Zittern durch den Schiffsleib gelaufen? Ich nehme die Bewegung des grauen Kolosses nur an den weißen Gestalten wahr. Selbst reglos, werden sie von unsichtbarer Riesenhand durch das Visier der Gasse geschoben und verschwinden hinter dem von Maschinenpistolen bewachten Gebäude, während hinter dem Eckhaus auf der linken Seite hervor immer neue, immer gleiche weiße Gestalten nachfolgen, wie Papierblumen auf dem Laufband einer Schießbude, ein stählernes, menschengeschmücktes Band um die Erde, endlos —

nein, jetzt ist die Kette des mittleren Decks auseinandergerissen — einer der Männer winkt. Er hat die Arme über den Kopf geschleudert, schwenkt sie, gleitet in diesem Riß an der Öffnung zwischen den Häusern vorbei, von links nach rechts, das Winken, die Bresche, schon verschwunden, die Kette gleitet wieder makellos, ist endgültig gekappt. Das Meer wächst dem kürzer und kürzer werdenden Schiff nach und liegt als schmaler Streifen zwischen Kai und Himmel, noch ehe ich eine Hemmung in mir überwunden habe und auf das Winken antworte, von dem ich nicht weiß, wem es gilt.

Ingeborg Görler

mein bruder und ich

einst
wir waren uns ähnlich
tauschten wir kaugummis, briefmarken
und freundinnen
schrieben aus unseren schulheften
liebten das gleiche mädchen
wir waren blutsbrüder wie winnetou
mein bruder und ich

er ging zur bundeswehr
ich ins ausland
er lernte polizist
ich gründete eine bürgerinitiative
wir akzeptierten das
verteidigten uns vor anderen
wir liebten uns
mein bruder und ich

er arbeitete schwer
ich schlief bis in den mittag
er hatte regelmäßig geld
und ich ein kind
wenn wir uns trafen
sprachen wir darüber kein wort
es gab wichtigeres
für meinen bruder und mich

auf einer demonstration
zwischen knüppelschwingenden uniformierten
sahen wir uns einen moment lang
in die augen
wobei ich von seinen kollegen
zusammengeschlagen wurde
denn in den allervordersten reihen
standen wir immer
mein bruder und ich

abends tranken wir zusammen
redeten über früher
in anderen dimensionen
und wußten beide um das glück
einen bruder
und freund zu haben
niemals fragten wir
mein bruder und ich

einmal sah ich
aus sicherer entfernung
wie er und seine truppe
engagiert und
ohne jede ankündigung
mit dem schlagstock
auf bewußtlose
und wehrlose menschen einschlugen
andere menschen von tragen prügelten
frauen in den unterleib traten
kinder von der straße fegten
und ein wirkliches geschreie
voller angst
erfüllte die nacht

mein bruder und ich
gingen spazieren
durch den menschenleeren wald
wir lachten und sangen
und plötzlich
sprach er
über den letzten einsatz
mit stolzer stimme

ich hörte stumm zu
brachte auch kein wort mehr raus
nachdem ich ihn
mit einem baumstamm
kaltblütig erschlagen
und begraben hatte

nun sind wir eins
mein bruder und ich

Jim Knikker

4. Wir erinnern uns —
wir wollen uns nicht mehr daran erinnern müssen, müssen es aber

Probealarm
oder: Paul erinnert sich

Bei unserem letzten Skatabend heulten plötzlich die Sirenen auf. Probealarm. Wir legten die Karten hin und horchten.

„Wißt ihr", sagte Paul, „ich habe schon viele Sirenen gehört. Aber an einen Tag, das war im Sommer '44, erinnere ich mich noch sehr genau. Gegen unsere Stadt hier wurde Großangriff geflogen.

Wir, ich meine die Leute aus unserem Haus, wir saßen also im Luftschutzkeller. Auf zwei Bänken. Wir sahen uns an. Ich war gerade zwölf Jahre alt. Aber die Ängste, die ich in den Kriegsjahren durchstehen mußte, hatten meinen Verstand wohl schneller entwickelt, als das sonst üblich ist. Jedenfalls hatte ich begriffen, daß der Krieg nicht auf einem großen Abenteuerspielplatz stattfand ...

Das monotone Brummen der Bomber drang bis zu uns in den Schutzraum. Es hatte also eine Menge Stahl am Himmel gehangen. Der alte Schippenkötter reckte auf einmal seinen Oberkörper steif in die Höhe. Eine Hand, halb nach unten gesunken, hielt sich an einem großen, kalten Pfeifenkopf wie an einem rettenden Anker, während sein Ohr draußen bei den Fliegern zu sein schien. Auf mich wirkte es, als könnte der Alte aus der Art der Geräusche die Gefahren für uns abschätzen.

Frau Wiese, die unter Magengeschwüren litt, krallte beide Hände in den Leib, als wollte sie das Geschwür packen und herausreißen. Ihr Kopf bewegte sich rhythmisch nach vorn ins Helle. Dann sah ich über den stöhnenden Mund Schweiß glitzern. In kurzen Abständen versuchte sie, ihn mit dem Handrücken abzuwischen.

Die Fliegerabwehrkanonen vom Mechtenberg zerfetzten plötzlich die brummende Monotonie.

Else Trägermann, die ich heimlich liebte, saß mir gegenüber. Ich sehe noch genau, wie sie ihre magere Kinderfaust gegen den Mund preßte. Gleichzeitig blickte sie mich mit starren, dunklen Augen an. Ich brachte keinen Laut heraus.

Ein pfeifender Heulton lenkte mich von Else ab. Der Ton wurde länger und stärker und quälender. Unwillkürlich krümmte ich mich und zog den Kopf ein. Trotzdem sah ich Gunda, die in ihrer braunen BDM-Jacke schräg gegenüber von mir saß. Sie warf gerade den Kopf nach hinten. Und gleichzeitig riß sie den Mund auf. Dabei fuhren ihre feingliedrigen Finger blitzartig über das Ohr bis tief in die seidigen Haare. Ein Knoten löste sich. Ihre Haare fielen wirr auf den Unterarm hinab.

Die Bombe detonierte krachend und brachte die Mauern zum Zittern. Ich erinnere mich noch, daß hinter Gunda der breite Rücken von Brodich sichtbar wurde. Der wohnte bei uns im dritten Stock. Als ich ihn sah, beruhigte ich mich zunächst wieder.

Stellt euch einen Mann vor, der unentwegt aus einem Kellerfenster starrt, das mit Brettern dicht vernagelt ist. Brodich stand da, bewegungslos und abweisend. Die Beine ein wenig gespreizt. Die Arme nach hinten verschränkt. Die schweren, fleischigen Hände ineinanderliegend. Sie strahlten eine wohlige Ruhe aus. Er stand da. Einfach so, als ob ihn das alles nichts anginge. Seine klobigen Hände kannte ich gut. Sie konnten durchaus flink sein. Sie hatten mir häufig das alte Fahrrad repariert. Ich hatte Brodich sehr gern.

Die Einschläge der Bomben kamen jetzt bedrohlich näher. Das Licht im Keller flackerte. Auf Stirn und Lippen spürte ich Staub. Frau Zemke betete plötzlich: ‚Vater unser ...' Natürlich konnte ich damals nicht wissen, daß mich später Dürers ‚Betende Hände' an Frau Zemke aus dem Luftschutzkeller erinnern würden. Wenn ich mich nicht täusche, dachte ich nur: Wie komisch die die Hände hält!

Ich weiß gar nicht mehr, was plötzlich geschehen war. Ich sprang auf einmal von meinem Sitz hoch, umklammerte den Holzstempel, der die Decke abstützen sollte und schrie: ‚Lieber Gott, laß mich nicht sterben!'

Ein widerlicher Brandgeruch brachte mich zur Besinnung. Ich lag auf dem Steinboden des Kellers. Die Fingernägel hatte ich in das Holz gedrückt.

Alle waren unverletzt. Else hielt sich an meinem Arm fest und weinte. Die Treppe war eingestürzt. Die Leute drängten sich gegen den Notausgang. Mutter schob mich vor sich her. Sie zerrte auch Brodich mit sich hinaus. Die Häuser in unserer Straße brannten."

Paul schwieg. Und wir schwiegen mit ihm.

Karl Taefler

Ballast

Sie warfen die Toten vom Wagen wie Holz
dessen Berührung man fürchtet: Stücklohn
des Grauens. Ich war nicht dabei, obwohl ich
dabei war
    No berichtet
       Dabei liebte ein jeder
zumindest das eigene Leben. Wenige lieben es
so, daß sie bereit sind zu sterben. Ich sah
diese Leichen, die keine Leichen mehr waren: ihre
Haut ein Knochenbeutel: der Mensch brach zusammen
wie ein Weltreich. Und die Glieder zu sperrig
da unten da oben Einlaß zu finden: sie harrten aus
bis sich das Verwesen ihrer erbarmte
    erklärt No
Immer findet sich etwas, das etwas verdeckt
Zum Beispiel Worte Entsetzen: Fratze Pein Abfall
Jammer Vergehen gleichgültig eisig Verderben
nichts. Mein Gott
    No flüstert
       an den ich nicht
glaube: Wieso basteln welche an dem neuen
Totemachenfließband mit einer Produktivität
über Plan. Und jene, die von nichts wissen,
üben fleißig das Vergessen, während ihr Spaten
Dreck auf der Toten Köpfe wirft: Erde, die sich
über Gräbern berührt wie zum mißglückten Gebet
So wahr ich nicht mehr Noah heiß
    er nickt
eine Sintflut wird kommen: dieses Meer
aus Blut. Zwar ist mein Schiff haltbar
genug, den Weltuntergang über zu dauern
den ein Prophet bis zuletzt „möglichen
Sonnenaufgang" nennt: doch keinen nehm ich
an Bord. Ein einziger Gast dann auf meiner
Arche, dessen Bescheidenheit schon ängstigt:
die Abwesenheit aller Menschen. Denn sie
    No schreit
beharren auf ihrer Zukunft: der Würde. Stur
wie ein Esel mit seinem ewigen „IA", das
jedwede weitere Kenntnis verleugnet. Da
kann man nur lachen
    sagt No: lacht nicht:
dreht sich um: geht

(Die erste Zeile ist aus einem im Konzentrationslager geschriebenen Gedicht von Josef Capek.)

Lutz Rathenow

Laßt die Toten ihre Toten begraben

Das Kasino der Kommandantur von Ville d'Ancourt lag in einer beschlagnahmten Villa. Das Offizierskorps war im Speisesaal schon versammelt. Die erdbeerfarbenen Vorhänge waren zugezogen, obwohl der Abend draußen noch zögerte. Das limonadige Licht des Lüsters brach sich auf dem Silber der Gedecke, auf den Glatzen, den Augengläsern und den Achselstücken. Man stand herum und wartete auf den Oberst. Prinzipiell kam er immer als letzter. Man war hungrig, unlustig. Auch sah man sich tagsüber zuviel in den kahlen Büros der Kommandantur. Und aus der Heimat kamen so sorgenvolle Briefe.

Am Kamin stand neben Leutnant Moorhus, dem Gräberoffizier, Oberleutnant Nabrichkeit, der Feldgendarm, Rundschädel, 62 Jahre alt. In Landpolizeiwachtstuben hatte er sich hochgedient. Ein Fleischerhund, aber auf den Mann dressiert. Man mußte ihn nur auf die Fährte setzen. Moorhus mit leicht vorfallenden Schultern und dem Pergamentgesicht eines Klostergelehrten sah neben soviel Gedrungenheit gebrechlich aus. Aber Träumer sind häufig sehr zäh. Außer dienstlichen Fragen gab es zwischen beiden keine gemeinsamen Themen; so war die Unterhaltung stockend. „Es riecht nach Gebratenem, möchte ich sagen." — „Der Zahlmeister weiß sich aus der Affäre zu ziehen." — „Was gibt's denn heute, Herr Zahlmeister?"

Doch ehe der Zahlmeister dem Gendarmen antworten konnte, klappten Hacken, streckten sich die Arme zum „deutschen Gruß". Der Oberst war eingetreten. Durch Spalier erstarrter Leiber schritt er, ein winziges Männchen, hurtig zum Präsidium des Tischs. Unter dichten Brauen hervor glitt sein Blick musternd über die Runde. Stühle wurden gerückt, man nahm Platz. Am unteren Ende der Tafel, zwischen Nabrichkeit und dem Veterinär, saß Moorhus. Schweigen. Aus der Küche herauf hörte man das Klappern von Geschirr. Irgendwo draußen im Abend bellte fröhlich ein Hund.

Als die Ordonnanz mit der Suppenterrine hereinkam, löste die Spannung sich etwas. Auch der Oberst wendete den Hals im Uniformkragen. Der Veterinär hatte unauffällig schon den Suppenlöffel ergriffen. Krautgeruch schwadete kräftig durch den Raum.

Oskar Schillers kurze und plumpe Figur beschrieb, die Terrine schwenkend, eine fast tänzerische Kurve, als er dem Oberst servierte. Dann machte die Schüssel die Runde. Schiller schenkte, sich über die Schulterstücke des Sitzenden beugend, mit der Grazie eines Ringkämpfers die Gläser voll. Der weiße Drillichrock umschloß prall das gewölbte Bäuchlein. Das Aroma des Chablis — auch ihn hatte der Zahlmeister besorgt — wirkte wohltuend auf die Stimmung.

Der Oberst brachte den Toast auf den Endsieg aus, und sein gebietender Blick ruckte von Gesicht zu Gesicht, als wolle er etwaige Zweifel niederblitzen. Die Gläser klangen zusammen, halblaute Gespräche kamen auf. Oberstabsarzt Nückerlein, das Gesicht von Mensurschmissen zerhackt, randlose glitzernde Brille, erzählte launig von Fällen dummdreister Drückebergerei. Ehe er, zum zweiten Mal in seinem Leben, Fleisch für die Feuer der Schlachten sortierte, war er Kinderarzt in Stettin.

„... sagt mir der Kerl doch und wiederholt es impertinent mehrere Male: ‚Ach, wissen Sie, Herr Oberstabsarzt, ich möchte lieber ein Pferd sein ...'"

Der Veterinär lachte schallend, nahm sich aber rasch wieder zurück, denn die Miene des Obersten hatte sich nicht bewegt.

„Habe den Kerl natürlich trotz Harnzucker frontverwendungsfähig geschrieben. Im Osten werden sie ihm die tierischen Wunschphantasien wohl ausgetrieben haben."

Da schmunzelte nun Oberst Fuchs, und das Schmunzeln teilte sich reihum der Tischrunde mit. Der Adjutant, im Zivil Studienrat, kicherte sogar. Sein ältliches Babygesicht über der stramm sitzenden Uniform erinnerte an eine Fastnachtsmaske aus rosa Papiermachee.

Moorhus schien völlig geistesabwesend zu sein und bewegte nur langsam den Löffel. Er saß noch vor der Suppe, als Kalbshirn auf Croutons serviert wurde. Schiller tänzelte in genagelten Schuhen über den Teppich; er reichte die Schüssel herum. Vier Händepaare griffen nach dem Essigflacon, das die Zitronen ersetzte, um es dem Herrn Oberst zu reichen. Immer noch floß die Unterhaltung eher stockend dahin. Über die Dinge, die jeden am meisten bewegten, ließ sich nicht offen reden. Mai 44. Am besten war es, sich an rein dienstliche Gespräche zu halten.

Der Oberst monierte voll Bitterkeit, daß der Feldkommandant von Corbeil einen Benzinmotor fuhr, dabei erst Oberstleutnant, während ihm selbst bloß ein Wagen mit Holzgasantrieb zur Verfügung stand. Der Adjutant notierte, um in Paris nachzufragen. Längst war die Rinderzunge serviert, die Gläser wurden mehrfach von neuem gefüllt. Der Lüster über dem Tisch klirrte zuweilen leise. Waren es wieder Bombenteppiche, weit fort in Etampes oder Mantes, die die Erde erschütterten?

Moorhus war noch einsilbiger als gewöhnlich. Ein süßlicher Geschmack im Gaumen wollte nicht weichen. Fleisch mundete ihm schon längst nicht mehr. Sein Gesicht unter dem grauen Haar wirkte wächsern wie angerauchtes Stearin. Nein, der Geruch des Todes ließ ihn nicht los; fort und fort spann Leutnant Moorhus am Mythos der Schatten. Sie suchten ihn jetzt auch heim, wenn er nicht ganz allein war. Neben ihm räusperte Nabrichkeit sich, druckste und mümmelte. Er hatte etwas auf dem Gendarmenherzen. Endlich gab er sich einen Ruck. „Bitte Herrn Oberst, einen Vorfall berichten zu dürfen." — „Was ist denn, Nabrichkeit? Gibt es was Neues?" — „Jawohl, Herr Oberst." — „Na, dann schießen Sie los!" — „Gegen 17 Uhr am heutigen Tag hat unsere Streife ein Individuum festgenommen. In einem öffentlichen Lokal in Choisy-le-Roi." — „Franzose?" — „Nein, Herr Oberst. Nach der Festnahme hat er sich als ein Deserteur erwiesen, Herr Oberst."

Still wurde es in der Runde, alle lauschten auf ihn.

„Dem Stabsfeldwebel Heurer fiel er durch Wehrmachtsstiefel bei Zivilkleidung auf, war in Begleitung einer französischen Weibsperson. Ausweispapiere keine. Der Stabsfeldwebel hat beide festgenommen." — „Haben Sie den Kerl identifizieren können?" — „Jawohl, Herr Oberst. Das heißt, ich möchte sagen, wir haben beide bei der Vernehmung etwas unter Druck genommen." — „Ergebnis?" — „In der Fahndungsliste fanden wir ihn nämlich noch nicht." — „Wo kommt er denn her?" — „Er kommt ... das heißt, ich möchte sagen, er gibt vor, aus Darmstadt zu sein. Haben das Verhör bis zum Abend fortgesetzt. Jetzt ist der Sanitätsunteroffizier bei ihm." — „Naja, aber von welcher Einheit?" — „Baukompanie in Le Havre. Die Person stammt auch von dort. SD ist verständigt. Morgen früh werden beide übergeben." — „Schön, Nabrichkeit. Streng bewachen." — „Zu Befehl, Herr Oberst. Sie sind getrennt untergebracht. Posten vor den Zimmern."

„Zuviel Umstände!" sagte Dr. Nückerlein. „Einfach auf der Flucht erschießen! Das Einfachste. Erspart lange Verhöre. Die Herren bei den Gerichten sind sowieso überlastet. Zeitvergeudung!"

„Können's gleich wieder ein Kämmerl unter der Erde herrichten lassen, Herr Moorhus", raunte der Veterinär und beugte sich zu dem Gräbermann. „Wieder Kundschaft für Sie ..."

Leutnant Moorhus ließ den Blick beinahe traumverloren über die Tafel schweifen; sie bot abgegessen ein unordentliches Bild. Dann heftete er ihn verstört auf den Schwätzer.

„Ach, wenn doch die Toten ihre Toten begrüben", sagte er leise. Der Veterinär vergaß den Mund zu schließen. Moorhus schob sein Glas von sich fort. Er starrte auf die reglosen Vorhänge.

„Was habe ich denn mit denen zu schaffen?" Seine Stimme ward lauter. Alle wandten sich ihm zu. Langsam erhob er sich; er preßte die Fäuste vor der Brust gegeneinander. „Ich will nichts damit zu tun haben!"

„Was ist denn los?" fragte Oberst Fuchs und reckte den Hals aus dem Kragen.

„Ach, meine Herren, sind Sie sich denn nicht bewußt, was geschieht? Unrecht und Entsetzen! Ist man dazu von einer Mutter geboren? Ach, denken Sie doch daran, daß auch Sie eines Tages hinunter müssen. Irgendwo dürstet der Lehm zwischen Steinen und Gras doch auch schon nach dem Saft Ihrer Fäulnis."

Der Oberst faßte nach seinem Einglas und drückte es sich fester ins Gesicht. Der Adjutant beugte sich zu ihm. „Zuviel getrunken", flüsterte er entschuldigend. Doch der Oberst hatte seine allerdienstlichste Miene aufgesetzt. „Nehmen Sie sich zusammen, Moorhus!"

„Ach, waren Sie denn schon einmal bei einer Exhumierung dabei? Der Mensch ist vergänglich, meine Herren. Drum gönnen Sie ihm doch seine Weile."

„Schweigen Sie, Moorhus!" befahl Oberst Fuchs.

„Ach, Herr Oberst, die Komödie spielt zwischen schauerlichen Kulissen."

Die Stimmen der anderen schwirrten aufgeregt durcheinander. Dr. Nückerlein war aufgesprungen. „Festnehmen, Herr Oberst. Festnehmen lassen!" Die Schmisse brannten rot in seinem Gesicht.

Moorhus war vor dem Tumult langsam zurückgewichen. Blaß, bebend stand er neben der Tür zum Vestibül. Aus dem Anrichteraum kam Oskar Schiller mit dem Kaffeetablett herein, den Mund grinsend bis zu den Ohren gezogen. Fuchs brüllte ihn an. „Scheren Sie sich hinaus, verschwinden Sie hier!" Das Ärgste schien ihm, daß einer aus dem Mannschaftsstand Zeuge des Auftritts wurde.

Aber Moorhus war nach draußen entwichen. Ohne Mütze und Koppel lief er durch die Nacht. Die Wachtposten traten unters Gewehr. Der Wind strich ihm durchs Haar. Das Wehrmachtsgefängnis von Fresnes stand als dunkle Silhouette vor dem flimmernden Firmament und drohte auf Ville d'Ancourt herunter.

Moorhus klingelte am schmiedeeisernen Friedhofstor. Feucht duftete die Erde, die Erde der Toten. Der französische Pförtner öffnete ihm verwundert. Moorhus erwiderte heute nicht einmal seinen Gruß. Er ging zu dem Teil des großen Friedhofs hinüber, der für die Wehrmacht beschlagnahmt war. Reihen hinauf und hinab schimmerten die Holzkreuze. Er verbrachte die Nacht bei den Toten.

Erst im Morgengrauen kam er in sein Quartier zurück, lehmbeschmutzt. Behutsam trat er in sein Zimmer in der Vorstadtstraße. Nur die Katze erwartete ihn. Sie rieb sich an seinem Hosenbein. Er bückte sich, um ihr übers Fell zu streichen. Dann machte er Licht. Kahl trotz der schweren Möbel duftete das Zimmer nach Moder, Muskat und Vergangenheit. Moorhus rieb sich fröstelnd die Hände.

Draußen begann der Tag zu dämmern. In der Ferne irgendwo ein Trompetensignal zum Wecken.

Moorhus nahm aus dem Schrank einen dunklen Zivilanzug. Sorgfältig zog er sich um. Dann sah er nach der Katze; aber sie war schon lautlos durchs offne Fenster entwichen. Er nahm einen weichen Hut und Wildlederhandschuhe aus dem Schrank. Er sah nach seinen Schuhen; er lächelte. Es waren schwarze Zivilschuhe, recht elegant. Auf den Schreibtisch legte er einen Schlüsselbund. Unter der Tür schien ihm etwas einzufallen. Er kehrte zum Schreibtisch zurück. Auf ein Blatt schrieb er in seiner winzig kleinen, nervösen Schrift: „Laßt die Toten ihre Toten begraben."

Dann verließ er rasch den Raum und das Haus.

Die Fahndungsanzeige erschien erst in der zweiten Juniwoche im Fahndungsblatt.

Justus Franz Wittkop

Für meinen toten Sohn

Wo die letzten bewaldeten Ausläufer des Odenwaldes in sanften Hügelwellen verebben, liegt der Friedhof. Verschneit liegen die Reihengräber der in den Lazaretten der kleinen Stadt verstorbenen Soldaten des letzten Krieges, die Ruhestätten verstorbener polnischer Frauen und Männer, die man seinerzeit wie räudige Hunde verscharrte und denen erst nach 1948, anläßlich einer VVN-Feier, kirchlicher Segen gespendet wurde, und auch das Grab meines Sohnes, den der Krieg, als der faschistische Widerstand schon längst gebrochen war, noch verschlang. Der Lärm der tiefer liegenden Straße dringt nur gedämpft herauf, mein Blick schweift zu den verschwimmenden Höhen des Taunus; kein Geringerer als Alexander von Humboldt rühmte schon vor Jahrzehnten diese Fernsicht auf das blauschimmernde Gebirge, das in seiner gesamten Längsausdehnung sich dem Blick des Schauenden unverwischbar einprägt.

Aber jäh wird die Stille unterbrochen, Düsenjäger, wie von einem anderen Stern gesandt, Tod und Verderben zu bringen, jagen mit Höllenlärm und unfaßbarer Geschwindigkeit über mich hinweg. Noch sind es nur Übungsflieger.

Immer wieder hämmere ich es mir ein: Nicht kleinmütig werden und verzagen, du mußt es stündlich laut und vernehmlich und unerschrocken sagen; du bist es deinem toten Sohn schuldig!

„— der ewige Friede ist keine leere Idee, sondern eine Aufgabe" (Kant), und ein jeder von uns ist verpflichtet, nicht nur vom Frieden zu reden, sondern für den Frieden zu wirken, denn er fällt uns nicht als ein Geschenk des Himmels in den Schoß. Die Völker wollen keinen Krieg. Wir sagen nein und nein zum Krieg, wir werden jedem, der ihn uns schmackhaft machen will, eine endgültige Abfuhr erteilen.

Ich denke an den Tag, an dem ich meinen Sohn zum letzten Male sah. Millionen Väter und Mütter tragen die gleiche Trauer im Herzen. Auch sie werden sich daran erinnern, wie es war, als sie ihren Toten zum letzten Male sahen. Und die noch nicht trauern müssen, mögen sich doch vorstellen, wie es wäre, wenn sie ihren Sohn zum letzten Male sähen. Nie wieder —, dann müssen sie sich doch mit denen zusammenfinden, die bereit sind, alles dafür zu tun, daß ein neuer Krieg unmöglich wird.

Karl Freitag

Heinrichs frühe Einsicht oder Umerziehung nach einem verlorenen Krieg

Heinrich hatte im Keller geräumt und entrümpelt. Dabei war ihm ein alter Pappkoffer in die Hände gefallen, der ganz zuunterst unter Kisten und Kasten lag. Er öffnete den Koffer und fand darin seine und seiner Familie Vergangenheit. Unter anderem fand er ein blaues Schulheft, auf dessen Deckblatt stand: Deutschheft -- Klasse 8 A.

Als er in diesem Heft geschrieben hatte, mit Federhalter und blauer Tinte, gab es noch keine Kugelschreiber, und einen Füllfederhalter hatte er nie besessen. Amüsiert las er, was der vierzehnjährige Heinrich im Jahr 1950 so geschrieben hatte, besonders erstaunte ihn, was er unter der Überschrift: „Deutschland fünf Jahre nach dem Krieg" damals von sich gegeben hatte:

Das deutsche Volk hat drei Kriege hintereinander vom Zaune gebrochen. Zwei davon waren Weltkriege geworden. Der letzte Weltkrieg war der schlimmste. Mit Hilfe der Rüstungsindustrie hatte Hitler die Arbeitslosigkeit abgeschafft, aber auch Deutschland stark verschuldet. Dann führte er Krieg, um so die Schulden loszuwerden. Die Industriellen bereicherten sich an den Fabriken der Polen und Tschechen und der Staat an den Ländereien, die er den Besiegten wegnahm.

Viele Millionen Tote hat es gegeben in diesem Krieg, den Deutschland verloren hat. Jetzt will Deutschland für alle Zeiten auf Soldaten und Rüstung verzichten. Es soll nur noch Polizei geben, und die soll höchstens mit Pistolen ausgerüstet sein. Ich finde das sehr vernünftig, wie auch viele andere Menschen in diesem Land. Auch die Politiker wollen das so. Nie wieder soll ein Krieg von Deutschland ausgehen, sagen alle. Konrad Adenauer, unser Bundeskanzler, hat gesagt, er sei stolz, weil er niemals Soldat war. Franz Josef Strauß, ein Politiker in Bayern, meinte, jedem Deutschen, der jemals wieder ein Gewehr in die Hand nimmt, sollten die Hände abfallen. Vielleicht hat er auch abfaulen gesagt, aber das kommt ja aufs gleiche raus.

Nur ganz Unverbesserliche und wirkliche Verbrecher können wollen, daß wir Deutschen jemals wieder Panzer oder Geschütze bauen. Die Fenster unserer Schule sind teilweise immer noch mit Holzplatten zugenagelt, und durch das Stück Glas neben meinem Schreibpult sehe ich draußen überall noch Trümmer. Da wird das Volk noch viel zu arbeiten haben, um die Schäden des Krieges wegzubekommen, und natürlich wird das auf Kosten der kleinen Leute geschehen. Die Reichen haben schon wieder Fabriken und großen Landbesitz, die Arbeiter aber haben noch keine Wohnungen, weil noch alles in Trümmern liegt. Das Volk ist immer der Dumme, bei jedem Krieg. Deshalb ist es vernünftig, daß wir nie mehr eine Armee haben wollen.

Heinrich Droege

Hitlers Erbschaft

Eine furchtbare Nachwirkung Hitlers und des von ihm inszenierten Krieges, in den die deutschen Landser, laut Goebbels, „wie in einen Gottesdienst" gezogen sind, ist der Machtzuwachs der Geheimdienste in aller Welt, speziell bei den militärischen Siegermächten. Da die „Fünften Kolonnen" Hitlers einen von jeder Rücksicht auf internationale Spielregeln hemmungslosen Untergrundkrieg führten, waren die mit Sondervollmachten ausgestatteten Geheimdienste der Alliierten wie der CIA während des Krieges ein wahrscheinlich notwendiges Instrument.

Der heimtückischen Bedrohung mußte mit „ebenbürtigen" Mitteln begegnet werden. Nur daß diese „Komplementär-SS" in den meisten Fällen nach 1945 der Abrüstung entgangen ist — nicht nur aufgrund des „Kalten Krieges", sondern wohl mehr durch das Eigengewicht, das solche Institutionen zu gewinnen pflegen durch ihre vom Staat relativ unabhängige Macht: das ist ein Stück Hitler-Trauma über Deutschland hinaus. Ein Kriegsgespenst in der Nachkriegswelt. Selbst die eines Antiamerikanismus am wenigsten verdächtigen großen Zeitungen des Westens sprechen hier eine unmißverständliche Sprache. Beispielsweise die „Frankfurter Allgemeine" am 6. März 1967 zum Tode des ehemaligen iranischen Regierungschefs: „Durch einen Militärputsch, dessen geistige Urheberschaft durch den CIA ein offenes Geheimnis ist, wurde Mossadegh gestürzt..." Aber das Phänomen ist keine Spezialität der USA, sondern weltweit, selbst mittlere und kleine Mächte bemühen sich, es den „Großen" wie in der Produktion der Atombombe so auch auf diesem Gebiet gleichzutun. Hitler hat es geschafft, die Realität um mehr als einige Nuancen seiner Vorstellung anzunähern: die Welt als Dschungel, in dem ein „erbarmungsloser Kampf" aller gegen alle tobt. Eine Welt, in der es keine andere Rechtfertigung gibt als den Sieg. „Wer übrig bleibt, hat recht."

Mit anderen Worten: das kostbarste, wertvollste „Kapital", das es gibt, ohne das ein friedliches Leben auf dieser Welt nicht möglich ist: das *Vertrauen*, hat Schaden erlitten. Die Illegalität hat zugenommen. Tendenzen zur Reprivatisierung von Macht, allerorts spürbar, nicht nur im Westen. Auch unter der frommen Decke des Staatssozialismus wuchern die höchst persönlichen Querelen. Ein Stück Mittelalter ist wieder aufgetaucht. Kriege zwischen Königreichen und Piraten, zwischen Konzernen und Demokratien. Weitere Ölkrisen in Sicht?

Die Antwort auf die Frage: „Wie tot ist Hitler?" geht noch weiter. Daß sie so negativ ausfällt, hat nichts mit einer Verteufelung des Mannes aus Braunau zu tun. Wenn wir aus der blutigen Geschichte des „3. Reiches" etwas zu lernen haben, dann zuallererst und beinah als Resümee: daß wir mit Personifizierungen des Heils wie des Unheils die Realität versäumen. *Niemand*, kein Sterblicher, inklusive Jesus und Konfuzius, Kant und Marx, ist identisch mit der Wahrheit, so daß wir jedes Wort von ihm unbefragt als richtig übernehmen dürften. *Niemand*, kein Sterblicher, ist der oder das Böse.

Hitler kam aus einem für das „Christliche Abendland" leider nicht untypischen Familienmilieu, wo er in frühester Kindheit durch Mangel an Zuwendung und Einfühlung, durch einen seelisch halb erstarrten Kleintyrann von Vater schwere psychische Dauerschäden erlitt, die er ein Leben lang mit aller Kraft zu kompensieren versuchte. Die innere Geschichte dieser Seele ist sehr kundig und genau beschrieben worden, vor allem von zwei Landsleuten: Friedrich Heer und Elias Canetti.[1]

Hitlers Beschädigung bestand nicht zuletzt in seiner Unfähigkeit, die aus traumatischer Strafangst herrührte, auch nur die leiseste Kritik an sich heranzulassen. So baute er sich als „Festung" gegen die Verletzung ein Traumreich aus narzistischem Größenwahn. Ein Hauptmerkmal dieser Wahnwelt: alles Böse, alles irgend Negative ist strikt *draußen*. Auch nur die allergeringste Teilhabe am Übel der Welt wird als Zumutung, nein als Skandal abgewehrt.

Erkennen wir diesen Zug nicht wieder — auch bei vielen Gegnern, ja vielen entschiedensten Antifaschisten? Moralischer Narziß-

---

1 F. Heer: „Der Glaube des Adolf Hitler". E. Canetti hat sich mehrfach mit Hitler auseinandergesetzt. Wohl am erhellendsten in seinem Essay-Band „Die gespaltene Zukunft", München 1972.

mus, das von Hitler verbreitete Muster: haben wir Augen, zu erkennen, *wie* verbreitet, auch in der politisch sehr gebildeten Jugend?

Die Frage, die an uns gestellt ist, lautet nicht, ob Hitler als „groß" anzusehen sei, wer sein Großvater war oder wie seine erste Freundin hieß. Sondern: wie war es möglich, daß dieser geistige Invalide Macht über ein ganzes Volk gewinnen konnte? Ein zivilisiertes Volk, voller friedlicher und gebildeter Bürger. Wir werden sie nicht beantworten können, ohne die eigenen, nicht nur narzistischen Abwehrwände niederzureißen.

Der Friede ist seit Hitlers Ende nicht wiederhergestellt. *Hier* liegt unsere wichtigste Aufgabe: Vergangenheitsbewältigung und Sorge für die Zukunft sind identisch.

Gert Kalow

Aufgewachsen zwischen Kriegen

Daß ich also geboren wurde,
halte ich für einen Zufall.
Als neuntes Kind.
Nach dem Ersten Weltkrieg.
Wir denken in Kriegen.
In eine Zeit hinein,
die auch ohne mich
beschissen genug war.
Ein arbeitsloser Fresser mehr.
Viel konnte daraus nicht werden.
Zuerst lernte ich laufen.
Dann denken.
Zuweilen dachte ich laut.
Das war lebensgefährlich,
und dazu war ich eigentlich
noch zu jung.
Mit 44 Kilogramm kam ich
als Gefangener ins Lager.
Als alles vorbei war,
ging das Elend erst richtig los.
Mit der Zeit
konnte ich immerhin mein Gewicht
um fast 100 Prozent steigern.
Auch erste Denkversuche wurden geduldet.
Nicht lange.
Und schon hörte wieder jemand mit.
Vielleicht gewöhne ich mir
das Denken doch lieber ab.
Mein Gewicht habe ich
bereits reduziert.

Bruno Donus

Blick in die Zeit: Erinnerung an den vorigen russischen Krieg

Es muß, erinnere ich mich recht, ein Sonntag gewesen sein, der 22. Juni 1941, ich war gerade 16 Jahre alt geworden und ein typisches Produkt deutscher Erziehung im Dritten Reich — das unwissende Resultat gezielter Propagandabeeinflussung. Ich sehe mich noch vor einem Haus in unserer Straße stehen, das Fenster war weit geöffnet, von drinnen drang die Radioübertragung dröhnend nach draußen. Marschmusik, Siegheilrufe, dann die Stimme des Führers. Plötzlich trat der Wohnungsbesitzer, ein Ladeninhaber, ans Fenster. Er erblickte mich, schrak zusammen, faßte sich und sagte: Großer Gott, wir haben Rußland den Krieg erklärt.

Es war der erste Tag des Krieges gegen Rußland. Den meisten Menschen im Reich schwante etwas an diesem Tag. Es gab keine Begeisterung, nur ein kurzes Erschrecken, eine Ahnung des Kommenden. Das verdrängten die meisten gleich wieder. Ich selbst erschrak nicht und wunderte mich nur über die seltsamen Worte des Mannes am Fenster. Mit meinen sechzehn Jahren hatte ich soviel nazistisch getönte Zeitungslektüre hinter mir, daß ich arglos und verdummt annahm, es werde gegen Rußland ein ebenso kurzer, siegreicher Blitzkrieg sein, wie es gegen Polen, Frankreich, Jugoslawien, Griechenland, Norwegen der Fall gewesen war. Meine Unwissenheit ist *un*entschuldbar. Sie zu erklären, kann ich höchstens anführen, daß die maßgeblichen Politiker und Militärs des Deutschen Reiches genauso dumm gewesen sind wie ich, und denen standen ja nun genauere Informationen zur Verfügung als mir, der ich lediglich unsere nazistisch gleichgeschaltete kleine Ortszeitung, den Stadtanzeiger las.

An das Erlebnis des ersten Kriegstages gegen Rußland erinnerte ich mich kürzlich, während ich der Fernseh-Talkshow 3 nach 9 zusah, in der ein General a. D. die Vorteile der Neutronenwaffe rühmte und ungeniert, wie Fachleute nun mal sind, von zu tötenden Russen sprach, während die Panzer intakt blieben, in denen die Russen säßen. Aus Gründen gelungenen Proporzes nahm auch ein bekannter sowjetischer Historiker an der Talkshow teil, der nun fragte, weshalb die Deutschen denn schon wieder Russen töten wollten. Der General antwortete, das drohe man nur für den Fall eines Angriffs an. Darauf erkundigte sich der Russe, weshalb die Deutschen denn annähmen, daß sie von der Sowjetunion angegriffen würden.

Ja, dachte ich mir, weshalb fürchten wir nun, nach einem Jahrzehnt Entspannung, so stark, daß die Russen kommen? Vielleicht wegen Afghanistan? Aber ist Afghanistan wirklich gleichzusetzen mit dem NATO-geschützten Mitteleuropa? Der Einmarsch in Afghanistan löste eine anhaltende Weltkrise aus, aber keinen Weltkrieg wie ein Vormarsch der Sowjets in Europa. Das wissen die Sowjets genau. Überdies glaubten sie, auf die sich immer deutlicher abzeichnende Zusammenarbeit zwischen USA und China reagieren zu müssen. Die Besetzung Afghanistans ist die Antwort Moskaus auf die im asiatischen Raum sich abzeichnende Einkreisung. Also ist das Beispiel nicht übertragbar auf Europa, wo aber doch, führt es zu ganz anderen Resultaten.

Weshalb also geht bei uns plötzlich die große Russenfurcht um? Weil die Sowjets mit allen Mitteln und in einem atemberaubenden Tempo hochrüsten, erklärt man uns, und weil wir seither in Gefahr stehen, die Schwächeren zu werden. Nun, wenn man mir damit kommt, daß es einen Feind gäbe und daß der sich zum Überfall auf uns rüste, sehe ich mich immer wieder in meine Jugendzeit versetzt und erlebe jenen ersten Kriegstag wieder: Großer Gott, wir haben Rußland den Krieg erklärt! rief der Mann aus, der es soeben im Radio vernommen hatte.

Später tat er treu und brav seine Pflicht. Verkaufte in seinem Lebensmittelgeschäft die rationierten Nahrungsmittel, wurde im Jahr drauf eingezogen und starb in der Ukraine den Soldatentod. Vielleicht ist ihm eine Ahnung davon eingekommen an jenem Kriegserklärungssonntag, und das hatte ihn zur Anrufung Gottes veranlaßt, an den er sonst wenig dachte und wohl auch kaum glaubte, jedenfalls war Herr Wildenhain, wie ich mich erinnere, früher Sozialdemokrat gewesen und aus der Kirche ausgetreten, irgendwann in den letzten Jahren der Weimarer Republik.

Ich selbst lernte die militärische Wirklichkeit dann volle zwei Jahre lang kennen, bis ich, August 1944, in Warschau mitansehen mußte, wie unsere Wehrmacht eine Straße sperrte, wahllos polnische Zivilisten aufgriff und an die Wand stellte. Ich zählte inzwischen neunzehn Jahre und hatte noch immer nichts anderes vor Augen bekommen als die deutsche nazistische Propaganda. Und dazu die Wirklichkeit dieses Krieges, und ich weiß natürlich, daß ich mir keinen neuen Freundeskreis schaffe, wenn ich offen davon spreche, daß ich damals, nach dem blutigen Anschauungsunterricht in Warschau, zur Roten Armee überlief. Ich wußte, die Überlebens-Chancen wären gering, ich hatte Glück und mußte nur vier Jahre lang als Kriegsgefangener schuften und etwas von dem wieder aufbauen, was die deutschen Armeen in Rußland zerstört hatten. Ich zahlte dafür mit Hunger, Elend und jener Abzehrungskrankheit Distrophie, die meist tödlich endet, ich überstand es und schaffte die Rückkehr nach Deutschland.

Das ist jetzt 33 Jahre her, und ich erinnere mich deshalb daran und rede deshalb davon, weil mir scheint, daß wir uns einem Zustand erneut nähern, der dem damaligen zwar nicht gleich ist, aber in einigen Dingen dennoch vergleichbar. Ich habe mir damals in zwei Jahren Soldatenzeit und in vierjährigem Lageraufenthalt geschworen, nie mehr die Haltung der dummen, selbstverschuldeten Unwissenheit einzunehmen. Ich will nie mehr der Typ jenes sechzehnjährigen Jungen sein, der gelassen und borniert die Verlautbarungen einer Obrigkeit entgegennimmt. Ich habe gelernt, daß der Krieg nicht erst dann beginnt, wenn er wirklich verkündet wird. Nein, er beginnt lange vorher mit der materiellen Aufrüstung, mit der propagandistisch-psychologischen Vorbereitung, mit der Schuldzuweisung an den jeweiligen Feind.

Es erfüllt mich mit ungläubigem Entsetzen, daß es heute wie damals der Russe ist, gegen den gerüstet werden muß, weil dieser Feind eben gegen uns rüste. Ich bin heute ebensowenig ein Kommunist, wie ich es damals als Sechzehnjähriger gewesen bin. Nur um einige kleine Erfahrungen reicher. Mir mißfällt der russische Einmarsch nach Afghanistan, aber ich sage mir, unsere amerikanischen Verbündeten haben sich seit 1945 auch allerhand blutige Abenteuer erlaubt, und wir haben deswegen ja nicht gegen sie gerüstet. Man muß mit den Großmächten viel Geduld haben und sich der Mühe unterziehen, sie von ihren weltgefährdenden Abenteuern wieder abzubringen. Man muß ihnen aus den Fallen heraushelfen, in denen sie sich leicht verfangen.

Für die Sowjets kann Afghanistan werden, was Vietnam für die Amerikaner geworden ist. Unser einziges Interesse besteht indessen darin, keinen Weltkrieg daraus entstehen zu lassen. Deshalb sollten wir keiner Propagandalüge anheimfallen und immer schön bei der Wahrheit zu bleiben versuchen, auch wenn es schwerfällt.

Der amerikanische Verteidigungsminister Weinberger begründete am 10. 8. 81 die Produktion der Neutronenbombe damit, daß „44.000 Sowjetpanzern" nur „11.000 Nato-Panzer" gegenüberstünden. Das ist eine faustdicke Propagandalüge. Der Publizist Ludolf Hermann nannte hier in dieser Senderreihe am 23. 8. 81 schon wieder andere Zahlen, „18.000 sowjetische Panzer" stünden „sechstausend der NATO gegenüber". Auch diese Zahlen sind fragwürdig, außerdem sind die 3.000 Panzer Frankreichs nicht mitgezählt, die zwar der Nato nicht unterstehen, im Kriegsfall aber das westliche Potential verstärken. Mit diesen und anderen Tricks wird genau jene Kriegshysterie er-

zeugt, die zum Kriege hinführen kann. Ich denke nicht daran, die Bundesrepublik mit Hitlers 3. Reich gleichzusetzen, aber die Gefahren der Falschinformation und Massenbeeinflussung unseres Jahrhunderts der Massenvernichtung sind offenbar systemunabhängig. Die Sowjets müßten verrückt und todessüchtig sein, griffen sie Westeuropa an.

Genau diesen Eindruck eines drohenden Angriffs aber vermitteln uns unsere Politiker und Medien. Keine Tagesschau ohne Waffenbilder. In Washington wurde die größte und teuerste Aufrüstung aller Zeiten beschlossen, und wir stehen voll im Trommelfeuer der Propaganda. Dagegen wehre ich mich, und es wehren sich viele andere dagegen. Wir haben eine schwere historische Schuld abzutragen, die darin besteht, daß wir als ganzes Volk den 2. Weltkrieg verursachten. So langsam scheint vergessen zu werden, daß nicht die Sowjets uns, sondern wir die Sowjets angegriffen haben. Nur deshalb kamen die Russen dann an die Elbe. Ich jedenfalls weigere mich, meine Erfahrungen zu vergessen. Ich war 16 Jahre alt, unwissend und von der nazistischen antikommunistischen Propaganda dazu verführt worden, im Sowjetsoldaten den Todfeind zu sehen. Ich habe dafür schwer büßen und zahlen müssen. Ich weigere mich entschieden, nun im Alter von 56 Jahren nochmal auf das Feindbild vom drohenden Russeneinmarsch hereinzufallen. Allerdings fürchte ich, unsere verbündeten Amerikaner verkennen den Grundcharakter unserer leidvollen Erfahrungen. Die große Politik lernt nur schwer aus der Vergangenheit. Hitler zum Beispiel fiel genau an einem 22. Juni in Rußland ein, und Napoleon hatte 1812 ebenfalls am 22. Juni den Njemen überschritten. Der eine wie der andere suchte den Sieg und fand den Untergang.

Wir sind ein Volk, das durch die tiefste Niederlage gegangen ist, und es soll uns niemand einreden, das sei eine Badekur gewesen. Angesichts eines 3. Weltkriegs aber würde der 2. Weltkrieg doch wie eine Badekur aussehen. Wenn wir aus der letzten Niederlage etwas haben lernen können, dann dies: Nie wieder Krieg — die Waffen nieder. Der hochaktuelle Slogan stammt von einer zu Unrecht vergessenen Schriftstellerin: Bertha von Suttner. Sagen wir es noch ein wenig moderner: Euch werden die Hände verbrennen, die nach den Waffen greifen.

Erinnerung an den vorigen russischen Krieg

Rundfunkvortrag, gehalten am 20. 9. 81 im Südwestfunk Baden-Baden. Der Vortrag löste ein großes Hörerbrief-Echo aus. Nur ein Brief war negativ. Alle anderen waren positiv. Zugleich wurden Befürchtungen geäußert, daß der Autor für seine freimütigen Worte zur Rechenschaft gezogen werden würde. Doch nichts dergleichen geschah. Aber die Hörerbriefschreiber und der Autor stimmen in der Verwunderung überein, daß eine solche Warnung vor dem Kriege noch über einen unserer Sender gehen konnte. Allerdings muß der Autor anmerken, daß er den letzten Absatz des Vortrags, die letzten neun Zeilen, nicht mit über den Sender gehen ließ. Aufrufe sind laut Rundfunkgesetz untersagt. Auch wenn es um den Frieden geht. Um Tod oder Leben. Immerhin dürfen wir sowas hierzulande noch drucken lassen. Auch dies eine Gnade, die aus den Folgen der letzten Kriegsniederlage resultiert.

Gerhard Zwerenz

Die Hiroshimabombe — eine „rührende Geschichte"?

„Die Himmel werden zergehen mit großem Krachen, die Elemente werden vor Hitze schmelzen, und die Erde und die Werke, die darauf sind, werden verbrennen."

Diese biblische Vision erfüllte sich am 6. August 1945 in der japanischen Hafenstadt Hiroshima, nachdem dort der amerikanische Major Tom Ferebee an Bord eines Flugzeugs die erste Atombombe der Geschichte ausgelöst hatte.

Die Explosion der Bombe zerstörte mehr als die Hälfte der Stadt. Von ihren 400 000 Bewohnern wurden 150 000 bis 200 000 getötet und 100 000 grauenhaft verstümmelt. Noch heute leiden in Hiroshima viele tausend Menschen an Strahlenschäden.

„Mein Gott, was haben wir getan?" kommentierte der Copilot des Bombenflugzeugs, Captain Robert A. Lewis, das apokalyptische Geschehen.

„Wir haben die Arbeit des Teufels getan", gestand der Physiker Robert Oppenheimer, der während des Zweiten Weltkriegs Leiter der amerikanischen Atombomben-Forschungszentrale war.

Dagegen bekannte Harry S. Truman, Präsident der Vereinigten Staaten von 1945 bis 1953, am 25. September 1961 vor einem Konvent der American Legion: „Nein, ich bereue es nicht, 1945 den Befehl zum Abwurf der Atombombe auf Hiroshima gegeben zu haben. Im übrigen habe ich es satt, immer wieder diese rührenden Geschichten zu hören."

Heinrich Schröter

Wer weiß

Wer weiß / vielleicht ist es
ein Krebs / ein Unfall jetzt
ein Schlangenbiß / wer weiß
was auf uns zukommt / ja vielleicht
auch nur ein Krieg / die Bombe
faßbarer vielleicht: so allgemein
erwartet / daß so mancher meint
er könne sie vergessen —
sogar den eignen kleinen Tod / damit beruhigt
weil tausendmal Tod / Geschichte ist.
Der Block hat faßbar hochgerechnet
so etwas wie gezeichnet
ein Gesicht.

Ist dann der Schrecken / schreckloser
wenn er den eignen Abgrund überbrückt
Trost der Statistik / hat schon jede Folge
abgerechnet: / was uns so zustößt
ist erkennbar im Gerät. / Kaum überrollt vom alten Schicksal
unfaßbar nur wir selbst —
und überholt.

Und zwischen den Zeilen
hängengeblieben / etwas wie
Hoffnung.

Dieter Schlesak

Der rote Henkelbecher spricht

Ob es mich wirklich gab? — Die Frage ist unwichtig. Gab es mich — gut. Gab es mich nicht, so hast du mich doch gut erfunden.

Deine Mutter und deine älteren Geschwister, die dabei waren damals, können sich nicht auf mich besinnen. Aber du siehst mich jetzt, siebenunddreißig Jahre später, immer noch plastisch vor dir. Aus dem diffusen, ununterscheidbaren Nichts und Alles deiner ersten drei Lebensjahre auftauchend, war und blieb ich für dich das erste deutlich umrissene und faßbare Erinnerungsbild.

Ob erfunden oder nicht — solange du lebst, werde ich sein: im schwachen, schwankenden Kellerlicht matt glänzend, der rot emaillierte Henkelbecher. Der Henkelbecher, das weißt du auch noch, aus dem ein kleiner Junge trank. Auch sein Gesicht hast du vergessen, wie alles andere, was in jener Nacht geschah.

Nur ich blieb. Weil du mich brauchtest.

Frag nicht, ob es mich gab. Für dich mußte ich greifbar sein in jener Nacht.

Als die Sirenen ununterbrochen heulten, als die Flugzeuge dröhnend näherkamen, als dicht um euer Haus die Bomben krachend und splitternd einschlugen, als das Nachbarhaus auf eures kippte, als ihr nur mühsam, mit Tüchern vor Mund und Nase, aus Staub und Schutt ins Freie krocht, als ihr euch umblicktet und saht, daß um euer Haus herum fast nichts stehengeblieben war, als ihr wußtet, daß die Nachbarfamilie, mit der ihr Keller an Keller gesessen hattet, tot war — da hieltest du dich nur an mir fest. Da wurde ich zu deinem Schreckensableiter. Da vergrubst du all dies unverständlich Bedrohliche, dies unerträglich Grausame, dies tödlich Erschreckende, was wirklich geschehen war, tief, tief in einem Winkel deiner Kinderseele und klammertest deine Erinnerung mit aller Kraft nur an mich.

Das alles weißt du jetzt.

Dein krampfhafter Griff hat sich gelockert. Du hast jetzt die Trümmer nach und nach ausgegraben und — zögernd, zurückschreckend zuerst — angefaßt. Dein hundertfach wiederkehrender Angsttraum, in einem zerstörten Haus ohne Dach schutzlos leben zu müssen, verschwand.

Du bist aufgestanden, hast dir den Trümmerstaub und den Angstschweiß von der Stirne gewischt und kämpfst. Nie wieder sollen Henkelbecher nötig sein zum Überleben.

Und jetzt fragst du, ob es mich wirklich gab. Frag nicht. Solange du lebst, werde ich sein: im schwachen, schwankenden Kellerlicht matt glänzend, der rote Henkelbecher.

Für dich mußte ich greifbar sein in jener Nacht.

Dagmar Scherf

Das Kriegskind träumt

Die Fakten — Gespräch mit der Mutter

Tochter: Ja, sag mal, und in Gunzenhausen — gab es da von Anfang an viele Angriffe, oder war da erst noch mal Ruhe?

Mutter: Nein, in Gunzenhausen ist zwar immer mal Alarm gewesen, aber kein Angriff. Erst am 16. April 45 gab es diesen schweren Angriff, und zwar auf den Bahnhof von Gunzenhausen, um den zu zerstören.

Tochter: Da war ich also knapp drei Jahre alt ... wenn ich mich nur erinnern könnte! Ich weiß ja nur, daß ich da mal in einem Keller einen kleinen Jungen gesehen hatte, der einen roten Henkelbecher besaß. Diesen Becher sehe ich noch unheimlich deutlich vor mir — aber von dem Angriff weiß ich einfach nichts! Wie war das denn?

Mutter: Ja — das Haus von Meiers, zu denen wir geflüchtet waren, stand ja dicht am Bahnhof, darum hat uns das eben so, so schwer mitgetroffen. Und das Nachbarhaus hat's eben erwischt. Und zwar hatten die ja so Bomben, die bis in den Keller durchgingen und erst dort exploidierten. Deshalb war ja im Nachbarhaus — die waren ja alle tot. Und deren Haus rutschte gegen unser Haus, so daß man aus dem ersten Stock oder auch in den ersten Stock von der Straße her einfach in unser Haus einsteigen konnte, wenn man über die Trümmer ging. Da lag der ganze Schuttberg. Und bei uns, das gab natürlich einen wahnsinnigen Staub, wir hatten dann alle diese Tücher für Mund und Nase, und man konnte erstmal gar nichts sehen. — Aber wir, der Ausgang war nicht verschüttet, wir konnten dann doch aus dem Keller raus. Aber das Dach war völlig abgedeckt, man konnte also in dem Haus nicht mehr — es war unbewohnbar.

Tochter: Hattest du Angst?

Mutter: Ja, diese Nacht, da hatte man richtig so — wirklich also Todesangst. Denn immer wieder, nicht wahr, dieses wahnsinnige Dröhnen: Jetzt kommen sie wieder und nun, nun geht es wieder los. Und dann dieser Krach von den Bomben, man dachte: ja so, also jetzt ist's aus.

Traum 1

Ich bin allein in unserem Haus. Es ist Nacht. Ich sehe, daß draußen ein Mann um das Haus schleicht, eine unsagbare Angst überfällt mich, ich rase zur Haustür, sie steht offen, mit allerletzter Gewalt gelingt es mir (meistens, aber nicht immer — dann wache ich auf), sie zu schließen, bevor der Mann hereindringt.

Traum 2

Ich ziehe in eine neue Wohnung ein. Mitten in einem Park mit großen, knorrig-alten Bäumen finde ich sie — ein geräumiges Quadrat. Sie gefällt mir gut, und ich sehe mich genauer um.

Plötzlich packt mich kaltes Grausen: Mitten in der Wohnung wächst ein riesiger Baum, streckt seine Äste gebieterisch-gewaltsam durch ein großes Loch in der Zimmerdecke. Auch die Wände sind zum Teil nur brusthoch, von draußen weht die unheimliche Dunkelheit des Parks herein.

Jähes Erkennen: Jeder kann hier eindringen, ich bin ungeschützt!

Schreiend flüchte ich in das hellerleuchtete Haus des Vermieters.

Traum 3

Etwas, das kein Gesicht und keinen Namen hat, kommt plötzlich nachts hierher, in meine Wohnung. Auf einmal hat die Wand, an der ich schlafe, einen Riß. Ein Loch. Eine gähnende Öffnung.

Und da hindurch steigt ES, steht neben mir, will nach mir greifen. Das Haus bebt.

Und jedes Mal denke ich: Jetzt ist ES da, jetzt ist das kein Traum mehr, jetzt steht ES nicht mehr vor dem Fenster oder vor der Tür, die ich vielleicht noch schließen kann, jetzt ist ES da.

Ein Grauen ohne Namen und ohne Gesicht.

Traum 4

Ich richte mir eine Wohnung ein. Die Wände bestehen zum Teil aus Büschen und Bäumen. Sie sind sehr kahl, es ist Winter. Aber ich habe keine Angst, daß da jemand eindringen könnte, sondern hoffe auf den Frühling, der die Wände dicht machen wird.

Ein Mann hilft mir beim Einrichten der Wohnung. Er hat kein Gesicht, ich sehe ihn gar nicht richtig, aber ich darf „Vati" zu ihm sagen und wiederhole das, so oft ich kann, mit wachsender Begeisterung für das ungewohnte Wort, während wir uns in alltäglichen Sätzen über die technischen Einzelheiten des Einzugs unterhalten.

Dann ändert sich die Szene: Ich sitze mit demselben Mann in einem kleinen überdachten Boot. Er hat den rechten Arm fest und schützend um meine Schultern gelegt und steuert das Boot mit der linken Hand. Sein Gesicht wandelt sich: Es ist jetzt Günther, der mit mir fährt. Ich frage mich, ob er das Steuer halten kann.

Traum 5

Ich bin Kind und krank. Gegen diese Krankheit wird mir von einem Arzt verschrieben: Täglich einmal dorthin stellen, wo Bombenflugzeuge fliegen. Dich beregnen lassen von dem, was sie abwerfen. Es ist Schokolade. Das ist die Heilung.

Traum 6

Ich treffe die Einbrecher auf dem Parkplatz vor einem Supermarkt. Sie sagen mir, sie würden jetzt bei mir zu Hause einbrechen, aber ich sollte keine Angst haben. Ich schwanke noch, was ich davon halten soll, da sind sie schon fort. Lange traue ich mich nicht nach Hause. Als ich schließlich leise den Schlüssel in der Haustür herumdrehe, vorsichtig, aber entschlossen einen Fuß zwischen die Türspalte schiebe und den Kopf hereinstrecke, sehe ich: Der Hausflur ist neu tapeziert, und oben auf dem Garderobenschrank stehen meine Lieblingsblumen: eine Vase voll mit rotem Mohn.

„Schau an,
jetzt stellst du schon selbst
den Fuß in die Tür!"
sagte der Mann
aus dem Angsttraum
und verschwand
für immer.

Dagmar Scherf

5. Der Tod ist ein Mann

Der Soldat, der nicht sterben wollte. Reportage von einem Staatsbegräbnis

Ein Soldat, den man für rebellisch hielt, fiel bei dem Angriff als einziger der Kompanie. Die Menschen der anderen Seite wurden alle getötet. Obwohl der Soldat nicht besonders gefügig und kampffreudig gewesen war, beschloß man, ihn in allen Ehren zu beerdigen. Gleichzeitig sollte damit der Schlacht ein Denkmal gesetzt werden. Er wurde in einen gläsernen Sarg gelegt, weil er nicht häßlich verwundet war. Eine große Feierlichkeit begann. Reden sollten gehalten werden. Ehrengäste waren geladen. Da fiel es dem rebellischen Soldaten ein, die Leute damit zu erschrecken, daß er weiterleben wollte. Er war nämlich nur scheintot gewesen. Die Leute waren zu dieser Zeit die Sargträger und ein Friedhofswärter. Die Feier sollte gleich beginnen. Die Gäste waren vollzählig erschienen. Ein Sargträger machte seinem Vorgesetzten Meldung, daß der tote Soldat wieder rebellisch würde. Der Vorgesetzte ging zu dem Glassarg, in dem der Soldat noch lag, und befahl ihm zu sterben. Das wollte der Soldat nicht. Da befahl der Vorgesetzte, den Soldaten weiter im Sarg zu behalten, und holte seinen Vorgesetzten.

Sein Vorgesetzter, der zu dem feierlichen Anlaß alle seine Orden angelegt hatte, war entsetzt. Er sagte zu dem Soldaten: „Jetzt seien Sie doch einmal nicht rebellisch. Sehen Sie nur, was wir für Sie alles vorbereitet haben." Und er führte den Soldaten an das Fenster des Leichenschauhauses. Dieser war mit einer neuen Uniform in den Sarg gelegt worden, damit alle sahen, wie sauber und ordentlich man sterben konnte. „Wollen Sie uns das alles zerstören?" fuhr er fort. Der Soldat blieb rebellisch. Der Vorgesetzte des Vorgesetzten holte seinen Vorgesetzten, nachdem er ihm den Fall geschildert hatte. Dieser Vorgesetzte war ein erfahrener Stratege. Er sagte zu dem Soldaten: „Wir", er sagte immer „wir", „können Ihren Willen zum Leben verstehen. Und dieser ist auch lebensnotwendig für die Armee, für unsere Armee. Aber wenn Sie tot sind, sind Sie tot. Daran gibt es doch wohl nichts zu deuten!"

Der Soldat wollte Einspruch erheben. Das konnte aber der Vorgesetzte nicht vertragen. Und schon gar nicht von einem Toten. Er war nämlich unter allen Umständen Gehorsam gewöhnt. So befahl er dem rebellischen Soldaten, augenblicklich zu sterben. Bei Nichtbefolgung des Befehls würde er ihn vor ein Kriegsgericht und anschließend vor ein Zivilgericht bringen. Die würden schon Recht sprechen, da wüßte er Bescheid.

Der Soldat blieb rebellisch. Dann wurde der Vorgesetzte des Vorgesetzten des Vorgesetzten geholt. Das war ein alter Mann, der noch nie eine Schlacht gesehen hatte. Deshalb kannte er sich in der „Behandlung der Männer" vorbildlich aus. „Ich werde Sie", sprach er, „unter Berücksichtigung der außergewöhnlichen Lage und Ihrer Tapferkeit gleich um zwei Ränge befördern."

Der Soldat weigerte sich trotzdem zu sterben. Inzwischen drängte die Zeit, denn die Feierlichkeiten hatten schon begonnen. Auch gab es nicht mehr viele Vorgesetzten der Vorgesetzten der Vorgesetzten der Vorgesetzten der Vorgesetzten. Man sah sich gezwungen, noch den nächsten Vorgesetzten zu holen. Der war ein Demokrat. „Sehen Sie sich die vielen Gäste zu Ihrer Beisetzung an!" Und er führte den Soldaten noch einmal ans Fenster. „Alle Anwesenden glauben", fuhr er fort, „daß Sie tot sind. Hinter ihnen steht die Mehrheit unseres Volkes. Wollen Sie sich gegen die Mehrheit Ihres Volkes stellen?"

Der Soldat wurde nachdenklich, doch er ließ sich noch nicht überzeugen. Da wußte man nichts anderes, als den Militärgeistlichen zu rufen. Das war ein rechtschaffener Mann, der schon ganzen Bataillonen zu einem leichten und nicht vom Gewissen belasteten Tod verholfen hatte. Er zitierte einen Vers aus der Bibel und wußte auch die Stelle anzugeben, wo man ihn nachlesen konnte. Er sagte, Gott wolle nicht, daß man allzusehr am weltlichen Leib hänge, denn die Seele sei auf alle Fälle unsterblich. Der Soldat könne ihm sicher auch nicht das Gegenteil beweisen. Im übrigen müsse man daran glauben. Der Soldat schwieg, aber schüttelte abwehrend die Hände. Außerdem, fuhr der Geistliche fort, und er zog dabei jedes Wort so in die Länge, daß die Vorgesetzten und die Sargträger vor Ergriffenheit Grundstellung einnahmen, außerdem sei die höchste Erfüllung des Soldatentums der Tod.

Da wurde der Soldat ganz rot im Gesicht, so rot, wie es sich für einen Toten gar nicht geziemt, und kroch in seinen Sarg zurück. Als die Vorgesetzten dem Geistlichen einmal wieder die Hand schütteln wollten, hob der Soldat noch ein letztes Mal seinen Sargdeckel hoch. „Ich hoffe", sagte er, „ich gehe als gutes Vorbild voran. Und Sie folgen mir in treuer Pflichterfüllung."

Die Anwesenden wußten nicht, ob sie vor Rührung schweigen oder dem Soldaten den Kopf einschlagen sollten. Da sich aber ein blutender Kopf für die Festlichkeit schlecht ausnahm, schwiegen sie.

„In Gottes Namen", dachten sie alle, und der Geistliche sprach es aus. Am liebsten hätte er Gott ein Trinkgeld gegeben.

Ulli Harth

Stillgestanden

Der Soldat steht still.
Die Füße stehen mit den Hacken beieinander.
Die Fußspitzen zeigen so weit nach auswärts,
daß die Füße nicht ganz einen rechten Winkel bilden.
Das Körpergewicht ruht gleichmäßig
auf Hacken und Ballen beider Füße.
Die Knie sind durchgedrückt.
Der Oberkörper ist ausgerichtet,
die Brust leicht gewölbt.
Die Schultern stehen in gleicher Höhe.
Sie sind nicht hochgezogen.
Die Arme hängen mit leicht vorgedrückten Ellenbogen herab,
so daß etwa eine Handbreit Freiraum
zwischen Ellenbogen und Körper entsteht.
Die Hände sind geschlossen und berühren
mit Handwurzel und der Außenseite der Finger
die Oberschenkel.
Der Daumen liegt ausgestreckt am Zeigefinger.
Der Mittelfinger liegt mit der Oberseite
an der Hosennaht.
Der Kopf wird aufrecht getragen,
das Kinn ein wenig an den Hals gezogen.
Der Blick ist geradeaus gerichtet.
Der Mund ist geschlossen —
noch.

Johann-Günther König

Die freien Gedanken
des Panzergrenadiers G.
zur Landesverteidigung
der Bundesrepublik Deutschland

Zwölf Monate hat er geübt,
der Panzergrenadier G.,
der Bundesrepublik Deutschland
treu zu dienen
und das Recht und die Freiheit
des deutschen Volkes
tapfer zu verteidigen.

Er ist durchs Gelände marschiert
in ausgetretenen Knobelbechern,
hat das Lied vom schönen Westerwald gegrölt,
laut, um die Blasen an den Füßen zu vergessen.
Auf allen vieren ist er durch Wiesen gekrochen,
durch Pfützen gerobbt in voller Montur.
Keine Strapaze war ihm zu viel.
Er hat geballert mit Platzpatronen
und scharf geschossen auf den fremden Aggressor,
den asiatisch grinsenden Pappkameraden,
verborgen hinterm Birkenholzstoß.
Ungläubig hat er Schutz gesucht
unter der brüchigen NATO-Aluminiumplane
vor dem Atomblitz von links.

Doch dann wollte er wissen,
was das für ein Recht
und was für eine Freiheit sei,
die er so tapfer verteidigen sollte.
Aber als sie ihm die Story erzählen wollten
vom bösen Russen, der nichts im Kopf habe,
als seine Mutter zu vergewaltigen,
winkte er lächelnd ab.
Da belehrten sie ihn eindringlich,
anders als die Brüder und Schwestern drüben
habe er hier das Recht,
seine Meinung frei zu äußern.
Da äußerte er frei seine Meinung
und landete vierzehn Tage im Bau.

Dort hatte er Zeit, sich zu fragen,
was für ein Recht er tapfer zu verteidigen hatte:
Das Recht der wenigen, Profite zu machen
auf Kosten von uns vielen?
Das Recht der wenigen, ihrer Gewinne wegen
unsere Flüsse, die Luft, die wir atmen,
unsere Wälder, die Früchte, die wir essen,
immer mehr zu verpesten und zu vergiften?
Das Recht der wenigen, Arbeitsplätze zu vernichten,
die unsere Väter mit ihrem Schweiß aufgebaut haben?
Das Recht der wenigen, uns viele
in unseren Medien für dumm zu verkaufen?
Ist es das Recht,
das er tapfer verteidigen sollten?

Oder ist es die Freiheit unserer Bündnispartner,
unser Land mit ihren Arsenalen chemischer Waffen zu spicken?
Ihre Freiheit, es mit einem Netz von Raketenbasen zu überziehen
und es als nuklearen Schießplatz zu mißbrauchen,
der das Verderben unabwendbar auf uns zieht?
Ist es unsere Freiheit, eine amerikanische Kolonie zu sein,
in der — vorerst — die Neutronenbombe nicht gelagert wird,
wie einst auch die Atomsprengköpfe nicht gelagert werden sollten?
Ist es unsere Freiheit, auf dem Pulverfaß sitzend,

dumpf und gelähmt den Alptraum vom Tod in Potenz zu träumen?
Ist es unsere Freiheit, den apokalyptischen Wahn
von US-Strategen
als ultima ratio westlicher Friedenspolitik
verkauft zu bekommen?
Ist das die Freiheit,
die es tapfer zu verteidigen gilt?

Und was ist das für eine Republik,
der wir treu zu dienen haben?
Ist das unsere Republik, die Lehrer mit Berufsverboten belegt
und den kritischen Geist schon im Schulalter erschnüffeln läßt?
Ist das unsere Republik, ein Dorado für Spekulanten,
geschützt von den Knüppeln ihrer Polizei?
Ist das unsere Republik, die den mündigen Staatsbürger propagiert,
doch seinen Protest mit giftigem Gas zu ersticken sucht?
Ist das unsre Republik, in der sich gewählte Volksvertreter
hinwegsetzen über die vitalen Interessen des Volkes?
Ist das unsere Republik, angeführt von pflichtbewußten Satrapen
amerikanischer Machtpolitik in Europa?
Ist das die Republik,
der treu zu dienen wir geloben sollen?

Er hat geübt, der Panzergrenadier G.,
der Bundesrepublik Deutschland
treu zu dienen
und das Recht und die Freiheit
des deutschen Volkes
tapfer zu verteidigen.
Zwölf Monate zu viel.

Werner Geifrig

Bänkelsang für Mezzo-Sopran

Der Tod ist ein Mann
mit forschen Schritten.
Er hört sich dein Bitten
nicht an.
Sense und blanken Schädel
hat er nie besessen;
er sagt: komm her, mein Mädel,
wir wollen alles vergessen.
Mit starken Motoren
pflügt er Stein und Asphalt.
Die eine Mutter geboren,
macht er alt, macht er kalt.
Er ißt heute längst
die raffiniertesten Speisen,
und sein schnaubender Hengst
ist aus Stahl und Eisen.
Wär der Tod eine Frau —
sie schreckte zurück
im Schützengraben, im Autostau
vor Blut und bettelndem Blick.
Zurück, zurück
würde sie warnen und dann …
Aber der Tod ist ein Mann.

Margarete Kubelka

Eine schöne Zeit

Mein Gott, es war doch eine schöne Zeit; weißt du noch, wie wir den Michel gemeinsam angepißt und ihn anschließend in unseren Männerbund aufgenommen haben und wie wir dann alle sturzbesoffen auf den Spinden saßen, die Bierflaschen in der Hand, und uns mit Stiefeln beschmissen und wie dann der UvD reinkam und in der Kotze ausrutschte und wir am Wochenende Feuerwache schieben durften und wie wir dann nachts übern Zaun sind, hinten am Munitionslager, wo niemand das Loch im Stacheldraht vermutet hatte; und dann die lange Nacht in den Kneipen, und wie wir gegen drei Uhr früh die fünf Amis verprügelt haben, diese Schlappschwänze, und wie der GvD uns beim Heimkommen erwischt hat und keine Meldung machen konnte, weil er diese häßliche alte Nymphomanin aus der Kantine in der Wachbude hatte, diese geile Sau; weißt du noch ...

Wenn der Kompaniechef mal im Suff von der Normandie erzählte — er war damals Fähnrich — und von der Gefangenschaft und wie er, weil seine Beförderung noch nicht bestätigt war, nicht als Offizier behandelt wurde, und was sie alles ausgeheckt hatten, erinnerte er mich an meinen Onkel. Der kommandierte einen Königstiger, und weil ihnen der Sprit ausgegangen war, kamen sie nicht ganz bis Stalingrad und so um Sibirien herum. Obwohl: mit einem Bataillon Königstiger hätte es in Stalingrad ganz anders ausgesehen. Überhaupt, wenn der Hitler den Befehl zum Sprengen der Umkesselung gegeben hätte, wir wären alle rausgekommen, aber der war halt verrückt, die Anfangserfolge sind ihm zu Kopf gestiegen.

Wenn die Sache anders gekommen wäre, hätte mein Kompaniechef 1949 schon Hauptmann sein können. So mußte er mit der Fortsetzung seiner Karriere zehn Jahre warten, solange, bis man als Deutscher wieder eine Waffe in die Hand nehmen konnte. Diese zehn Jahre waren verschenkte Zeit, vergebene Jugend, und er trauert den verlorenen Gelegenheiten nach.

Seit acht Jahren führt er nun die Kompanie, und sowas ist ihm noch nie vorgekommen. Hinter dieser stehenden Redewendung steht die Erkenntnis eines Soldatenlebens: was in langjähriger Militärzeit nicht vorgekommen ist, gibt es nicht. Vielleicht gibt es deshalb auch nie Niederlagen — höchstens Rückschläge; Soldaten mögen sterben, das Militär bleibt bestehen.

Mit fünf Jahren konnte ich Gewehr präsentieren, mit zwölf war ich Pfadfinder und hatte nachts im Wald keine Angst und keine Orientierungsschwierigkeiten. Mit sechzehn wusch ich mich nur in kaltem Wasser, lief die 1000 Meter unter drei Minuten, las Felix Dahn und wollte Berufsoffizier werden. Damals schlug ich zum ersten Mal meinen Vater bei einem privaten Schießwettkampf: ich durfte meinen Kleinkaliberkarabiner benutzen, er nahm die Pistole; aber weil er sich gerade für die Olympiade in Rom qualifiziert hatte und ich nur Nachwuchs war, bekam ich zwanzig Mark.

Als ich noch Lokomotivführer werden wollte, verlud ich auf der elektrischen Eisenbahn Panzer, zunächst Panther und Tiger, später einen Zug Leopard; endlich war die Tradition wiederhergestellt: nach 20 Jahren Pause hatten wir den besten Kampfpanzer der Welt. Von da an schossen meine Lieblinge mit Balken- und Eisernen Kreuzen die anderen mickrigen Schrottkisten mit roten und weißen Sternen beim Manöver ab — egal ob T 34 bis 54 oder M 4 bis 48.

Wie bei fast allen Jungens meiner Generation kam nach der Lokomotivführer- die Försterphase: nachdem wir genügend Rotwild beobachtet hatten und der Winnetouspiele überdrüssig waren, stürmten wir um die Saalburg herum den Limes und metzelten die Römer.

Meine Lieblingslektüre Karl May wurde von Thukydides und Ranke-Graves ersetzt, Mythos und Geschichte verschmolzen (oder waren es nur Mythos der Geschichte und Geschichte des Mythos?); mit meinen Mensch-Ärgere-dich-nicht-Figuren eroberte ich die antike Welt.

Als angehender Physiker berechnete ich die Flugbahnen und kinetischen Energien der ersten griechischen Belagerungsmaschinen, das wurde mir bald zu schmutzig-gegenständlich, nur in der Abstraktion als höherer Denkebene kann die Rettung liegen. Später, während ich als angehender Mathematiker das Problem der prädikablen und nichtprädikablen Worte löste, wurde mir bewußt, daß ich längst zur Philosophie übergewechselt war.

Neben dem Problem mit der Zeit als vierter Dimension beschäftigte ich mich mit einer dauerhaften Einrichtung des heiligen römischen Reiches. Daß dessen Beginn über tausend Jahre zurücklag, war kein Problem für mich, ich hatte es folgerichtig Mitte des letzten Jahrhunderts abgelöst durch eine geläuterte Form bürgerlichen Selbstverständnisses; Adorno war ein soziologischer Schwätzer, allein ich suchte nach Wurzeln und Ziel des Abendlandes.

Nach dem ersten Semester Philosophie erreichte mich der Einberufungsbefehl, bevor ich mich ihm studienbedingt entziehen konnte. Meine Abhandlung über die Zeit als vierte Dimension blieb liegen, die Dienstzeit begann mit Bart-ab und Haare-runter; das mußte so sein, schon allein aus hygienischen Gründen.

Die Anfangserfolge blieben nicht aus: an Stelle der Eroberung der antiken Welt — dort wußte sowieso niemand, wo die lag — stürmten wir das alte Panzerwrack, eroberten die umliegenden Hügel, machten die gegenüber stationierten Amis bei jedem Vergleichskampf lächerlich, diese Schlappschwänze. Daneben pißten wir Michel an, soffen uns Nacht für Nacht zu, verdroschen einmal den meistgehaßten Unteroffizier der Kompanie — mein Gott, es war doch eine schöne Zeit.

Im vergangenen Sommer kam der Nachbarsjunge auf einen Äppelwein herüber. Nur noch 25 Tage, die Entlassung stand bevor; er war guter Laune und genoß eines der letzten Wochenenden seines Lebens, das sich von seinem Alltag in mehr als quantitativer Hinsicht unterschied. Bald wird er heiraten, Familie, Auto und Eigenheim zeugen.

Inzwischen hat er seinen Bundeswehrkäfer durch einen Golf GTI, 110 PS ersetzt. Ob er ein Reihen- oder ein Fertighaus besitzen wird, ist so unwesentlich wie die Haarfarbe seiner Frau oder die Anzahl der Kinder; es scheint alles austauschbar.

Natürlich war auch für ihn die Bundeswehrzeit eine Last, aber, mein Gott, was da gelacht wurde. Wie jeder Soldat hatte auch er einen ruhigen Lenz geschoben, in seinem Fall bei einem Wachbataillon in Bonn. Als die Demonstration angesagt war, wurde scharfe Munition ausgegeben und die Truppe verstärkt. Kein Ausgang, keinen Alkohol, aber von wegen, wenn die wüßten ... mein Gott, es war doch eine schöne Zeit.

Damals, als wir sturzbesoffen auf den Spinden saßen und uns mit Stiefeln beschmissen — Sie erinnern sich —, tobte der Kompaniechef: seit acht Jahren führt er die Kompanie, und so etwas ist ihm noch nie vorgekommen ... oder die Sache, die mein Vater erlebt hatte, als sie vor Grodno lagen ... (oder war es Verdun? — nein, das muß mein Großvater gewesen sein — nein, der ist da gefallen, der kann es nicht erzählt haben ... dann war es Sedan, richtig: es könnte mein Geschichtslehrer gewesen sein) ..., als sie damals den Latrinenbalken angesägt hatten und ausgerechnet der Spieß als nächster draufging ... mein Gott, das wurde die schlimmste Sache im ganzen Krieg, aber: was wir gelacht haben ...

„Panzergrenadier Knopp, an welchem Meer liegt Hamburg?" ... Kompaniebelehrung: wir nahmen gerade die Bundesländer durch und waren am Ende von Hamburg angelangt. Aufstehn, strammstehn, hilflose Blicke, Schweigen, dann, nach langem Zögern ...: „Mittelmeer". Als es — gegen Ende der Grundausbildung — an das Aufzählen sämtlicher Bundesländer kam, folgte: Bayern, Hessen, Nordrhein-Westfalen (denn daher kamen die Angehörigen unseres Bataillons), dann, zögernd, Benelux, dann nichts mehr. Immerhin, daß der Feind im Osten steht, hatte inzwischen jeder gelernt; Hauptsache, man wußte sich so unauffällig zu verhalten, daß man nicht drankam, egal ob in der Kompaniebelehrung oder beim Schleifen.

Mit Panzergrenadier Reinhardt verstand ich mich am besten (sein Vorname ist mir inzwischen entfallen), wir waren die DvDs, die Durchblicker vom Dienst. Er hatte ein halbes Jahr Bundesgrenzschutz hinter sich, ich ein paar Jahre Denken. Schießübung, Entfernung 50 Meter; Mannscheibe: ein Soldatenoberkörper hinter einem Mauerrest. Weder Pzgr Reinhardt noch ich hatten Schwierigkeiten damit, dieses Stück Pappdeckel zu durchlöchern. Unser G 3 durchschlug noch auf 2000 Meter einen Stahlhelm, und die IRA war nur deshalb so erfolgreich, weil sie gegen die Engländer deutsche Waffen einsetzte.

Während der Pausen zwischen den ganztägigen Schießübungen standen immer ein paar Schleifer bereit, die uns durchs Gelände jagten, damit wir nicht aus der Übung gerieten: „Volle Deckung! Sprung-Auf-Marsch-Marsch! Grrranaten!" Diese Säue, bei „Volle Deckung!" konnte man sich die Deckung noch aussuchen, bei „Granaten!" mußte man genau in das Schlammloch springen, das immer dann vor einem lag, wenn dieser Befehl kam, und der kam nie zufällig. Warte nur, dieses Schwein von Hilfsausbilder greifen wir uns nochmal ab!

Es war lästig, und als Schorsch und ich (ich meine den Pzgr Reinhardt und mich) den Sanitäter mit hinter dem Kopf verschränkten Armen am Wall liegen sahen (Südhang, die Frühjahrssonne schien ihm auf den Bauch), blinzelten wir uns zu. Zwei Minuten später lagen wir neben ihm, drei Minuten später lag unsere ganze Gruppe da; wir wurden sauer, weil zu sechst die Gefahr der Entdeckung viel größer ist als zu zweit. Auf die Frage des Lefti, der die ganze Zeit knappe zwei Meter über uns auf dem Wall stand, was wir da suchten, kam die geistesgegenwärtige Antwort: „Abbaukommando, Herr Leutnant." Das echte Abbaukommando lud später den ersten Fünftonner voll Schießscheiben, wir sprangen hinten auf und ließen uns zum Standort fahren. Als die anderen nach einstündigem Fußmarsch ankamen, hatten wir schon das fünfte Bier intus und genossen das Leben in vollen Zügen — mein Gott, es war doch eine schöne Zeit.

Schorsch (pardon, ich meine den Pzgr Reinhardt) war der große Durchblicker, aber ich konnte das G 3 mit verbundenen Augen in weniger als 30 Sekunden bis auf den Schlagbolzen zerlegen und wieder zusammensetzen. Das konnte er nicht, und deshalb stand er bei der Belobigung zu Ende der Grundausbildung hinter mir als Zweitbester. Das tat unserer Solidarität keinen Abbruch, egal ob es gegen Vorgesetzte ging oder gegen andere Feinde: als der „Alte" uns mitteilte, daß uns als den besten Soldaten des Bataillons normalerweise ein Tag Sonderurlaub zustünde, aber die Zeit zu kurz wäre, da wir schon am Mittwoch in die neuen Einheiten versetzt würden, nahmen wir uns einfach frei. Am Montag saßen wir beim siebten Bier und Brathähnchen zwischen Römer und Paulskirche und dachten daran, wie die anderen im Schweiße ihres Angesichts im Dreck krochen; ein schöner Tag!

Als ich neben dem Gruppenführer herging und 20 Meter vor mir dieser Pappkamerad aufsprang und ich ihm ganz instinktiv meinen Feuerstoß entgegenschickte und wir dann feststellten, daß von den sieben Kugeln, die in meinem Magazin fehlten, fünf ihr Ziel gefunden hatten — jede tödlich, wie es der Führer ausdrückte —, da berührte mich das so wenig wie damals die Sache, als wir den Latrinenbalken angesägt hatten — wo war das noch gleich?

Holokaust (oder wird's Hauloucoast geschrieben?) war ein billiges Bildzeitungs-Hollywood-Klischee; alle Nazis und KZ-Aufseher waren Monster, so einfach ist das. Kein Wort über die biederen Familienväter, die nach ihrer Verwaltungstätigkeit brav nach Hause gegangen sind, lieb mit Frau und Kind gespielt haben oder mit ihrer elektrischen Eisenbahn, ihrem Golf GTI, ihren Nachbarn. „Sich ausruhen nach des Tages Last", die fällige Rechnung an IG Farben über vier Tonnen Knochen zur großdeutschen Leimproduktion kann liegenbleiben bis zum nächsten Tag.

Während der Siebentagekrieg über die Bühne ging, hatten wir erhöhte Alarmbereitschaft, diskutierten die Chancen, erhielten die wohltuende Bestätigung dafür, daß es auf den Soldaten ankam, nicht auf die Technik. Der Unteroffizier vom zweiten Zug änderte seine Einstellung zur Judenfrage: „Mein Gott die habens denen aber gegeben, hätten wir verdammt nochmal nicht besser machen können." Nach dem Einzelkampftraining abends im Fernseher die Bilder von Benno Ohnesorg.

Kompaniebelehrung. Der Oberfeld, schlacksig, trocken, beliebt: „Wenn ihr im Ernstfall einen genau gezielten Schuß abgeben könnt, schießt nicht auf den Kopf, schießt in den Bauch!" Ich war erstaunt über soviel Menschlichkeit, schließlich war ich Humanist, das Abendland schien machbar. „… ein Bauchschuß im Feld ist sowieso irreparabel — krepieren tut der eh, aber vorher müssen die ihn nach hinten holen, und bevor der den endgültigen Abflug macht, zerstört er mit seinem tierischen Gebrüll drei Tage lang die Kampfmoral des Feindes."

Seit acht Jahren führt er die Kompanie, und so etwas ist ihm noch nie vorgekommen. Diesmal meint er es ernst. Seine Stimme schnappt über, das Gesicht ist verfärbt. Wenn man vorher verweigert, o.k., aber während der Dienstzeit — das ist noch nie vorgekommen, das gibt es nicht.

Der Prüfungsausschuß war der Situation nicht gewachsen. Mit langhaarigen Drückebergern kannte man sich aus, aber der beste Soldat des Bataillons? Zwei Wochen später war ich frei; das nächste Semester verbrachte ich auf der anderen Seite der Barrikade.

Mario diente zu Ende, bevor er verweigerte; er war der vierte unserer Sechs-Mann-Stube. Noch heute sitzen wir manchmal zusammen und unterhalten uns über die alten Zeiten, die Verklemmungen dieser Wichser in Uniform, die Befreiung in der Studentenrevolution. Die Bilder im Fernsehen: Jochen Klein-Klein, wie sie ihn mit seinem Bauchschuß aus dem OPEC-Gebäude abführen; die toten Polizisten.

Und dabei hatte alles so locker angefangen: Springer-Blockade, Degenhardts „Maschinengewehre, die brauchen wir (noch) nicht", Teach-Ins, Love-Ins, der Osten ist rosa. Weißt du noch, wie wir damals in der Frankenallee vor dem Wasserwerfer lagen, in vorderster Front? … mein Gott, es war doch eine schöne Zeit.

Michael Rieth

1945

Die Firma Höschag hat
den Verlust von

3 000 ange
Hörigen

zu beklagen.

Die arbeiterin Hanna
nur einen.

Die hat's gut.　　　　*Hans Peter Schwöbel*

Das Gewehr

Das Gewehr besteht
aus drei Teilen:
dem Oberteil,
dem Mittelteil,
dem Unterteil.

Der Oberteil besteht
aus dem Oberteil
des Oberteils,
dem Mittelteil
des Oberteils,
dem Unterteil
des Oberteils.

Der Mittelteil besteht
aus dem Oberteil
des Mittelteils,
dem Mittelteil
des Mittelteils
und dem Unterteil
des Mittelteils.

Der Unterteil besteht
aus dem Oberteil
des Unterteils,
dem Mittelteil
des Unterteils,
dem Unterteil
des Unterteils.

Feuer!

Nikota Stanescu
(S. R. Rumänien)
Deutsche Fassung:
Ingmar Brantsch

Feierabend

Kreise zieht er in den Sand, langsam, bedächtig und sehr genau; malt mit der Spitze seines Spazierstockes; blickt über die Förde; schimpft mit seiner Pfeife, weil sie nicht recht ziehen will, liebevoll, wie man einen alten Freund tadelt. Pünktlich wie jeden Tag findet sich ein anderer Alter ein, nimmt mühsam Platz auf der Bank.

Hinter ihnen verwittern die Mauern einer längst vergessenen Küstenbatterie, sie haben sie noch erlebt, sie zu Kaisers Geburtstag Salut schießen sehen. Jetzt steht etwas oberhalb ein Radar- und Feuerleitgerät der Bundesmarine, bewacht von jungen Soldaten, die lässig und sich reichlich überflüssig vorkommend ihren Dienst versehen. Einer von ihnen deklamiert schmierbühnenreif Eichendorffs „Auf der Wacht", reckt theatralisch seine Waffe zur See hin: „... seh ich dich im Dunst, mein Wien ..." Auf den Pfiff eines Kameraden nimmt er so etwas Ähnliches wie Haltung an. Ein Offizier stelzt vorbei, zu jung, um Preuße zu sein, nur noch Farce, die ganze Borniertheit der alten Offizierskaste, aber dafür ohne den Schimmer auch nur einer ihrer Tugenden. „Brav, brav, etwas Bildung kann gar nicht schaden!" näselt er. Kaum ist er außer Hörweite, bemerkt der Wehrpflichtige: „Arschloch", und nach einer kleinen Denkpause kommentiert er: „Dem brauchste bloß das Horst-Wessel-Lied zu pfeifen, und schon bekommt er einen nationalen Orgasmus. Und so was führt uns." Er hat keine Lust mehr, Gedichte zu rezitieren, wandert unruhig auf und ab.

Die beiden Alten folgten dem Vorgang. Reglos der, der sich später einfand. Der andere hatte über Eichendorff geschmunzelt, die Worte leise mitgesprochen, die Augen zusammengezogen, als der Offizier auftauchte, und den Kommentar des Jungen mit einem vernehmlichen Bravo unterstützt. Beide lassen ihre Blicke über das Wasser schweifen. Hier ist jetzt ihr Platz. Sie schütteln die Köpfe, wenn draußen ein Rudergänger schläft, sie haben den Blick dafür, wenn ein Schiff aus dem Kurs zu laufen beginnt; speien aus und merken sich Schiff und Heimathafen, wenn eine Bonzenjolle — so nennen sie die Boote, denen man den Reichtum ihrer Eigner ansieht — rücksichtslos durch die Wasserstraßen prescht, Segler und Fischer ebenso gefährdet wie die Dickschiffe; und sie erwidern den Gruß, der ihnen von manchem Boot durch Zuruf oder Flaggensignal geschickt wird. Sitzen schon lange hier, pünktlich und bei jedem Wetter.

Der Junge in der Uniform setzt sich zu ihnen, die Waffe zwischen den Knien. „Ihr habt's gut. Euch geht der Scheiß nichts mehr an. Wie hast du das grade gemeint, das Bravo?" Der Alte drückt das Gewehr beiseite. „Tu das Ding weg. Bravo heißt bravo, ich stimme dir zu. Reicht das?" Er betrachtet den jungen Soldaten, stochert dabei in seiner Pfeife herum, winkt ganz aufgeregt mit seiner Mütze, weil ein Krabbenkutter behäbig unter ihnen durchziehend tutet. Der andere Alte winkt ebenfalls, guckt etwas genauer, entdeckt im Ruderhaus einen Gleichaltrigen und schüttelt den Kopf. „Er kann's nicht lassen. Die See gibt ihn nicht frei." „Uns doch auch nicht", sagt lächelnd der andere, legt dem Soldaten die Hand auf den Arm. „Du hast da grade was sehr Dummes gesagt, Jung. Und ich sag es mal genauso dumm: Schmeiß das Ding da zu den Fischen und geh nach Hause." „Das wäre vernünftiger", bemerkt der Soldat. „Viel vernünftiger. Ich weiß nicht, wo du herkommst, womit du dein Brot verdienst. Das meine habe ich auf See erworben, und die See ist hart, jedem gegenüber, der blanke Hans fragt nicht nach deiner Heimat, deiner Kirche, der holt dich, wenn du ihm nicht über bist. Der da", er tippt auf seinen Nebenmann, deutet mit der Hand dem Kutter nach, „und der Olle dort, wir sind jahrelang zusammen gefahren, Weizen, Holz, Maschinen, Erz und was weiß ich. Wir sind jahrelang unter Feindbeschuß gefahren, bis wir auf eine Mine liefen und die englischen Seeleute, die uns retteten, keine Kollegen, sondern Feinde waren. Guckmal da rüber, Jung, da steht das Ehrenmal der U-Boot-Leute. Von rund 40 000 ehrlichen Seeleuten sind keine 4 000 zurückgekommen. Kiel war ein Trümmerhaufen, als wir es wiedersahen, und

mit Schrotthaufen sind wir wieder ausgelaufen, damit die, die es überlebt hatten, was zwischen die Zähne bekamen. Es geht uns nichts an? Überleg dir das sehr genau, Jung. Spiel mit deinem Kind, nicht mit dem Frieden." Der Junge ist empört über den letzten Satz. „Ihr habt es doch alles erlebt. Was wir nicht wissen, habt ihr uns verschwiegen." Der Alte nickt stumm, der andere folgte dem Gespräch, jetzt sagt er mit verblüffender Lebhaftigkeit. „Du hast recht, das war der Fehler, vielleicht der gefährlichste."

Wachwechsel. Der Junge nimmt seine Waffe. Geht nach kurzem Gruß. Auch die beiden Alten machen sich auf den Weg, beenden wie jeden Tag ihre Wache mit einem Grog in der „Schleuse". Nachdenklich trennen sie sich.

Klaus D. Bufe

Der Uniformträger

Soweit er zurückdenken konnte,
hatte er Uniformen getragen.
Und wenn er es je vergessen sollte:
Die Fotos bewiesen es.
Vom Matrosen-Anzug des Knaben
zu Kaisers Zeiten
wollen wir gar nicht reden.
Auch die zackige Pfadfinder-Kluft
mit der blauen Rune
könnte man zur Not vergessen.
Doch dann diese braune Uniform
der SA läßt unruhig werden.
Und das schmucke Feldgrau
stand dem blonden Herrn Baron
recht gut zu Gesicht.
Denn beim Fotografen,
1942 im bombengeschädigten
Berlin,
war der klobige Dreck
russischer Erde
peinlichst beseitigt.
Vom Blut ganz zu schweigen.
Ich meine das rote,
nicht das blaue.
Dann tat er sich ein paar Jahre
schwer.
Aber eben nur
ein paar lächerliche Jahre.
Jetzt geht er wie ein
gespreizter Pfau
in der Einsatz-Uniform
des karikativen Verbandes
umher.
Ohne Uniform
wäre er nur ein halber Mensch.
Soweit er zurückdenken konnte,
hatte er Uniformen getragen.
Und zurückdenken,
das tat er gern.

Jochen Hoffbauer

zéro, zéro

Métrotüren zischen, scheppern,
off'ne Breschen unversperrt,
junger Burschen wilde Stimmen
schwirren im Akkord verzerrt.

In Rausch versetzt,
nicht fest der Tritt,
mit Koffern schwer
und abgewetzt,
so schiebt sich vor
ein zögernd Heer
in breiter Front
zum Banhofstor.

Entlass'ne aus dem Waffenschrank,
Drill-beherrscht, Befehl-gewohnt
und lange Tage eingepfercht,
berauschen sich am Freiheitstrank.

Andreas Wozelka-Orth

Sieg-Fried

Tot
ist der Mann
wenn er schreit
zuläßt
daß der Trommelwirbel
nichts ist
als sein Tod
den er anderen meint
zufügen zu müssen

zwischen seinen Stiefeln
fließt der Schweiß
seiner Angst
der unsterblichen
und der Schrei
den er nur einmal
zuläßt

ist nur das Echo
das er töten wollte
        lebenslang
bevor er zurückkehrt
und nichts gesehen hat
auf der staubigen Strecke
        der Held
    Siegfrieds
    Trauermarsch
erzählt den tausendfältigen
mörderischen Mord
vom Leben
alles auf eines zu setzen
eines auf alles
        Ärmling
der du rechnen kannst
fähig federzufuchsen
        Bratheringe
aufzurechnen
gegen angenähte Knöpfe

Fremdling bleibst du so
nicht zugelassen im Turm der Bettler

Sieger unter Besiegten
Opfer
und Hochspanner
            Vergewaltigung
ist deine einzige
Rettung
und baust dir
Denkmale
Solitüden und Nürburgringe
sind die Realität
in der du Mut hast

        Ein Schlag noch
        gib ihn drauf
und alles gibt dir
Recht
für deinen
Heldentod
für den du alle Mütter
haßt
du Säugetier

        Die Sehnsucht
bricht seine Fesseln
von Ferne
kommt ein Trost
der die Welt
in Trümmern läßt

Und nichts anderes
hilft dir
als daß er die
        Fanfare
blasen lassen kann

ein Verlierer
im Rockschoß
Unschuld und Schuld
wissen nichts voneinander
und krönen sich am Ende
auf dem Haupte
das sich beugte
        bis zur unendlichen Wut
der Geschlechter
die dann im Bett
ihre Heimat wiederzufinden
        atemlos schnarcht

Leonie Lambert

6. Vom Nutzen der Neutronenbombe

Und alles war wieder still

Gedanken eines 12jährigen amerikanischen Mädchens
zu einem Napalm-Abwurf auf ein Dschungeldorf
nahe Haiphong

Alles war still.
Die Sonne stieg auf
durch die silbrigen Zweige der Kiefern.
Über den schlafenden,
grünfarbenen Hütten aus Stroh.
Über den kühlen Wassern der Reisfelder
und den smaragdenen Dschungeln.
Zum Himmel.

Die Männer erwachten und gingen
auf die Felder.
Die Frauen setzten ihre Töpfe auf das Feuer
Reis zu kochen und die Früchte des Dschungels
und einige
liefen mit Körben zum Fluß, um
zu fischen.
Die Kinder spielten an den Wasserläufen
und tanzten singend durch die Wälder.

Plötzlich brennt der Himmel — silbern und golden.
Silbern und golden.
Silbervögel fliegen.
Es tropft goldenen Regen,
der die Reisfelder entflammt.
Der Dschungel birst in Goldfarben
und kleine feurige Vögel stürzen hernieder.
Kleine Tiere mit verzehrenden Zungen.

Dann brennen die Kinder.
Sie rennen und ihre Kleider fliegen im Feuer.
Sie schreien und ihre Schreie
ersterben auf den versengten Gesichtern.
Der Frauen Körbe lodern auf ihren Köpfen.
Die Männer verglühen in den Wassern der Reisfelder.
Dann kommt der Regen.

Ein Donnerschlag, Feuersschwärze, Beben.
Nur etwas Rauch
kräuselt aus einem einsamen Reisstengel.
Der Wald zittert versengt nach.
Eine Hütte zerrieselt in Asche.

Und alles war wieder still.
Ihr aber, Amerikaner, hört!
Hört, klar und deutlich,
hört der Kinder Schreie
in den Dschungeln nahe Haiphong.

Barbara Beidler (dt.: Ernst Klee)

Kinderwunsch

Ich möchte ein Bild sein,
sehr alt und sehr teuer.
Wenn dann ein Krieg ist
und lang kein Sieg ist,
dann schützt man mich
vor Bomben und Feuer.

Peter Maiwald

Gespräch im Central Park

Ich schaute ihm zu,
wie er seine Tauben und Spatzen
mit Popcorn fütterte.

So kamen wir ins Gespräch.

Da hat unser Filmschauspieler
doch endlich mal eine gute Idee gehabt,
meinte der Alte, ich mein
die Sache mit der Bombe.

Ich äußerte mein Entsetzen,
aber er strahlte regelrecht.
Ich mein die Bombe, die
nur das Kriegsmaterial angreift
und den Menschen in Frieden läßt.

Ich schüttelte den Kopf.

Die saubere Bombe, die
Panzer und Kanonen und Bomber
in Sekunden versaftet und
beim Soldaten höchstens die Uniform versengt,
daß er plötzlich nackt dasteht
oder im Unterhemd. Ich bitte Sie,
da bricht doch der beste Krieg zusammen,
sogar die Orden und das ganze Blech
schmelzen weg wie Wachs ...

Ich versuchte, den alten Mann zu unterbrechen.
Umgekehrt, brüllte ich ihm ins Ohr,
umgekehrt, die Bombe tötet nur Menschen.
Unfug, schrie der Mann, Unfug,
dann müßte unser Präsident ja verrückt sein
oder lebensmüde oder einfach
ein Mörder, schrie er, und schrie so laut,
daß seine Tauben und Spatzen
vor Schreck auseinanderstoben.

Peter Schütt

Das Gedicht der Zwölfjährigen aus Vero Beach, Florida, wurde in dem
presbyterianischen Magazin „Venture" abgedruckt. Das amerikanische Ver-
teidigungsministerium strich es daraufhin aus der Liste der empfohlenen
Publikationen.

Trefflich

Der Schuß aus einer
115-mm-Feldhaubitze
verhallt nicht spurlos:
er kostet uns 9 000 DM.

Vier Schuß aus dieser
115-mm-Feldhaubitze
feuern einen Lehrer:
sie verpulvern sein Jahresgehalt.

Johann-Günther König

Unzufriedenheit

Der Mensch braucht Nahrung,
hat er sie nicht, wird er unzufrieden,
also kämpft er.

Hat der Mensch Nahrung, will er Kleidung,
hat er sie nicht, wird er unzufrieden,
also kämpft er.

Hat der Mensch Kleidung, will er Reichtum,
hat er ihn nicht, wird er unzufrieden,
also kämpft er.

Hat der Mensch Reichtum, will er Macht,
hat er sie nicht, wird er unzufrieden,
also kämpft er.

Hat der Mensch alles,
will er nichts hergeben,
also kämpft er.

Silvia Vogt

Ostwest-Lektion

Was tun / um an nichts mehr
zu rühren / was draußen ist
und über uns schwebt / und
täglich näherkommt —

Besser vielleicht
zerschlagen erwachen
wieder im Block
als ächzend ihn täglich
in Freiheit zu wälzen / hinauf
auf die Berge / die leer sind:
Bis uns
die fertiggemachten Ideen
trostlos unter sich
zermalmen.

Dieter Schlesak

Vom Nutzen
der Neutronenbombe

— Herr Minister, Sie wollten noch ein Wort zur Neutronenbombe sagen …
— Jawohl, ein entscheidendes. In der gebotenen Kürze, aber ausführlich.
Bedenken Sie einmal und wägen Sie unvoreingenommen ab: Hier geht es um die Frage der Sachgüter. Hier geht es selbstverständlich um Humanität, aber auch um die Frage der Sachgüter. Dies zum ersten.
Man hat behauptet, wir wollten die erwähnte Waffe zur Anwendung bringen. Man hat weiter behauptet, wir wollten sie in besiedelten Gegenden zur Anwendung bringen. Beide Male handelt es sich um böswillige Verdrehungen. Wir wollen diese Waffe auf keinen Fall zur Anwendung bringen, es sei denn — das haben wir oft genug betont — es sei denn, man zwingt uns dazu; zum Beispiel im Notwehrfall. Sie müssen sich nur einmal vorstellen, plötzlich würde eine feindliche Armee, die ich hier nicht näher bezeichnen muß, in unser Land einmarschieren wollen. Nur einmal angenommen. Ich gebe Ihnen dieses Beispiel ganz unverbindlich. Denken Sie darüber nach und wägen Sie ab. Wenn plötzlich der Versuch unternommen werden sollte. Was wir nicht hoffen, aber wir haben es oft genug erlebt. Wenn wir also unvorhergesehen gezwungen wären, die Waffe zur Anwendung zu bringen, so müßten wir, was keiner von uns will, diese Möglichkeit in Erwägung ziehen. Aber selbst dann nur mit größten Skrupeln. Dies zum zweiten.
Ich sagte Möglichkeit. Man zwingt uns dazu, mit dieser Möglichkeit zu rechnen. Wir tun gerade im Interesse der Bürger alles Menschenmögliche, die Möglichkeit nicht zur Wahrscheinlichkeit werden zu lassen. Leider muß ich sagen, daß die Wahrscheinlichkeit gerade in dieser unruhigen Zeit von Tag zu Tag mehr ins Blickfeld rückt. Ich sage das ganz im Gegensatz zur inzwischen leider üblich gewordenen Panikmache, also realistisch und mit dem Blick aufs Programmatische, falls Sie verstehen, was ich meine. Wir möchten, daß der Bürger um die Gefahren weiß, die ihn tagtäglich bedrohen, dies ist unsere Aufgabe. Und nicht nur dies. Es ist auch unsere Aufgabe, den Bürger draußen im Lande über die Gefahren aufzuklären, denen er sich aus begreiflichen Gründen nicht ununterbrochen widmen kann, sei es, weil er ordentlich seinem Beruf nachgeht, sei es, weil er noch, wie unsere Studenten, in der Ausbildung steht, sei es, weil ihn private Gründe hindern, oder sei es, weil er, wie unsere Alten, seinen wohlverdienten Lebensabend genießen will. Der Gründe sind viele, ich möchte beinahe sagen unzählige. Beziehen Sie auch dies in Ihren Gedankengang mit ein und wägen Sie ab.
Zu der Behauptung, wir wollten das Gerät in besiedelten Gegenden zur Anwendung bringen, ist zu sagen, daß es ja gerade dafür konzipiert worden ist. Und zwar zur Rettung der Sachgüter. Gerade hier haben wir den humanitären Gesichtspunkt nicht aus den Augen verloren. Selbst und besonders dem Laien muß doch einleuchten, daß eine Wasserstoffbombe vergleichbaren Kalibers ungleich mehr Zerstörung anrichten und daß der nachfolgende radioaktive Niederschlag im Verhältnis kaum geringer ausfallen würde. Hier gilt es abzuwägen. Wenn schon menschliches Leben geopfert werden muß — wobei wir uns auf das gebotene Minimum beschränken werden —, dann ohne die unnötige Vernichtung von Sachgütern. Industrie- und Verwaltungsanlagen meine ich dabei erst in zweiter Linie. In erster Linie geht es uns um den Schutz solcher Sachgüter, für die der Bürger draußen im Lande ein Leben lang gearbeitet hat. Und auf deren Sicherung er ein verbrieftes Recht hat. Dies zum dritten.
Zur Illustrierung des eben Gesagten darf ich Ihnen einmal kurz die Liste jener Sachgüter vorlesen, die in einem durchschnittlichen Kleinfamilienhaushalt die angenommene Anwendung des Geräts *unzerstört* und völlig intakt überstehen würden:

Ein Nierenwärmer aus hochwertigem Wirkplüsch
Ein Einweg-WC-Papier-Abdecker
Zwei Knöchelkreuzbänder bei 30 Grad waschbar mit Klettenverschluß
Drei London gefühlsecht
Eine Beinliege 100 % Polychlorid aufblasbar
Zwei Sauna-Kniehosen für Damen und Herren
Eine Frottierbürste mit zwei Zuggriffen
Vier Fromms-FF-Vorratspackungen mit Spezial-Feucht-Gleitfilm
Fünf Baumwoll-Medizinal-Schutzslips kochfest
Zwei Geradehaltegürtel für Kinder
Ein Einsatz-Bidet ohne kostspielige Installation, 50 % Polyäthylen, 30 % Viskose, 20 % Polyamid
Ein Sanofix-Electronic-Blutdruckmeßgerät
Ein Sanofix-Blutzuckermeßgerät
Ein Sanofix-Electronic-Pulszähler
Dreißig Glucose-Teststreifen „Mach es selbst"
Sechs Zugmanschetten
Zwei Packungen Kaltwellen
Vierundzwanzig Samtwickler
Eine Flexofix-Panzerkette gold
Ein Fitness-Gerät „Bauchkiller"
Ein Viereck-Regner mit vierfacher Verstellmöglichkeit
Eine Größentabelle für Miederwaren: für Damen mit kurzer Größe, für Damen mit starker Hüfte, für Damen mit stärkerer Hüfte
Vier Cocktailsessel von zeitloser Schönheit
Sechs hochwertige Samtkissenhüllen mit effektvollem Biesenkaro
Vier Sesselschoner
Vier Paar Armlehnenschoner mit Tierfelloptik, 50 % Polyacryl, 50 % Polyester
Eine Filzschonerdecke mit Spezialprägung
Eine Bandscheiben-Gesundheitsmatratze
Vier Uni-Wiesel-Spannbettücher
Zwei elegante Paradekissen mit attraktiver Plattstickerei
Ein WC-Deckelbezug trittweich
Ein Rollzug-Hosenträger „Simson"
Zwei modische Nadelstreifen-Gold-Zack-Herren-Clipträger
Vierzig Sankt Erich Beruhigungskapseln
Sechzehn Sankt Erich Linolsäureesterkapseln
Eine SOS-Kapsel „Talisman" mit säurefestem Alarmpaß
Eine Multifunktions-Solar-Quarzuhr mit Wecker
Eine Original-Schwarzwälder Kuckucksuhr in handgeschnitztem Holzgehäuse
Zwei Buchstützen platzsparend aus Kunststoff
Ein Vierer-Set „Spitzweg" mit Profilholzrahmen
Ein Fernseh-Phonoschrank altdeutsch (also sechzig Millionen insgesamt)
Ein Zweier-Set „Englische Jagdmotive" auf Hartfaserplatte
Dreihundert Ideal-Müllbeutel
Eine Ersatzauflage für Gesundheitsliegen
Fünf Beinmieder-Stützstrumpfhosen
Eine Gartenlaube „Luxus" mit nichtrostendem Wetterhahn
Ein Kunstrasen aus Polyloom farbstabil
Zwei Alu-Mumien-Schlafsäcke
Eine Indische Elefantengruppe vierteilig
Eine Telephonbank rustikal, 54 % Viskose, 46 % Polypropylen
Ein Raumsparbett mit Federkernmatratze
Ein Schrankbett mit Lattenrost
Ein Wohnschrank „Berchtesgaden"
Eine Schneeleopardfell-Imitation schwer entflammbar
Eine Schmutz-Stop-Matte
Eine Raffgardine zeitlose Musterung —
sowie ein Skatpokal aus schlagfestem Polystyrol, versilbert.

Eben diese Sachgüter vor fremdem Zugriff und blindwütiger Zerstörung zu schützen, betrachten wir als unsere vornehmste Aufgabe. Wägen Sie meine Worte unvoreingenommen ab und prüfen Sie sie mit aller gebotenen Nüchternheit, und Sie werden feststellen, daß wir um keine Jota von unserem Verfassungsauftrag abgewichen sind.
— Herr Minister, wir danken Ihnen für das Gespräch.
— Schon gut. Keine Ursache. Auch ich bin nur ein Diener der unverhüllten Wahrheit.

Joachim Veil

Teurer Friede

sei gegrüßt
von den Millionen
Soldaten
die für dich das
Sterben üben
bewacht durch
Unmengen von
Kriegsmaterial
bezahlt von
rüstungsbewußten
Friedensaposteln
deren Flugzeuge
schon bereitstehen
für den Abflug
in den von keiner
Neutronenbombe
zerstörten
totsicheren
Himmel

Eva Vargas

Blues

Fand einen Stein
Sah aus wie ein Mann mit schreiendem Mund
Fand einen Stein auf dem Feld
Sah aus wie ein Mann mit schreiendem Mund
Fand einen schreienden Mund
Der war stumm

Fand einen Sonnentag
Sah aus wie ein sanft zerfließendes Bild
Fand einen Sonnentag
Sah aus wie ein sanft zerfließendes Bild
Sah ein sanft zerfließendes Bild
Mit einem Riß

Fand einen Stein
Sah aus wie ein Mann mit schreiendem Mund
Fand einen Stein auf dem Feld
Sah aus wie ein Mann mit schreiendem Mund
Fand ein sanft zerfließendes Bild
Und einen Stein

Jens Hagen

Nutzen wir die Chance, die Reagan und die Neutronenbombe bieten

Frieden in Europa — jedenfalls zwischen den Staaten. Die günstigste Bedingung, über die beste Möglichkeit zu seiner Erhaltung offen zu diskutieren; ohne Scheu in allen Richtungen nach Gefahren Ausschau zu halten; die Freiheit zu nutzen und zu praktizieren, die wir verteidigen wollen.

Blicken wir also in die Runde. Am westlichen und am östlichen Horizont zeigt sich Auffälliges: im Westen fern die Supermacht USA, im Osten nah die Supermacht SU. Beide Supermächte fühlen sich bedroht. Von wem? Voneinander. Und wir? Wir sind dadurch bedroht, daß wir zwischen den beiden liegen, die sich voneinander bedroht fühlen.

Was wünschen wir? Daß eine Supermacht die andere besiegt, ist nicht wünschenswert, denn von einer Monopol-Supermacht sind Selbstbescheidung und Menschenfreundlichkeit nicht zu erwarten. Also wünschen wir, daß sie sich keinen Anlaß mehr für wechselseitige Bedrohtheitsgefühle geben — abrüsten. Oder erst einmal bescheidener, daß sie sich auf Waffen beschränken, die jede der beiden vom Angriff abhält, weil die andere zur Vergeltung fähig wäre, so daß weder die Arroganz angesichts sich abzeichnender Überlegenheit noch die Nervosität angesichts sich abzeichnender Unterlegenheit zum Erstschlag verführen können — Strategie der wechselseitig gesicherten Zerstörung, Gleichgewicht des Schreckens. Kippt das Gleichgewicht, bleibt nur noch eine — die allerunwahrscheinlichste — Chance: daß sich die Spannung über unsere Köpfe hinweg entlädt — ein interkontinentaler Krieg der Supermächte mit „chirurgisch sauberen" „Punktzielwaffen", durch den die Supermächte sich, und nur sich, gegenseitig auslöschen.

Bisher schien die Welt für Europa militärisch in Ordnung — im Sinne eines Gleichgewichts des Schreckens zwischen den Supermächten. Die beidseitige Zweitschlagskapazität — die Fähigkeit also zur Vergeltung bei einem Erstschlag der anderen Seite — blieb gewahrt trotz eines gewissen Ungleichgewichts zugunsten der USA: sie konnte die SU mit zahlreichen Stützpunkten, darunter als größter die Bundesrepublik, einkreisen; sie bedrohte die SU atomar nicht nur in interkontinentaler Distanz, sondern — zusätzlich zu britischen und eventuell französischen Waffen — mit luft- und seegestützten Systemen auch in europäischer Distanz; von ihr gingen alle bedeutenden rüstungstechnischen Neuerungen aus; sie konnte mit einem geringeren Prozentsatz eines größeren Bruttosozialprodukts (ungefähr doppelt so groß wie das der SU) ihre Rüstung finanzieren; sie verfügte insgesamt über einige Tausend Atomsprengköpfe mehr als die SU. Die SU fühlte sich dennoch sicher genug. Es kam zur Entspannungspolitik zwischen ihr und der BRD. Erst recht konnten sich die USA sicher fühlen — erreichbar nur von Interkontinentalraketen, auf dem eigenen Boden bisher unbehelligt von Kriegen. In den Köpfen der meisten Bundesbürger mochte es ruhig aussehen, weil sie sich sagten: für einen nicht-atomaren Krieg sind wir gut gerüstet; vor atomaren Angriffen sind wir geschützt durch die Supermacht USA, deren atomare Interkontinentalraketen einen „nuklearen Schutzschild" bis zu uns hin bilden. Soweit die SU auf eurostrategischer Ebene überlegen war, konnte es als kleiner Ausgleich dafür betrachtet werden, daß sie sich schließlich einer doppelten atomaren Bedrohung durch die USA gegenübersah: auf globalstrategischer und auf eurostrategischer Ebene. Kein Wunder, daß die mehr als 6 000 Atomsprengköpfe der USA in der Bundesrepublik so erfolgreich aus dem öffentlichen Bewußtsein verdrängt werden konnten, daß sich der Anti-Atom-Protest jahrelang nur gegen Atom-Kraftwerke richtete.

Natürlich ist es ein auffallender Umstand, daß die USA der SU auf europäischem Boden entgegentritt, die SU aber nicht der USA auf amerikanischem. (Sie versuchte es 1962 auf Kuba, gab den Versuch aber wieder auf.) Dieser auffallende Umstand ist dem von Hitlerdeutschland ausgelösten 2. Weltkrieg zu verdanken, der USA und SU zu Verbündeten machte und sie zur Besetzung Deutschlands provozierte. Wahrscheinlich wird deshalb über diesen auffallenden Umstand nicht offiziell nachgedacht, über die Funktion Westdeutschlands als vorgeschobener Stützpunkt der USA nicht offen diskutiert. Die Folge ist eine verhängnisvolle Verwirrung, die anläßlich des sogenannten Nachrüstungsbeschlusses der NATO vom Dezember 1979 drastisch zutage trat. Die Regierung der BRD muß das von ihr regierte Land bzw. Westeuropa als militärisch selbständige, unabhängige Macht gesehen haben, als sie verlangte, der SU im eurostrategischen Bereich ebenbürtig zu sein. Untergründig muß sie von Mißtrauen gegenüber den USA geleitet gewesen sein, denn der Glaube an den (wesentlich interkontinental gewährleisteten) nuklearen Schutzschild der USA hätte (jedenfalls bei konsequentem Verteidigungsinteresse) das Beharren auf Parität im eigenen Bereich überflüssig gemacht. (Eben solches Mißtrauen hatte bereits in den 50er Jahren bei den europäischen Ländern den Wunsch nach einer eigenen Atomstreitmacht unter europäischem Befehl geweckt, was die USA nicht wollte und mit einem Nichtverbreitungsvertrag für Atomwaffen mit der SU und Großbritannien beantwortete.) Das Resultat der westdeutschen Bemühungen war, daß die Schutz-Supermacht USA sie zum Anlaß für die Erfüllung eigener Wünsche nehmen konnte, die seit Jahren vorbereitet und geplant worden war.

Denn was bedeutet die Verwirklichung des sogenannten Nachrüstungsbeschlusses, d. h. der Stationierung von 464 Cruise Missiles/Marschflugkörpern und 108 Pershing II-Raketen in der Bundesrepublik und anderen westeuropäischen Ländern?

Die USA verfügten (nachdem Kennedy im Gefolge der Kuba-Krise eurostrategische Waffen aus der Türkei und aus Italien abgezogen hatte, um der SU zu helfen, ihr Gesicht zu wahren) zum erstenmal wieder über landgestützte (und damit gesteigerte Zielgenauigkeit erlaubende) eurostrategische Waffen;

die USA verfügten über Waffen, die wegen ihrer Zielgenauigkeit und wegen des Fehlens einer ausreichenden Vorwarnzeit die SU entwaffnen und ihrer Zweitschlagskapazität berauben könnten, wodurch das bisher folgenlose Ungleichgewicht zugunsten einer USA, die die SU mit global- und mit eurostrategischen Waffen bedroht, eine neue Qualität gewönne;

die USA könnte sich einen auf Europa begrenzten Atomkrieg erhoffen;

die dann tatsächlich größere Bedrohung der SU könnte diese zu einem verzweifelten Erstschlag veranlassen, machte jedenfalls durch diese Gefahr oder durch Gleichziehen der SU die Situation für die Bundesrepublik prekärer denn je und verringerte ihre Sicherheit;

diese dann tatsächlich größere Bedrohung der SU könnte diese veranlassen, Westeuropa und besonders die BRD immer mehr als Faustpfand zu sehen, das zu mäßigender Einwirkung auf die USA genutzt werden müßte.

Fazit: Während die SS-20-Raketen der SU am Gleichgewicht zwischen den Supermächten nichts ändern und die Bedrohung für eine auf den nuklearen Schutzschild der USA vertrauende BRD nicht steigern, bedeutet die Verwirklichung des Nachrüstungsbeschlusses eine qualitative Änderung. Der Nachrüstungsbeschluß vom Dezember 1979 ist dabei nur ein erster Schritt im langfristigen Übergang der USA-Führung von einer Strategie des Gleichgewichts des Schreckens zu einer Strategie des begrenzten Erstschlags. Schon 1974 (die Entwicklung der Pershing II begann gerade; an der Entwicklung der Cruise Missiles wurde bereits seit 1970 gearbeitet), hatte der damalige US-Verteidigungsminister James Schlesinger in einem Zeitungsinterview erklärt: „Wir wären Narren, wenn wir unseren technischen Vorsprung nicht konsequent ausnutzten." Später äußerte er als erster, daß sich mit den zielgenauen strategischen Raketen begrenzte Atomschläge gegen militärische und industrielle Ziele in der SU führen ließen, wobei man davon ausgehen könne, daß die Sowjets aus Angst und moralischen Skrupeln nicht mit ihrem klobigen, flächendeckenden Nuklearhammer zurückschlagen würden. Der unter Carter amtierende US-Verteidigungsminister Harold Brown betonte mehrfach, daß sein Land die technologische Führung niemals abgeben werde. 1980 veröffentlichte die Madison-Gruppe (so benannt nach einem Hotel in Washington, in dem sich 1979/80 eine Gruppe von ca. 30 konservativen Sicherheitsberatern der Verteidigungs-, Auswärtigen- und Haushaltsausschüsse des Senats und des Repräsentantenhauses trafen, unter ihnen zahlreiche Berater Ronald Reagans) ein alternatives Rüstungs- und Militärprogramm. Es hielt die im NATO-Nachrüstungsbeschluß vorgesehene Stationierung von 572 Mittelstreckenraketen in Westeuropa für völlig unzureichend und sah u. a. vor: statt 474 mindestens 1 000 mit Neutronensprengköpfen bestückte Marschflugkörper für Westeuropa bis Ende 1985; weitere 2 000 Lance I-Raketen (Kurzstreckenraketen), einige mit Neutronengefechtsköpfen, andere mit binären Gasmunitionen ausgerüstet; Umrüstung aller 155-mm- und 8-Zoll-Haubitzen (nukleare Artillerie) auf Neutronensprengköpfe. Erste Veröffentlichungen in militärischen Fachzeitschriften über ein sich abzeichnendes Ungleichgewicht im Bereich taktischer Nuklearwaffen (also Atomwaffen, die westdeutsche bzw. US-amerikanische Soldaten gegen Ziele auf deutschem Boden einsetzen), aber auch Äußerungen wie die des stellvertretenden Regierungssprechers der sozialliberalen Koalition, Lothar Ruehl, die Neutronenwaffe sei das ideale Kampfmittel gegen die Panzerschwärme der Russen, deren Angriff „mit einer ganz massiven Dosis chemischen Regens" einhergehen werden, sind Anzeichen dafür, daß schon die nächsten Wellen atomarer und chemischer „Nachrüstung" vorbereitet werden. US-Verteidigungsminister Weinberger Anfang 1981: „Das Schlachtfeld des nächsten konventionellen Krieges wird Europa sein und nicht die Vereinigten Staaten." Der Präsident des „Zentrums für Verteidigungsinformationen" in Washington, Admiral a. D. Gene La Rocque im April 1981 auf einer Tagung in Groningen: „Die militärischen Planer der USA sind überzeugt, daß es früher oder später zum Krieg zwischen den USA und der UdSSR kommen wird, und dieser Krieg wird ein nuklearer sein."

Das Ergebnis ist für uns ein merkwürdiges Dreiecksverhältnis: Die USA steigert in Westeuropa, vor allem in der BRD, ihr nukleares Potential und stationiert „moderne" Waffen für einen begrenzten atomaren Angriff. Die SU verstärkt ihr auf Westeuropa gerichtetes nukleares Potential, das vor allem der BRD gilt. Das macht die BRD um so abhängiger von der Atommacht der USA. Sie akzeptierte es deswegen, daß die USA das steigende Sicherheitsbedürfnis der BRD im Sinne ihres eigenen Interesses an einer Überlegenheit über die SU nutzt zu einer gesteigerten Bedrohung der SU von westeuropäischem, vor allem westdeutschem Boden aus. Usw.

Ist, was die USA leistet, wirklich brüderliche Hilfe? Ist die SU wirklich so sprungbereit und fähig zu einer Angleichung Westdeutschlands an ihr realsozialistisches Gesellschaftssystem, daß für anderes als blinde Bündnistreue zur USA kein Spielraum ist? Ist die Supermacht USA ein Partner, dem man sich auf Gedeih und Verderb ausliefern sollte? (Immerhin warf sie die ersten und bisher einzigen Atombomben ab, und zwar zu einem Zeitpunkt, als das für den endgültigen Sieg über Japan keinerlei Nutzen mehr hatte — Atombomben übrigens, die nur wegen ihrer verspäteten Fertigstellung auf japanische statt auf deutsche Städte fielen. Schließlich hat sie nichts gegen Diktaturen, sondern nur etwas gegen kommunistische oder sozialistische Regierungen, seien diese nun diktatorisch oder, wie das Chile Salvador Allendes, demokratisch.)

Für den, der so frei ist, diese Fragen zu stellen, ist die Antwort klar: Forderung nach beidseitiger Abrüstung auf der Ebene eurostrategischer und eurotaktischer Atomwaffen, wobei Vorleistungen angesichts des interkontinentalen Gleichgewichts der Supermächte ohne wesentliches Risiko möglich sind. Entscheidend ist: Sind die USA bereit zu akzeptieren, daß Westeuropa als Basis westlicher Nuklearmacht nicht infrage kommt, da jedes Versagen der Abschreckung den Untergang Westeuropas bedeutete, daß also die USA die Rolle der Nuklearmacht außerhalb des westeuropäischen Bodens spielen muß? Ist die SU bereit, bei westlicher Einigung auf eine solche Arbeitsteilung ihrerseits Westeuropa nicht als atomar bedrohtes Faustpfand gegenüber der konkurrierenden Supermacht USA zu benutzen?

Reagan mit seinem ungeniert erhobenen Überlegenheitsanspruch und die Anpreisung der Neutronenbombe als „saubere" Atomwaffe haben auf die Gefährlichkeit beider Supermächte aufmerksam gemacht und schlafende Hunde geweckt. Das ist eine Chance. Mehr Selbständigkeit ist nicht nur für die Polen wichtig und sollte für uns weniger riskant sein.   September 1980

Rolf Wiggershaus

Normalverbraucher

Statistisch gesehen
lebe ich
in einem 4-Personen-Arbeitnehmer-Haushalt
mit
einer 4 Jahre jüngeren Frau,
mittlerem Einkommen,
Auto, Staubsauger, Klapprad.

Statistisch gesehen
entfallen auf mich
rund 15 Tonnen hochexplosiven Sprengstoffes
und
meine Lebenserwartung
beträgt
63,4 Jahre.

Statistisch gesehen
stehen meine Chancen
nicht
schlecht.

Gerhard Herholz

7. Rufe nicht in den versteinerten Wald unserer Leiber

Der Dank des Vaterlandes

Der Dank des Vaterlandes
ist ungewiß.
Wer vertritt uns
nach den Kriegen,
die auch in den günstigsten Fällen
ungünstig ausgehn.
Wer verleiht den Gefallenen
die Krone des Lebens?
Niemand weiß,
ob nicht ein Fluch
zuletzt ihre Lippen verließ.

Der Dank des Vaterlandes
ist ungewiß,
doch vor der Geschichte
verneigt man sich —
auch wenn sie stinkt.
Die Gräber schmückt man
mit Sammlungen
so schön,
daß man wieder Gefallen
findet an der Sache.

Der Dank des Vaterlandes
ist ungewiß.
Das ist gut so.
Nicht als Mitgiftjäger
gingen wir in den Krieg,
nicht mit ungedeckten Illusionen.
Der Rest ist die Hoffnung,
daß auch die großen
begreifen,
was ihnen gewiß ist:
Der Undank des Vaterlandes.

Johannes Jourdan

Versuch einer Entfernung

Gehe auf den Markt
und schreie,
schreie so laut du kannst,
und zerschlage
das Denkmal
mit der goldenen Inschrift
im schwarzen Marmor:
Zu künden,
wie freudig sie
in den Tod gingen
für König und Vaterland.
Zerschlage es,
und man wird dich behutsam
der Straße entziehen.
Verwundert wird man dich fragen,
was du eigentlich
gegen unseren Staat hättest.

Bruno Donus

Kriegsgräberfriedhof Becklingen 1939-1981

,,BECKLINGEN
WAR CEMETERY'':
Selten geöffnetes Tor
unter Sandsteinbogen
,,1939-1945'',
als wär' es heute oder
als wär' es nie gescheh'n.
Man geht über
englischen Rasen,
weich
wie Menschenfleisch.
,,THEIR NAME LIVETH
FOR EVERMORE''.
Erinnerungen sind
Erinnerungen,
bleiche Mahnung,
verdrängt je nach
Tagesbedarf.
Symmetrie
der Gräber und Wege,
der marmornen Kapellen
und Kreuze:
Symmetrie des Todes,
Denkmal des Todes,
für dessen Beachtung
niemand sich ereifert.
,,MAY THEY REST
IN THE PEACE
OF THE LORD'',
den es nicht
für die Lebenden gibt,
diesen Frieden,
denn in der Luft
das Gerassel der Panzer
und die Detonationen
vom nahen Truppenübungsplatz
der NATO-Armeen:
sie hat schon begonnen,
die Arbeit an
einem neuen WAR CEMETERY,
dadrüben
und auch
andernorts.
WORLD CEMETERY.

Volker Lilienthal

Friedhöfe

Höfe des Friedens
füllen sich
am schnellsten

im Krieg

Jürgen Wolter

Kriegerehrenmal

Er hat nicht, wie man sagt, sein Leben
Für Volk, Führer und Vaterland hingegeben,
Es wurde ihm, ohne jeden Einspruch, genommen,
Er ist nicht gefallen, sondern umgekommen;
Er vergoß sein Blut, gewiß mit „Hurra",
Weil dieser es befohlen hatte, für Leutnant K.
Es ist kein schöner Tod, vorm Feind erschlagen ...
Aber er kann das alles nicht mehr sagen,
Denn er lebte hinterher
Nicht mehr.

Otto Heinrich Kühner

Zum Gedenken

Eichen und Ginster, ein Hügel,
und gleich neben dem Denkmal
das Schützenhaus.
Auf dem Grabmal frische Kränze
mit Schleifen:
„Unseren Helden
            in Dankbarkeit."
Und die Toten antworten
gemeißelt in Stein
angeblich
gefallen fürs Vaterland:
„Und Eltern, Weib
und Kind und Haus
sah keiner von uns wieder."
Diese Gedächtnistafeln,
auf denen sich Namen finden
wie in den Heimatromanen,
so vergeblich ihr Tod;
in der Kneipe
die neuen Helden,
sie singen noch und trinken.

Wolfgang Bittner

Besichtigung einer Gedenkstätte

Eine Landschaft
aus Eisen und Rost
            Kinder
            die zur Rampe geführt wurden

Lichter
manchmal löscht eines der Wind
fast schon Abend
kaum
daß das Gras wächst
verlassene Geleise
aber der Regen und Wind im Wechsel der Zeit

            und der Berg kleiner Kinderschuhe

Renate Axt

Die tote Stadt (1945)

Schüttest auf frierende Reste von Mauern,
Sonne, dein Morgengold,
eh über Plätze, die schweigen und trauern,
pfeifend die Feldbahn rollt.

Schwarz noch vom Feuer der rasenden Brände
fortklafft der Häuser Gesicht,
und sie strecken verstümmelte Hände
stumm in dein rosiges Licht.

Der ihren Stirnen einst Kränze gewunden
fürstlich, dein segnender Strahl,
stochert in ihren tödlichen Wunden,
lacht in den Leichensaal.

Zähne aus faulendem Kiefer gerissen,
liegen die Standbilder da:
Die sich erhöhten, vom Sockel geschmissen;
Zeit war es, daß es geschah.

Auch von der Jungfrau und Mutter in Gnaden,
vor der sich die Schlange verkroch,
werden die Stücke mit Steinen verladen,
und in der Luft bleibt ein Loch.

Und als wollten Riesen sich wehren,
taucht der Dome Skelett
fremd wie ein Berg aus verwilderten Leeren.
Kaum blieb dem Fluß noch sein Bett.

Erst wenn die Städte mit Nebel sich füllen,
der ihren Leichnam vermummt,
Sonne, wirst du dein Antlitz verhüllen,
und ihre Sprache verstummt.

Kurt Mautz

Feldgeschrei

Dieses Wort wie Draht aus Eisen
wird sein unter meiner Zungenwurzel.
Du wirst mir einen Brief schreiben.
Nacht. Stein. Erde. Trommel. Schrei.

Ein Fetzen Papier wie Flügelschlag Verfolgter
wird sein in den Windstillen.
Der Brief schwarzes Blut wird sein.
Wind. Baum. Feuer. Hand. Blut.

Ruf nicht in den
gesteinigten Wald
unserer Leiber

Wir sind verloren

Messer in den Sonnenball
gestoßen. Glut tropft
in meine Adern.

Heute also begegnen wir uns
in den gestorbenen Wäldern
schwarz wie Kohle.

Heute fleischgeworden
rinnt Haß unter die Regenbogenhaut
schwarze Schreie Haß.

Ein Wort sagen.

Nie gelernt
dies Wort

Warum

Acker gesteint
Baum astlos
Licht tödlich

Ich habe sieben Messer
in den Schlamm gestoßen

Sieben Messer sind zu
sieben Säbeln gewachsen

Sieben Säbel fressen
gierig meine Scham

Gesteinter Acker
Astloser Baum
Tödliches Licht

Kämpften wir. Stürmten
wir. Griffen wir an.

Überrannten wir. Zerstörten
wir. Rückten wir vor.

Besetzten wir. Eroberten
wir. Machten wir nieder.

Gib nicht auf!

Wir haben es fast
geschafft.
(Nur diesen einen
Berg Leichen noch)

Blutblumen rotblutrot
hier brechen Blüten
Knochenblumen rotblutrot
in gesteinten Himmel
Angstblumen rotblutrot
Heerzüge zogen hier
Todesblumen rotblutrot
Knochen sonnenbenagt

Grabinschrift
geboren 1900
gestorben 1917

Eiserne Kreuze
von Rost gefressen

Mohnblüten
von Knochen genährt

Wir stiegen über
die Gräber der Väter

An unseren Schuhen
kleben Todesschreie

Glockengeläut
in unseren Rücken

Mit zerstoßenen Fingern
Steine
aus der Erde graben
schwarze
Ränder unter den Nägeln

Drei Soldaten wühlten in meinem Leib
stampften durch mein Blut

Steine fallen auf die Erde
Blut
Regnet aus aschenen Wolken
Sturmwind
aus dem Nichts

Brief
Frontabschnitt 3
Am Morgen des
Heldenmütig
im Einsatz an der
Gefallen

Eine Hand
           zittert

Eine Fruchtblase platzt.
Rinnsale Blut
in den Sand
sickern.
Ein Schrei in den Morgen.

Du hättest einen
Vogel
gebären können
doch
du gebarst einen
Soldaten

Eine Grube gegraben.
Ströme Blut
in den Sand
sickern.
Ein Schrei in den Tod.

Meine Zehen von Eisen zerfroren
Meine Füße von Panzerketten zerquetscht
Meine Beine von Schrappnells zerfetzt
Meine Knie von Kugeln zerschossen
Meine Hüften von Granaten zerbissen
Mein Glied von Messern zerschnitten
Mein Bauch von Bomben zerrissen
Meine Lungen von Gasen zergiftet
Meine Arme von Napalm zerfressen
Meine Hände von Säuren zerätzt
Mein Hirn von Kriegsschreien zerschmettert

Jetzt also weinst
du
über meinem Grab

Hier unter weißen Maden
ist es kühl und still

Ein bläulicher Wurm
frißt mein Fleisch

Mein Leib wird von
schwarzen Käfern fortgetragen

Einmal hast du
mich
einen Helden genannt

Schmetterling. Gaukelfalter.
Tänzelnd in eisernem Licht.
Schillerfalter. Farbschrei.
Über düsterdunklem Schlamm.

Absturz in die Labyrinthe aus Stahl

Gerüche von faulenden Leibern.
Blutrausch. Schlammerde.
Sie schlugen ihm die Flügel ab.
Muskelzittern. Giftbläue.

Man versorgte aber seine Wunden

Öffnen. Dies Tor aus Eiskristallen.
Rasseln schwerer Ketten an meinem
Hals. Öffnen. Dies Tor aus Eiskristallen.
In mein Herz kriechen. In mich fliehen.
Tauchen in pochenden Hals. In die
Schlagader jetzt verkriechen. Eingraben
in die Windungen der Schneckenhäuser.
Sand fressen. (Mutter, du sollst

wieder deine Beine öffnen. Mich
einatmen. Ich brauche einen
Unterschlupf) Denn vor dem Tor
gegen blauglitzernde Eiskristalle
Wärter mit gesteinten Gesichtern.
Ein Licht wie tödlich wie kalt.
Halt mich. Draußen brüllen Löwen —
nach meinem warmen Fleisch.
Hunger nach mir.
　　　　　　　　Menschen.

Zwischen gelbblütigen Ginstersträuchern
eine Hand wie verdorrtes Gestrüpp
vierfingrig (denn da war etwas Gold
am Ringfinger)

In einem Glaskasten wird ein
wabberndes Hirn ausgestellt

Köpfe auf angespitzten Stäben
vor den Toren der besetzten Stadt

Judensterne ließen wir blühen
auf der Straße nach Auschwitz

Pappschildwälder legten wir an
bei unseren Feldzügen

Der Junge von nebenan
spielt
mit einer Dose Zyklon B.

Führer
Waffen-SS
melde ich
Ausführung
Befehl
Vergeltungsaktion
Lidice
ausgelöscht

Unsere Mörder trugen
die Gesichter
von Meßdienern.

Schreie der Sterbenden im Schlamm
wie Tierschreie, angstvoll Röcheln
das Knacken der Schädeldecken
Hände im Feuer, schwarze Glut
der Geruch von Nervengas über Land
Nebelkrähen kreisen, kleine Schatten
über den Köpfen der Mutterschreie

Wie Schüsse schlagen
Sieg-Schreie
in die Mauer unseres
Schweigens

Nackte violette Leiber in der
grauen Wüste. Anstehen
für den Gang ins Gas.

Der Schatten des Stacheldrahts
auf der papiernen Haut

Du wirst einen schwarzen
Stein in den Mund nehmen

Deine Hände werden
in die Erde wachsen

Grüner Eiter wird aus
deinem Leib quellen

Beim Betreten des Gerichtssaals
wird später jemand eine Zeitung
vor sein Gesicht halten.

Ich wollte schreien
aber meine Stimme versagte.
Ich wollte fortlaufen
aber meine Beine waren
wie Blei.

Heute brachten sie mir deinen Leichnam
eingewickelt in eine Fahne.

Wir wollten sie ausgraben
mit unseren harten Händen
ihren kleinen kalten Körper
zwischen uns legen
und mit dem Ohr an ihrem Herzen
auf ihren Pulsschlag warten

Wir aber
fanden
sie nicht

Ein Mann am Wegrand
wies in den schwarzen Rauch
über unseren Köpfen
und dort sahen wir
für einen Moment
ihr bleiches Gesicht

Dieser Augenblick
mit geschnürten Händen
vor einem schwarzblanken
Stiefel

Dieser Augenblick
beim Lesen der zweisprachigen
Bekanntmachung an zernarbter
Wand

Dieser Augenblick
kniend vor behelmten
Schatten auf einem staubigen
Platz

Dieser Augenblick
an einen Spatenstiel
geklammert vor frischer
Grube

Sie traten die Tür ein
(das nannten sie anklopfen)

Sie schlugen dich zu Boden
(das nannten sie Fragen stellen)

Sie trieben dich in den Viehwaggon
(das nannten sie Erholungsreise)

Sie sperrten dich hinter Stacheldraht
(das nannten sie Schutzhaft)

Sie prügelten dich halbtot
(das nannten sie Erziehung)

Sie ließen dich deine Grube ausheben
(das nannten sie Arbeitsbeschaffung)

Sie erschossen dich vor offenem Grab
(das nannten sie Endlösung)

Auf dem Schlachtfeld der Ehre
ist er gefallen

Voller Stolz erweisen wir ihm
die letzte Ehre

Wir werden seinen Namen
in Ehren halten

Den geschätzten Generalen entbieten
wir unsere Ehrerbietung

Ehrfürchtig bieten wir jetzt
unsere Enkel an

Denn die Söhne sind schon
auf dem Ehrenfriedhof

Suche jetzt nicht mehr
nach mir

Ich habe aufgehört
dich zu lieben

Wenn du mich findest
bin ich schon fort

Holz splittert. Männer
in Mänteln
aus Eisen.

Augenpaare
schreilos

Fadenkreuz

Scheinwerfer zerschneiden das Gesicht.
Schreib mir keinen Brief mehr, Marie.
Die Kälte der Wand steigt ins Hirn.
Es kommen andere Tage, Marie.
Arme recken sich in die Höhe.

Stilletotstille

Augenpaare
gebrochen

Blut rinnt. Gräber
ohne Kreuze
am Weg.

Renn!
        Kein Ort.
Flieh!
        Keine Rettung.
Schrei!
        Kein Gehör.
Stirb!
        Kein Erbarmen.

Eine Sonne läßt sich nicht blicken.
Selbst der Mond hat sich vom Schlachtfeld
gestohlen. Rauch treibt der Wind wie Angststimmen.
Eine eiserne Wolke gebärt zerberstendes Eisen.
Geruch zerwühlter Erde. Zerstampfte Eingeweide.

Ein Laternenmast am Wegrand
vor zerschossenen Häusern.
Ein Körper achtzehnjährig
am Seil gegen den Himmel.
Eine Papptafel an gewürgtem Hals:

Ich wollte
mein Vaterland
nicht verteidigen

Akkordeon
Blechschale
zwischen Beinstümpfen

Schnür deinen Stiefel auf
Blut ist im Schuh

Einen abhandenkommenen
Arm vorzeigen

Glück gehabt
das eine Bein
haben sie mir gelassen

Kamerad
sag mir deinen Namen

Es ist nur wegen dem Kreuz
auf deinem Grab

Mein Arm liegt noch
in Verdun

Mein Bein liegt noch
in Stalingrad

Jetzt reden sie von einem
neuen Feldzug und die Public-Relationsabteilung
der Prothesenindustrie
führt die neueste Kollektion
dem staunenden Publikum vor.

Nach der Schlacht
verteilen sie immer
Erbsensuppe und Mullbinden
für je drei Mann
eine Flasche Schnaps

Weine jetzt nicht
Du hast damals
Nicht geweint
Als wir an deinem
Fenster vorüberzogen
Mit Blumen an den
Mützen

Das Kind
ruft
die Mutter

Das Kind
erhält keine Antwort

Hörst du die Trommel?

Sie suchen jetzt wieder
Freiwillige
für eine harmlose
Operation
in Timbuktu

Hans van Ooyen

Epitaph für Vineta

Meine Damen und Herren, Bürgerinnen und Bürger dieser Stadt! Gewiß sehen Sie keinen Anlaß für eine Grabrede auf Ihre Stadt. Schon Ihre Väter und Großväter haben Reden solcher Art nicht geschätzt, obgleich sie das große Feuer gesehen haben, in dem die Häuser, Straßen und Menschen dieser Stadt verbrannten. Krieg, Vernichtung und erbärmliches Sterben sehen Sie heute auf dem Fernsehschirm, weit entfernte Bilder, die Sie an nichts erinnern, denn es sind nicht Ihre Häuser, die zerstört, und nicht Ihre Kinder, die getötet werden. Sie wollen nicht wahrhaben, daß die Zeit gekommen ist, in der die Vergangenheit die Gegenwart eingeholt hat und sich anschickt, sie mit dieser Stadt zu verschlingen. Ich habe diese Stadt wiedergesehen, meine Damen und Herren, die feuchte, scharfe Seeluft geatmet, die mich daran erinnerte, daß ich ein Kind dieser Stadt war, wie man zu sagen pflegt, ein unartiges Kind jedoch, das die Straßen, Plätze und Wasserflächen hassen lernte und sie schließlich verließ.

Andere Söhne leben im Einverständnis mit dieser Stadt, sprechen von Heimat und Vaterstadt nicht ohne Stolz, bauen Häuser in der Nähe von Kasernen und Munitionsdepots, ordentliche Häuser, wie die Spaziergänger sagen, die in ebensolchen Häusern wohnen und die sonntags spazierengehen, um sich in der Sauberkeit fremder Fensterscheiben selbst zu spiegeln. Sie spüren keinen Widerwillen gegen Marineuniformen, Mützenbänder und Platzkonzerte. Sie fühlen sich heimisch in der Nachbarschaft von Kriegsschiffen, Radarstationen und Arsenalen, folgen ohne Unbehagen den schnurgeraden Straßen, die ferne, großartige Ziele versprechen und an den Drahtzäunen militärischer Sicherheitsbereiche enden. Eine Stadt, benannt nach einem Kaiser und König, auf die Sie stolz sind, meine Herren Stadtverordneten, stolz auf das Meer, das die Hafenbecken füllt und die Schiffe trägt, die an den Kais liegen.

Zur Zeit des Kaisers überstrahlte der Name des Monarchen die Stadt, häufte sich auf dem Stadtplan, beherrschte den Reiseführer, prangte auf Denkmälern und Säulen, über Schulportalen und leuchtete vom Bug mächtiger Kriegsschiffe. Die Namen von Heerführern und Admirälen schmückten die Straßenschilder, dienten der vaterländischen Erziehung und dem Andenken ruhmreicher Kriegstaten. Viele dieser Namen sind heute verschwunden, doch die Stadt selbst hat ihren erlauchten Namen behalten. Er bewahrte ihre Vergangenheit auf, die allmählich wieder in die Stadt eindrang, sie heimlich in Besitz nahm und ihr neuen Stolz verlieh in einer Gegenwart, in der der Pazifismus beklagt und der Frieden zur Nebensache erklärt wurde.

Doch in den sauberen Wohnzimmern der ordentlichen Häuser kam keine Furcht auf, erhob sich kein Schrei, wenn auf den Fernsehschirmen sachliche Herren von Verantwortung sprachen. Erträglich wurden die Katastrophen in den metallischen Formulierungen der Techniker, in den biegsamen Phrasen der Politiker, so daß man weiterleben konnte auf soliden Fundamenten, hinter sturmfestem Doppelglas, unbesorgt um das Schicksal der Kinder.

Familienväter waren sie geworden, jene weinenden Kinder aus den Bombennächten, Soldaten oder Zivilangestellte einer neuen Marine in Ihrer Stadt, meine Damen und Herren, versöhnt mit dem Militär, das ihnen Arbeit gab in modernen Werkstätten, freundlichen Büros, und das für ihr Alter sorgte.

Diese Stadt, beinahe ausgelöscht durch den Krieg, für den ihre Werft so viele stolze Schiffe gebaut hatte, trägt ein neues, künstliches Gesicht und ist wieder ein Kriegshafen, ein wichtiger Stützpunkt. Wenn die Schiffe der Partnerstaaten einlaufen, säumen Tausende jubelnd die Schleusenkammern, sie bestaunen einen amerikanischen Flugzeugträger, wie sie immer in dieser Stadt eine gigantische Technik bestaunt und bewundert haben, die alle Fragen erledigt und das Unbegreifliche in aufregende Details verwandelt. Ich habe die Chronik dieser Stadt gelesen, eine fleißige Arbeit, immer bemüht, die dünne Oberfläche der Fakten nicht zu durchstoßen, die Lügen

bleiben, solange man nicht weiß, wie sie geschaffen wurden. Dort werden die Fassaden der Geschichte beschrieben, als seien sie die Geschichte selbst, keine Fragen, keine Anklagen. Das Schicksal war unergründlich, Katastrophen brachen herein, Schiffe sanken, die Stadt verbrannte, die Gesichter der Macht wechselten, folgten einander wie Ebbe und Flut. Neues Leben wuchs aus den Ruinen, die neuen Häuser wurden aus den Steinen der Vergangenheit erbaut, denen man ohne zu fragen Verläßlichkeit zuschrieb. Wehrlos trieb diese Stadt in ihre Vergangenheit zurück, erhielt neue Schiffe, neue Kasernen, neue Matrosen und knüpfte an eine Geschichte an, von deren Fassaden man nur die alten Embleme weggewischt hatte.

Diese Geschichte begann mit dem preußischen Adler, in dessen Augen sie zuerst als kleiner Punkt erschien, während er mit eisernen Schwingen das schlammige Küstenland überflog. Dem Flug des Adlers folgte der allerhöchste Befehl, an diesem Punkt der Küste eine Hafenstadt zu gründen, eine Werft zu errichten und Schiffe zu bauen, die das Meer beherrschen sollten. Die Geburtsurkunde dieser Stadt war eine Kabinettsorder, ein Befehl, den die Untertanen auszuführen hatten, gewissenhaft und ohne zu fragen.

So breitete sich die Stadt im Küstenland aus, eine befohlene Stadt, die sich nicht hatte aussuchen können, was sie werden wollte, eine Stadt ohne Kindheit, ohne Jugend, ohne die Abenteuer des Wachsens, eine Stadt, deren Geschichte schon geschrieben war, ehe sie sich vollzog. Der Monarch selbst taufte sie und gab ihr seinen Namen, und mit Freude sahen die Bürger, wie die Macht des Reiches sich auch auf dem Meer ausbreitete und es eingefärbt wurde in Preußischblau.

Die Chronik hat dieses Ereignis in allen Einzelheiten festgehalten, wie immer, wenn große Männer in der Stadt auftraten, denen die Bürger zujubelten, weil sie hier Schiffe bauen ließen und die Zukunft auf dem Meer versprachen. In den Magazinen lagerten die Uniformen, die abgezählte Leichenwäsche, in der die Matrosen hinausfuhren zur Doggerbank, zu den Falkland Inseln oder ins Skagerrak, alles weitere ist in der Chronik nachzulesen. In den Auslagen der Buchhandlungen finden wir dieses Buch neben Seekarten, Heimatromanen, Bildbänden über die deutschen Schlachtschiffe, Werken zur Seekriegsgeschichte und den Erinnerungen ehemaliger Admiräle. Die Neugierigen finden Befriedigung: Wasserverdrängung, Geschwindigkeit, Bestückung, Analysen der großen Seeschlachten, verzeichnet in farbenprächtigen Bildbänden. Die Bürger starben nicht aus, meine Damen und Herren, die an technischen Details mehr interessiert sind, als an der Frage nach den Ursachen, die zum Bau der deutschen Kriegsflotten führten.

Stapelläufe finden, wie Sie wissen, in dieser Stadt nicht mehr statt. Ich erinnere mich, meine Damen, daß meine Mutter ein Foto ihres Sohnes aufbewahrt, einem lachenden, weißgekleideten Kind, das ein Hakenkreuzfähnchen schwenkt. Zusammen mit anderen Kindern geht es an der Hand der Mutter zum Hafen, wo ein Schlachtschiff getauft wird. Während der Führer sprach, wurde das Kind hochgehoben, spähte durch das Gitter erhobener Arme, sah die Balken vor dem hoch aufragenden Bug beiseite fliegen, der schäumend ins Wasser stieß. Die Girlanden flatterten davon, und der riesige Rumpf schoß in das Hafenbecken hinaus.

Als das Kind sieben Jahre alt war, meine Damen, zerschmetterten Fliegerbomben dieses Schiff, und neunhundert Matrosen ertranken im eisigen Wasser eines Fjords. In der Chronik eine Zeile über die Zahl der Toten, ein Archivfoto des Schiffes, Zahlen über seine Wasserverdrängung, Geschwindigkeit, Bestückung, Bauzeit und ein Lebensabriß des Namengebers. Im Getöse dieser Details verstummen die Schreie und Flüche der verbrannten, ertrunkenen, zerfetzten Männer, und die Unmenschlichkeit eines feigen Lexikonartikels tötet sie ein zweites Mal.

Die geborgenen Leichen der Matrosen kehrten auf die Friedhöfe der Stadt zurück, sie nahmen ihre Plätze auf dem Ehrenfriedhof ein, die ihnen von Anfang an zugedacht waren. Keinen dieser Männer hatte die schützende Hand Gottes bewahrt, dieses kriegerischen Gottes, dessen Geist auch über dem Meer schwebte, wie die Kriegspfarrer sagten, wenn sie die auslaufenden Schiffe segneten. An den Soldatengräbern senkten die Mitglieder der Traditionsvereine ihre prächtigen Fahnen und lauschten der Melodie vom verlorenen Kameraden, die über das Gräberfeld wehte, mit Schluchzen vermengt und vom Seewind auseinandergetrieben. Die Überlebenden, die Veteranen, trugen die Erinnerung an die Kriege weiter. Aus allen Teilen Deutschlands kommen sie in diese Stadt zum Treffen des Marinebundes. Der Himmel ist blau, ein ausgedehntes Hoch, Wetter für Segelregatten, Paraden, Platzkonzerte, Kaiserwetter, Führerwetter. Die Stadtväter heißen die Gäste herzlich willkommen, die Admiräle begrüßen sie im Stützpunkt, Grußworte rauschen auf sie herab und marineblaue Gedenkreden von der Kameradschaft in schwerer Zeit. Ehemalige Matrosen, Kapitäne und Admiräle legen Kränze nieder, besichtigen Schiffe, lauschen Vorträgen und Konzerten des Musikkorps. Eine seetaktische Lehrgruppe untersucht den Untergang eines Schlachtschiffes, berechnet Winkel, mißt Geschwindigkeiten, berücksichtigt den Seegang und die Sicht. Die emsigen Nautiker beugen sich über Seekarten, hantieren mit Modellen. Sie suchen den Fehler, aber welchen?

Während Atombomber unsichtbar durch den Äther ziehen, unterirdische Raketen auf ferne Ziele gerichtet sind, veranstaltet man Planspiele, ehrt die Gefallenen, sprechen die Standortpfarrer beider Konfessionen mahnende, ernste Worte. Die Marinekameraden spazieren unter den hohen Eichen des Parks, der den Namen des Kaisers trägt. Als der Führer den Park erbte, exerzierte die Hitlerjugend auf den Rasenflächen, kroch durch die Büsche auf der Suche nach dem Feind. Am Abend marschierten die Jungen über die große Brücke, sammelten sich an der Spitze der Mole und blickten auf das Meer. Irgendwo in den fernen Wellentälern lag ihr Verderben, wartete ihr schmähliches Ende, das in der Heimatzeitung zum Heldentod wurde.

Heute, verehrte Eltern, rudert die Marinejugend in prächtigen Kuttern im Hafen um die Wette. An den Besuchstagen lauschen die Jungen den Erklärungen der Offiziere, verfolgen die Signale auf dem Radarschirm, der kein Verderben anzeigt, Seefahrt ist not.

In der Garnisonkirche, wo in Büchern und auf Gedenktafeln die Namen der Gefallenen festgehalten sind, zeigt das Altarbild ein untergehendes Schiff, über dem am Horizont ein strahlendes Kreuz erscheint. Das Heck des Schiffes, in der Bewegung des Sinkens erstarrt, schwebt unbeweglich über den versteinerten grünen Wogen, ein endloses Zögern vor dem Untergang, quälend wie eine offene Frage.

Kehren wir noch einmal zur Chronik zurück, meine Damen und Herren, und zum Stichwort Revolution. Die Schiffe, die in dieser Stadt gebaut worden waren, lagen im November 1918 zum letzten Mal auf der Reede. Noch einmal wollten die Admiräle sie auslaufen lassen, als der Krieg längst verloren war. Aber die Matrosen befolgten die Befehle nicht mehr, sie löschten die Feuer unter den Kesseln und entwaffneten die Offiziere. Zusammen mit den Werftarbeitern nahmen sie die Stadt des Kaisers in Besitz. Er selbst ließ Land und Matrosen im Stich, und seine Flotte versenkte sich in Scapa Flow. Die Matrosen und Arbeiter hatten den Frieden erkämpft. Doch was sie umgestürzt hatten, wurde bald wieder aufgerichtet. Die städtischen Beamten setzten ihre Dienstgesichter wieder auf. In ihren Vorschriften kam Umsturz nicht vor, die Bürger nahmen die zurückkehrende Ordnung befriedigt zur Kenntnis, und die Leitartikel der Heimatzeitung wurde ihnen wieder verständlich.

Als die Armut wieder in die Arbeiterhäuser eingekehrt war, als der ersehnte Frieden mit Hunger und Not begann, zeigte die Uhr am Rathausturm längst wieder die richtige Zeit. Auf den Friedhöfen sackten die frischen Grabhügel zusammen, und man konnte daran denken, Kriegerdenkmäler in Auftrag zu geben. Die Archivare begannen zu den Akten zu legen, was noch gar nicht aufgeschrieben war, und die Erinnerung an den zerbrochenen Traum der Matrosen und Arbeiter aus dem Gedächtnis zu tilgen.

Der Krieg war nicht endgültig besiegt. In den folgenden Jahren des Friedens begann er erneut zu wachsen, und was einst geschehen war, galt den Nachkommen bald als Seemannsgarn. Wir sind am Ende, meine Damen und Herren. Die Friedliebenden werden wieder beschimpft und die Kriegsgegner an den Pranger gestellt. Vielleicht wird es bald öffentliche Veranstaltungen geben gegen Defaitisten und Pazifisten. Man wird den Durchgangsverkehr umleiten, die Schiffe über die Toppen flaggen lassen, Flohmärkte mit Kriegsspielzeug einrichten, und die Militärkapellen werden die Friedensgesänge übertönen.

Für die Dichter, meine Damen und Herren, scheint die Zeit gekommen, Epitaphe zu verfassen, ohnmächtige Nachrufe, bevor sie von Pershing-Raketen geschrieben werden, ehe Neutronenbomben Dichter und Leser auslöschen in einem kurzen Blitz. Er wird, wie Sie wissen, die Bibliotheken unversehrt lassen, die Romane über die Sachzwänge, die verzweifelten Friedensappelle und die Gedichte über einen tödlich gerüsteten Frieden. Übrig bleiben die Grabschriften, die niemand mehr lesen wird.

Ich erinnere Sie an Vineta, meine Damen und Herren, an jene sagenhafte Stadt, die unterging, weil ihre Bewohner so hochmütig geworden waren, daß sie ihre Schweine aus goldenen Trögen fressen ließen. Auch diese Stadt, Ihre Stadt, wird untergehen, wenn Sie glauben, ohne Vergangenheit leben zu können. Sie war Ihnen immer auf den Fersen, und wenn Sie sich nicht in letzter Stunde wehren, werden Sie Opfer einer Zukunft, die aus dem unbesiegten Gestern hervorgegangen ist.

Die Sage berichtet, daß ein einziger Mensch, ein Gerechter, dem Untergang Vinetas entkam. Jeder von Ihnen glaubt, er allein werde am Ende dieser Gerechte sein. Aber die Zeit der Sagen ist vorbei.

Hans J. Schütz

Zitadelle

Am Stadtrand schläft die alte Zitadelle.
Die Quadermauern beugen sich zum Grund.
Als Fahne spannt sich hoch die Himmelsgrelle.
Und Moos wächst den Kanonen aus dem Mund.

Gespensterposten noch das Tor bewachen,
Die einzuziehn vorzeiten man vergaß.
Die grünen Wasserspeierfratzen lachen.
Im Grabentümpel schwimmt und fault das Aas.

Die Kinder in den Wall sich Höhlen bauen.
Den Schutt durchstochert irr ein Bettlerstock.
Aus ihrem Steinversteck die Echsen schauen.
Die Trümmer rupft ein schwarzer Ziegenbock.

Auf Wappenschildern zwischen Löwentatzen
Verwittern Schwerter, Kugeln, Trommeln stumm.
Gerümpel quillt aus schimmelnden Matratzen.
Vor Abfallbergen kehrt der Weg sich um.

Kurt Mautz

8. Sprache ist verräterisch

Sprache ist verräterisch

Liest man unser Grundgesetz mit unschuldigen Augen, so könnte man meinen, es gäbe nichts Unnötigeres als ein Komitee für Frieden, Abrüstung und Zusammenarbeit, als eine Friedenswoche, einen Antikriegstag etc.

In einer Vielzahl von Bestimmungen wird der friedliebende Charakter der BRD, ihres Staates, ihres Staatsvolkes, ihrer Bündnisse, ihrer Streitkräfte und sogar der Verwendung von Kernenergie bekräftigt.

...

Wir alle wissen: Sprache ist oft verräterisch. Was auffällt, ist die ängstliche Vermeidung des Wortes Krieg, als könne es keinen Krieg mehr geben, weil der letzte so schrecklich war; nur noch den Verteidigungsfall. Aber ist der Verteidigungsfall etwa kein Krieg? Müßte angesichts soviel Verzichts auf Krieg und kriegerisches Gebaren in der Bundesrepublik das Schwergewicht aller innen- und außenpolitischen Bemühungen nicht darauf liegen, zu vermeiden, daß der Verteidigungsfall eintritt?

...

Man braucht nur einen Verteidigungsfall, eine Presse, Massenmedien, die ihn herbeireden; was ist der Verteidigungsfall? Artikel 115 a: Die Feststellung, daß ein Angriff gegen das Bundesgebiet mit Waffengewalt droht; also kein Angriff als solcher.

...

Die Gegenwart zeigt auch, daß die bloße Vorbereitung auf den Verteidigungsfall ebenso kostspielig, wirtschaftlich sinnlos und damit gesellschaftspolitisch desaströs sein kann wie ein Krieg. Die Rüstungsspirale verhindert heute mehr Investitionen und Anstrengungen für einen friedlichen Aufbau der Volkswirtschaften in den nicht entwickelten Ländern wie in den Industriestaaten als die Kriege früherer Jahrhunderte.

...

War's Naivität, war's Hintertriebenheit — das, was uns fast zwanzig Jahre kalten Krieg beschert hat, was uns am Rande des dritten Weltkriegs dauerstehen läßt, was eine der Hauptsachen des Rüstungswahnsinns ist: das sogenannte Offenhalten der deutschen Frage, bezeichnet unser Grundgesetz da, wo's am feierlichsten ist, tatsächlich als Friedenspflicht. Wer die Geschichte kennt, weiß auch, wieviele Kriege infolge territorialer Ansprüche und ungelöster nationaler Fragen, wie man das nennt, stattgefunden haben. Hier hat uns auch der Grundlagenvertrag vom 21. 12. 1972 keinen ewigen Landfrieden gebracht. Der Vertrag ist wichtig für die Friedensbewegung in unserem Land und der Welt, vor allem die allgemeine Friedenspflicht in Artikel 3 — „Entsprechend der Charta der Vereinten Nationen werden die Bundesrepublik Deutschland und die Deutsche Demokratische Republik ihre Streitfragen ausschließlich mit friedlichen Mitteln lösen und sich der Drohung mit Gewalt oder der Anwendung von Gewalt enthalten. Sie bekräftigen die Unverletzlichkeit der zwischen ihnen bestehenden Grenze jetzt und in der Zukunft und verpflichten sich zur uneingeschränkten Achtung ihrer territorialen Integrität." —

...

Ein Grund zum Jubeln ist das Vertragswerk in seiner Gesamtheit, die neben dem Grundlagenvertrag aus einer Vielzahl von Briefen, Zusatzprotokollen, Vorbehalten, Anlagen, mündlichen Vereinbarungen, Abkommen, Informationen, Protokollvermerken, Erklärungen etc. besteht, sicher nicht. Noch viel bleibt den demokratischen Friedenskräften gerade in der Bundesrepublik zu tun, damit das begonnene Vertragssystem zu einem echten Friedenswerk wird.

Was zum Beispiel soll die nach wie vor gen Osten gerichtete geballte Militärkraft des Westens, wenn doch die deutsche Frage gelöst werden soll?

Wie vereinbart sich das grundvertraglich festgelegte Ziel der gutnachbarlichen Beziehungen mit der fortgesetzten Hetze gegen die DDR in unseren Medien und Politikerreden? Wie der staatlich geduldete Menschenhandel auf dem Territorium der DDR mit dem Gebot der Achtung territorialer Integrität?

Vielleicht ist nur der Grundlagenvertrag wirklich, wie das Bundesverfassungsgericht meint — und nicht nur für die vertragsschließende, sondern für jede zukünftige Bundesregierung — Zitat: „die ernsthaft gewollte neue Grundlage für die Bestimmung des Verhältnisses der beiden Staaten zueinander —, unbeschadet dessen, daß die Vertragsteile frei sind, jederzeit übereinzukommen, den Vertrag in Übereinstimmung mit den für ihn geltenden Rechtsgrundsätzen zu ändern oder zu ergänzen."

Aber schon dieser Nachsatz: Ist wirklich keine Bundesregierung denkbar, die in christlicher Scheinheiligkeit von der DDR fordert, den Vertrag in Übereinstimmung zu ändern oder zu ergänzen; dann, wenn die DDR nicht übereinstimmt, die Verhandlungen scheitern läßt, und so weiter?

Und wenn es nur darum ginge, die politischen Voraussetzungen für den Frieden im gesellschaftlichen Bewußtsein zu stärken, damit niemand um nichts in der Welt bereit wäre, auf ihn zu verzichten: Es bleibt der demokratischen Friedensbewegung noch viel zu tun in der Bundesrepublik.

Peter O. Chotjewitz

Direktive Nr. 59

Mir ist offen gestanden
ein wenig ängstlich bei dem Gedanken daran
was es eigentlich damit auf sich
hat

nuklearer Erstschlag und so
das niemals aufgegebene Tendieren
hin in eine neue Totenwelt
mit in Bronze gegossenen Steinzeitmenschen
und dem altbekannten Spruch:
Raketen statt Butter!

immerzu kopfnickende
und jawohl Herr General schreiende
aus der dritten Wegwerfepoche heil zurückgebliebene
Plastikmänner, die die von der letzten Schlacht
noch Lebenden ihrem eigenen Schicksal
überlassen

mir scheint so, als kreierten
die Herr'n da oben im Pentagon und auf der Hardthöhe
im Bunde mit ihren Freunden von der Atomarindustrie
wieder die Politik feindlich konzipierter
Koexistenz, die da was weiß ich zum wievielten Male
Feuer schlägt ...

Frickenstein

Die Satzarten

Ein Kapitel aus der erweiterten und auf den neuesten Stand der Wissenschaft vom deutschen Satz gebrachten Grammatik

„Nach der Art der Stellungnahme des Sprechenden zu einer besonderen Wirklichkeit", heißt es im Duden, „unterscheidet man drei Satzarten".

I. Der „*Aussagesatz*, der den Sachverhalt einfach berichtend wiedergibt".
Zum Beispiel: Offiziellen Angaben zufolge arbeiten ungefähr 200 000 Bundesrepublikaner in der Rüstungsindustrie.
Während in der ganzen Welt bald die Hälfte aller Wissenschaftler und Techniker (das sind rund eine halbe Million Menschen) immer mehr und immer tödlichere Waffen entwickeln und produzieren, starben nach Angaben der Vereinten Nationen allein im Jahr des Kindes (1979) etwa 30 Millionen Kinder infolge Unterernährung.
„Zum Aussagesatz im weiteren Sinne rechnen wir auch den *Ausrufesatz*, der den Sachverhalt mit innerer Anteilnahme zum Ausdruck bringt."
Zum Beispiel: „... entweder machst du da mit, dann bist du kaputt, auch für später, am Arbeitsplatz lebst du dann auch so, läßt alles mit dir machen, wenn nur die Kohlen stimmen, oder du machst nicht mehr mit, fängst an, verstehst du, und das läuft dann nicht nur über die Informationen, da bist du mit deinen Emotionen ganz schön drin, da hast du eine wahnsinnige Wut im Bauch und heulst, da kapierst du was für dein Leben, fängst an!"
Die Bomben fallen jetzt!

II. Der „*Aufforderungssatz*, der die Erwartung oder den Wunsch auf Erfüllung oder Vollzug ausdrückt. Er kann Begehrens-, Wunsch- oder Befehlssatz sein".
Zum Beispiel: Du sollst nicht töten!
Hätte die ältere Generation doch aus der leidvollen Erfahrung gelernt! Und hätte die jüngere Generation wenigstens in der Schule Wolfgang Borchert gelesen!
Wolfgang Borchert, wärst du doch nicht so bald draußen vor allen Türen gewesen!
Könntest du doch noch jetzt selbst hier stehn und uns zurufen: Du, Mann auf dem Dorf und Mann in der Stadt, wenn sie morgen kommen und dir den Gestellungsbefehl bringen, dann gibt es nur eins: Sag NEIN!

III. Der „*Fragesatz*. Man unterscheidet:
a) Entscheidungsfragen, die einen Sachverhalt klären wollen. Man antwortet auf sie durch einen Aussagesatz oder durch ein bloßes Ja oder Nein."
Zum Beispiel: Bist du dir darüber im klaren, daß Weiterrüstung auf jeden Fall Tod bedeutet, dir im sogenannten Ernstfall und dem Elenden schon jetzt, weil ihm die Lebensmittel fehlen?
Hast du einmal darüber nachgedacht, was an einem Land noch verteidigenswert ist, das von Waffen starrt und auf Befehle wartet?
Hast du je bedacht, ob ein Land wie das unsre überhaupt noch mit militärischen Mitteln zu verteidigen ist?

b) „Ergänzungsfragen, die nach einer Person, einer Sache oder einem Umstand fragen. Sie werden immer durch ein Fragewort eingeleitet."
Zum Beispiel: Wieviel Raketen brauchen wir eigentlich, daß wir uns endlich sicher wähnen?
Wer kann mir erklären, warum für die Holländer *ein* Krieg genug war, während für uns Deutsche zwei noch nicht zu genügen scheinen?
Wie kommt das wohl, daß gerade hierzulande immer noch viel zu viele Menschen Wichtigeres zu bedenken und zu tun haben als die Umkehr auf dem Weg in den Abgrund?
Worauf wartest du?
Wie sähe eine Sanfte Republik aus, ein den Frieden wirklich suchendes Land?

c) „Rhetorische Fragen, die der Sprechende nur stellt, um den Gesprächspartner oder Zuhörer zur Anerkennung einer bereits vorhandenen Meinung zu bewegen. Sie bedürfen meist keiner Antwort."
Zum Beispiel: Wie lange denn noch soll das Gleichgewicht des Schreckens, wie lange noch soll der Wahnsinn des Rüstungswettlaufs die ganze Menschheit mit dem Über-Overkill bedrohen und das Elend der Armen ausklammern und verschlimmern?
Haben nicht gerade wir Preußenerben allen Grund, sofern es ein Gewissen der Völker gibt, vor allen anderen, vor den Holländern das geringe Risiko des einseitigen Rüstungsverzichts auf uns zu nehmen? Dürfen wir gegen ein Land, das unsere Väter wie kein anderes geschunden und verwüstet haben, Raketen stationieren, die jenes Land erneut mit unvorstellbarem Verderben bedrohen?
Reicht unsere Phantasie nicht aus, uns begreiflich zu machen, was dreizehn Millionen getöteter Russen auch 40 Jahre nach dem Überfall noch bedeuten?
Ist nicht das krankhaft übersteigerte Sicherheitsbedürfnis unserer Gesellschaft auch eine Folge ihrer Unfähigkeit zu lernen, ihrer Unbeweglichkeit und Hohlheit?
Müssen uns nicht die Polen beschämen, die unter schwierigsten Bedingungen zur Erneuerung bereit sind?
Sind wir hier denn wirklich in einer so ganz anderen Lage als die Polen und die Holländer, oder sind nicht vielmehr alle Menschen in einer vergleichbaren Lage wie vor ein paar tausend Jahren die Bevölkerung einer Stromebene, die in der gemeinsamen Gefahr der Überschwemmung und Vernichtung aus Einsicht und Erfahrung die alten Feindschaften überwand und in neuer Gemeinschaft den schützenden Damm baute gegen den bedrohlichen Fluß?
Was nützt die berühmte deutsche Qualitätsarbeit, wenn sie mehr der Zerstörung dient als dem Aufbau, wem nützt die deutsche Tüchtigkeit, wenn sie eher der regiergierigen Staatsmacht dient als der lebendigen Gemeinschaft, was hat unser Ehrgeiz und Einsatz für einen Sinn, wenn er mehr dem verschwenderischen Konsum dient als dem Mitdenken, Mitreden, Mitarbeiten, Mithelfen, Mitspielen?

Helder Yureen

Aufatmen

In der Bild-Zeitung
konnte es jeder lesen:
MIT FELDHOFF GEGEN MOSKAU
mein Name
in zehn Millionen Köpfe,
ich, der Schul-
meister und Poet dazu
zum antibolschewistischen
Vorkämpfer erkoren –
aber dann
war es doch nur
der Handballspieler
vom VfL Gummersbach.

Heiner Feldhoff

Aus dem Wörterbuch
der Hohldeutschen

Staat
Staat, Status und statisch sind verwandte Wörter, verwandt nach Lautgestalt und Sinngehalt. Aber die traute Wortfamilie wäre allzu unvollständig ohne die Zeitwörter „statuieren" und „stationieren".

problematisch
Der Staatssekretär vom Ministerium für Jugend, Familie und Gesundheit betonte, daß die Bundesregierung zwar Kriegsspielzeug aus erzieherischen Gründen ablehne, gesetzliche Einschränkungen bei der Herstellung und beim Vertrieb jedoch problematisch seien.

abenteuerlich
Vor der Presse gab der Aufnahmeleiter der ZDF-Mannschaft bereitwillig Auskunft über die Fernsehserie, in der unter anderem ein Streifen zu sehen war, der den Alltag eines Jagdbombergeschwaders der Bundeswehr ins rechte Licht rückte. Der Mann sprach von der Absicht, einem breiten Publikum „Berufe mit einem Hauch von Abenteuer" vorzustellen.

Schule der Nation
Bekanntes Kanzlerwort zur Bundeswehr, das interessante Rückschlüsse zuläßt: ohne die sonst üblichen feierlichen Präambeln erscheint endlich einmal die öffentliche Institution Schule in so scharfen Konturen, wie es einem aufgeklärten Zeitalter nicht angemessener sein könnte. Dort die allgemeine Wehrpflicht, hier die allgemeine Schulpflicht, und hier wie dort das hehre Gebot von Befehl und Gehorsam, selbstverständlich zum höheren Ruhm und Nutzen der Nation, wie geteilt sie auch immer sei.

Rekrut
Nach dem französischen recrue gleich Nachwuchs. Hitler wußte genau, wovon er redete, als er seine erfolgreiche Familienpolitik rühmte, die ihm einen so gewaltigen Blutzuwachs gebracht hatte, daß er noch nach zwei Jahren Weltkriegsschlachten einen klaren Überschuß errechnete.

Menschenreservoir
Verfügbarer Vorrat an Zweibeinern für die verschiedensten Zwecke. Dudendeutsch: „Bestand an Menschen, der als Reserve zur Verfügung steht". Wie beim Baumbestand oder Wasserreservoir geht es allein um den Rohstoff, die Masse Holz, Wasser, Mensch. Es würde den Rahmen eines Duden sprengen, auch noch zu erläutern, *wem* so ein Menschenreservoir zur Verfügung steht, und wieso denn und wozu.

kriegsverwendungsfähig
Laut Duden — Gütezeichen: Unentbehrlich für richtiges Deutsch — laut Duden ein ganz gewöhnliches Adjektiv, naja, ein bißchen nach Amtsdeutsch klingt es schon, aber davon mal ganz abgesehen, ist kriegsverwendungsfähig ein ganz gewöhnliches, ein durchaus alltägliches Adjektiv, für das es die Abkürzung „kv." gibt. Weitere sachdienliche Hinweise: ohne Steigerung. Dem ist nichts hinzuzufügen.

Verteidigungsminister
Im Gegensatz zum Kriegsminister der alten Preußen treibt er keine Kriegsvorbereitungen. Er deckt lediglich den Bereich der Sicherheitspolitik ab. Er denkt nicht an Krieg, er denkt an den Verteidigungsfall. Freilich ist auch ein Verteidigungsminister bereit, notgedrungen Angriffswaffen und vorwärtsverteidigende Abschreckungsstrategien in Kauf zu nehmen, um den Frieden sicherer zu machen. Freilich kann auch ein Verteidigungsminister schon aus finanziellen Erwägungen nicht darauf verzichten, eine eigene Rüstungsindustrie im Lande zu haben, die

durch gute Exportgeschäfte die hohen Kosten der Verteidigung ein wenig dämpfen hilft.

Gewissensprüfung
Der Bundesverteidigungsminister bekannte vor der Presse, er halte „als Person und als Christ das Gewissen für nicht prüfbar". Brauchte der Herr Minister angesichts der täglichen Verhöre eine persönliche Beruhigung seines christlichen Gewissens? Jeder weiß doch, warum es diese inquisitorische Einrichtung gibt: Den Wehrexperten paßt es nicht in den Kram, wenn von Jahr zu Jahr mehr junge Männer vom grundgesetzlich garantierten Recht auf Kriegsdienstverweigerung Gebrauch machen. Also verfährt man nach dem bewährten Rezept: Wer sich nicht anwerben läßt, wird zum Militär gepreßt.

Verteidigungswillen
Die Zukunft der Bundeswehr werde überschattet vom mangelnden Verteidigungswillen eines Teils der jungen Generation, klagt ein Kluger aus Bonn. Der Wehrexperte sollte, statt allzu Bekanntes wiederzukäuen, vielleicht einmal darüber nachdenken, wie er der besser informierten Jugend von heute ohne den Stuß von vorgestern klarmacht, daß es eine interessante Aufgabe sein könnte, im Neutronenbombenernstfall tapfer zu verteidigen, was da noch übrigbleibt. Vielleicht geht der kluge Mann aus Bonn, wenn er es denn ernst meint, zu seiner Inspiration mal ne Weile in die Wüste.

Vorneverteidigung
In bundesdeutschen Klassenzimmern soll das Thema „Friedenssicherung in Europa", sprich: „Wehrdienst ist Friedensdienst", künftig gründlicher behandelt werden. Der Verteidigungsminister brauchte seinen diesbezüglichen Vorschlag vor den Kultusministern nicht zu verteidigen. Vor der Presse verlautbarte er, der Wehrkunde-Unterricht in der DDR erziehe zum Haß gegen den Klassenfeind, die westdeutsche Wehrkunde dagegen komme ohne Feindbild in die Debatte. Die schimmernde Wehr mal einfach nur so um ihrer selbst und um des lieben Friedens willen. Na, dann paukt mal schön! Man lernt ja nie aus.

Friedensdienst
Ein Pfarrer setzt sich ein für den Frieden durch Abrüstung, und zwar ganz eindeutig. Sein Vorgesetzter, zufällig ein Militärbischof, betreibt die Kündigung des Pfarrers, weil, ja weil der sich als unfähig erwies nachzubeten: „Wehrdienst ist Friedensdienst".

Friedensstärke
Ja, das Wort gibt es wirklich! Es bedeutet: die Stärke der Streitkräfte in Friedenszeiten.

Frieden
Nach dem großen Philosophen Immanuel Kant — 1981 sei ein Kant-Jahr, sagt man — nach Kant ist, was gemeinhin als Frieden durchgeht, bei Licht besehen nur ein befristeter Waffenstillstand.

die friedliche Nutzung der Kernenergie
Am Anfang war die Bombe, das soll gar nicht bestritten werden. Aber niemand hat darum schon das Recht, zu behaupten, die friedliche Nutzung der Kernenergie sei ein Kind des Krieges und werde allmählich erwachsen.

verhältnismäßig
Wenn jemand eine Bank ausraubt, nennt man das Bankraub, und falls man den Täter faßt, erwartet ihn eine lange Haftstrafe. Wenn eine Bank so wirtschaftet, daß ihre Verbindlich-

alltäglicher beitrag
zur „friedenserziehung"

keiten die Höhe von 100 Millionen erreichen, erklärt man das mit „Unregelmäßigkeiten im Kreditgeschäft", und das Aufsichtsamt verfügt die Schließung der Kasse. Wenn aber eine Bank am Rüstungsgeschäft verdient und nicht schlecht verdient, rümpft vielleicht ein vorwitziger Journalist die Nase.

Wehrtechnik
Hinter der sportlich verbrämten Wortattrappe arbeitet emsig die traditionsgemäß tüchtige deutsche Rüstungsindustrie. Max Frisch hat mit Blick auf ähnliche Qualitätsarbeit in der Schweiz klargestellt: „Der Tatbestand erwerbsmäßiger Beihilfe zum Völkermord ist nicht verfassungswidrig."*

Kriegshandwerk
Noch unmittelbar unter dem Eindruck des letzten Meisterstücks der Kriegshandwerker erklärten selbst prominente Volksvertreter, den Leuten müsse das Handwerk gelegt werden, und zwar ein für alle mal. Heute fällt der Dudenredaktion angesichts der automatischen Wiederbewaffnung und Weiterrüstung nur die stilistische Klassifizierung ein: „gehoben, veraltend".

Überlebensfolie
Der Bundesinnenminister gibt uns den Rat, für den Bombenernstfall Alu-Folie bereitzuhalten, ja, er preist selbige als Überlebensfolie an, die notfalls auch gegen radioaktiven Niederschlag schütze. Man vermißt im Notgepäck des Ministers nur noch ein Tütchen mit sauberem Sand, den diejenigen sich notfalls selbst in die Augen streuen können, denen doch noch eines Tages die Augen aufgehen.

Bürger in Uniform
Die feierlichen Gelöbnisse mit großem Zapfenstreich, wo Tausende vor Tausenden in aller Öffentlichkeit vereidigt werden, sind keine Demonstrationen. Als Demonstranten unterlägen die Soldaten dem verschärften Demonstrationsrecht und dürften keine Waffen tragen. Nach dem Gleichheitsgrundsatz der Verfassung sollen demnächst auch alle angehenden Forstbeamten auf einer Waldlichtung zusammengetrommelt und mit Halali und Horrido auf ihren Dienst verpflichtet werden.

Menschenwürde
Laut Wehrstrafgesetz wird Ungehorsam oder Gehorsamsverweigerung mit Freiheitsstrafen bis zu drei Jahren geahndet. Nach § 22 desselben Gesetzes handelt der Untergebene jedoch nicht rechtswidrig, wenn der Befehl die Menschenwürde verletzt. Sehn Sie, und ich war bislang der irrigen Meinung, Befehle seien grundsätzlich unvereinbar mit der Menschenwürde. Ich habe Freunde gefragt, wie sie darüber denken, und ihre Antwort war und ist — eindeutig.

Helder Yureen

rätselfragen:
artilleriegeschütz (kanone)
streit zwischen völkern (krieg)
wurfspieß der germanen (ger)
engl.: gewehr (gun)
feuerwaffe (MG)
militärischer nachschub (tross)
kanonier (artillerist)
wurfwaffe (speer)
heeresabteilung (armee)
sprengkörper (bombe)
abkürzung für us-soldaten (GI)
usw. zwecks gewöhnung an die
realität der verheerung.

Michael Hillen

Geflügelte Worte

Wir werden
— sagte neulich ein freund zu mir —
dem CIA auch in Kambodscha
in die fresse treten

dschungelphrasendrescherei

warum denn
in die ferne schweifen
wenn man im Pfälzerwald
vor Lauter(ns)
USA-kasernen
armeedepots und
starkampffighterplätzen

noch nicht mal
in ruhe vögeln kann

Theo Schneider

Bezeichnung

Die Besetzung
leerstehender Altbauten
nennt ihr
„Hausfriedensbruch".

Die Aufrüstung
mit atomaren Waffen
nenne ich
„Weltfriedensbruch".

Jürgen Wolter

---

* Ein fächerübergreifendes Thema für den Wehrkunde-Unterricht im Westen wie im Osten.

Freiheit

Freiheit ist unser höchstes Gut. Freiheit ist das Teuerste und Edelste auf Erden. Das Teuerste — womit über den Preis noch nichts gesagt ist. Der Preis der Freiheit ist hoch.

Freiheit ist dünn gesät. Jeder will sie haben, jeder will sie besitzen, möglichst für sich allein, jeder trachtet der Freiheit nach der Freiheit.

Freiheit wird allmählich knapp. Die Ressourcen erschöpfen sich, heißt es, weil alle Freiheit wollen. Ein Engpaß. Das Öl beispielsweise wird knapp, weil alle Öl brauchen. Die Ölfelder müssen schon unter Schutz gestellt werden. Wir müssen die Freiheit auch unter Schutz stellen, wir müssen sie in Schutz nehmen, bevor es zu spät ist. Am besten gleich in Schutzhaft. Wir wollen nur ihr Bestes, sie soll es mal besser haben als wir! Vorbeugen ist besser als heilen!

Freiheit ist das Teuerste, was wir haben. Die teuerste Flasche Wein der Welt, Preis nur 28 000 Dollars, ein Château Lafite Rothschild, Jahrgang 1806, diesen Wein, den kann man gar nicht trinken, denn jeder einzelne Tropfen davon ist viel zu kostbar! Unbezahlbar! Außerdem hat im Laufe der Jahre garantiert die Qualität gelitten, wahrscheinlich ist die teuerste Flasche Wein der Welt ungenießbar!

„Ich persönlich könnte ja in keiner Stadt wohnen, die nicht an einem Fluß liegt. Wirklich! Wie soll ich das erklären? Ich habe von Kindesbeinen an immer in Städten gewohnt, die an einem Fluß gelegen haben. Ich habe als Kind auf den Brücken herumgestanden und den Dampfern und Lastkähnen nachgeschaut. Natürlich habe ich mich auch immer an Bahnhöfen herumgetrieben. Es muß immer eine Stadt an einem Fluß sein, ich weiß auch nicht, wieso ... Ich kann auch in Kneipen oder Restaurants, eigentlich egal, wo, da kann ich nie ganz hinten in eine Ecke gequetscht sitzen, ich muß immer am Rande bleiben, hab ich schon als Kind gemacht. Am liebsten habe ich natürlich einen Platz für mich allein ... ach ... und wenn wir schon gerade dabei sind: wenn ich mal ausländisch essen gehe, beim Italiener oder Chinesen, da bestell ich mir übrigens immer das Hausgericht, immer das Hausgericht, da gibt's nix, wenn die Pizzeria Stromboli heißt, bestell ich mir eine Pizza Stromboli, das ist nämlich dann eine Spezialität des Hauses, hab ich mir sagen lassen, das hat Lokalkolorit, das ist irgendwie echt, unverfälscht, und für sowas bin ich ja immer zu haben, für das Echte, für das Unverfälschte ...“

Jeder will Freiheit. Keiner fragt, ob genügend da ist. Jeder will immer drauf los. Freiheit, Freiheit, schallt's aus dem Rauch! Ach ... und nicht jeder, der nach Freiheit schreit, will diese Freiheit nicht für sich allein in Anspruch nehmen, nein: „Sie können sie auch als Geschenk einpacken!“

Freiheit, bei Fuß! Wir müssen die Freiheit unter Schutz stellen, wir müssen sie in Schutz nehmen, bevor es zu spät ist. In Schutzhaft. Wir wollen ja nur ihr Bestes, sie soll es mal besser haben als wir!

Jeder will Freiheit, Freiheit wird knapp, ist leider nicht mehr für alle da. Alles, was uns lieb und teuer ist, geht allmählich zur Neige. Wir werden sie rationieren müssen, so leid es uns tut. Freiheit, Freiheit, schallt's aus dem Rauch.

Wir müssen retten, was noch zu retten ist. Wir haben Schutzzonen eingerichtet: Wasserschutzgebiete. Naturschutzgebiete. Fischereischutzzonen. Tierschutzreservate. Die Freiheit darf nicht zum Freiwild werden. Das Freiwild (bestia libera) hat Schonzeit. Legalize Freiheit!

„Das muß schon jeder einsehen, so leid es uns tut. Aber manchmal hat es ja auch sein Gutes, sich Wünsche zu versagen. Selbst Freiheit muß halt Grenzen haben, das müssen nicht mal großartige Grenzen sein mit Stacheldraht, Wachtürmen oder Selbstschußanlagen. Nur ein bißchen Selbstschutz, denn Selbstbeschränkung tut not, wenn nicht genug für alle da ist. Selig sind selbst die Beschränkten! Wir sind ohnehin ein Volk von Selbstbeschränkten und Versagern. Freiheit ist halt nicht für jeden da, also muß sie geordnet werden, grundgeordnet, und erst dann wird sie demokratisch verteilt. Dann darf jeder mal dran riechen.“

Lasset uns Freiheitsstatuen besichtigen! Singen wir Freiheitslieder! Schwimmen wir uns frei! Rubbeln wir uns frei! Jeder darf mal! Jeder will mal! Jeder muß mal! Feiern wir Befreiungskämpfe und geben wir gelegentliche Unabhängigkeitserklärungen ab! Wir spüren den enormen Freiheits-, Sturm- und Tatendrang und einen unbändigen Willen! Freiheit, bei Fuß! Frei sein, frei sein, jeder will dabei sein! Darf ich? Ich bin so frei!

Wenn irgendjemand zufällig noch ein kleines Fitzelchen Freiheit dabei haben sollte, dann soll er es bitte abgeben! Wir müssen uns jetzt zusammenreißen! Unbedingt alles abgeben, frank und frei, damit die Freiheit unter Kontrolle bleibt.

Freiheit ist unbezahlbar. Den Preis der Freiheit kann niemand bezahlen, wie den Lohn der Angst. Entschuldigung, jetzt ist mir das Preisschild abgegangen. Schlimm?

Thomas C. Breuer

Denn diese Schale, die aus Sprache ist

Denn diese Schale die aus Sprache ist
kämpft sich als Sichtbarkeit
mit dem Gewesenen ab
als wären wir Verwalter von Museen
der eignen Gegenwart
mit ihren toten Exponaten.

Kalt ist der Pol.
Die Tropen heiß. Wie
alles wir zusammenfassen können —
und nie fassen.

Physik und Gott — das ist
der Abgrund dieser Gegenwart.
Das ist die Definition
von Nord und Süd:
die Formel
für den längst begonnenen Krieg.

Dieter Schlesak

Weinen Klagen Sorgen Zagen

Sechs Szenen. Eine Tragödie

1

PODLECH MACHT SICH BEIM ANHÖREN DER SECHSTEN SINFONIE A-MOLL VON GUSTAV MAHLER GEDANKEN IN DER NEUEN ALTEN FRANKFURTER OPER

PODLECH   Der Anfang: Sein marschmäßiges düsteres Hauptthema schreitet heftig aber markig dahin und gipfelt in einem Trompetensolo, das für die ganze Welt leitmotivische Bedeutung gewinnt. Es drückt im ausweglosen Pessimismus symbolisch die Fügung in ein unentrinnbares Schicksal aus. Das unerwartete Zwischenspiel berauscht das Ohr zwar. Traumhaftes Bimbam von Herdenglocken schwingt durch den Raum. Seraphische Geigentöne aus überirdischen Regionen mischen sich darein. Alles Lastende ist versunken. Der Blick umfängt eine schöne Welt. Doch die Vision verrinnt. Das qualvolle Ringen setzt mit erneuter Wucht ein. Aber es ist, als habe das verlockende Traumbild die Kräfte des Leidenden gesteigert. Er wächst in jähem Ansturm über sich selbst hinaus. Jubelnd schwingt sich die Phantasie der Freiheit zu. Ewiger Friede herrscht. Glück wächst und gedeiht. Die Welt ist in Ordnung. Ich liebe.

Das Ende: Zu gewaltigen Auseinandersetzungen mit dem Schicksal kommt es. Das Schicksalsmotiv vom Anfang taucht marschmäßig mahnend wieder auf. Wohin der Mensch sich auch wendet, überall sieht er sich vom Verhängnis bedroht. Das Geschehen, von lyrischen Ergüssen unterbrochen, ist von drängender mitreißender Energie. Der Wille zur Selbstbehauptung scheint alle Widerstände zu überwinden. Kämpfen, um zu überleben. Argumente von überall herholend. In stolzer Kraftentfaltung drängt er der Freiheit und allem, was damit zusammenhängt, zu. Doch das Schicksal ist stärker. Mit wuchtigem Hammerschlag gebietet es: Halt. Dreimal werden alle Möglichkeiten eingesetzt, in heroischem Aufbegehren den nichtkriegerischen Sieg zu ertrotzen. Dreimal saust der zermalmende Hammerschlag nieder. Dann gibt der Wille sich geschlagen. Dann zerbröckelt zerbröselt alle Kraft, geht unter in tödlicher Resignation. Die Welt ist nicht in Ordnung. Ich hasse.

2

FRAU HELGA WEX, STELLVERTRETENDE CDU-VORSITZENDE, UND HERR HANS EDGAR JAHN, NIEDERSÄCHSISCHER CDU-POLITIKER, UND WOLF BIERMANN, SPANISCHER KOMMUNIST, WÄHREND EINES THEORIE-KONGRESSES AUF DEM FRANKFURTER RÖMER

WEX   Die CDU muß endlich wieder den Mut haben, von Autorität und Elite zu reden, sonst wird die Jugend halt- und orientierungslos.

JAHN   Nach allem, was wir heute wissen, war es aus politischen, ideologischen und militärischen Überlegungen und Befürchtungen ein Präventivkrieg.

BIERMANN   Sie meinen den Hitler-Überfall auf die große Sowjet-Union.

WEX   Genau den meint der Herr.

JAHN   Apropos Jugend: das was der junge Mensch zuerst lernen muß, ist doch, Freude am Leben zu haben. Erst wenn er das hat, kann alles andere positiv gedeihen.

WEX   Sehr verkürztes Denken vom Frieden hat die Jugend in unserm Staat.

BIERMANN   Was geht mich die Staats-Scheiße an. Muß ich mich denn in jede Debatte mischen. Diesen lächerlichen Pazifismusstreit jetzt: als wüßten meine lieben linken Freunde nicht, daß die größte, brennendste, ganz widerliche Kriegsgefahr von den Russen droht. Die Amis sind dämlich, aber pensionsberechtigt; das macht sanft. Die Russen sind nicht sanft. Wer im Moskauer Pentagon versagt, ist weg. Nicht auf einer Nixon-Ranch, sondern sehr weg. Die eigene Angst kann toll machen.

WEX   Ich versteh sehr gut, was Sie meinen, Herr Biermann.

JAHN   Die Amerikaner, unsere Freunde, unsere Verwandten, bringens auf die schöne starke Formel: Frieden ist nicht das Wichtigste.

WEX   Die Freiheit, das sag ich als Frau und Mutter, die freie Marktwirtschaft allein ist ein starkes Stück.

SOLDAT   MISCHT SICH EIN Tagesbefehl an alle: Laßt die Revolutionen in Frieden.

JAHN   Wer ist denn das, Herr Wallmann?

BIERMANN   Die Erde wird ein öder Stern.

WEX   Trinken Sie gern Wein, Herr Biermann?

BIERMANN   Roten natürlich.

3

DER AMERIKANISCHE UND DER SOWJETRUSSISCHE MILITÄR- UND ABRÜSTUNGSEXPERTE TREFFEN SICH IM HINTERTAUNUS BEI INGRID UND GERHARD ZWERENZ

AMERIKANER   Guten Tag.

RUSSE   Guten Tag.

AMERIKANER   Ein schöner Tag.

RUSSE   Ein schöner Tag.

AMERIKANER   Die USA haben die Atombombe 1946 eingeführt.

RUSSE   Die UdSSR hat die Atombombe 1950 eingeführt.

AMERIKANER   Die USA haben 1953 die Wasserstoffbombe eingeführt.

RUSSE   Die UdSSR hat 1954 die Wasserstoffbombe eingeführt.

AMERIKANER   Die Langstreckenbomber brachten wir 1953 heraus.

RUSSE   Wir kamen mit den Langstreckenbombern 1957. Vier Jahre später.

AMERIKANER   Bei den Mittelstreckenraketen, genannt RBM, war unser Termin ebenfalls 1953.

RUSSE   Unser Termin war 1959. Sechs Jahre später.

AMERIKANER   Taktische Atomwaffen 1955.

RUSSE   Taktische Atomwaffen 1956. Ein Jahr später.

AMERIKANER   Die Interkontinentalraketen, genannt ICBM, kamen 1955.

RUSSE   1957 kamen die Interkontinentalraketen. Zwei Jahre später.

AMERIKANER   Die Atom-U-Boote schwammen 1956.

RUSSE   Die Atom-U-Boote schwammen 1962. Sechs Jahre später.

AMERIKANER   U-Boot-Raketen, unterwassergeschossen, genannt SLBM, 1959.

RUSSE   U-Boot-Raketen, unterwassergeschossen 1968. Neun Jahre später.

AMERIKANER   Neu die Antiraketen-Raketen, genannt ABM, 1960.

RUSSE	Neu die Antiraketen-Raketen 1961. Ein Jahr später.
AMERIKANER	ICBM mit Feststoffantrieb 1962.
RUSSE	ICBM mit Feststoffantrieb 1969. Sieben Jahre später.
AMERIKANER	1970 war es soweit: Raketen mit mehrfachen, einzeln lenkbaren Sprengköpfen, genannt MIRV.
RUSSE	Die UdSSR war 1975 soweit. Fünf Jahre später.
AMERIKANER	Seit 1976 besitzen wir Marschflugkörper, neue Generation, genannt Cruise Missile.
RUSSE	Ich passe.
AMERIKANER	1985 werden wir einsetzen können: Raketen mit mehrfachen, nachträglich noch einzeln steuerbaren Sprengköpfen, schon jetzt genannt MARV.
RUSSE	Wir müssen passen.
AMERIKANER	Wie stehts mit der Neutronenbombe?
RUSSE	Wir passen.
AMERIKANER	Sie hinken wie immer hinterher.
RUSSE	Auch wenns uns schwerfällt, versuchen wir nachzuholen.
AMERIKANER	Das zwingt uns zu immer größeren Rüstungsanstrengungen.

4
DER BÜRGERLICHE JUNGE IN FRANKFURT UND DAS BÜRGERLICHE MÄDCHEN LIEBEN SICH IM GRÜNEBURGPARK

JUNGE	Ich hab dich entsetzlich lieb.
MÄDCHEN	Ich hab dich auch entsetzlich lieb.
JUNGE	Ich liebe dich furchtbar.
MÄDCHEN	Kennst du Ernesto Cardenal?
JUNGE	Ernesto Cardenal kenn ich nicht. Ich kenn deine Augen.
MÄDCHEN	Kennst du Karl Dönitz?
JUNGE	Karl Dönitz kenn ich nicht. Ich kenn deine Lippen.
MÄDCHEN	Kennst du General a. D. Bastian?
JUNGE	General a. D. Bastian kenn ich nicht. Ich kenn dein Haar-Spray-Haar.
MÄDCHEN	Kennst du die Stadt Krefeld?
JUNGE	Die Stadt Krefeld kenn ich nicht. Ich kenn deine Titten.
MÄDCHEN	Kennst du Stalingrad?
JUNGE	Stalingrad kenn ich nicht. Ich kenn deine Schenkel.
MÄDCHEN	Kennst du Dresden?
JUNGE	Dresden kenn ich nicht. Ich kenn deine Arschbacken.
MÄDCHEN	Kennst du Dachau?
JUNGE	Dachau kenn ich nicht. Deine Votze kenn ich. Zeig sie her.
MÄDCHEN	Laß uns heiraten. Wir können heiraten. Beantrage bei der Sparkasse den Kleinkredit.
JUNGE	Kennst du die Religion von Ronald Reagan?
MÄDCHEN	Ich kenn dein ungewaschenes Fetthaar. Die Religion von Ronald Reagan kenn ich nicht.
JUNGE	Kennst du die Politik von Joseph Luns?
MÄDCHEN	Ich kenn deine zu kurz geratenen Beine. Die Politik von Joseph Luns kenn ich nicht.
JUNGE	Kennst du die Ansichten von Axel Cäsar Springer?
MÄDCHEN	Ich kenn deinen Hängearsch. Die Ansichten von Axel Cäsar Springer kenn ich nicht.
JUNGE	Kennst du die Absichten der Wehrsportschule Hoffmann?
MÄDCHEN	Ich kenn deinen Pimmel, wenn er stiefelsteif vom Leder zieht. Die Absichten der Wehrsportschule Hoffmann kenn ich nicht.
JUNGE	Laß uns heiraten. Wir können heiraten. Ich beantrage bei der Sparkasse den Kleinkredit.

5
DER KOMMUNIST UND DER SOZIALDEMOKRAT TREFFEN SICH ZUFÄLLIG IN FRANKFURT AUF DER KAISERSTRASSE

KOMMUNIST	Apel, Strauß, Haig spielen Skat.
SOZIALDEMOKRAT	Warum sollen Apel, Strauß, Haig kein Skat spielen?
KOMMUNIST	Sie spielen Skat.
SOZIALDEMOKRAT	Auch Apel, Strauß, Haig müssen ausspannen.
KOMMUNIST	Aber sie spielen Skat.
SOZIALDEMOKRAT	Warum kein Skat?
KOMMUNIST	Wenn die Skat —
SOZIALDEMOKRAT	Skat?
KOMMUNIST	Ja, Skat.
SOZIALDEMOKRAT	Achja, natürlich, Skat.
KOMMUNIST	Einer wird gewinnen.
SOZIALDEMOKRAT	Sie spielen eben Skat.
KOMMUNIST	Sie dürfen kein Skat spielen.
SOZIALDEMOKRAT	Warum dürfen die kein Skat spielen?
KOMMUNIST	Versteh doch, sie spielen Skat.
SOZIALDEMOKRAT	Ein schönes Spiel.
KOMMUNIST	Sie spielen Skat.
SOZIALDEMOKRAT	Die drei, ja, spielen Skat.
KOMMUNIST	Wir spielen nie Skat.
SOZIALDEMOKRAT	Wir sind keine Skatbrüder.
KOMMUNIST	Sie spielen Skat.
SOZIALDEMOKRAT	Natürlich spielen die drei, die sich kennen, Skat.
KOMMUNIST	Kennen wir uns nicht?
SOZIALDEMOKRAT	Doch. Wir kennen uns.
KOMMUNIST	Aber —
SOZIALDEMOKRAT	Was aber?
KOMMUNIST	Hitler, Franco, Mussolini spielten auch Skat.
SOZIALDEMOKRAT	Auch Skat. Beliebt der Skat.
KOMMUNIST	Hitler, Franco, Mussolini kannten sich.
SOZIALDEMOKRAT	Hitler, Franco, Mussolini kannten sich. Ist bekannt.
KOMMUNIST	Spielen wir nen Skat?
SOZIALDEMOKRAT	Skat?
KOMMUNIST	Wir sollten Skat spielen.
SOZIALDEMOKRAT	Nee, Junge. Danke. Kein Skat.

6
PODLECH HAT IN FRANKFURT BEI DEN MÄDCHEN IM SUDFASS EINE VISION

PODLECH	Eine Vison, von mir erdacht und zu Ende gesehen, schüttelt und rüttelt mich. Eine stehende Gestalt steht auf einer liegenden Gestalt. Die Landschaft, in der das Geschehen sich abspielt, ist kein bißchen fruchtbar, weil die ausgestorbenen Bauern sich nicht um die Äcker und Felder kümmern, kein bißchen lebendig, weil die krepierten Städter nicht in die Fabriken gehen, kein bißchen bunt, weil die Leute, die Landschaften anmalen können, unbeerdigt herumliegen, ohne die Hand zu rühren. Die Wolken oder der Himmel versprechen auch nichts Gutes, keine Sonne, kein Regen kommt da durch. Alles bleibt oben. Der junge nackte Mann ohne Gesicht am Boden, der Soldat der Zukunft wohl, ist nicht so wichtig, obwohl er totale Niederlage und Besiegtheit bedeutet. Wichtiger ist in meinen Augen die Frau, die mit bloßen Füßen teils auf seinem Bauch, teils auf seinem Geschlecht steht, das natürlich von einem faltenreichen Tuch bedeckt ist. Die triumphierende Frau ist ebenfalls nackt, aber eine Persönlich-

keit, was man von der Männlichkeit nicht behaupten kann. Die Scham ist natürlich von einem faltenreichen Tuch bedeckt. Der Körper ist voll da, die Beine kräftig und behaart, der Bauch hat die Wölbung eines Sohnes, die linke Hand umfaßt die rechte Brust, die bereit scheint, Zwillinge zu versorgen. Die rechte Hand, jetzt kommt das Höhere, trägt eine Friedenspalme. Links und rechts der Schultern wachsen Flügel ungeheuren unbekannten Vögeln ähnlich. Auf dem Kopf über einem allerliebsten Allerweltsgesicht der praktische Helm mit dem unpraktischen Federbusch. Ein Bild des Friedens im großen und ganzen. Nur der junge Mann ist natürlich tot. Ich geh jetzt heim und trinke mit meiner Frau Wein. Denn die triumphierende, für den Frieden kämpfende Frau ist natürlich wie alles auf dieser Welt tot.

Elmar Podlech

Fragen Sie August Pi

Man fragte den philosophierenden Clown August Pi:

Was ist Frieden?
  Ein Zustand, in dem Dummköpfe von vergangenen Kriegen schwärmen.
Vor wem haben Sie Angst?
  Vor denen, die vorgeben, nie Angst zu haben.
Wie hätte der 2. Weltkrieg verhindert werden können?
  Wenn alle, die in ihm umgebracht wurden, vordem gegen ihn demonstriert hätten.
Man sagte einmal, der Krieg sei der Vater aller Dinge?
  Ein Grund zum Vatermord.
Wohin würden Sie gerne auswandern?
  In ein Land, in dem es kein Wort für „Krieg" gibt.
Manche sagen: Kriege müssen sein …?
  Das sagt mein Arzt auch über die Grippe.
Sie plädieren für die Friedfertigkeit?
  Solange sie nicht militant ist, fördert sie den Unfrieden.
Sie meinen, wir brauchen keine Rüstung?
  Der politische Gegner braucht unsere Rüstung, um einen Feind zu haben.
Und wie sollte man 10 000e Soldaten anders beschäftigen?
  Tatsächlich nicht einfach, soviele verkorkste destruktive Individuen zu integrieren.
Wann beginnt ein Krieg?
  Wenn man rüstet.
Ist Krieg eine Version von Politik?
  Ihre Kapitulation.
Sind Sie mutig?
  Ich denke schon, denn mir fehlt auch nicht der Mut zur Feigheit.
Ist Ihr Pazifismus konsequent? Bis zur Selbstaufgabe?
  Selbstaufgabe ist nicht die Konsequenz, weil die Selbstaufgabe Friedfertiger die Chance des Friedens verringert.
Wie lassen sich Kriege verhindern?
  Indem man Soldaten verhindert.
Der ewige Frieden ist nicht eine Illusion?
  Für einen Wurm ist es eine Illusion, über einen Strohhalm zu springen.
Leben Waffenfabrikanten vom Krieg?
  Sagen wir, vom Nichtfrieden.

Gibt es „heilige Kriege"?
  Ausrede gläubiger Aggressoren.
Was ist für Sie Krieg?
  Ein Beweis dafür, daß es entweder Gott nicht gibt oder er ein Sadist wäre.
Kriege wird es stets geben?
  Päpste bereiten sie mit der Protektion des Geburtenüberschusses vor.
Glauben Sie an den Frieden?
  An ihn nur zu glauben, ist die sicherste Art, ihn nie zu bekommen.
Wenn Sie die Generäle unter den Tieren — wie Tucholsky — einordnen wollen?
  Was hatte Tucholsky gegen Tiere?
Wir brauchen doch Militär?
  Das sagte meine Oma auch. Doch die hatte wenigstens Aktien bei Krupp.
Wie denken Sie allgemein über Soldaten?
  Aus Freiwilligen sollte man Schießscheiben produzieren.
Was halten Sie von Uniformen?
  Viel. Sie helfen Dummheit schneller zu erkennen.
Sind die Deutschen gute Soldaten?
  Hervorragende. Sie können sogar nach Walzern im Gleichschritt marschieren.
Wie denken Sie über die wirtschaftlichen Folgen einer abrupten Abrüstung?
  Lieber lebende Arbeitslose als getötete Vollbeschäftigte.
Sie sind Pazifist, doch sehr aggressiv?
  Es ist immer gut, wenn ein Pazifist außerdem potent ist.
Wie wird man Berufssoldat?
  Es müssen Leute sein, denen das Geld für den Psychiater fehlt.
Wollen wir nicht alle Frieden?
  Die Waffenfabrikanten nur in ihrer Nähe.
Es gibt auch musische, intelligente, sensible Generäle …
  Ihre Schuld vervielfacht sich damit.
Würden Sie Ihr Leben für das Vaterland opfern?
  Was hat das Vaterland bisher mit den Millionen Heldenleichen anfangen können?
Sind Sie Patriot?
  Warum sollte ich? Ich muß psychisch nichts kompensieren.
Akzeptieren Sie den Patriotismus anderer?
  Wenn er die Umwelt nicht gefährdet und dem Patienten Linderung verspricht.

Rudolf Rolfs

Überlegung

Wenn zutrifft,
daß Rüstungsproduktion
Arbeitsplätze sichert,
darf es in den Vereinigten Staaten
keine Arbeitslosen geben.

Hans van Ooyen

Das Lied der Deutschen (1981)

1. Tornado, Pershing, Marschflugkörper
   Für das deutsche Vaterland!
   Danach laßt uns alle streben
   Brüderlich mit Herz und Hand!
   Tornado, Pershing, Marschflugkörper
   Sind des Friedens Unterpfand:
   Glüh im Glanze dieses Glückes,
   Glühe, deutsches Vaterland!

2. Deutsche Panzer, deutsche Treue,
   Deutscher Kampf dem Bolschewik
   Sollen in der Welt erhalten
   Unsern Ruf nach Heil und Sieg,
   Uns zu edler Tat begeistern
   für den overkill im Krieg:
   Deutsche Panzer, deutsche Treue,
   Deutscher Kampf dem Bolschewik!

3. (nicht offiziell)
   Deutschland, Deutschland aufgerüstet
   Über alles in der Welt,
   Wenn es für die Trutz- und Schutzmacht
   Brüderlich zu Staub zerfällt;
   Von der Maas bis an die Memel,
   Von der Etsch bis an den Belt:
   Deutscher Staub, wehst über alles,
   über alles in der Welt!

Roman Ritter

Über das Hören von Nachrichten

„Verteidigungsminister Leber
hob erneut hervor
daß Arbeiterschaft und Streitkräfte
in der Bundesrepublik keine
Gegner mehr seien"

warum
hebt das hervor
der ehemalige Gewerkschaftsführer
zehn Jahre nach Verabschiedung
der Notstandsgesetze?

wäre
wenn der Satz des Ministers stimmt
nicht überflüssig das Gesetz
und die Nachricht im Radio
am 17. 2. 1978?

Theo Schneider

9. Ich habe Angst

Melancholie for Money

Der Friedhof lag noch im Halbdunkel. Für Nick Salomon war das die beste Zeit, sich Anregungen zu holen, denn Nick war Lyriker. Wenn er so die Gräberreihen entlangschritt und die Inschriften der Schreine las, kamen ihm die höchsten Gedanken.

Salomon war in den sechziger Jahren, in der ApO-Zeit, mit seinen Gedichten an die Öffentlichkeit getreten. Als alle Welt über die politische Groß- und Kleinwetterlage philosophierte, war ihm die Idee gekommen, gegen den Strom zu schwimmen. Selbst die linken Verlage in der BRD hatten ihn mit Freuden verlegt, war er doch ein Fanal für den poetischen Anspruch des Volkes der Dichter und Denker in einer Arena des Umbruchs.

Er stopfte sich voll mit den Songs von Dylan, Baez und Donavan und las Celan. Er verliebte sich unglücklich in Norma Jean und hatte statt eines Scherzes stets einen Ausspruch von Neil Diamond oder anderen auf den Lippen. Unvergessen bleibt auch sein Auftritt an der Uni, als er mitten im Streitgespräch zwischen Adorno und Dutschke rief: We shall live in peace. Die Hippies schrieben sich seine Gedichte auf die T-Shirts, und die wenigen bedeutenden Kritiker des Landes wußten überhaupt nicht, was sie von ihm halten sollten, ergo schwiegen sie. Mit Ausnahme Marcel Reich-Ranickis, dem es in einer denkwürdigen Rezension gelang, den jungen Poeten in den höchsten Tönen zu loben und gleichzeitig zur Sau zu machen.

An Reich-Ranicki mußte Salomon oft denken, wenn er den Friedhof besuchte.

Auch an Klaus Wagenbach, der schon vor gut zwanzig Jahren die Renaissance der Lyrik heraufbeschworen hatte und immer noch auf die Verifikation seines Sätzchens wartete.

In den letzten Jahren waren Salomons Gedichte nur noch von Provinzblättchen und kleinen literarischen Zeitschriften veröffentlicht worden. Er hatte sich überlegt, das Genre zu wechseln, aber einmal Lyriker, immer Lyriker. Da beißt der Krolow keinem Born die Schwulst von der Milz.

Nick hatte berechtigte Angst vor der Zukunft, wenn ihm nicht bald etwas Adäquates zu seiner 60er Lyrik einfiel, würden selbst die Provinzblättchen auf seine melancholischen Verse verzichten.

Wer lange genug im Lyrikbusiness überlebt, stößt auf ein auch anderen Schreibern nicht unbekanntes Phänomen: Hab ich den Satz nicht schon mal selbst geschrieben, hab ich ihn gar bei einem anderen gelesen, ihn in der Kneipe gehört oder geträumt?

Für Nick war es schwieriger und schwieriger geworden, sich da noch durchzufinden. Gerade hatte er wieder so ein Gefühl: „Schritte knirschen auf dem Kies, das Mondlicht auf den Steinen spiegelt einen Hauch von Werden und Vergehen. Naht ihr euch wieder, schwankende Gestalten." Nein, nein, es ging einfach nicht mehr, man konnte nicht jahrelang Melancholie verkaufen, ohne daß einen wirklich einmal die Traurigkeit einholte. Mutlos ließ sich Nick auf einem Grabstein nieder. Er hatte nichts anderes gelernt, als Morbidität zu verkaufen, natürlich konnte er nicht ausschließlich von seinen Gedichten leben, aber die Werbetexte für Bestattungsunternehmer und Friedhofsgärtnereien, die verklausulierten Einladungen zu nekrophilen Sexparties und hier und dort mal ein Essay über Tod oder Teufel hatten ihm doch ein erkleckliches Ein- und Auskommen gesichert.

Er saß auf dem Grabstein und sinnierte in den Morgen hinein. Echte Freunde hatte er bei seiner Tätigkeit nicht gewinnen können, und er war auch all die Jahre zu spezialisiert gewesen, um einen sanften Übergang in ein anderes Metier zu schaffen. Er war allein mit seinen Problemen.

Er mußte an den amerikanischen Verteidigungsminister Caspar Weinberger denken, der mit seiner Forderung, schönere Namen für Vernichtungswaffen zu finden, an die Öffentlichkeit getreten war. Vielleicht lag hier seine Zukunft: Werbetexter für die Bundeswehr oder besser gleich die NATO.

Mit Feuereifer malte er die ersten Vorschläge in den Kies: Wasserstoffbombe — gestrichen, stattdessen: Nevada Tautröpfchen.

Das klang süffig, das klang wenig, da konnte man sich ja direkt auf den Genuß freuen.

Er überlegte weiter, Kettenreaktion konnte man lassen, da hatten die Damen die richtige Assoziation.

Atombombe — das war kritisch, das war ganz schlechter Sound. Ihm schwebte etwas wie „Rollerball" oder „Walk-man" vor, darüber wäre noch nachzudenken. Harte Niederschläge, hard rain konnte man eigentlich so belassen, da würden wenigstens die alten Dylan-Fans feuchte Augen bekommen, wenn der ganze Rotz runterkam. Überhaupt, das Wort Bombe mußte schnellstens ersetzt werden, die deutschen Landser mit ihrem unverwüstlichen Humor hatten den roten Armeen nicht zuletzt deshalb so lange getrotzt, weil sie immer ein passendes Synonym parat hatten, man denke nur an die „Stalinorgel".

Es war zu überlegen, ob er nicht ein Telex an Caspar Weinberger abschicken und nach dessen Placet eine Art brain-trust aus Weltkriegs- und Vietnam-Veteranen zusammenstellen sollte. Natürlich war mit so alten abgedroschenen Phrasen wie vom „Gewehr als der Braut des Soldaten" kein Blumentopf mehr zu gewinnen, aber da würde ihm schon was einfallen. Nicht so verwoben wie „Postillon d'amour" oder plump wie „Sexy Sadie", irgendwo in der Mitte. Die Bundeswehr hatte mit ihrem Slogan „Wir produzieren Sicherheit" den richtigen Weg gewiesen, Nick fand aber, daß die Waffenbezeichnungen in einem gewissen Gegensatz zu solch pragmatischen Äußerungen stehen mußten, die Kriegs- und Verteidigungsgerätchen waren liebevoll zu titulieren, um ein emotionales Korrektiv zum intellektuellen Anspruch zu bilden.

Nevada-Tautröpfchen, damit war er zufrieden, in dieser Richtung sollte er weiterarbeiten. Doch zuerst mußte er einmal ausschlafen und dann Material sammeln.

Einige Wochen später, auf Nicks Schreibtisch türmte sich das gesamte Werbematerial der Bundeswehr, fand er es an der Zeit, die einschlägigen Kneipen der Altstadt aufzusuchen.

Bereits in der zweiten hatte er Glück. Auf dem Stammtisch stand ein Wimpel mit der Inschrift „Kegelverein Bum-Bum 14/18". Er fragte die beiden Männer am Tisch, ihr Alter durfte so zwischen 90 und 91 liegen, ob er Platz nehmen dürfe. Sie gestatteten es mit einem Kopfnicken. Er setzte sich und hörte schweigend zu. Der Kahlköpfige mit der AOK-Brille fragte irritiert: „Wo war ich stehengeblieben? Ach ja: Und dann kamen die Franzmänner ..." Nick notierte mit, als er gerade „Dicke Bertha" aufgeschrieben hatte, wurden die beiden Alten auf ihn aufmerksam: „Was notieren Sie denn da so fleißig, junger Mann?" fragte der Schlohweiße mit dem Geierblick. „Ich schreibe mir Ihre Fachausdrücke auf, ich möchte als Werbetexter für die Bundeswehr ..." Weiter kam er nicht: „Hast du Bundeswehr gesagt, Bübchen, dieser Sauhaufen, keinen Mumm in den Knochen, immer nur saufen, wenn der Iwan kommt ..." Er sprach gut eine Stunde in diesem fachmännischen Ton von seinen jungen Kollegen, dann erst ging ihm die Luft aus. Nick hatte mit Bewunderung über die sprachliche Leistung zugehört und nicht vergessen, eifrig Notizen zu machen. Als der Veteran geendet hatte, stellte Nick fest: „Ich gebe Ihnen vollkommen recht, und ich weiß auch, wo der Hase im Pfeffer liegt."

„Wir haben keinen Kaiser mehr", wußte der mit der AOK-Brille. „Unsinn, die Jungen haben keine Moral mehr", sagte der Schlohweiße. „Aber nur weil wir keinen Kaiser mehr haben", wußte wieder der andere. „Ich sehe das noch etwas anders", mischte sich jetzt Nick ein, „wir haben heute einfach nicht mehr die richtigen Begriffe." „Von Kaiser, Reich und Volk", so der AOK-Mann. „Vom Volk, Reich und Führer", so der Schlohweiße. „Nein, von den Bräuten der Soldaten", stellte Nick fest. „Häh", antwortete der Chor der Alten.

„Sehen Sie, wenn zu Ihrer Zeit die ‚Dicke Bertha' oder der ‚Leopold' Grüße an die Franzmänner sandte, war das doch für alle Seiten ein irgendwo familiärer Akt; hingegen sprechen die Verantwortlichen heute völlig verantwortungslos von der Bedrohung durch SS20-Raketen, vom Natodoppelbeschluß, von HS 30, von ..." Die alten Burschen kapierten schnell: „Von XY-Zimmerman, von H_2SO_4, von midlife-crisis, Emanzipation, ZDF und ARD, HR 3 und Postleitzahlen". „Genau", stimmte der Schlohweiße seinem Partner zu, „mit den Postleitzahlen fing alles an. Hätte man damals gleich jedem Bürger seine Feldpostnummer gegeben, wir könnten schon wieder bei ..." „Pssst", unterbrach ihn der andere, „es sind so viele Ausländer hier." „Ich lass' mir in meinem eigenen Land nicht den Mund verbieten."

Nick verabschiedete sich an dieser Stelle, was nun kam, kannte er.

In seinem Büro machte sich Nick Salomon sofort an die Sondierung des Gehörten, trennte Spreu vom Weizen, analysierte und verwarf. Sichtete die Prospekte der Bundeswehr und hatte nach vierzehn Tagen einen gewaltigen Katalog zusammengestellt, in dem auch Synonyme für Modifikationen nicht fehlten. Von seinen ersten Versuchen war allerdings nur das „Tautröpfchen" übriggeblieben, an dem er einen Narren gefressen hatte.

Es war ihm, so seine Meinung, gelungen, den eigenen Waffen einen sympathischen Touch zu verleihen, einen echten Identifikationsstatus, während er der Gegenseite ein bösartiges Flair mit einer Prise Lächerlichkeit verpaßt hatte. Warum, so hatte er sich gesagt, sollte man bewährte Muster aufgeben?

Kurz darauf schickte er ein Exposé seines Kataloges, mit vielen Kostproben versehen, an Caspar Weinberger und den Bundesverteidigungsminister.

Er wußte, daß die Antworten ihre Zeit brauchten, aber durch die harte Arbeit der letzten Wochen war es ihm inzwischen wieder möglich, Gedichte zu verfassen. Es wird niemand wundern, daß er mit Vorliebe Wörter aus seinem Katalog verwandte. Seine neuen Gedichte schlugen ein wie eine Bombe, pardon, wie ein Guglhupf, sie wurden sogar von der bürgerlichen Presse gedruckt, und der größte deutsche Verlag machte ein Buch daraus. Nick dachte schon kaum mehr an seinen Wehrkatalog. Bis er eines Abends, er war kurz zuvor von einer Lesetournee aus Skandinavien zurückgekehrt, das Radio andrehte.

„Achtung, Achtung, das ist eine Sondermeldung sämtlicher westeuropäischer Rundfunkanstalten für den deutschsprachigen Raum. Starke Kampfverbände von ‚Stoppelhopsern' haben den Brückenkopf an der deutsch-tschechischen Grenze gebildet. Eine unbekannte Zahl von ‚Kellerasseln' und ‚Rattenschwänzen' unterstützt den Angriff. Achtung, Achtung, eine Sondermeldung für den Raum Frankfurt: Bei euch ist die grie Soß gleich am koche! Und liebe Freunde im Ruhrpott, ihr könnt Grünkohl und Pinkel schon mal wegschmeißen, woll."

Seltsam berührt, drehte Nick am Senderknopf, irgendjemand mußte seine Synonyme für ein blödsinniges Hörspiel geklaut haben. Endlich hatte er den DDR-Sender drin: „Alles mal herhören", kam's schneidig über den Äther, „im Großraum Rostock sind etliche Liter Nevada-Tröpfchen abgeregnet, wir bitten alle Genossen, sofort die Weinkeller aufzusuchen."

„Ei verbibsch", dachte Nick, dann wurde es strahlend hell, die anschließende Dunkelheit konnte er nicht mehr wahrnehmen; und dabei hätte er dafür noch so eine schöne Elegie draufgehabt.

Wolfgang G. Fienhold

kälte türmt sich,
die rede vom
tauwetter
nichts weiter als ein
gerücht.
der eisberg wächst,
trägt schicht auf
schicht.
die sonne friert.

Klaus F. Schmidt-Mâcon

Früher schrieb ich ...

Früher schrieb ich:

Einen Grashalm kannst du ausreißen,
aber versuche es mit einer Wiese.
Einen Menschen kannst du stumm machen,
aber versuche es mit einem Volk.

Heute weiß ich:

Eine Wiese auszulöschen,
ist für die Herren von der Chemie
eine Kleinigkeit,
und
ein Volk auszurotten,
ist längst nicht alles,
wozu sie in der Lage sind.

Hans van Ooyen

entspannungstraining

sie sind ganz ruhig / ganz ruhig / sie hören orgelmusik /
sie liegen auf einem floß / sie schaukeln auf den wellen /

sie werden ganz schwer / ganz schwer / sie projizieren ihre
wünsche / sie projezieren ihre träume /

sie sind ganz gleichgültig / ganz gleichgültig /
geisterstimmen wiegen sie ein /

und danach / danach / sagt eine junge frau / ich sah mich nicht
auf einem floß liegen / ich sah einen leichenzug / ich war
neun jahre alt / mein großvater starb / meine ehe ist kaputt /
ich bin kerngesund /
und träumen / träumen kann ich nicht mehr /
bleiben sie ganz ruhig / ganz ruhig

Karin Voigt

„Schneewittchen in Frankfurt"

Meinem wehrpflichtigen Sohn und seinen Freunden

1. Totenschein

Mein Sohn, jetzt sind
Die Zeiten gekommen
Da heißt es:
Raus mit dem Schrei aus dem Mund.
Sei klug und
Hege Krokodile im Haus.

Aus deinen lachenden Augen, die
Von der Sonne die Farbrückgabe erzwangen,
Himmelblau vor dem Grau
Unserer feldgrauen Stadt,
Sende Wachen, die wissen:
Heute rot,
Morgen tot.

Paß auf dich auf, mein Sohn,
Daß sie dich nicht packen,
Zerhacken,
Ohne Beil, ohne Pfeil, ohne Laut.
Und kein Schnitt ritzt die Haut.
Ohne Feind, ohne Wut, ohne Blut.
Sauber, human und neutral.
Vergiftet. Verseucht. Und: Verstrahlt.
Tod. 707. Total-Ausfall.

Farbenfroh sind im
Soldatischen Totenschein
Folgende Wörter gerahmt:
Vergiftung, Verseuchung, Verwundung,
Die *Dosierung* von dem *Verstrahlen*
Und der freie Raum für die Zahlen.
Gelb gerahmt *Gift*,
Und *Verseuchung* blau,
Verwundung blutrot.
Verstrahlen und Zahlen
Schwarz wie der Tod.

Zum Abreißen, Anfeuchten, Aufkleben
Liegen wie Briefmarken
Totenscheinvordrucke im olivgrünen Spind.
Ausgespart Zeilen für Zahlen,
Vorausgesetzt, ihr seid bereit zum
Vergiften, Verseuchen, Verstrahlen.

Zahlenbündel zerrüttelt,
Euch aus den Kleidern geschüttelt.
Die bleiben heil und ganz,
Helden im Strahlenglanz.
O wie schön ists in der Welt,
Wo man hinguckt sitzt ein Held,
Haben die Alten noch höhnisch gesungen,
Verstummen die Jungen.

Dinge bestehn,
Nun
Menschen vergehn.
Gestorben.
Verdorben.

Und vergib uns unsere Schuld
Und gib uns ein Kunststoffherz.
Es leidet zu sehr noch
Das Herz aus Stein. In Zeiten,
Da sich in den Städten die Steine erweichen. Mit
Plastikherz, Kunststoffarm, Holzkopf
Kann ich überleben.
Bin neutral,
Nicht verstrahl'.
Dinge bestehn.
Menschen vergehn:
Vergiften.
Verseuchen.
Verstrahlen.
Namenlose als
Zahlen.

2. Frankfurter Herbst 1984

Mein Sohn, jetzt sind die
Zeiten gekommen
Da heißt es:
Raus mit dem Schrei aus dem Mund.
Sei klug und
Hege Krokodile im Haus.

Paß auf dich auf, mein
Rotwieblut-, Weißwieschnee-, Schwarzwieebenholz-Sohn,
Daß sie dich nicht packen,
Zerhacken.
Ohne Beil. Ohne Pfeil. Ohne Laut.
Und kein Schnitt ritzt die Haut.
Ohne Feind. Ohne Wut. Ohne Blut.
Sauber, human und neutral.
Vergifte. Verseuche. Verstrahl:
Tod. *TOT. Total-Ausfall.*
Deine lachenden Augen, die
Von der Sonne die Farbe erzwingen für
Unsere feldgraue Stadt:
Heute rot.
Morgen tot.

Als an den Bäumen Herbstfrüchte hangen,
Bin ich in den Palmengarten gegangen, um
Bei den Pflanzen und Blumen ein Stündchen zu
Stecken den Kopf in den Sand, zu
Stärken den müden Verstand
Im Blumenanblick.
Vogelstraußpolitik.

Bin über die Wege voll Herbstlaub gegangen.
Und wer hat auf meiner Bank gesessen?
Sieben Polizisten. Die haben geweint.
Und was hat an meinen Sträuchern gehangen?
Schwarzweiße Helme, mit Blättern vereint.
Was hat die Herbstzeitlosen zerschlagen?
Warum klebt Hirn an Panzerwagen?
Wasserwerfer stehen verwaist.
Zwölfhundert Polizisten schweigen im Kreis.
Machen mir Platz, weil ich stumm bin wie sie,
Fallen trotz harter Stiefel ins Knie.
Denn es liegt vor ihnen im Grase,
Wie das schöne Schneewittchen im Glase,
Ein Rotwieblut-, Weißwieschnee-, Schwarzwieebenholz-Junge
in Uniform und Stiefeln und Helm zur Ewigen Ruh.   /wie du

Und was, mein Sohn, hat seine
Rotwieblut-, Weißwieschnee-, Schwarzwieebenholz-Farben
verfälscht?
Warum sind seine Farben verlogen?
Wer hat ihn ums Rotwieblut-Leben betrogen?
Warum ist rot
Plötzlich tot?
Weißwieschnee ist jetzt das Leichengesicht.
Schwarzwieebenholz das Blut, das geronnen.
Rotwieblut das helle Blut, das vergossen.
Wer hat deinen Spielgefährten erschossen?
Warum: Mutter, Nachbarin,
Wie gewonnen,
Zerronnen?

Süß und ehrenvoll ist für das Vaterland sterben,
Hat sein Großvater vorher gesagt.
Verteidigen ist doch nicht sterben!
Hat sein Vater gelacht.
Seine Mutter hat keinen Blick
Für die Weltpolitik:

Seine Mutter hat gewollt,
Daß ers bleiben lassen sollt.
Hat gesagt: „Sollen andre nehmen, nicht meinen!"
Und nun
Stehen um ihren eigenen Sohn
Zwölfhundert Polizisten und weinen.

Da renn ich nach Hause.
Die Straßen sind menschenleer.
Überall
Militär.

Und jetzt
Fährt
Raus der Schrei
Aus dem Mund.
Was bringt ein
Nichts als Schrein?
Ganz allein?

Nicht allein.
Sind zu Zwein.
Nicht allein.
Nicht zu Zwein!

Und
Zu Hause
Da liegt mein
Rotwieblut-, Weißwieschnee-, Schwarzwieebenholz-Junge.
Unbewehrt.
Unversehrt.

Gott sei Dank!
Bin so bang
Lebenslang.

Aber
Warum
Öffnest du nicht dein lachendes Auge, das
Von der Sonne die Farbe erzwang?
Machst mich bang.

Warum
ist so kalt deine Hand?
Das Gesicht weiß wie die Wand?

Warum
Ist so stumm
Dein Mund?
Bist nicht gesund?

Warum stumm
auch dein Herz?
Sag, warum
Alles stumm?

Und ich
Suche und
Fühle und
Taste:
Unbewehrt.
Unversehrt.
Gott sei Dank.
Bin so bang.

Ich bleibe bang!
Wohl warum?
Du bleibst stumm.

Da fällt mein suchender Blick auf den Zettel am Bein,
Wie beim fein
Säuberlich
Abgestochenen Schwein:
Vergiftet. Verseucht. Und verstrahlt.
Und dabei
Klein mit Blei,
Eine Zahl:
Eins und neun, acht und vier.
Tod. TOT. Total-Ausfall.
Das gilt dir.
Das gilt mir.

Gestern rot.
Heute tot.

Bin allein,
Kann nicht schrein.

Mechthild Curtius

Friede sei mit uns

Friede sei mit uns, heißt es in der Bibel.
Aber die Verfasser der Bibel wußten wahrscheinlich noch nichts
über die Atomwaffe.
Oder doch?
Was geschah mit Frau Lot und den Städten Sodom und Gomorrah?
Es hatte schon seinen Grund, warum Gott sie über den Berg wies.
Warum durfte sich Frau Lot nicht umdrehen?
Ich würde mich auch nicht umdrehen, um in den Blitz
einer Atombomben-Detonation zu schauen.
Würde ich es doch tun, würde ich auch erstarren wie Lots Frau.
Merkwürdig, was?

Michael Yang

Zuerst waren da die Seuchen —

Zuerst waren da die Seuchen —
die wurden von Krebs abgelöst —
und von psychischen Krankheiten.
Jetzt stehen wir vorm kollektiven Wahnsinn!
Wovon wird der abgelöst?
Der Atompilz wird Abhilfe schaffen!
Dann hat die liebe Seele Ruhe!
Oh Gott, was ist der Mensch für eine Kreatur?
Ich muß in einer Friedenszelle wie mein Zuhause oder auf
einem Trip irgendwo in der Welt, wo ich noch ein Stück Paradies
finde, Kraft zur Hoffnung schöpfen, um dem selbstzerstöreri-
schen Amoklauf vorzubeugen, um eine unzufriedene Kollegin
beim Chef nicht bloßzustellen, weil sie mich ständig denunziert,
um die ständigen Nachrichten über Aufrüstung zu ertragen, um
nicht aus Angst vor der Datenverarbeitung zu sterben, wenn ich
gegen die Neutronenbombe auf einer Demonstration oder durch
meine Unterschrift plädiere oder gegen den Bau der Startbahn
West, um nicht zur Mörderin zu werden, weil der Mensch, den
ich liebe, zwei Frauen liebt, da er von seiner Mutter zu wenig
bekam, die heute lauthals nach dem „eisernen Besen" schreit
und weinselig aus den Jahren 33 bis 45 erzählt; und um dem
Mann im weißen Mantel, der die Patienten mit Pharmaka verseucht, sie solange sediert, bis sie willenlos alles ertragen, nicht
Arsen in den Kaffee zu streuen.
In meinem Zimmer glüht das Sandelholzstäbchen, und ich hole
tief Luft.

Inoszka Prehm

Was geschah an Schalter sieben?

Sechs Mann waren wir gewesen. Schalter sieben. Dort die
Straßenbahn. Zwei Stationen weiter das Postamt. Die Halte-
stelle an der Allee: „Goldenes Eck". „Lassen Sie mich raus!
Ich muß hier raus!" Sie stehen, die Zeitung in der Hand. Stehen.
Das Trittbrett. Die Haltebügel. Der Schaffner. „Goldenes Eck".
Apfelweinausschank. Der Zigarettenautomat. Dicht gedrängt
die Häuser. Gründerzeit. Die Metzgerei, der Bäcker, der Friseur.
Die Kreuzung. Die Straßenbahnen von da, dort. Die Haltestelle
an der Allee.
„Du mußt aufstehen, Joachim! Das Kaffeewasser kocht bereits.
Wenn man abends so spät ins Bett geht!"
„Wie spät ist es?"
„Du wirst wieder zur Straßenbahn rennen müssen. Als Kind hatte ich nicht soviel Ärger mit dir. Sonntags hattest du einen
weißen Matrosenanzug an. Am Anlagenring spielte die Städti-
sche Blasmusik. Jeden Sonntag. An der Mauer vor dem Alten
Palais stellten sie sich auf. Längs der Mauer. An einem Sonntag
bist du zur Musik hingelaufen, du hast dich neben den Kapellmeister gestellt und einfach mitdirigiert. Der Kapellmeister hat
sich zu dir herumgedreht und hat mit dir gelacht. Du hattest
deinen weißen Matrosenanzug an. Wir haben dann die Anlage
schnell verlassen.
Du mußt dich beeilen! Hier dein Frühstück. Lauf!"
Das Alte Palais. Dort drüben. Das Tor. Der Springbrunnen da-
hinter. Die lange Mauer. Der Park. Die Straßenbahn. Man machte ihm Platz. Man sah sich jeden Morgen.
„Wer hätte das gedacht, als du so spät aus dem Krieg kamst, daß
du so schnell etwas finden würdest? Ich habe mir alle die Jahre
Sorgen gemacht. Schule, nichts gelernt, der Krieg. Dann starb
Vater. Was bin ich gelaufen. Von Tür zu Tür. Und du kamst
nicht aus der Gefangenschaft. Jahr um Jahr verging. Du könntest
doch zufrieden sein. Du hast eine Stelle, um die dich mancher

beneidet. Glaubst du denn, daß du ihnen einen Gefallen tust, wenn du hier herumsitzt?"

„Schon gut, Mutter. Vergessen! Damit alles beim alten bleibt? Weißt du, wo das hinführt? Denk an Willi, Karl, Fritz, Klaus-jürgen, Manfred, du hast sie alle gekannt! Was rede ich überhaupt? Hier hört ja niemand zu. Gute Nacht, Mutter, ich muß jetzt schlafen. Du meinst es ja nicht bös. Schlaf gut."

hier bedient sie herr jordan

„Sechs Marken zu zwanzig. Zwei Postkarten, bitte."

„Was kostet ein Einschreiben? Können Sie mir vielleicht den Zettel ausfüllen? Die Quittung? Ich habe meine Brille vergessen. Danke."

„Du bist heute morgen ohne Frühstück weggegangen? Als ich dich wecken wollte, lagst du schon nicht mehr im Bett!"

„Ich war spazieren."

„Du solltest vielleicht einmal Urlaub machen, Joachim. Ich habe schon oft daran gedacht. Wenn wir noch etwas sparsamer leben, müßte es gehen ... nächstes Jahr werden wir verreisen. Das wird es sein. Ich habe noch vierzig Mark zurückgelegt. Meine eiserne Reserve. Vielleicht können wir sogar weit fahren. Ans Meer. Ich meine es nur gut! Du gehst nachts spazieren?"

„Verzeih, ich möchte noch etwas lesen. Ich mache das Licht dann auch früher aus."

Um acht Uhr begann sein Dienst auf dem Postamt. Er war heute zu Fuß gegangen, am Palais vorbei. Joachim Jordan saß eine halbe Stunde zu früh an seinem Arbeitsplatz.

„Nehmen Sie auch Zahlkarten an?"

„Schalter fünf."

Vormittags war wenig Betrieb. Zehn Schalter, eine Paketannahme. Meistens waren nicht einmal alle Schalter besetzt. Die kleinen Schalterfenster waren kürzlich vergrößert worden, der Kontakt zwischen den Beamten und dem Publikum sollte verbessert werden. Die Kantine lag im Souterrain. Das Essen wurde von einer Großküche gebracht. Um vierzehn Uhr wurde das Postamt wieder geöffnet.

„Hast du Joachim gesehen?"

„Saß vorhin noch in der Kantine mit ihm. Sein altes Leiden. Versuchs ihm auszureden. Kennst du schon den neuesten Witz? Ein Londoner Bobby tut unweit von Westminster Abbey und House of Parliament Dienst. Es ist frühmorgens. Als er die Straße für Fußgänger freigibt, eilt ein einzelner Passant auf die andere Seite hinüber. Er schaut auf die Uhr: vergessen. ‚Hallo, Bobby, wie spät?' ‚Weiß nicht!' ‚Danke.' Nach einigen Metern läuft der Passant wieder zurück: ‚Hallo, Bobby, dort: House of Parliament, Sie müssen doch die Uhr von Big Ben hören!' ‚Sorry, tu hier nur aushilfsweise Dienst.'

„Moment mal, was klebt denn da an Schalter sieben! An Joachims Schalter."

„Wo?"

„Na, dort am Glas."

sechs mann waren wir damals

„Joachim ist wohl verrückt geworden? Beim Essen war er schon so komisch. Er müßte längst hier sein."

„Du hockst doch immer mit ihm zusammen! Jetzt nimmst du ihn auch noch in Schutz? Willst du etwa die Marken zahlen? Alles Zwanziger. Komm, wir müssen sie entfernen."

„Da steht ja etwas? Das bedeutet etwas! Das hat einen Sinn! Hör doch mal auf mit dem Ablösen. Sechs Mann waren wir damals! Mensch, den sehen wir nicht wieder! Wer so etwas mit Marken dahinklebt ... Wir müssen ihn suchen. Er muß doch irgendwo sein. Weit ist er noch nicht gekommen."

„Sieh lieber nach, ob die Kasse stimmt! Ich verständige den Chef. Einer muß seinen Schalter mit übernehmen. Verdammt, das hat schön gerummst. Irgendwas explodiert. Ein Kesselwagen? Vielleicht am Bahnhof?"

„Das war Joachim!"

„Du spinnst! Bier getrunken?"

„Das war Joachim! Der war den Mittag über so komisch. Ich

habe ihm noch Witze erzählt. Er hat gelacht. Er wollte eine Mauer sprengen. Hielt das für einen Witz. Hat ordentlich gerummst. Er wollte alle Mauern beseitigen. Vielleicht war er's doch nicht? Warum auch? Ein Scherz, die Marken an das Fenster zu kleben. Sicher ist er noch im Haus. Es wird sich alles aufklären."

„Sieh die Kasse nach. Ist besser. Ich geh zum Chef."

„Vielleicht ist er auch bei seiner Mutter."

„Frau Jordan? Ist Ihr Sohn zu Hause?"

„Er ist auf der Post. Postamt 23. Vielleicht kann ich ihm etwas ausrichten, aufschreiben? Um was geht es denn?"

„Können wir hereinkommen?"

„Bitte!"

„Ihr Sohn ist heute morgen also auf die Post gegangen? Wo ist er jetzt?"

„Herr Kommissar, das ist unmöglich! Joachim würde das nicht tun! Mein Kind. Wenn Sie meinen Mann gekannt hätten! Wir haben Joachim streng erzogen. Er würde das nicht tun! Rufen Sie auf der Post an. Er ist bestimmt dort! Er ist ein anständiger junger Mann! Immer ist er zu Hause und sorgt für seine alte Mutter. Er hat im Krieg seine fünf Kameraden verloren. Sie waren schon als Kinder zusammen. Alle hier aus der Straße. Dann waren sie in derselben Kompanie. Ich war so froh. Joachim macht so etwas nicht! Warten Sie! Nehmen Sie bitte Platz. Wo ist es nur? Heute morgen habe ich es erst wieder gefunden. Da ist sie, die Zeichnung. So hat er die Mauer, das Tor, das Alte Palais gemalt. Er war acht damals. Noch nicht ganz acht. Der Junge. Ich stand oft mit ihm vor der Mauer. Wer wohnte in dem Palais? Ich habe ihm Geschichten erzählt. Sehen Sie sich die Zeichnung an. Jede Ecke hat er gemalt. Stundenlang. Mit Buntstiften. Sehen Sie dort den Park? Er hat ihn nie gesehen. Aber gemalt hat er ihn. Ganz aus der Phantasie. Herr Kommissar, er wird auf dem Postamt sein. Joachim war ein gutes Kind. Sie hätten ihn sehen sollen in seinem weißen Matrosenanzug. Er hat niemals die Mauer vor dem Alten Palais gesprengt! Niemals!"

Horst Bingel

Angst

So geläufig dieses Dröhnen,
das Rasseln der Panzer,
dieses rasselnde Dröhnen,
Panzerketten
nachts in den Ohren,
sie üben noch.

Klopft mein Herz bis zum Hals,
erwache ich schwitzend,
üben sie noch,
oder ist schon Krieg?
Und jeden Morgen diese Fragen,
jeden Tag.

Seid ruhig, ihr Lieben,
habt ruhig Angst,
die Zeitungen schreiben von Feinden,
wir haben andere,
seid ruhig und
vertraut eurer Angst.

Wolfgang Bittner

Dorffrieden

nachmittags

    im garten wenn der kuckuck zählt
    er zählt davor danach
stechuhren gibt es nur in unsren gedanken
und zeitzünder ticken in aktentaschen
sehr weit von hier
so weit
daß es sich für uns nimmer lohnt
in diesem leben überhaupt noch aufzustehen
    die kinder spielen totgehaut
    das ist das ist der daumen
    der macht das fernsehn an
wir sehen hier alles
mündungsfeuer konferenzen
sind aber zu weit entfernt
um zu begreifen
es gibt nur ein echo
keinen knall im idyll
    und in der luft ein stiller stein
    fällt auf die stühle zu

abends

neonfische
kein wasser stürzt
auf den schreibtisch
das aquarium draußen
hält

lochkarte
mit lichtdurchschüssen
zeichen
hier gibt es noch
körperprogramme
zwischen den straßen

nach drei stunden fernsehn
hinter dem sprossenfenster
dem garten
bios kai dynamis
kein geräusch mehr
von früher
nur überm hochwald
die wilde jagd

plötzlich die angst
querschlägerschwirren
roter stern auf der stirn
und deutlich im glas
die sprünge das loch
glatt und zentriert
wie das leben

Roderich Feldes

Der Feind bin ich

Hubschrauber kreisen über mir
Panzer bewachen mich
Radar schirmt mich ab
Kreuzer kreuzen für mich
Satelliten geben auf mich acht
U-Boote tauchen für mich auf
Geschütze gehen für mich in Stellung
Flugzeuge tragen ihre Bomben für mich
Raketen steigen für mich auf
Neutronenbomben schützen mein Eigentum
Generale lernen das ABC des Tötens für mich
Bakterien werden für mich gezüchtet
Giftgas wird für mich bereitgehalten
Atomkerne spalten sich für mich

Kein Zweifel:
Der Feind bin ich

Roman Ritter

Jeder Schuß ein —

Die leere Bühne. Ungefähr in der Mitte liegt eine Zeitung.
Ein Mann mit Aktentasche geht über die Bühne, kommt zurück, hebt die Zeitung auf und liest darin. Sein Verwirrtsein, er sieht sich um, faltet die Zeitung zusammen und legt sie auf den Boden. Sieht sich noch einmal um, verläßt den Fundort.
Ein zweiter Mann, mit Handgelenktasche, schlendert pfeifend herein. Da sich keiner in der Nähe befindet, will er seine Nase säubern. Dabei entdeckt er die Zeitung, beginnt in ihr zu lesen. Legt sie erschrocken wieder weg und verschwindet.
Ein dritter Mann kommt gelangweilt an, mit einem Feldstecher schaut er in regelmäßigen Abständen zum Himmel, beobachtet schließlich den Zuschauerraum, die übrige Bühne und erblickt die Zeitung. Er sieht hinein, läßt sie sofort fallen und schleicht von dannen.
Ein Zivilist mit umgehängter Gasmaske und geschultertem Luftgewehr robbt über die Bühne: zielgerichtet auf die Zeitung zu. Nachdem er die ersten Sätze gelesen hat, springt er entsetzt auf und rennt weg.
Marschmusik. Ein Sprechchor: Hurra!, Hurra!, Hurra! Einzelne Gewehrschüsse. Ein Jagdhorn. Rhythmisches Klatschen. Das Seufzen eines Menschen: Ach ja, ja ja, na ja. Das Rollen von Panzern, Schlachtlärm. Das Stöhnen eines Menschen. Ein Trauermarsch. Jemand schaufelt. Jemand hackt. Maschinenlärm in einer Fabrikhalle. Freddy Quinn singt: Vergangen, vergessen, vorüber, / vergangen, vergessen, vorbei, / die Zeit deckt den Mantel darüber — die Platte hat einen Sprung, dreimal das Wort „darüber". Der Wetterbericht: Eine über unserem Raum liegende Störung schwächt sich zwar ab, bleibt jedoch wetterbestimmend. Sprechchor: Er lebe — hoch!, hoch!, hoch! Marschmusik.
Eine Reinemachfrau betritt mit Eimer und Besen den Ort des Geschehens. Sie fängt an zu kehren, hat offensichtlich keine Lust und hört auf. Sie mustert den Boden nach auffälligem Dreck und entdeckt die Zeitung. Sie hebt diese auf, blättert in ihr, schüttelt den Kopf, knüllt die Zeitung zusammen, steckt sie in den Eimer und geht von der Bühne.

Lutz Rathenow

10. Stell dir vor, du wachst eines Morgens auf und ...

Nur eine Vorstellung

Stellen Sie sich vor, Sie besuchten ein Konzert im städtischen Theater. Sie säßen in der zehnten Reihe auf dem Platz Nummer 306. Auf der Bühne nähme das Streichquartett seine Plätze ein. Vier schwarze Anzüge, vier schwarze Stühle, vier schwarze Notenständer zwischen zwei üppigen Blumenarrangements. Weiße Nelken, blaue Lilien und gelbe Astern mit grünen Zweigen zu einer künstlichen Baumkrone zusammengesteckt auf einem dreifüßigen Metallstamm. Die Gesichter der Spieler und die Notenblätter sähen Sie als helle Umrisse mit unklaren Schattierungen. Die Instrumente könnten Sie deutlich erkennen: zwei Geigen, eine Bratsche, ein Cello. Der Theaterraum präsentierte sich Ihnen als Gewölbe mit vergitterter Decke. Hinter dem Schutzgitter Scheinwerfer für die Bühne und zahlreiche runde Lampen für den Zuschauerraum. Über Ihnen schlösse die Brüstung des Ranges das Gewölbe ab, vor Ihnen die viereckige Bühnenöffnung. Der Zuschauerraum wirkte wie ein Berg aus Köpfen und roten Sessellehnen, der unter der Bühne fußte, sich zu Ihnen herauf und über Sie hinweg in das Dunkel hinter Ihnen bewegte, das ebenfalls aus Köpfen und roten Sesseln bestünde, die ihre Farbe mit Grau mischten und sie dort, wo sie scheinbar mit der Rangbrüstung zusammenstießen, ganz verlören.

In der rechten Hand hielten Sie das Programm. Sie könnten es aufschlagen. Es wäre ein Faltblatt und enthielte den Text über die zu spielenden Stücke im Innern des Blattes. Außen wäre es gelb bedruckt mit Datum, Namen des Quartetts und dem Emblem des Theaters.

Wenn Sie die Sätze entzifferten, bemerkten Sie, daß zwei Möglichkeiten dazu bestünden. Sie könnten lesen: Streichquartett opus 130 mit Großer Fuge opus 133 von Ludwig van Beethoven. Sie könnten statt des Titels des Musikstückes und der Satzbezeichnungen lesen: Öffnen Sie die Augen, sehen Sie, was vorgeht. In der siebten Reihe wird ein Mann gefoltert. In der elften Reihe verhungert ein Kind. In der siebzehnten Reihe wird eine Frau gefangengehalten und vergewaltigt.

Sie könnten den Operngucker aus der Tasche nehmen und die Angaben überprüfen. Sie könnten ihn in der siebten Reihe auf zwei Männer richten, die einen dritten in ihrer Mitte schlügen, ihm die Fingernägel ausrissen. Sie könnten seine Schreie und die Aufforderung seiner Peiniger, zu gestehen und die Mitwisser zu verraten, hören. Sie könnten in der elften Reihe das Gesicht des Kindes sehen, die Knochen, die gegen die Haut drückten, als durchbrächen sie sie; Sie könnten auch die kleinen Kinderrippen über der Lunge zählen und die Adern auf dem zu einer Trommel geschwollenen Bauch. Oder Sie sähen in der siebzehnten Reihe die groben Geschlechtsteile der Folterknechte in den gewaltsam aufgerissenen Unterleib der Frau eindringen. Aber als Konzertbesucher verfügten Sie über die Eigenschaft, nichts hören und sehen zu wollen als das, was auf der Bühne vor sich ginge, ausgenommen das Husten eines Erkälteten oder das Rascheln eines Bonbonpapiers. Sie deuteten empört in die Richtung dieser Geräusche. Die Betroffenen rutschten tief in ihre Sitze.

Das Streichquartett hätte inzwischen die Große Fuge beendet, der Beifall wäre so stark, daß Sie die Schreie, die in der Reihe geschrien werden, in der Sie selbst sitzen, nicht hören könnten, auch wenn Sie sie hören wollten. Durch die Vielzahl der klatschenden Hände könnten Sie jedoch, wenn Sie genau hinsähen, eine zusammengerottete Menge Un-Menschen erkennen, die statt des Konzertes einer öffentlichen Hinrichtung applaudierten.

Die Musiker spielten bereits die nächsten Programmstücke: Fünf Sätze für Streichquartett opus 5 von Anton Webern. Lyrische Verdichtungen, die über den Raum schwebten und mit langen, atmenden Tönen Aufmerksamkeit forderten. Jeder Blick zur Seite, jedes Räuspern ließe Töne verlorengehen.

Zwei Männer kämen plötzlich, ohne Geräusche zu verursachen, aus dem Vorhang, der als Kulisse hinter den Musikern herabgelassen wäre. Sie packten den zweiten Geiger. Der spielte noch weiter, bis sie ihm das Instrument in den Händen zerbrächen und ihn von der Bühne schleiften.

Da Sie bei deser Vorstellung nicht weghören und wegsehen könnten, werden Sie schreien. Mit diesem Schrei wird für Sie die Vorstellung zu Ende sein.

Fritz Deppert

Ernstfall

Als Hans K. um 3.50 Uhr aufwachte, ließ das Würgen nicht mehr nach. Er tastete sich im Dunkeln aus dem Schlafzimmer ins Klo und rutschte an der kühlen Wasserleitung hinunter auf die Schüssel. Vergebens versuchte er, das Stechen aus dem Bauch hinauszudrücken. Seine Augen fielen zu, und Schwindel erfaßte ihn. In glänzenden Perlen trieben die vergangenen Minuten auf seine Stirn hoch, und wie ein gespaltener Stein pochte sein Herz auseinander. Kraftlos fielen die Hände in seinen nassen Schoß, und als er sich endlich ans hochgelegene Fenster zog, hatte er noch nichts hergegeben. Über der Stadt hing der mattleuchtende Fleck, stiller als Wind. Leise war es geschehen, von einer Minute zur anderen, und auf die Entfernung war nicht einmal ein stärkeres Beben zu spüren gewesen. Seine Frau und seine kleine Tochter schliefen noch. Die Kleine kroch jede Nacht zu ihnen ins Bett und streckte wie ein warmes Netzchen Beine und Hände über sie aus. Ich gehöre zu euch, sollte das heißen, und Hans K. bekam Angst, daß sie jetzt am Ende vielleicht nicht mehr zusammengehören würden, daß jeder für sich allein bleiben sollte und der eine vor dem andern starb. Wie starb sich's so im Neutronensturm?

Draußen über der Stadt zerplatzte die grünliche Wolke, und die Bahnen der letzten Raketen stürzten sich hinter den Horizont. Er hörte irgendwo Sirenen und wußte, daß er in ein paar Minuten oder Stunden nichts mehr würde machen können. In seiner Hilflosigkeit würde er dann die beneiden, die schon nicht mehr waren am Morgen.

Er würde jetzt in die Küche gehen, überlegte er sich, das große Messer holen und, ohne sie aufzuwecken, mit verschlossenen Augen zerst ihr und dann dem Kind die Kehle durchschneiden. Als er es tat, war er schon verrückt geworden und wußte gar nicht mehr, weshalb.

Verfasser unbekannt

Wenn es soweit ist

Wenn es soweit ist,
daß wegzulaufen sinnlos geworden
und auch euer geliebtes Auto
euch nicht mehr in Sicherheit bringen kann
Wenn es soweit ist
und ihr trotzdem wie aufgescheuchte Hühner
versuchen werdet wegzulaufen
hysterische Menschenmassen sich um Autos prügeln
Wenn es soweit ist,
dann sagt nicht:
Das alles wollten wir nicht.

Wenn es soweit ist,
daß trotz finsterster Nacht alles strahlend hell
und trotz kältestem Winter alles glühend heiß
Wenn es soweit ist
und ihr binnen weniger Sekunden blind
aber zu spät zu sehen gezwungen werdet
und sich eure Plastikkleidung in die Häute brennt
Wenn es soweit ist,
dann stammelt nicht mehr:
Das alles wollten wir nicht.

Wenn es soweit ist,
daß ihr euer Wimmern nicht mehr
vom Wimmern der anderen unterscheiden könnt
und euch verkohlte Leiber aus den Fenstern
der stürzenden Betonsilos entgegenfallen
Wenn es soweit ist
und sich Sprache für ewig in Sprachlosigkeit verwandelt,
dann könnt ihr nicht mehr schreien:
Das wollen wir nicht!

Heute aber können wir es noch
und sagen:
Es darf nicht einmal mehr denkbar sein
dieses
Wenn es soweit ist

Peter Hoffmeister

Immer wieder diese Idee

Immer wieder diese Idee
daß auch die Friedenstaube
einen guten Braten abgibt

Dann rupft man ihr
die Federn aus

Schreibt damit
vielleicht ein Gedicht

Oder zeichnet sie
mit verdrehtem Kopf
und stumpfen blinden Augen

Und dann die Finger verbrannt
am Bratenfeuer

Da faßt man vorsichtiger zu

Aber nur für kurze Zeit   *Harald K. Hülsmann*

Zeit im Lauf

Und plötzlich donnerte es in der Erde, und wunderbare Rauchfäden nähten die Welt zusammen. Von da an begann das Leben den zweiten Lauf; die Zeit war ein Stück weitergerückt, doch das Leben war blind geworden.
In der Ecke saß eine Frau und wartete. Sie hatte immer gewartet, tat es lieber als schlafen. Aber das Lächeln im Gesicht war fröhlich, und keiner dachte daran, ihr zu helfen.
Sie hatte sich die Ecke ausgeschmückt, beschenkte die Vorübergehenden mit dem Übriggebliebenen. Sie wollte nicht müde sein. Und gern hätte sie getanzt. Sie malte wunderschöne Bilder, ließ die Leute nähertreten und erlaubte ihnen, die Bilder zu berühren. Keine Farbe blieb an den Fingern zurück. Und manche von ihnen durften ein Bild nach Hause tragen.
Ein Wind kam vorbei, blies die Frau aus der Ecke fort, und jetzt saß sie zwischen Blumen und malte keine Bilder. Sie flocht Kränze, und viele der Leute, die vorüberkamen, trugen sie nach Hause, begossen sie mit Schmähworten.
Die Worte brachte der Wind der Frau ins Ohr, und sie erstaunte, wie die Welt sich drehte. Sie ließ die Kränze verdorren, Tote konnten warten. Nur was lebte, zählte. Auch sie wollte jetzt zählen.
In der Nacht schlich sie fort, versteckte sich in einem Computer und beantwortete die kuriosesten Fragen. Die Leute vergaßen das Arbeiten; jeder, der nicht denken konnte, lernte es, wenn er eine Stunde vor dem Computer gestanden hatte.
Plötzlich war die Zeit einmal zurückgelaufen und einmal vorwärts. Und die, die jetzt jung waren, streckten sich in der Haut der Alten, und die, die eigentlich alt waren, streckten sich in der Haut der Jungen.
Feste wurden gefeiert, und überall begann das Leben neu aufzublühen.
Einige Tage danach setzte sich die Frau auf eine Mauer; der Computer mußte schweigen. Sie sah auf die Welt hinab.
Die, die einmal laut geredet hatten, flüsterten jetzt. Die Frau lachte in die Nacht dieser Leute und sah, daß die einen nicht arbeiten konnten, die anderen nicht tanzten.
Eine gräßliche Unzufriedenheit machte sich breit, und jeder wäre gern in die eigene Haut zurückgekehrt. Das Wünschen hatten sie jetzt verlernt, die Neugierde war gestorben, und die Häuser blieben düster. Der Krieg kam, erlöste die Murrenden, der Rest erfand neue Heldenlieder.
Die Frau sprang von der Mauer, sammelte die Kinder, erzog sie zum Denken, und später gründeten sie die Stadt. Die Köpfe der Kinder blieben rot, da das Blut der Gefallenen nicht abtropfen wollte.
Die Frau hatte plötzlich Lust, müde zu sein. Sie suchte die Ecke, in der sie gewartet hatte, setzte sich, wartete und war trotzdem nicht froh, als sie starb. Da erst erkannte sie, daß sie das Leben geträumt hatte.

Elisabeth Alexander

Sonnenaufgang

An einem wunderschönen Junimorgen
ist die Luft mild und rein
wie nach einem Gewitterregen
und das Firmament leuchtet
in majestätischem Purpur
nur die Leichen im Delta
die von Granaten zerfetzten
Leiber am Flußufer
würden das Bild stören   *Wolfgang G. Fienhold*

Die Nacht vor dem Tage X

Die Möwen kreischten,
weiß war der Himmel,
türkisblau das Meer.
In diesem Jahr
gab es keine Ölpest.
Die Fische sprangen
im Glitzern der Sonne.
Ein Millionenheer
hellbrauner Sonnenanbeter.
Die Diskotheken stampften am Abend
den Rhythmus der Lebensfreude.
Der Himmel war voll blitzender Sterne,
die tanzten.
Die Liebenden zitterten,
obwohl es doch gar nicht so kalt war.
Beschwipste Touristen
durchkämmten lärmend
die Gassen der Altstadt.
Vom gotischen Turm
dröhnte ehern der Stundenschlag.
Die allermeisten Menschen
in dieser Stadt waren glücklich.
Viele schliefen bereits, manche träumten,
einige lachten sogar,
und ein paar Nachtschwärmer
tranken ihre letzte Flasche Sekt.
In dieser Minute
begann der Krieg.

Bruno Horst Bull

Lunte

Zwischen Spatzen und Tauben sitze ich auf der
Starkstromleitung.
Wir spüren das angenehme Kribbeln, das
unter unseren Krallen dahinwabbert.
Ab und zu fliegt einer auf, dreht eine Runde,
holt Futter und kommt zurück.
Es ist ein schönes sorgloses Leben, denn wir wissen,
uns kann auf der Starkstromleitung nichts passieren,
nur durch den Falken, der manchmal einen von uns schlägt.
Doch wir vergessen ihn schnell,
denn angenehm warm glimmt das Feuer
an der Lunte zum Pulverfaß.

Wolfgang G. Fienhold

Stell dir vor, du wachst eines Morgens auf und der Krieg ist ausgebrochen

Während du dir noch die Zähne putzt und eine Handvoll Wasser in das vom Schlaf verklebte Gesicht schüttest, Zeit ist Geld, und von beiden hast du zu wenig, hörst du im Radio, daß die Regierung soeben den Notstand ausgerufen hat: „Die Bevölkerung ist aufgefordert, sich ruhig zu verhalten, die Wohnungen nicht zu verlassen und die wichtigsten persönlichen Dinge griffbereit zurecht zu legen. Dazu zählen: Paß, Jodtabletten, Schlafsack, Wasserflasche, Verbandszeug und Notverpflegung. Halten Sie sich in Hörweite Ihres Rundfunkempfängers auf, und warten Sie weitere Informationen ab." In den folgenden Nachrichten heißt es, mit einer kriegerischen Auseinandersetzung zwischen Amerika und UdSSR müsse gerechnet werden. Der Osten habe den amerikanischen Präsidenten in einer Weise beleidigt, die nur durch einen „vernichtenden Schlag gegen die Weltterroristen Nummer 1", so der amerikanische Präsident in einer ersten erregten Stellungnahme, zu sühnen sei. Während du das Notwendigste zusammensuchst, erinnerst du dich an die vielen Stunden, in denen du mit anderen gemeinsam für Frieden und Abrüstung gekämpft hast, und erkennst hilflos, daß alles umsonst gewesen ist. Möglicherweise hatte die TASS den jüngsten Abschuß zweier oder mehrerer Flugzeuge von Libyen, Vietnam oder Cuba über den Hoheitsgewässern der jeweiligen Länder durch amerikanische Bomberpiloten als „den Höhepunkt einer Serie von Provokationen" bezeichnet, die „endgültig die kriegerischen Absichten des US-Imperialismus und seiner Vasallen im Pentagon deutlich werden lassen", und möglicherweise hatte die „Prawda" unter Hinweis auf Hitler davor gewarnt, wohin es führe, wenn „größenwahnsinnige Kleinbürger mit Unterstützung des Großkapitals an die Schalthebel der Macht gelangen". Daraufhin hatte Washington Moskau ultimativ aufgefordert, die Äußerungen bis 12 Uhr mittags zu widerrufen und sich für dieses ungebührliche Benehmen zu entschuldigen. „Solche Frechheiten", so der zornige Westernheld im Fernsehen, „können nicht länger hingenommen werden, das sind wir allen rechtschaffenen Amerikanern und allen Menschen, die an unsere Freiheit und unsere Demokratie glauben, schuldig!"
Im Anschluß an die Nachrichten kommentiert Matthias Walden die aktuelle Lage: „Zwar werden jenseits der Zonengrenze erhebliche Truppenbewegungen registriert, doch befindet sich die Nato in permanenter Gefechtsbereitschaft. Der Große Krisenstab in Bonn tagt seit Bekanntwerden des amerikanischen Ultimatums und steht in ständigen Verhandlungen mit Washington und Moskau, was zu der begründeten Hoffnung Anlaß gibt, daß das Schlimmste, nämlich eine russisch-amerikanische Auseinandersetzung in Europa mittels der bei uns stationierten Atomraketen, doch noch abzuwenden ist." Zwischen den halbstündlichen Nachrichten aus der Bundeshauptstadt (Walden: „Herr Weinschenker, was gibt es Neues aus Washington?" Pressesprecher: „Herr Walden, ich kann Ihnen nur soviel sagen: die Lage war noch nie so ernst wie in diesen Stunden, aber es wird verhandelt! Jedoch hat meines Wissens Moskau (!) bis zum augenblicklichen Zeitpunkt noch nicht erkennen lassen, daß man dort zum Einlenken bereit wäre.") und den Ausführungen der Wehrexperten zu der Frage, warum ein solcher Konflikt ausgerechnet auf deutschem Boden ausgetragen werden müsse, wird Unterhaltungsmusik geboten. Wenn dann trotz aller Verhandlungen und Notstandsverordnungen die Luftschutzsirenen heulen, ist das Ende …
Aber ich sehe schon, diese Geschichte führt zu nichts.
Stell dir deshalb vor, du wachst eines Morgens auf und der Friede ist ausgebrochen.
Während du das Kaffeewasser aufsetzt, hörst du im Radio die Nachricht vom triumphalen Erfolg des großen Vermittlers zwi-

schen den beiden Machtblöcken, der in einer ergreifenden Rede auf dem Abrüstungsgipfel in Melbourne, Havanna und Genf die beiden Supermächte zum Abrücken von ihren bis dahin als unverrückbar erschienenen Positionen und zum Einlenken auf ein akzeptiertes Nebeneinander, ohne die allgegenwärtige Bedrohung durch gewaltige Vernichtungswaffen auf beiden Seiten hatte bewegen können.
Der erst kürzlich von der großen Mehrheit der Amerikaner gewählte Präsident, ein hochgebildeter Humanist und Friedensforscher, hatte nach seinem Amtsantritt unverzüglich die Verhandlungen mit Moskau aufgenommen. Daß es zu dieser vorzeitigen Präsidentschaftswahl überhaupt kommen konnte, verdankte Amerika einer Extraausgabe der liberalen „Washington Post", in der das Blatt eine großangelegte Schmiergeldaffäre zwischen bedeutenden Rüstungskonzernen und höchsten Mitgliedern der Regierung aufgedeckt hatte. Dies zu einem Zeitpunkt, da selbst der amerikanische Mittelstand in Elend und Armut abzurutschen drohte. Die Regierung hatte die Sozialausgaben drastisch gekürzt zugunsten einer immensen Aufstockung des Rüstungsetats, denn zur Verwirklichung ihres Planes, die UdSSR wirtschaftlich totzurüsten, war ihr jedes Mittel recht. Streiks und Straßenkrawalle waren die Folge, die Amerika in einem nie gekannten Ausmaße überzogen.
Damit nicht genug, hatte das Blatt weiter nachgewiesen, daß die in jüngster Zeit erheblich zugenommenen Provokationsflüge amerikanischer Luftwaffenpiloten im Luftraum einiger kommunistischer oder blockfreier Länder kein Versehen seien, wie von offizieller Seite immer wieder versichert, sondern auf Anweisung höchster Militärs erfolgt wären.
Der Westernheld und seine engsten Mitarbeiter bekamen einen schäbigen Abgang, der so ganz und gar nicht ihrem gewohnten Gehabe von Prunk und Protz entsprach, und sie erwarten nun auf seiner streng bewachten Ranch ein Gerichtsverfahren wegen des Verdachts der Korruption und Kriegstreiberei. Der Friedensforscher hatte sie nicht entlastet, wie seinerzeit Gerald Ford den Richard Nixon. Nun gut. Auf dem Abrüstungsgipfel in Melbourne, Havanna und Genf schlug der Vermittler vom Brahmsee gänzlich neue Töne an, die altgediente Parteifreunde von ihm seit gut 30 Jahren nicht mehr gehört hatten; er sprach nämlich davon, daß es nichts Wichtigeres als den Weltfrieden geben könne und sich in diesem Punkte Christen und Kommunisten, Humanisten, Sozialdemokraten und Liberale mit allen friedliebenden Menschen zusammentun müßten, um die ständige, allgegenwärtige Bedrohung durch das immense Waffenpotential in Ost und West endgültig in das Reich der Vergangenheit zu befördern. „Ja, sind wir denn Primitive", so hatte er lautstark ausgerufen, „die noch immer nach dem Grundsatz leben: und willst du nicht mein Bruder sein, so schlag ich dir den Schädel ein? Hat die Menschheit seit ihrem Bestehen nicht schon genug Leid und Verderben über sich und ihre Kinder und Kindeskinder gebracht? Oder sind wir pervertierte Selbstmörder, die nun in einem letzten Kraftakt nicht nur sich selbst, sondern auch die ganze Erde in einen Nebel von Atomteilchen verdunsten wollen?"
Diese Worte tönten wie ein Paukenschlag durch die Reihen der Delegierten aus Ost und West, und der große Vermittler, im Laufe der Jahre durch das ständige Taktieren mit dem Großen Bruder Amerika um Kompromißbereitschaft eisgrau geworden, jetzt oftmals ein Büchlein von Rosa Luxemburg oder Ernesto Cardenal in der Westentasche tragend, wie er früher die Schriften von Lassalle oder Kissinger bevorzugt hatte, ließ einem Reporter gegenüber verlauten, daß er sich nun auf dem Höhepunkt seines politischen Lebens befinde.
In den Häuserfenstern werden Lautsprecherboxen eingerich-

tet, und zum ersten Mal ertönen das „Brüder zur Sonne, zur Freiheit", die „Internationale" und „Star Spangled Banner" gleichberechtigt über die Straßen. Die Menschen tanzen auf dem Asphalt, die Autofahrer steigen aus und reihen sich ein, die Kinder haben schulfrei, an den Universitäten wird bereits in einigen Arbeitszirkeln die historische Bedeutung des Augenblicks mit den zukünftigen Möglichkeiten in Beziehung zu setzen versucht, in den Krankenhäusern und Gefängnissen werden Extrarationen ausgegeben, und die Betriebe haben Freischichten eingelegt. In Berlin wird in einem gewaltigen Happening die trennende Mauer von Ost- und Westberlinern gemeinsam abgetragen. Allen voran der Staatsratsvorsitzende und der Regierende Bürgermeister. Die „Zeit" würdigt den Ausgang der Verhandlungen als „Die Sternstunde der Menschheit schlechthin"; die „Frankfurter Allgemeine" legt Wert darauf, festzustellen, daß auch hier, wie schon so oft in der Weltgeschichte — man denke nur an Karl den Großen, Marx und Einstein (Hitler war kein Deutscher), der entscheidende Anstoß von einem Deutschen ausgegangen ist; und die „Bild-Zeitung" schreibt: „Endlich! Nach einem halben Jahrhundert Unterdrückung und Schießbefehl wurde die Mauer dem Erdboden gleichgemacht. Deutsche lagen sich schluchzend und lachend in den Armen!" Lediglich hohe Vertreter der Wirtschaft und des Militärs äußern sich sehr zurückhaltend.

Du schenkst dir Kaffee ein, lehnst dich zufrieden zurück, und ein Gefühl tiefster Ruhe und Ausgeglichenheit überkommt dich, so stark, daß du sogar die gewohnte Frühstückszigarette vergißt. Denn es eröffnen sich ganz neue Möglichkeiten des Zusammenlebens. Endlich erscheint es möglich, in einen konstruktiven Dialog mit den Ländern des Ostblocks zu treten, um voneinander zu lernen.

Die Dichter entdecken das Positive, und selbst die Linken können wieder stolz sein auf ihr Land. Die Justizminister verkünden die schrittweise Abschaffung des Strafvollzugs im herkömmlichen Sinne und streiten für ein Prinzip der offenen Resozialisierung; die Innenminister möchten Polizei und Bundesgrenzschutz als Freunde und Helfer der Bürger verstanden wissen und stellen Wasserwerfer und Kampfanzüge den städtischen Gärtnereien zur Verfügung. Dieter Thomas Heck präsentiert den Friedenshit der Saison, die neue Frühjahrsmode steht unter dem Zeichen der Weißen Taube, und Reemtsma bringt die neue Zigarette „Peace 2000" mit dem geklauten Werbeslogan „Die Peace-Generation geht ihren Weg" heraus. Sogar im Betrieb bekommst du den frischen Wind der neuen Zeit zu spüren. Zwar müsse man nach wie vor am Leistungsprinzip als oberstem Grundsatz festhalten, so der Vize-Chef während einer Betriebsversammlung, die den Mitarbeitern das neue Unternehmenskonzept nahebringen soll, „jedoch ist dieses eingebettet in die Anstrengungen aller Nationen zur Sicherung des Friedens, zu dem auch wir unseren bescheidenen Beitrag leisten werden."

Das liest sich wenige Tage später am Schwarzen Brett wie folgt:
„Im Einvernehmen mit dem Betriebsrat hat die Geschäftsleitung beschlossen, einen Teil der Planungsbüros und Fertigungsanlagen in Chile zu errichten. Sollten wider Erwarten für unsere Belegschaftmitglieder nicht zu umgehende Arbeitsplatzreduzierungen notwendig werden, bitten wir die Kolleginnen/Kollegen schon jetzt um Verständnis.
Eine freie Wirtschaft ist der Garant des Friedens!
Die Geschäftsleitung."
Nach erfolgreicher Transaktion stehst du mit einem Häuflein Kollegen noch immer etwas verwirrt in der leeren Kantine, aus der man sogar Tische und Stühle sowie die Glühbirnen mitgenommen hat, und lauschst den Ausführungen des schon immer auf ein enges sozialpartnerschaftliches Verhältnis mit der Be-

triebsleitung bedachten Betriebsratsvorsitzenden, der sichtlich bemüht ist, den aufkommenden Unmut der Arbeiter zu beschwichtigen:
„Also, Kolleginnen/Kollegen",
Pause
„nach wie vor seid ihr Mitarbeiter der Firma, jedoch, äh, sieht sich die Betriebsleitung gezwungen",
Pause
„euch auf Verpackung und Versand, äh, spezialisieren zu lassen, um"
Pause
„euch später im Inlandmarkt effektiver einsetzen zu können. Sie hat deshalb",
Pause
„einen Antrag beim zuständigen Arbeitsamt auf Lohnfortzahlung, äh, und unser geschätzter Vize-Chef in Santiago hat mir telefonisch blabla, so daß euer Arbeitsverhältnis, blabla in altgewohnter Form, blablabla."
Vor den zornigen Kollegen rettet sich der Mann hastig auf die Bahamas, um von dort aus zwischen Betriebsleitung und Belegschaft zu vermitteln.
Ähnlich läuft es in vielen Bereichen der Wirtschaft.
Kraus-Maffei meldet Konkurs an, nachdem eine stattliche Anzahl der Kampfpanzer Leopard 3 in die 3. Welt abgesetzt werden konnte. Durch einen schweizer Vermittler, versteht sich.
Die Deutsche Werft AG kündigt Massenentlassungen für den Fall an, daß der Bund keine Entschädigung für das gestoppte U-Boot-Programm bereitstellt, ITT und Coca-Cola verlagern ihre Kommandozentralen nach Argentinien und China, und Dr. Oetker geht nach Honduras, um, wie man verlautbaren hört, „endlich tatkräftig den Hunger in der Welt zu bekämpfen".
Zwar wird von Regierungsseite her versucht, die schlimmsten Einbrüche im Bereich der ehemaligen Rüstungsindustrie durch staatliche Subventionen zu lindern, etwa durch den Umbau ausgedienter Kampfpanzer in vielseitig verwendbare Geländefahrzeuge. Und der Bundeskanzler verlangt von seinen Landsleuten einen „energischen Mut zur Zukunft", jedoch, so kommentiert ihn die Frankfurter Allgemeine, „welchen Weg aus den vielen Dämmerungen seine Regierung sieht, hat er nicht verraten."
Ein Antrag der Jungsozialisten auf Verstaatlichung der Banken und Großkonzerne scheitert am Veto der Arbeitgeberverbände. Ratlosigkeit ergreift die Menschen. Sektenprediger versprechen gleich mehrere Himmel, die Psychiatrien sind chronisch überfüllt, und Polizisten demonstrieren mit Staatsanwälten und Richtern gegen die „unzumutbaren Arbeitsbedingungen im öffentlichen Dienst" und die „durch nichts zu rechtfertigende Liberalisierung des Strafrechts auf Kosten der Beamten", was die Justizminister in Absprache mit den Innenministern sehr schnell zum Abrücken von ihren Reformmaßnahmen veranlaßt. Gremliza in „konkret" dazu: „Erklärt der Staat seinen Bürgern den Krieg?"
So kommt es, daß der Sprecher im Anschluß an die Nachrichten, im Auftrag der Regierung, verkündet: „Im Interesse der Bevölkerung, zur Wahrung und Sicherung des Friedens, ist der Ausnahmezustand über das gesamte Bundesgebiet verhängt ..."
Und wieder suchst du die wichtigste persönliche Habe zusammen. Aber stell dir vor, du wachst eines Morgens auf und in den Nachrichten hörst du ...

Horst Scharnagl

11. Frieden ist auch eine Sache von Wollen und Nicht-Wollen

Süß und ehrenvoll ist es, für die freiheitlich-demokratische Grundordnung zu sterben

Ich habe auch schon für den Frieden gesungen: Vor gut dreißig Jahren auf der Bühne der Staatsoper in Ostberlin. Wir waren ein Schulchor, und bevor sie uns in den heiligen Hallen losschmettern ließen, wurden wir im Foyer von einem wahrhaften Könner und Kenner abgehört. Hanns Eisler prüfte die musikalische Darbietung und fand offenbar nichts dran auszusetzen, denn wenig später durfte unser Kanon erklingen. Der Text war kurz: „Wir lernen für den Frieden" — hieß er, hinreichend modern in Noten gebracht, so daß es auch die an Arnold Schönberg geschulten Ohren Hanns Eislers nicht beleidigte. Die umständlichen Vorbereitungen werden verständlich, erfährt man, wer alles zuhörte: die höchsten Würdenträger der Deutschen Demokratischen Republik, auch deren Präsident Wilhelm Pieck, am Schluß unsres Auftritts mit Beifall nicht geizend, ein weißhaariger, rotbäckiger, rundlicher, alter Herr, ganz Papa Pieck, und höchst erfreut über das, was seine Staats-Kinder zum besten gegeben hatten. Den Anlaß des Festes hab ich vergessen, aber in der schönen pazifistischen Frühzeit der DDR fand sich immer Gelegenheit, so ein Lied anzubringen und das Versprechen: Wir lernen für den Frieden.

Wir haben überhaupt viel gesungen damals, die schlechte Vergangenheit weg- und die gute Zukunft herbeigesungen. Ganze Geschichtslektionen stecken in diesen Liedern: „Die Asche fiel wie ein Regen / schwarz quoll gen Himmel der Krieg. / Und ohne Ziel allerwegen trieb flüchtendes Elend und schwieg. / Da schwieg auch der Herr General, / Feldwebel, Hauptmann, Stabsoffizier. / Da der Führer dies Deutschland zu Grab befahl, / kommandieren wir. / Wir Menschen, wir von verderbten Henkern zum Tode bestellt, / wir Arbeiter, Bauern ererbten / die grimmigste Erbschaft der Welt ..."

Das hatten wir oft im Programm, nicht immer jedoch die gebotene Ernsthaftigkeit, und jugendlich albern wurde auch schon mal verballhornt: Feldwebel, Hauptmann, Schnapsoffizier ... Indessen stimmten wir durchaus überein mit unseren musikalischen Botschaften und den Texten von einer endlich sicheren, glücklichen, krieglosen Erde. Alle waren wir überzeugte Anti-Militaristen.

Das war die waffenverachtende Schulzeit, das Jahrfünft nach dem Zusammenbruch 1945, wir hätschelten auch noch andere Ideale und Illusionen, Wiedervereinigung zum Beispiel. Stattdessen begann die Bundesrepublik mit der Wiederbewaffnung, und die DDR rüstete auch. In der „Gesellschaft für Sport und Technik", kurz GST genannt, versahen sie uns Studenten mit Kleinkalibergewehren, damit übten wir während des Semesters und im Ferienlager zwischen den Semestern. Die meisten Kommilitonen und Kommilitoninnen trafen die Scheibe, bald im Zentrum, bald am Rande, ich brachte es nicht mal zu einer „Fahrkarte", was ich über Kimme und Korn aus diesem dämlichen KK abfeuerte, war einfach weg. Ich verstand den Vorgang nicht und wollte ihn auch nicht verstehen. Eine Pazifistin aus Kurzsichtigkeit möglicherweise, aber ich fürchte, auch eine Brille hätte meine Schützen-Ergebnisse nicht verbessert. Weil auf dem Schießstand mit mir kein Staat zu machen war, machten sie mich zum PK — das ist ein Polit-Kommissar, und ich gab allgemeinen marxistischen Unterricht, nichts Militärisches. Befehl ich An- und Abrücken, kichert die Gruppe: Ingrid deklamiert die Kommandos. Lieber deklamierte — und glaubte — ich die Sätze der Pazifisten aus den zwanziger Jahren: Kurt Tucholsky selbstverständlich und, in der BRD weniger bekannt, „drüben" aber ein vielgelesener Autor: Lion Feuchtwanger. Bei ihm hatten wir gelernt: „Eine Unze Frieden ist besser als eine Tonne Sieg." Oder auch: „Große Reiche vergehen, ein gutes Buch

bleibt. Ich glaube an gutbeschriebenes Papier mehr als an Maschinengewehre."

Wobei sich das Maschinengewehr geradezu idyllisch ausnimmt, vergegenwärtigen wir uns die heutigen nuklearen Waffenarsenale, die bakteriologischen und chemischen Kampfmittel bis hin zur materialschonenden und bloß menschenvernichtenden Neutronenbombe. Das sind die Eskalationen unserer Tage, lange Zeit setzten sogar die Politiker mehr auf die Macht des ABC, auf Vernunft und Verständigung statt auf die verheerenden sogenannten ABC-Waffen.

Wer das Rüstungsalphabet nicht durchbuchstabieren will bis zum bitteren Ende, den schimpft man Entspannungshysteriker oder einen „Tumor im Staatsgefüge", so Dolf Sternberger in seinem berüchtigten Leitartikel der „Frankfurter Allgemeinen Zeitung" über Willy Brandt. Da können die FAZ-Leserbriefschreiber nicht zurückstehen mit Süffisanz und Denunziation. Am 15. 8. 81 ergießt ein Herr Karl Blümlein aus Trier seinen Spott über die „großen Friedenszitterer in Moskau"; die Anhänger gewalttätiger Auseinandersetzungen verfügten schon immer über einige Sprachgewalt. Für die Gegner des I. Weltkriegs schöpften sie den Begriff „Friedenshetzer", zu dem ist vom Friedenszitterer kein allzu weiter Weg mehr, wie lange wird es noch brauchen, bis man uns „Friedensterroristen" nennt? Dergleichen hat Tradition. Ausgerechnet die Herausgeber und Mitarbeiter der von 1925-1933 erscheinenden pazifistischen Zeitschrift „Das Andere Deutschland" wurden von ihren Feinden als „Revolverjournalisten" tituliert.

Zurück zu den heutigen Attacken: Ich gebe gern zu, ein „Friedenszitterer" zu sein, ich kann gar nicht so schnell zittern, wie ich Angst habe.

Offensichtlich teilte sich diese Sorge auch meiner heute vierundzwanzigjährigen Tochter Catharina mit, sie angstträumt schon seit Kindertagen immer mal wieder, es sei Krieg, und erwacht schreckensbleich und verstört. Lange Zeit stieß sie auf Unverständnis, erzählte sie den Altersgenossen von ihren Horrorvisionen, inzwischen werden gleich Catharina eine Menge Jugendlicher von solchen täglichen und nächtlichen Ängsten gepeinigt und scheuen sich mit Recht nicht, ihre Furcht um den Frieden offen zu zeigen und ihren Abscheu gegen die Saftsäcke, die es einkalkulieren, uns per Neutron zu „versaften".

Daß junge und alte Leute ihre Sorge um die Sicherheit der Welt auf vielerlei Weise ausdrücken, hat ihnen ja schon harten Tadel von Bundeskanzler Schmidt eingebracht. Dabei erinnere ich mich gut, wie nachdrücklich Schmidt in seiner Rede zum „Tag der Bücherverbrennung" auf Kurt Tucholsky verwies, das begab sich am 10. Mai 1981 in Mainz. Bei Tucholsky finden sich viele Sätze, die er eigens für sein revolutionär-radikal-pazifistisches Programm entwickelte. Sinngemäß steht darin: Man müsse jeden Bürger und Arbeiter bei seinem ganz persönlichen Interesse packen: nicht totgeschossen zu werden, nicht als Krüppel vegetieren. Einhämmern müsse man den Leuten, daß es keinen Staat gibt, für den es sich zu sterben lohnt. Würde Schmidt den Autor jetzt also auch für solche Texte rügen, wo er doch ganz ähnliche Aussagen der Friedensbewegung so übel ankreidet?

Noch ein Satz von Tucholsky: „Der Schauspieler will spielen, der Soldat will Krieg führen." Haben wir heute an der Spitze der Vereinigten Staaten einen Schauspieler, der Krieg führen will? Ist der SPD-Genosse Schmidt mit der Friedensbewegung unzufrieden, sind es einige FAZ-Konsumenten erst recht. So formuliert sich am 31. 8. 81 ein Leserbriefschreiber wieder tüchtig ab: „Es verwundert, daß insbesondere ein Teil der Kirchen nicht die Gefahr der Entmythologisierung des mensch-

lichen Lebens und der gedanklichen Begrenzung auf eine animalische Überlebensphilosophie erkennen. So menschlich und verständlich der Wunsch zum Leben ist, aber es gibt höhere Werte — für den Christen allemal und für die Eltern, die auch ihren Kindern unsere Grundwerte überliefern wollen, auch. Unterschrift: Rolf Bergmeier, Oberstleutnant i. G., Koblenz."
Im Klartext heißt das: Süß und ehrenvoll ist es, für die freiheitlich-demokratische Grundordnung zu sterben. Bloß, mal angenommen, die FDGO würde wirklich angegriffen, was bliebe dann nach ihrer Verteidigung von ihr und den Verteidigern noch übrig? Der Herr Oberstleutnant scheint zu der Minderheit von Menschen zu zählen, die einen Nuklear-Krieg für überstehbar halten, sein Risiko.
Angesichts solcher Perspektive bekenne ich mich lieber der „gedanklichen Begrenzung auf eine animalische Überlebensphilosophie" schuldig und empfinde es als tröstend und hoffnungsvoll, daß die Bundeswehr nicht nur diesen Oberstleutnant i. G. Bergmeier, sondern auch die Generale Baudissin und Bastian hervorgebracht hat, keine Kommisköppe, vielmehr Männer, die sich ihres Kopfes bedienen und nicht blindwütig die verordnete Nachrüstung mitmachen, sondern zum Nachdenken auffordern.

Ingrid Zwerenz

Soldaten für Frieden!

Die Friedensbewegung oder besser gesagt, der Protest gegen die Stationierung von Atomraketen, hört längst nicht mehr vor dem Kasernentor auf. Dies beweist die große, beeindruckende Bonner Friedensdemonstration. Daran haben sich 60-70 Bundeswehr- und 6 niederländische Soldaten in Uniform beteiligt. Wir hatten ein Transparent mit der Aufschrift: Nato-Soldaten gegen Atomraketen.
Ja aber — die Bundeswehr schafft doch auch Frieden! So heißt es zumindest in großformatigen Werbeanzeigen: „Die Bundeswehr. Hundert Chancen und ein Ziel: der Friede." Zu dieser Art „Friede" fällt mir nur immer ein: Mit Schnaps heilt man keinen Alkoholiker. Mit Waffen schafft man keinen Frieden. Und mit Angst schafft man erst recht kein Vertrauen.
Oft wurden wir gefragt, ob wir nicht Angst vor Disziplinarmaßnahmen hätten. Zugegeben: Wir haben Angst, und zwar eine ganze Menge. Aber nicht wie angenommen vor den Disziplinarmaßnahmen, sondern vor Atomraketen. Das Diszi werden wir überleben, einen Atomkrieg mit großer Wahrscheinlichkeit nicht.
Die Bevölkerung hat uns Mut gemacht. Viele klatschten Beifall. Von einigen Bürgern bekamen wir Blumen an unsere Uniformen gesteckt. Diese Reaktionen bestärken unsere Meinung, daß der beste und vor allem sicherste Friedensgarant *Abrüsten* ist. Soldaten, *entrüstet* euch, stellt euch vor, es ist Krieg und wir gehn nicht hin.

Wolfgang Müller

Ich sehe die Menschen an mir vorbeiziehen. Ich bin beeindruckt, weiß noch nicht, wo ich mich einreihen will. So viele junge Gesichter, ruhig bewegen sie sich in diesem endlosen Strom. Ich spüre die Kraft, den Frieden auf mich einwirken. Ich fühle Freude, daß es so viele sind, die sich hier durch die Straßen zwängen. Plötzlich vermischen sich die Bilder vor meinen Augen. Ich sehe Ausschnitte aus einem Dokumentarfilm von 1958. Das war doch auch in Bonn. Junge Gesichter, mein Vater damals, 31 Jahre alt wie ich heute, mit 17 an der Front gewesen, wollten sie nie wieder Krieg, auch keine atomare Bewaffnung, genau wie wir heute. Damals wurden sie nicht gehört, wurden von Polizei und Wasserwerfern vertrieben. Werden wir heute gehört, werden wir etwas bewirken? Junge Menschen, heute wie damals.

Marianne Hiller

Ist Frieden langweilig?

Frieden heißt Leben. Leben ist mal aktiv, mal passiv. „Es liegt an dir selbst, wenn du dich langweilst", sagte man früher zu uns Kindern. Heute ist es nicht mehr so selbstverständlich, daß Leben nicht langweilig werden muß. Beton und Straßenverkehr z. B. sind der Tod des freien Spiels. Weil Leben langweilig sein kann, sehnt man sich nach Sensationen. Pistolen knallen, Ketten klirren, wüste Tritte und Kniffe werden bewundert. Wir wissen das. — Trotz alledem ... Krieg ist kein Ausweg aus der Langeweile! Wettkampf und Streit der Meinungen sind Teile des Friedens, des lebendigen Friedens.
Ein riesengroßes Gähnen hat viele herrschende Politiker überkommen. „Spiel mir das Lied vom Tod" ist ihr Thema, wenn sie auch beteuern, sie wollten nur „den Frieden schützen".
Leute, die wie Gespenster von einer total un-sinnigen Technik der Vernichtung sprechen, so wie man als Normalbürger über sein neues Auto oder den Hausbau palavert, sehen uns aus dem Geviert des Bildschirms an. Frauen, die selbst Kinder in neun Monaten getragen und dann geboren haben, stimmen ungerührt für die Rüstung.
Wir rufen:
„Kampf gegen die Langeweile, gegen das gähnende Maul des sinnlosen Todes, gegen das Töten, den *Bruder-Mord!"*
Nach zwei Kriegen hat meine Generation noch immer den Hals nicht voll. Wir aber haben im Keller gesessen, gehungert ... und anderen ging es noch schlimmer. „General, General, wag es noch einmal ..."
1947 sah ich das Stück eines USA-Dichters, von Stroux in Wiesbaden inszeniert, „Wir sind noch einmal davongekommen". Im letzten Akt steigt Kain aus dem Keller und ruft nach Liebe, und eine Frau antwortet: „Werdet *liebenswert."* Die. ist ein Schlüsselwort zum Frieden.
Praktische Handlungsvorschläge? Im Augenblick weiß ich nur einen: *Setzt euch alle auf die Straße mit Oma und Baby.* — Generalstreik auf der ganzen HKL (sprich: „Hauptkampflinie").

Verfasser unbekannt

wir müssen uns
das leben nehmen

1   gefährten und brüder im alten land
an den westufern
von halbinseln
die asien großzügig
dem kalten ozean
entgegenstreckt

gefährten und brüder
hört auf
euch bläuliche fragen
zu stellen
nach dem sinn des lebens
werft weg
die vergilbten manuskripte
eurer lyrischen selbstmordversuche

es ist nicht zeit
mit weichen fingern
in den haaren
unserer traurigen gedanken
zu spielen

2   zu viele kinder
schwarzäugig
mit geschwollenen bäuchen
gezeichnet von blutigen
striemen in den gesichtern
unserer zukunft

zu viele kinder
sitzen am rande
des großen brunnens
und eine legion
ist bereits abgestürzt
in verzerrte spiegelungen
des ebenbildes gottes

ohne wiederkehr

zu viele alte
sitzen blauäugig
an den ufern
des tödlichen nordatlantik
zu schwach für ebbe
zu schwach für flut

3   ich leide
also bin ich

ich lache
also bin ich

ich rieche das gras
und schmecke die erde
in den gedichten
lateinamerikanischer gefährten
also bin ich

ist das nicht sinn genug

afrikas schwarze trommeln
schieben sich mit warmen händen
unter meine haut
dringen ein in mich
durch meinen mund
durch meine ohren

durch meine lenden
also bin ich

ist das nicht sinn genug

wir sind da und
wir werden gebraucht
wir werden gebraucht
und wir sind da

das ist alles

ist das nicht sinn

genug

4   du bruder liberaler
du bruder christ
du bruder sozialist

fühlt ihr nicht
am boden eurer krüge
aus rotem ton
die gleichen träume lagern

oder kannst du bruder sozialist
nicht einstimmen in das
lied der liebe
das paulus der eiferer
herübergerufen hat
nach korinth

und du bruder christ
kannst du nicht einstimmen
in den chor von marxundengelszungen
im schrei nach gerechtigkeit

und du bruder liberaler
mußt du nicht teilen deine freiheit
mit-teilen
um sie nicht gänzlich zu verlieren

streitet miteinander
kämpft um den richtigen weg
aber vergeßt nicht
am boden eurer krüge aus rotem ton
lagern die gleichen träume

und dieselben fäuste
wollen eure krüge zerschmettern
an den stämmen steinerner bäume

5   warten wir nicht darauf
daß die
die macht haben
eines tages auch
kraft haben werden

warten wir nicht darauf
daß der böse zampano
vom guten zampano
erschlagen wird

warten wir nicht
bis man uns
unseren platz zuweist

bis wir unseren anteil
leben abholen dürfen

wir müssen uns das leben nehmen
wir müssen uns das leben geben

Hans Peter Schwöbel

Frieden
zum Beispiel

Frieden,
früher gebräuchlich für:
kriegslose Zeiten.
Heute nur noch in Verbindung wie
„Wahrung des Betriebsfriedens"
zum Beispiel
bei Unternehmeransprachen
vor den Belegschaften
der Rüstungskonzerne
gebräuchlich.

Gerhard Herholz

Komische Träume

Sind wir nicht
Träumer
zu hoffen
auf die große Wende
hier
im Modell DEUTSCHLAND?

ÜBERWÄLTIGTE VERGANGENHEIT
WIRTSCHAFTSWUNDERMICHELLAND
STAMOKAPVERSCHLEYERUNG
MORDSEEVERKLAPPUNG
BALD ZWEI MILLIONEN ARBEITSLOS
STRAHLENDE ZUKUNFT

Sind wir nicht
Träumer
zu hoffen
auf die rote Bundesrepublik
mit wenig Schwarz
und kaum noch Gold?
wo es heißt: GEH DOCH RÜBER
WENN ES DIR HIER NICHT PASST!

CRUISE MISSILE PERSHING ZWEI
BLITZKRIEG VIER MINUTEN BIS MOSKAU
LIEBESGRÜSSE AUS DER LEVISHOSE
SCHMELZENDE STEINE MENSCHHEITSVERNICHTUNG
MICHEL LIEBER TOT ALS ROT
DAS KLEINERE ÜBEL
DAS KLEINERE ÜBEL

Ja wir sind Träumer.

Komisch aber ist
daß hier wie überall auf dieser Erde
die Zahl der Träumer
ständig wächst

und komisch fänden alle diese Träumer es
wenn wir hier nicht mehr
weiterträumen
nicht mehr kämpfen
würden

Rainer Beuthel

Toleranz

Angesprochen auf Pazifismus, erklärte
Oberkirchenrat H. aus Bayern,
es gäbe Friedensdienst mit und ohne Waffe.
In einer gefallenen Welt
ginge es nicht ohne Militär,
aber einzelnen
— er sagte einzelnen —
verböte das Gewissen
Gewaltanwendung.
Diese hätten auch
— er sagte auch —
recht.

Woraus ich schließe:
auch Jesus hätte noch
Platz in der Kirche.

Heinrich Peuckmann

Bei Friedensschluß

„Ich habe Zeit",
dachte der Krieg,
als er verjagt wurde,
„ihr seid so
vergeßlich."

Michael Klaus

Frieden ist auch eine Sache von Wollen und Nicht-Wollen

Als das Vorbereitungskomitee des 19. Evangelischen Kirchentags im Sommer dieses Jahres als Motto das Wort aus der Bergpredigt vorschlug: „Selig sind die Friedfertigen", widersprach der mit dem Bundeskanzler befreundete Hamburger Bischof Hans Otto Wölber. Sein Vorschlag „Fürchte dich nicht" prangte dann auf den Hamburger Kirchenplakaten. Flugs wurde ein

Gegenplakat entworfen: „Fürchtet Euch — der Atomtod bedroht uns alle."

Mit viel Phantasie, Witz, Ironie und Frechheit reagieren heute viele Jugendliche auf ihnen als unzumutbar erscheinende Aussprüche westdeutscher oder US-amerikanischer Politiker. Ob sie eine „Ratten-und-Schmeißfliegen-GmbH" gründen oder sich kokett „Friedenshetzer" titulieren, ob sie sich nur allzu gern von der „Hollanditis", der holländischen Krankheit zum Frieden, infizieren lassen oder keß singen: „Wir brauchen friedensgeile Omas mit'm Dutt", ob sie plakatieren: „Es ist besser, unsere Jugend besetzt leerstehende Häuser als fremde Länder" und „Stell dir vor, es gibt Krieg, und keiner geht hin" oder

einen Abrüstungswettlauf propagieren — immer schwingt die Betroffenheit über eine in der Öffentlichkeit weitgehend widerspruchslos hingenommene Politik mit, die sie erschreckend finden.

Bundespräsident Carstens, der so ungern an seine Vergangenheit erinnert werden möchte, meinte nicht nur, Mütter, die eigene und fremde behinderte Kinder „aufopferungsvoll" pflegten, sollten einen Orden bekommen, was Feministinnen sogleich an das verhängnisvolle Mutterverdienstkreuz der nationalsozialistischen Zeit denken ließ, sondern in bezug auf die Bergpredigt und ihre „Mahnung zur Gewaltlosigkeit" sagte er auch, eine ganz andere Frage sei es, ob derjenige, „der für ande-

re Verantwortung" trage, diese anderen schutzlos der Gewalt überantworten dürfe oder ob es nicht vielmehr gerade seine christliche Pflicht sei, die ihm Anvertrauten vor Gefahr zu schützen. Vor welcher Gefahr? Und wie schützen? Klar, Carstens denkt an eine Bedrohung aus dem Osten.

Pazifisten haben aber ihnen viel näherliegende Gefahren im Kopf: die Anhäufung von immer mehr und moderneren Vernichtungswaffen in der Bundesrepublik Deutschland, die der militärisch stärkste, aber auch abhängigste Bundesgenosse der USA in Europa ist. Mehr als die Hälfte des gesamten Atomwaffenarsenals der Vereinigten Staaten lagert in der BRD; allein 7 000 Atomwaffen sind hierzulande stationiert. Sie hören, daß den „schmutzigen", zielungenauen Raketen im Osten „saubere" Bomben, die „chirurgische Schnitte" erlauben, entgegengesetzt werden sollen. Sie lesen, die Bremer CDU spreche sich für ein „Gleichgewicht des Schreckens" aus; die USA wollten eine Erstschlagskapazität auf westdeutschem Boden schaffen; wollten den „Schlagabtausch" mit den Sowjets auf den alten Kontinent begrenzen, den Atomkrieg „europäisieren", die Hauptfront zwischen Deutschland West und Deutschland Ost verlaufen lassen. Sie erfahren, der Weltfrieden sei von der „mutual assured destruction" abhängig, doch sei das Gleichgewicht dieser gegenseitigen Zerstörungsfähigkeit durch die strategischen Waffen (Pershing II-Rakete und Cruise Missile), die die USA in Westeuropa stationieren wollen, schon wieder in Frage gestellt: Bonn gebe pro Sekunde ca. 1200 Mark für die Verteidigung aus; weltweit sei ein Nuklearpotential aufgebaut worden, das die Vernichtungskraft der Hiroshima-Bombe um das Millionenfache übertreffe. Sie lesen und trauen ihren Augen nicht, daß ein US-amerikanischer Militärexperte zukünftige Atombomben, die ins Handgepäck passen und in Sekundenbruchteilen ins Ziel geschossen werden können, als „pretty sexy weapons" preist und von dem neuen vollautomatischen, unbemannten Marschflugkörper Cruise Missile als von einer Waffe spricht, die handlich sei und schlank wie die Taille einer hübschen Frau. Sie bekommen von Innenminister Baum eine Broschüre „Ihr Vorsorgepaket" in die Hand gedrückt, mit der Bemerkung: „Im Ernstfall ist es für umfangreiche Vorsorgemaßnahmen zu spät ... also Vorsorge! Je eher, desto besser! Am besten jetzt gleich damit beginnen ...", und sie lesen und reiben sich die Augen, daß zu ihrem „Notgepäck" „wasserdicht verpackt" die Dokumentenmappe gehöre mit Zeugnissen, Versicherungspolicen, Verträgen, Zahlungsbelegen für die Rentenversicherung! Am nächsten Tag hören sie den Aufruf deutscher Ärzte: „Bei der Explosion einer modernen Atomwaffe über dem Zentrum einer Stadt wie Frankfurt entsteht ein drei Kilometer großer Feuerball, der mit Temperaturen von zehn Millionen Grad Celsius die gesamte Innenstadt augenblicklich verdampft. Im Umkreis von ca. 20 Kilometern werden 60 Prozent der Bevölkerung durch Hitze, Druck und Orkane sofort getötet und 30 Prozent schwer verletzt. Noch in etwa 300 Kilometern Entfernung führt die radioaktive Wolke bei den zunächst Überlebenden innerhalb von zwei bis sechs Wochen zum Strahlentod." Sie empfinden einen Jargon als zynisch, der von einem Kollateralschaden spricht und zerfetzte, verschmorte, strahlenverseuchte Menschen meint, die bei einem Kernwaffenangriff auf ein militärisches Ziel nebenbei mit draufgehen.

„Fürchtet euch — wehrt euch!" rufen die Liebhaber(innen) des Friedens aus linken, grünen und kirchlichen Kreisen. Bundesverteidigungsminister Hans Apel paßte das nicht. Er äußerte sich „besorgt über die Zunahme pazifistischer Strömungen". Die Pazifisten seien „Rabiate und Lautstarke"; sie wollten Westdeutschland „mit Pfeil und Bogen" schützen. „Politisch sehr naiv", kommentierte ein Bischof, und ein Militärbischof deklassierte sie als „fidele Ignoranten". Der Bundeskanzler hatte nur ein geringschätziges „infantil" für die Pazifisten übrig; er ist froh, wenn er über die „Scheiß-Atomwaffen" nicht zu reden braucht. Die Bremer CDU warnte vor „Abrüstungstraumtänzereien", und ein FAZ-Leitartikler führte die „verbreitete Friedensverstiegenheit" auf den „materiellen Überfluß" und die „Überfreiheit" zurück. Hier im Westen: „Überfreiheit". Dort, im Osten: „Überrüstung". Hier aber wohl aufgrund der „Überfreiheit" Unterforderung der Jugend. So drohte der rechte Matthias Walden: „Die Unterforderten müssen endlich gefordert werden." Da kommt ihm die soziale Abrüstung sicher gelegen.

Daß man wieder für den Frieden kämpfen muß!
Daß ein Lehramtsanwärter wegen seines Engagements für den Frieden einen Ablehnungsbescheid erhält!
Daß die Saarbrücker CDU einen von Pfadfindern initiierten Wettbewerb „Kinder malen für den Frieden" und eine Tauschaktion Kriegsspielzeug gegen andere Spielsachen als „Mißbrauch kindlichen Spieltriebs für ideologische Zwecke" bezeichnet, bei dem sich die Erinnerung an die Ausnutzung von Kindern in totalitären Staaten wie der DDR und der UdSSR geradezu aufdränge!
Daß Gewerkschaftsfunktionäre und Sozialdemokraten verärgert und ratlos über die neue pazifistische Strömung sind!
All das ist nicht nur verwirrend und schockierend — es ruft flammende Erinnerungen wach.
Die Tradition der Pazifisten geht auf Bertha von Suttner (1843 bis 1914) zurück, die den imperialistischen Machtstaat und die Militarisierung der Politik bekämpfte. 1889 erschien ihr Roman „Die Waffen nieder!", in dem sie die Idee des Friedens propagierte und der sie weit über den deutschen Sprachraum hinaus bekannt machte. 1891 gründete sie in Wien den „Verein der Friedensfreunde". Sie starb kurz vor Ausbruch des Ersten Weltkriegs und brauchte die Vergeblichkeit ihres Mühens nicht mehr zu erleben.
Obgleich Frauen durch ihre jahrhundertealte Entrechtung in politischen Dingen relativ unerfahren waren, gab es gerade unter ihnen eine ganze Reihe, die nicht dem allgemeinen Vaterlandsrausch verfielen, sondern sich auf internationaler Ebene für Frieden und Aufklärung und gegen ein Wettrüsten einsetzten. Zu ihnen gehörten Rosa Luxemburg, die bereits am 15. Januar 1919 von deutschen Soldaten ermordet wurde; Clara Zetkin, die später, 1932, im Alter von 75 Jahren als Alterspräsidentin des Deutschen Reichstags in Berlin von Goebbels und anderen Nationalsozialisten verhöhnt und beschimpft wurde; Anita Augspurg, Lida Gustava Heymann, Helene Stöcker, Minna Cauer, Auguste Kirchhoff, Gertrud Baer, um nur einige zu nennen.
Nach dem Ersten Weltkrieg gab es eine „Nie-wieder-Krieg"-Bewegung, der nicht nur ehemalige Soldaten angehörten, sondern zahlreiche Intellektuelle: Wissenschaftler wie Albert Einstein („Nichts wird Kriege abschaffen, wenn nicht die Menschen selbst den Kriegsdienst verweigern"), Maler wie George Grosz und Otto Dix, Literaten wie Kurt Tucholsky, Carl von Ossietzky, Ernst Toller, Erich Mühsam, Gustav Landauer, Erich Maria Remarque, Arnold Zweig, Bert Brecht, um nur einige zu nennen.
Obgleich viele von ihnen für einen gewaltlosen radikalen Pazifismus eintraten, wurden sie behandelt, als seien sie gewalttätige Terroristen besonderer Art. Sie wurden entweder gequält und ermordet wie Carl von Ossietzky und Erich Mühsam oder verzweifelten im Exil und nahmen sich das Leben wie Ernst Toller und Kurt Tucholsky oder mußten die Beschwernisse der Emigration auf sich nehmen wie George Grosz und Anna Seghers.
Um die Lage unmittelbar nach dem Ersten Weltkrieg ein wenig zu beleuchten, möchte ich hier drei der pazifistisch gesonnenen Münchner Räterepublikaner zitieren, die einen antimilitaristischen Standpunkt vertraten und glühende Verfechter humanitärer sozialistischer Ziele waren. Ret Marut, der später nach Mexiko floh und — unerkannt — unter dem Pseudonym Benno Traven Romane schrieb, die Weltruhm erlangten, sagte ausdrücklich: „Was durch Waffen errungen wird, kann jeden Tag durch Waffen genommen werden. Aber was ihr durch euer Wollen oder durch euer Nicht-Wollen erobert, kann kein Gott euch nehmen ..." Für Ernst Toller bedeutete das Prinzip der Gewaltlosigkeit, daß er gefangene Weißgardisten nicht nur verpflegen, sondern auch wieder frei ließ. Er wußte, daß in Berlin „Rote Gefangene" schonungslos ermordet worden waren, aber er war der Auffassung: „Wir kämpfen für eine gerechtere Welt, wir fordern Menschlichkeit, wir müssen menschlich sein."
Gustav Landauer, ebenfalls revolutionärer Pazifist und Literat, betonte: „Gewalt führt nur immer zu Gewalt ... Nie kommt man durch Gewalt zu Gewaltlosigkeit." Den Haß seiner Gegner konnte eine solche Haltung nur steigern. Am 2. Mai 1919 wurde

er von weißen Soldaten verhöhnt und blutiggeschlagen und schließlich erschossen. 1933 wurde sein Grabmal von den Nationalsozialisten zerstört, die Gebeine wurden ausgegraben und in einem Sack an die jüdische Gemeinde von München geschickt. Walter Benjamins Wort, daß „auch die Toten vor dem Feind, wenn er siegt, nicht sicher sein werden", trifft auf viele Pazifisten furchtbar zu. Sie wurden als Volksverhetzer beschimpft, verhöhnt, gefoltert, ermordet und werden auch heute vielfach in offiziellen Geschichtsbüchern totgeschwiegen.

Daß aber — um noch kurz bei der Münchner Räterepublik zu bleiben — die Regierungstruppen Hunderte von gefangenen Arbeitern füsilierten, daß sie 52 von der Räteregierung freigelassene russische Kriegsgefangene in einer Kiesgrube zusammentrieben und niedermähten und verscharrten, daß sie 21 wehrlose katholische Gesellen, die eine Vereinsversammlung abhielten, niedermetzelten — das alles wurde von offizieller Seite lediglich als „tiefbedauerlicher tragischer Irrtum" abgetan. Der sozialdemokratische Gustav Noske ließ den Soldaten ausdrücklich seinen „herzlichen Dank für die Leistung" sagen.

Der Traum von Freiheit und Menschenglück, der Wunsch nach Autonomie, Selbstorganisation und Gleichberechtigung, die kurz nach dem Ende des Ersten Weltkriegs als etwas sichtbar geworden waren, das Wirklichkeit hätte werden können, wurden mit zügelloser Härte unterdrückt. Mit gewaltsamen Mitteln wurde Ruhe und Ordnung hergestellt, die den idealen Nährboden für die Gewaltherrschaft des Dritten Reiches abgeben sollten.

Adolf Hitler, zwölf Jahre lang Führer des Dritten Reichs, verkündete bereits 1923 öffentlich: „Es ist eine Gesinnungs- und Charakterlosigkeit, Pazifist zu sein. Denn er nimmt für sich selber wohl die Hilfe anderer in Anspruch, will aber selbst die Selbstbehauptung nicht ausüben. Bei einem Volk ist es genau so. Ein Volk, das nicht bereit ist, sich zu wehren, ist charakterlos." An anderer Stelle beschwört er die Deutschen: „In ewigem Kampf ist die Menschheit groß geworden — in ewigem Frieden geht sie zugrunde." Noch deutlicher hämmerte der Reichsminister für Volksaufklärung (!) und Propaganda, Joseph Goebbels, dem deutschen Volke ein: „Pazifismus ist Verzicht auf Selbstschutz und Vertrauen auf den Schutz der anderen. Menschen dafür bezahlen, daß sie unser Leben und unsern Besitz verteidigen, das ist für den Pazifisten die letzte Höhe der Kultur. Dagegen selbst sein Leben einsetzen, eben für dieses Leben, das ist für ihn dementsprechend die verabscheuungswürdigste Form der Barbarei.

Der Frieden wird nicht erredet, sondern erkämpft. Er steht nicht beim Ölzweig, sondern beim Schwert.

Wer den Frieden will, rüste zum Krieg. Und wer den Krieg will, der predige den Frieden."

Folgerichtig sangen „Hitlers braune Sturmkolonnen", das „Trutzheer deutscher Kraft": „Vom Schlachtfeld kehren wir nicht heim, vom Feind, da wollen wir nicht weichen! Um deutsche Erde kämpfen wir, für Adolf Hitler sterben wir."

Und folgerichtig schrieen die Massen im Berliner Sportpalast im Februar 1943, als der Demagoge Goebbels fragte: „Wollt ihr den totalen Krieg? Wollt ihr ihn, wenn nötig, totaler und radikaler, als wir ihn uns heute überhaupt erst vorstellen können?" ihr „Ja, ja, ja! Führer befiehl, wir folgen!"

Das Grauen dieses Krieges mit seinen millionenfachen Leiden, Qualen, Schmerzen, Toden, das wissen wir, ist schier unbeschreiblich. Ein neuer Krieg mit Neutronenbomben und Atomwaffen wäre brutaler, entsetzlicher und wahnsinniger.

Daß permanente Aufrüstung — „Nachrüstung" beschönigen die einen, „Todrüstung" warnen die anderen — je einen Krieg verhindert hätte, dafür gibt es kein Beispiel in der Geschichte.

Bert Brechts warnender Appell an die Menschen spricht heute all jenen aus dem Herzen, die eine wilde Sehnsucht nach Frieden haben:

„Und doch wird mich nichts davon überzeugen, daß es aussichtslos ist, der Vernunft gegen ihre Feinde beizustehen. Laßt uns das tausendmal Gesagte immer wieder sagen, damit es nicht einmal zu wenig gesagt wurde! Laßt uns die Warnungen erneuern, und wenn sie schon wie Asche in unserem Mund sind! Denn der Menschheit drohen Kriege, gegen welche die vergangenen wie armselige Versuche sind, und sie werden kommen ohne jeden Zweifel, wenn denen, die sie in aller Öffentlichkeit vorbereiten, nicht die Hände zerschlagen werden.

Das große Karthago führte drei Kriege.

Es war noch mächtig nach dem ersten, noch bewohnbar nach dem zweiten.

Es war nicht mehr auffindbar nach dem dritten."

Renate Wiggershaus

Krieg und Frieden

Krieg ist etwas
im Fernsehen
man kann es abschalten

Krieg ist etwas
in der Zeitung
man kann Salat drin einwickeln

Krieg ist etwas
das die Alten erlebt haben
man kann's nicht mehr hören

Krieg ist meistens
weit weg

Frieden ist nichts
was man mal
anschalten kann

Frieden ist nichts
was sich schnell
auswickeln läßt

Frieden ist nichts
was man Jüngeren oder Älteren
überlassen soll

Frieden beginnt immer
ganz nah

Ingeborg Görler

Take care, I have Hollanditis

Es gibt heute nichts Wichtigeres als den Frieden, was soll es denn Wichtigeres geben? Es geht um jeden einzelnen, um uns alle, die von A.B.C.-Waffen bedroht sind. Zum *dritten* Mal mache ich dies nun mit … 15 Jahre alt war ich, als der erste Weltkrieg „so schön" anfing mit Blumen auf den Gewehren, die Folgen waren schrecklich mit Jammer, Chaos, Inflation und Arbeitslosigkeit. Der zweite Weltkrieg brach aus, als ich zwischen 30 und 40 war. Hitler hatte die Arbeitslosen von der Straße geholt und in die Munitionsfabriken geschickt, dasselbe was wir nun auch tun. Die Inflation stieg ins Unendliche. Das geht vorläufig noch etwas langsamer, aber sie wächst in der ganzen EEG, denn die Rüstungen fressen überall das Geld. Sie fressen auch die armen Länder. Das wird bedrohlich, denn gegen einen Armen kann man kämpfen, gegen Millionen nicht. Auch im Inneren gibt es keine Gerechtigkeit … es ist sehr ähnlich wie in der Zeit zwischen den beiden Weltkriegen. An das Leiden damals erinnere ich mich, denn ich habe davon gelernt. Nun bin ich 82 Jahre und lebe in Holland. Man fragte mich, als ich kam: Wie war es doch möglich, daß die Deutschen das taten und zuließen? Auch die Deutschen selbst sagten nach dem Zusammenbruch: Niemals wieder! Nicht nur sie sagten das. Und nun? „Es gibt Wichtigeres als den Frieden", sagt ein Amerikaner, er hofft, daß wir hier für ihn die Suppe ausessen. Aber das darf und soll nicht sein. „Nur tote Fische schwimmen mit dem Strom", noch sind wir es nicht, tote Fische. Die Jugend will nicht, auch die Soldaten wollen nicht, selbst die Generäle wollen zum Frieden helfen. Die Polizei will nicht mehr auf die Arbeitslosen und Wohnungsuchenden einschlagen. Die Jugend protestiert tapfer in Sturm und Regen und wird dann mit Wasserkanonen, Tränengas und Knüppeln behandelt. Man stirbt nach Hungerstreiks, die schwarzen Fahnen hängen in Irland. Auf der andern Seite gibt es Vergnügungsparks, Spielsäle, wohin viel Geld geht, und „Eroscentra", wo die Frauen erniedrigt werden. Das war auch schon da, zwischen den beiden Weltkriegen in Berlin. Der Faschismus steht auch wieder auf, man hat ihn nötig. Damals haben auch die Kirchen nicht protestiert, alles saß im Schlamm. Das ist nun anders. Den Kirchen gehn die Augen auf, und sie erinnern sich daran, daß ihr Herr am Kreuz gestorben ist als „Volksverleider". Es gibt ein großes Erwachen. Neulich war ich mit Freunden in einer Ausstellung alter Kunst. Ich konnte nicht so lange laufen, ließ die andern weitergehen. Ich saß vor einem Bild der Leidensgeschichte, und es drang in mich: Er betet in seiner Not. Die andern schlafen. Dann wird er gegeißelt, jemand wäscht seine Hände „in Unschuld", dann kommt die Kreuzigung zwischen zwei Missetätern. Aber dann kommt die Auferstehung, die war nicht auf diesem Bild, aber sie *ist* gekommen! Aufstand war durch die Jahrhunderte unter den Menschen, und dies, daß man „aufsteht", macht Menschen zu dem, was sie sein sollen, machte auch den Zimmermannssohn Jesus. Als man während der Bilderstürme in der Reformation die falschen Bilder kaputtschlug, griff jemand ein Jesusbild und trug es hinaus mit den Worten: „Dir tun wir nichts, du gehörst zu uns", las ich bei Adolf Holl. In Italien sah ich Christus und Lenin zusammen hängen. Wenn wir doch sterben müssen, laßt uns was tun für das Gute und nicht dafür, daß die Reichen noch reicher und die Armen noch ärmer werden, das ist „Satanswerk". Ich möchte, daß diesmal auch „Volksgenossen" so darüber denken und sich nicht zum dritten Mal ins Unglück schleppen lassen.

Take care, I have Hollanditis, und ich hoffe, daß alle sie kriegen.

Hilde Slotemaker (Holland)

Der Panzerturm

Ich mußte Sätze aus der Setzerei holen. Ein guter Grund, mir ein paar Minuten Pause zu gönnen, mit den Setzerstiften zu ratschen. Zufällig fiel mein Blick auf ein Layout: ‚KUKA-Panzerturm'. „Was soll denn das?" fragte ich Obelix, den großen, stämmigen Auszubildenden aus dem ersten Lehrjahr.

„'n Prospekt, den ich setzen soll", antwortete Obelix einsilbig.

„Sag mal, du tickst doch wohl nicht richtig, oder? Ich denk, du willst verweigern?" erwiderte ich.

Obelix sah mich verständnislos an, meinte: „Kannste doch nix dran ändern."

„Heißt das, dir ist es egal, was du machst?"

„Nö", ließ Obelix los, „nö, aber is ja nur 'n Prospekt. Und machen kannste sowieso nix dagegen."

„Eigentlich hat er recht", dachte ich. Da entdeckte ich plötzlich die Auftragstasche, ein bedrucktes Kuvert mit den Arbeitsanleitungen für sämtliche Abteilungen. Ich drehte das Kuvert um, schrieb kurzerhand auf die leere Rückseite: „Wie kann man nur so militaristische Aufträge annehmen? Hiermit fordere ich alle Kolleginnen und Kollegen auf, die Arbeit zu verweigern! Michael Tonfeld, Buchdruck."

Einige Tage später rief mich der Abteilungsleiter der Druckerei in seinen Glaskasten. Schmunzelnd sagte er: „Michel, du sollst mal rüber zur Geschäftsleitung!"

„Was die wohl von mir wollen", dachte ich, während ich mir im Waschraum die Druckfarbe von den Fingern schrubbte.

Artig klopfte ich an, folgte dem ‚Herein' und betrat das Büro des technischen Betriebsleiters.

„Setzen Sie sich, Herr Tonfeld", hörte ich Herrn Beyer sagen. Immerhin duzen mich die Vorgesetzten hier nicht; im Drucksaal bin ich für den Meister trotz meiner 21 Jahre der Michel. Gespannt blickte ich den Betriebsleiter an.

Beyer räusperte sich, griff nach einer vor ihm auf dem Schreibtisch liegenden Auftragstasche. Laut las er: „Wie kann man nur so militaristische Aufträge annehmen?" Beyer sah mich abwartend an, fragte dann: „Was haben Sie sich eigentlich dabei gedacht?"

„Was draufsteht", erwiderte ich.

„So. Du bist wohl gegen den Krieg?"

„Allerdings!"

„Warum hast du es nicht ans Schwarze Brett hingeschrieben, sondern ausgerechnet auf die Auftragstasche? Die ist doch schließlich eine Art Dokument. Da hast du überhaupt nicht draufzuschreiben!" Beyers Stimme begann zu zittern.

„Wenn ich's ans Schwarze Brett geschrieben hätte, wer hätt's dann gelesen? Und die, die's geseh'n hätten, würden denken, der spinnt ganz schön. Deshalb hab ich's auf die Tasche geschrieben, damit's alle im Betrieb, die mit dem Auftrag zu tun haben, lesen und drüber nachdenken, was wir da drucken."

Beyer lief rot an: „Da hast du ja dein Ziel erreicht. Aber das laß dir gesagt sein, wenn das noch einmal vorkommt, fliegst du raus. Ein Lehrling, der zur Arbeitsverweigerung aufruft; also das ist mir noch nie untergekommen. Jetzt sieh zu, daß du an deinen Arbeitsplatz zurückkehrst. Und laß dir meine Warnung eine Lehre sein!"

Als ich die Tür zum Druckereisaal aufstieß, wartete der Abteilungsleiter bereits auf mich. Hämisch grinsend meinte er: „Da hast du dir was Schönes eingebrockt. Und das drei Wochen vor der Gehilfenprüfung. Was willst du denn machen, wenn wir dir den Prospekt als Facharbeit für deine praktische Gehilfenprüfung geben? Willst du etwa die Arbeit verweigern? Dann kannst du dir deinen Gehilfenbrief an den Hut stecken!"

Den KUKA-Panzerturm-Prospekt druckte ein Kollege. Mir gaben sie als Facharbeit einen Prospekt ‚Müllcontainerwagen' der gleichen Firma zum Drucken.

Nach bestandener Gehilfenprüfung überreichte mir der Abteilungsleiter im Juli 1971 außer dem Gehilfenbrief, verbunden mit der obligatorischen Gratulation, das Kündigungsschreiben: „Aufgrund der allgemeinen Rationalisierung sehen wir uns leider nicht in der Lage, Sie als Gehilfen zu übernehmen. Wir kündigen hiermit frist- und termingerecht …"

Ob ich damals wirklich eine Diskussion in Gang gesetzt habe, vermag ich nicht zu sagen. Was ich jedoch weiß, ist, daß die Ortsmitgliederversammlung des Münchner Ortsvereins der Industriegewerkschaft Druck und Papier am 23. Februar 1981 dafür stimmte, geschlossen den Krefelder Appell „Keine Atomraketen in Europa" zu unterzeichnen.

Michael Tonfeld

Das Zeughaus

Ein Museum deutscher Geschichte
Am Eingang die Huren
des Krieges:
Mathematik
Geometrie
Mechanik
Pyrotechnik.
Der Prachtbau um 1700
gedacht als Waffenarsenal
der Festung Berlin.
Im Schlüterhof
zeugen
zweiundzwanzig Masken
sterbender Krieger
von der Größe und Schönheit
im Feld der Ehre
für das Vaterland
zu fallen.

Rüdiger Rosenthal

Befürchtungen

wenn wir denen
denen wir den Krieg überließen
auch den Frieden überlassen
sind wir verloren

Ingo Cesaro

Verdun

Im Beinhaus zu Verdun,
da liegen sie gewürfelt,
vom Boden ausgeschürfelt.
Das Haus ist nicht zu eng.

Wohl hundert Meter lang.
Und Kreuze. — In der Erde
verdorrt der Zeit Beschwerde.
Ein Bauer pflügt am Hang.

Viel hunderttausend Mann.
Die Namen sind vergessen.
Doch aus den Schollen pressen
sich Knochen dann und wann.

Der Acker wird zu eng.
Jetzt müssen sich vereinen
mit Armen, Kopf und Beinen
die Gegner von Verdun.

Jochen Hoffbauer

ein partisan

wir zogen uns vor den faschisten in die wälder zurück,
manchmal gingen wir pilze suchen

Und beim nächsten? Guerilla
werden. Ausziehen und zwischen
Atompilzen die Wälder suchen

Die Konturen des Feindes verglühen mit den Gesichtern
der Freunde. Sich entscheiden, auf welcher Seite man steht,
wenn die Erde zerreißt

Lutz Rathenow

Mein Liebster

es ist schade, daß Du heute nur wenig Zeit für mich hattest. Ich wollte mit Dir über etwas reden, was mich seit einiger Zeit mehr und mehr ängstigt. Ich will mit meiner Mitteilung auch nicht länger warten, weil ich mich fürchte. Ich fürchte mich mit einer sich ständig steigernden Intensität, daß wir (Du, ich und alle Menschen, die wir kennen und mögen, und auch die, die wir nicht mögen oder kennen) durch einen Atomkrieg vernichtet werden. Ich habe versucht, alle Regungen in mir, die sich mit dieser Vorstellung verbanden, wegzudrängen. Aber seit gestern abend weiß ich genau: Ich will sie nicht mehr verleugnen. Ich will mich dieser Erkenntnis stellen.

Weißt Du noch, daß Du gestern abend auf mir liegend eingeschlafen bist? Dein Kopf lag auf meiner Schulter, und ich konnte Dein gelöstes und entspanntes Gesicht lange ansehen. Dabei ist es mir ganz heiß geworden, und ich hätte vor Glück laut lachen mögen. Ich habe es nicht getan, weil ich Dich nicht wecken wollte. Aber ich konnte mich dem Gefühl überlassen, welches das Gewicht Deines Körpers hervorrief, und ich konnte mit meinen Händen Deine Haut spüren. Mit meinem ganzen Körper fand ich Vertrautes und Neues. Immer wieder mußte ich Dich streicheln, spüren — und dabei empfand ich plötzlich mit wilder Panik das Verlangen, Dich zu verschlingen oder mit Dir zu verschmelzen. Ich erschrak über meine Gier, trieb sie zurück, schüttelte sie ab. Ich schalt mich albern und kindisch. Aber das bewirkte keine „Besserung", im Gegenteil: In mir wurde das Bild eines kleinen Kindes wach, das im Gitterbett sitzt und mit Wut und Schmerz im Gesicht an den Stäben rüttelt und dabei seiner sich immer weiter entfernenden Mutter nachsieht. Mir war, als sei ich dieses Kind. Voller Wut und Schmerz preßte ich Dich so fest an mich, als wollte ich Dich in mich hineindrücken. Erinnerst Du Dich? Das war jener Augenblick, als Du etwas aufwachtest, schlaftrunken von meinem Körper herunterrutschtest und weiterschliefst.

Durch Deine Bewegungen wurde ich selber auch wieder nüchterner und fragte mich, ob ich denn einen Grund hätte, mich so an Dich zu klammern. Wieder spürte ich Wärme, den Wunsch zu liebkosen, zu umsorgen und Dich zu verwöhnen. Nein, die Zeit, in der ich befürchtet hatte, Du könntest von mir weggehen, ist vorbei. Ich war demgegenüber, was in mir vorging, ratlos. Doch dann erinnerte ich mich, scheint's zusammenhangslos, an ein Kinderbuch, das ich mit 12 Jahren gelesen habe. Den Titel weiß ich nicht mehr, auch den Namen des Verfassers nicht, aber ich sehe noch die beiden Kinder, wie sie Hand in Hand durch das verwüstete Hiroshima laufen. Nach all dem Unheilvollen, das ein Krieg sowieso mit sich bringt, erleben sie auch noch den Abwurf der Atombombe, und eines der beiden Kinder stirbt nach entsetzlichen Qualen daran. Als ich das Buch las, war ich sehr erschrocken, aber auch sehr erleichtert darüber, daß ich nicht eines dieser Kinder war. Aber diesmal, Liebster, werden auch wir betroffen sein. Damals war es eine gewissenlose und mörderische Generalprobe — die Premiere wird hier bei uns stattfinden. Keiner wird sich dieser Vernichtung entziehen können, nicht einmal Du oder ich. Ich betone letzteres gerade deshalb, weil es immer so schwer ist, seine eigene Betroffenheit zu erkennen; die von anderen ist sehr viel leichter anzusehen. In einem Kinderlied von Brecht heißt es: „Alle sollen was bauen / dann kann man allen trauen." Wir haben auch viel aufgebaut. Wie oft haben wir in den letzten Jahren gegeneinander gekämpft, und jetzt hat sich herausgestellt, daß es eigentlich doch ein Kampf füreinander war. Daß es möglich sei, auf den Wunden, die wir uns gegenseitig zugefügt haben — immer um den eigenen Schmerz zu lindern —, eine emotional feste Bindung aufzubauen, schien uns beiden nie sicher. Aber ich glaube, wir haben es geschafft! Es ist kein konfliktfreies Leben in grenzenloser Harmonie. Aber eines, in dem wir beide bereit sind, unseren Teil an Schmerz und Freude zu tragen und den anderen teilnehmen zu lassen.

Ich möchte mir das nicht wegnehmen lassen, stattdessen will

ich noch einige Jahrzehnte mit Dir verbringen. Laß uns gleich morgen darüber reden, wie wir verhindern können, daß die Erde und somit auch wir und unsere Wünsche und Hoffnungen vernichtet werden. Laß uns miteinander mutig sein und Menschen suchen, die auch nicht vorzeitig sterben wollen. Vielleicht kann es uns allen zusammen dann gelingen. Wenn wir morgen darüber reden, sollten wir auch gleich nach Wegen suchen, denn ich glaube, es eilt. —

Bis morgen, Liebster!

Angie Döpper

Ruhe

Ruhe
um des
lieben
Friedens
willen
bewahrte
die Mutter
als der Vater
seinen Sohn
halb tot schlug
weil der mit einer
Handgranate gespielt hatte
die der Kriegsheimkehrer zur
Erinnerung an seine Heldentaten
aufbewahren
wollte

Eva Vargas

Pazifismus

„Pazifismus ist friedensgefährdend",
        das stand in der Zeitung,
        sagten die, die uns Angst
        machen, weil sie Angst vor uns haben.

„Pazifismus ist kriegsablehnend",
        das stand im Duden,
        und der Duden braucht keine Angst
        zu haben ...
        ... noch nicht einmal vor dem Frieden.

Detlef-Ingo Fechtner

Arrest für Army-Boys. Demonstration in K-Town (Kaiserslautern), 26. 10. 1980

Am Sonntag ist wenig Verkehr auf den Straßen. Ich latsche die Außenschleife, um zur „Jugendbude" zu kommen. — Seit einigen Jahren gibt es in den Parterreräumen des ehemaligen „Hospitals" ein Mini-Jugendzentrum. Einige Gruppen treffen sich dort regelmäßig.

Ein Auto hält im Gelände, ein Junge steigt aus, bärtig, mit Brille. Vater holt ihn am Abend wieder ab, oder er muß sehen, wie er am späten Abend zu einem ehemaligen Dorf und jetzigen Stadtbezirk zurückkommt. Er lernt Gärtner in Kassel, pendelt in umgekehrter Richtung wie ich. Ein weiteres Auto fährt vor. Der Fachschüler (Erziehung) bemüht sich seit ein paar Jahren um Aktivität in der Gruppe der Kriegsdienstverweigerer. Es sollen noch zwei Mann kommen, die mitfahren wollen. Der Leiter der Gruppe (Student, Diplompädagogik) trifft mit einem strapazierfähigeren Auto ein. Der fehlende Knabe wohnt in einer Gegend der Stadt, die an das „Diakoniezentrum" angrenzt. Im „Adventhaus" hätte ich ihn nicht vermutet, kenne ihn nur flüchtig von Gruppenabenden her. Er soll sich noch in Morpheus' Armen befinden, pennen, was vorsichtig erfragt wird.

Wir sind knapp dran. Von Bussen, die nach Kaiserslautern fahren, kann in Marburg keine Rede sein. Ein Bus steht bereit. In dem Häuflein der Wartenden erkenne ich Bekannte. Ulli, mein Zimmergenosse von der Erfurt-Tour im letzten Jahr im November, fährt mit. Ein Stadtverordneter ist dabei. Wir erinnern uns kurz an eine Gründungsversammlung in Treysa. Optimismus von damals ließ sich leider nicht steigern.

Ich hätte Lektüre mitbringen sollen. Unser großer oder langer Vorsitzender der Gruppe hat an Unterhaltung gedacht, zwei Kassetten zusammengestellt. Klassen- und Friedenskampf vom Tape.

In K-Town war ich noch nie absichtlich, bin einmal durchgefahren auf dem Rückweg von einer Wanderung im Saarland. Bei einer Wanderung durch den Schwarzwald (1973) schlichen zwei Mädchen aus Kaiserslautern mit. Irgendwo, in einem Stadtplan, liegt ein Foto der Gruppe. Fußballfans erinnern an den Betzenberg, das Stadion liegt nicht weit vom Anfahrtsplatz der Busse entfernt. „Waldschlößchen", ein Parkplatz, ist Stellplatz für einen Teil (wird er eine „Marschsäule"?) der Demonstration. Hessen und Bayern sollen hier die Demonstration beginnen. Zuerst sollte es in der Nähe einer Kaserne anfangen. Provokationen werden vermieden.

Der Platz wurde von örtlichen Komitees vorbereitet. Es gibt Stände mit Essen und Trinken, auch einen Stand von türkischen Freunden. Freude, bei Begegnungen. Freunde von der DFU aus Frankfurt u. a. sind da. Unerwartet ist für mich die Konfrontation mit ehemaligen Fachschülern aus Hephata, die jetzt im weiten Umfeld von Kaiserslautern beschäftigt sind oder ihr Berufspraktikum ableisten. Ich bin längere Zeit nicht mehr bei einer Großdemonstration gewesen. Umgangsformen haben sich geändert. Ist die Isolation größer geworden?

Ein Kind sitzt auf einem Topf (ein kleines Mädchen). Es pißt für den Frieden. Besser öffentlich als in die Hose.

Wo ordnen wir uns ein, in Formation Hessen, alle Marburger für sich, oder nach Einschätzung, augenblicklichem Standplatz? Ich bemühe mich, bei den Schwalmstädtern zu bleiben. Der Vorsitzende muß Bilder knipsen. Wollte ich nicht seit längerem vom Schreiben auf Polaroid-Fotos umsteigen?

Der Demonstrationszug setzt sich in Bewegung. Exakt passiert nichts. Es wird von der Polizei kein Schema aufgezwungen (etwa durch Hunde). Einige Transparente erwiesen sich als zu lang, sperrig oder zu hoch. Stromführende Leitungen können vielleicht getroffen, berührt werden. Hat ein Transparent ähnliche Chancen wie im Herbst ein Drachen, ob nun selbst ge-

fertigt oder gekauft? Zu Beginn der Gesamtaktion blicken Ausflügler, Spaziergänger, verwundert. Die Bahnunterführung, die Brücke, wird zum Akustiktest (Schreiversuch), dann scheint die Hauptstraße erreicht zu sein. Geschäfte wie in jeder anderen Stadt. Gaststätten (erobert von den Freunden aus Italien), ein Kasino oder ein Unterhaltungszentrum für Franzosen. In welcher City bin ich zuletzt rumgetappt? (Hannover, 10. Mai). Jungen neben mir erinnern sich an Demonstrationen in Bonn und Brüssel, intonieren Sprüche: „Apel, wir kommen — versteck dich nicht — wir finden dich!" — „Hopp — hopp — hopp — Atomraketenstop!" In Brüssel war schlechteres Wetter als heute, der Zusammenhalt größer. Kurz vor der Demonstration in Brüssel hatte ich gefrozzelt: „Vielleicht laden wir demnächst zu einer Demonstration in Paris ein!" Teilnehmer einer Sitzung nahmen mich ernst. Immerhin, europäische Randbezirke wurden erreicht. In Straßburg gab es zwei Demonstrationen gegen Alt- und Neu-Nazis und im letzten Dezember in Brüssel gegen den Nato-Doppelbeschluß. An diesem Wochenende wurden Grenzgebiete erfaßt. Lingen-Nordhorn (BRD—Niederlande) und Kaiserslautern (Bundesrepublik—Frankreich—Belgien).
Die Sprechchöre klingen müde („Der Onkel und der Opa wollen Frieden in Europa!"). Einfach ist es beim beliebtesten Spruch: „Hoch — die — internationale — Solidarität!" Denke ich an eine Demonstration (1969) im Bahnhofsbezirk von Frankfurt („Nutten runter vom Balkon — vögelt für den Vietcong!"), denke ich auch gleichzeitig an Frustration auf sexuellem Gebiet. Haben Demonstrationen keine erotischen Momente? An Lust beim Kampf durch Konfrontation mit Wasserwerfern wird nicht gedacht. Heute werden wir von den Polizisten geschützt. Mit Motorrädern sind Übergänge abgeriegelt. Bald schweifen Gedanken zu ersten Ostermarschveranstaltungen und Demos (für mich in Frankfurt).
Das Ziel des Marsches ist bald erreicht. Eine Fußgängerzone, zwischendrin eine Kirche, ein Gotteshaus, Stiftsplatz. Wir werden durchgeschoben. Verlockungen, Gelüste, international genormt, tauchen auf („Wienerwald" — „Mc Donalds"). Neben einem Brunnen stehen Tische mit Speiseangeboten. Sandwichs, halbe Weißbrote mit Belag (Schinken — Käse) dazwischen. Die richtigen Maulsperren, wie sie in Frankreich beliebt sind. Fast ein „Ring" als Rednerplatz. Lautsprecherwagen, Podium und Plätze für die Beteiligten. Aus der Seitenstraße trifft der Zug der französischen Freunde mit dem Großtransparent „Mouvement de la Paix" ein. Zusammenrücken. Auf günstige Sicht kann keine Rücksicht genommen werden. Jungen, mit roten Mützen und dem Aufdruck CCT (der Gewerkschaft) sehen blondhaarig, nicht wie der ehemalige „Erbfeind" aus. Vielleicht verstehen sie den Dialekt der Gegend. Den „Süden" verkörpern Türken, die seit einigen Wochen starke Gründe haben, um gegen Aufrüstung und Militär zu protestieren, gibt es doch bei ihnen eine von sich selbst eingesetzte Militärregierung, um nicht direkter zu werden. Kann jede Militärdiktatur sofort als faschistisch bezeichnet werden? Stimmte ich nicht (weitgefaßt) mit einem Putsch in Peru überein? Übergänge kommen sofort: „Schule der Nation", in der „dritten Welt" die erste Schule überhaupt. Sozialisation durchs Militär. Wir sind in der Bundesrepublik ein Hauptstützpunkt der Nato. Für das „Komitee für Frieden, Abrüstung und Zusammenarbeit" eröffnet Prof. Kade (ehemals SPD-Mitglied) die Kundgebung oder Manifestation. Alle Redebeiträge, auch Inhalte von Songs (eine Gruppe aus Kaiserslautern hat eröffnet), werden übersetzt. Die Kundgebung ist dreisprachig (deutsch — französisch — niederländisch oder flämisch).
Ein Liedermacher tritt nach dem ersten Redner auf. „Schlauch", B. Köhler, bekannt von Song-Festivals u. a. aus Ingelheim. Er bringt eine Version von „We shall overcome", die ankommt, nicht unbedingt zum Mitsingen einlädt. — Im Beitrag von Niemöller (wie lange ist es her, daß er in Kassel die Bundeswehrzeit als Erziehung zum Töten bezeichnete?) kommt zum Ausdruck, daß die Natoführung sich geirrt hat, wenn sie annahm, daß ihre Beschlüsse hingenommen werden („Pustekuchen").
Vertreter der Delegationen aus dem Ausland reden teilweise mit unheimlichem Elan. Es bleibt nie emotionslos, dröge. Ein belgischer Redner fordert zur Distanz gegenüber der Sowjetunion auf wegen der Besetzung Afghanistans. Einige Spontis frohlocken, meinen, daß DKP-Anhänger das nicht gern hören. Es folgt eine korrekte Übersetzung. — Hauptrednerin ist eine Tochter des Atomforscherehepaars Jolliot-Curie. Helene Langevin hält ihre Rede teilweise in deutscher Sprache. — „Als Wissenschaftler und als Frau wende ich mich entschieden dagegen, den Atomkrieg als banal hinzustellen!" Blicke schweifen in die Runde. Die Losungen der Transparente sind eindeutig: „Stoppt das atomare Wettrüsten!" — „Moneten statt Raketen" — „Den nächsten Krieg gewinnt der Tod". Abwechslung in die bei sonnigem, aber kaltem Herbstwetter stattfindende Kundgebung bringt die Bürgermeisterin einer kleinen französischen Stadt. Sie hält nicht noch eine Rede: sie singt auch Friedenslieder. — Eine andere Persönlichkeit, die bereits seit Jahrzehnten vor dem Atomtod warnt, erhält gegen Ende der Veranstaltung das Wort. Prof. Bechert, lange Jahre SPD-Bundestagsabgeordneter gewesen, berichtet, daß sich in London fünfzigtausend Teilnehmer zu einer Kundgebung gegen die atomare Aufrüstung versammelt haben, zieht uns in die Bewegung mit ein. Ich erinnere mich an einen Vortrag von Bechert in Kassel, Landesmuseum. Ich war damals dreizehn, vierzehn Jahre alt. Seitdem besteht mein Widerstand gegenüber euphorischer Anwendung von Kernkraft, auch in der Medizin. Das Schlußwort hat ein Theologe, Sprecher des lokalen Komitees, also der Veranstalter. Er berichtet, daß offiziell das Komitee nie von der Stadt (Verwaltung) zur Kenntnis genommen wurde, daß jetzt aber die ausländischen Repräsentanten vom Bürgermeister der Stadt zu einem Empfang eingeladen wurden. Immerhin war das Komitee heute „hörbar". Das halbstarre Stehen ermüdet, ich habe mich zu keinem Gang zu einem Freßstand oder zu „McD" aufraffen können. Die jugendlichen Besucher einer Tanzschule, im Haus an der Rückseite des Platzes, hatten es besser, erhaschten aber nur kurze Blicke aus den meist verhängten Fenstern. Zum Abschluß gibt es einen Song von „Schlauch", der sich mit der Lagerung von Atomwaffen in Mannheim-Käfertal beschäftigt. Waren wir (Demonstranten) bei der Kundgebung unter uns? Eine Zielgruppe fehlte jedenfalls: die Angehörigen der amerikanischen Streitkräfte hatten Ausgangssperre. Arrest für Armyboys.

Hans Horn

Mutter von drei Kriegsdienstverweigerern:

Die katholische Kirche hat eine Aktion „Leben" durchgeführt. Damit soll das ungeborene Leben geschützt werden. Wie steht sie zum Schutz unseres Lebens? Wo bleiben da die Aktionen zum Schutz des Lebens der von uns Müttern geborenen Söhne?

Dagmar Dickhaut

12. Aufruf zur Rebellion

Nur zehn Prozent oder der „Hanauer Beweis" und das Gleichnis von der Biene

Wem ließe sich viel Neues noch sagen zum Thema Frieden? Wurde nicht in tausend Variationen alles schon Gesagte wiederholt? Gleichwohl sollten aber die Fakten zum eigenen existenziellen Problem heranreifen, denn Anlässe gibt es genug. Anlaß genug für mich war die Lektüre eines Strategen des Grauens, wobei ich nur dachte, was einer so alles denken kann:

Ich spreche von Brzezinski, von seiner brutalen und zynischen Äußerung als damaliger Sicherheitsbeauftragter der US-Regierung, mit der er 1977 den Einsatz aller Kernwaffen von USA und Sowjetunion mit der Bemerkung verharmloste, daß damit „nur" ungefähr 10 % der Menschheit getötet würden (Die Zeit vom 14. 10. 1977). 10 % von 4 Milliarden, das sind „nur" vierhundert Millionen Menschen. Wie Kenner vermuten, sind 50 % der amerikanischen Atomwaffen auf westdeutschem Boden stationiert, also laut Brzezinski die Vernichtungskapazität für ca. 2,5 % der Weltbevölkerung. Auf dieses Arsenal des Schreckens dürften 50 % der sowjetischen Kapazität justiert sein, so daß zusätzlich ein ähnliches Vernichtungsvolumen aus dem Osten über unser Land gestreut würde, das ausreichte, 100 Millionen Menschen, also 2,5 % der Weltbevölkerung, mit einem Schlag zu exterminieren. Da die Bundesrepublik aber nur 60 Millionen Menschen bewohnen, müssen nicht einmal alle Waffen aufgeboten werden, um unser Land in den größten Friedhof aller Zeiten zu verwandeln.

Wir fühlten uns also am falschen Ort unserer Erde erleichtert, als vor vielen Jahren der Futurologe Hermann Kahn uns damit beruhigte, ein internationaler Konflikt werde erst nach vielen Eskalationsstufen wirklich den weltweiten atomaren Holocaust auslösen. Inzwischen wissen wir es schon genauer. Bereits auf den allerersten niedrigsten Stufen können wir alle Opfer sein — und ein Zyniker könnte daraus folgern, USA und UdSSR hätten einen Konkurrenten weniger: auf dem Weltmarkt die einen, in der Gesellschaftsordnung die anderen.

Wie Hans Eberhard Richter meinte, liegt es in der Natur des Menschen, die schlimmen Fakten zu verdrängen. Mit dem Satz: „Wir wissen nicht, was wir nicht wissen wollen" bezog sich Richter auf die kaum vorstellbare Tatsache, die jene, die sie kennen, allzugern vernachlässigen, wonach auf jeden der 3 Milliarden Weltbewohner eine latente militärische Vernichtungskapazität lauert, die einer Sprengkraft von 15 Tonnen Dynamit entspricht. Diese Sozialisierung der Vernichtung kann errechnen, wer das angehäufte Waffenpotential rein schematisch verteilte.

Die Rüstungsstrategen können einem schon leid tun, die angesichts solcher Fakten jede atomare Um-, Nach- und Vorrüstung nur noch mit der Methode des kürzlich wiederentdeckten „Hanauer Beweises" (einer volkstümlichen, philosophischen Figur der Logik) als Beitrag zur Friedenssicherung ausgeben können: Diese Logik lautet: „Wozu behaapt ich's dann, wann ich's noch beweise soll?" (Hessler, S. 402), zu hochdeutsch: Ich behaupte es, wozu soll ich es dann noch beweisen?

In Zeiten, wo einer mit der Preußen-Renaissance auch die militärischen Machtgesten als Mittel der Politik wieder unverfroren auftreten können, wo Staatenlenker in einem Atomkrieg Sieg sogar für möglich halten und Machtausbreitung für wichtiger als Frieden, da sind die bisherigen Verdrängungsmechanismen einfürallemal stumpf geworden. Wer ist abgebrüht genug, eines amerikanischen Außenministers Version von der Weltrevolution zu hören, ohne daß ihm kalte Schauer über den Rücken kröchen?

Außenminister Haig im September 1981 in Berlin: „Die Demokratien des Westens genießen ein einmaliges Vorrecht — und haben eine zwingende Verpflichtung —, ihre eigene revolutionäre Doktrin in der ganzen Welt zu verkünden." (FAZ, 15. 9. 1981)

Weltrevolution — dies Stichwort war uns bisher nur aus Moskau geläufig. Sendungsbewußtsein, zumal mit Machtwillen und Machtpotential gepaart, findet seine Anlässe zur Machtdemonstration, wann immer es will: Daß heute sogar Computer-Pannen Vernichtung produzieren können, ist zwar erschreckend neu, aber kaum harmloser als die durch hybride Politiker oder wildgewordene Geheimdienst-Agenten provozierten Krisen.

Allein angesichts der topographischen Verteilung von Vernichtungskapazität und ihrer Zielrichtung gibt es eigentlich nur jene Konsequenz zu ziehen, die George F. Kennan formuliert hat: Als Urheber der „Eindämmungs" (Containment)-Politik der Nachkriegsjahre ist er gewiß alles andere als ein Freund des Kreml, hat aber (in einem Artikel der „Zeit" vom 28. 8. 1981) gemahnt, angesichts der bestehenden Gegensätze und Rüstungsverteilung trügen „die europäischen Natopartner eine besondere Verantwortung. Wenn die Verschlechterung des Ost-West-Verhältnisses überhaupt aufzuhalten und umzukehren ist, dann nur dadurch, daß mit Moskau geredet wird. Ich sehe niemanden außer den europäischen Natopartnern, der solche Kommunikation derzeit leisten könnte. Dies setzt voraus, daß sie nicht nur für sich sprechen, sondern auch für sich denken." Und ganz in diesem Sinne hat Erhard Eppler am 10. Oktober in Bonn darauf hingewiesen, daß die Friedensbewegung zeige, „daß die alten Nationen Europas mehr sind als Schachfiguren auf dem Brett der Weltmächte, beider Weltmächte".

Es gibt manche, die da meinen, wer so die deutschen bzw. europäischen Interessen in den Vordergrund schiebe, mache sich eines neuen Nationalismus schuldig und vergesse darüber die Interessen des Restes der Welt. Aber einmal abgesehen davon, daß einer Verständnis haben muß für den, wem die eigene Haut am nächsten ist, so muß ihm aber auch bewußt werden, daß mit jeder Beseitigung eines Krisenherdes der Friede auf der Welt um einige Grade sicherer gemacht wird. Mitteleuropa mit den hier aufeinanderprallenden Gesellschaftsordnungen und -systemen und mit dem Faustpfand Westberlin (mit dessen Hilfe jede der beiden Seiten zu beinahe jeder beliebigen Zeit eine Krise heraufbeschwören konnte) war lange Zeit ein solcher Krisenherd der allerhöchsten Alarmstufe. Entspannungspolitik konnte ihn entschärfen, solange ihr Kapital nicht aufgezehrt war: inzwischen sind neue Anläufe notwendig geworden. Nur die Entschärfung potentieller Krisenherde wie des mitteleuropäischen kann die Gefahr der Eskalation von Konflikten verringern und Voraussetzungen dafür schaffen, daß mit Hilfe von konkreten Abrüstungsvereinbarungen wenigstens schrittweise Mittel freigesetzt werden für die Lösung von materiellen Problemen in den hungernden Teilen der Welt. Denn nach Willy Brandts Worten gefährdet auch der Hunger den Frieden.

Wer alle negativen bedrohlichen Faktoren zusammenrechnete, wird die Hoffnungen für unser Überleben und für das der Menschheit kaum als sehr hoch veranschlagen. Aber Hoffnungen muß es geben, weil Gott sei Dank nicht alles abläuft nur als Bestätigung negativer Hochrechnungen: Wer wie die Wissenschaft von den Insekten die Körper und Flügel der Biene aerodynamisch durchrechnete, käme zu dem Ergebnis, daß der Honigsammler eigentlich gar nicht fliegen kann. Wie wir wissen, fliegt die Biene doch, weil die Wissenschaft in ihren Berechnungen irgend etwas übersehen hat: ihre kolossale individuelle Anstrengung nämlich. Nur, um diesen Erfolg gegen eine Regel zu erzielen, tut sie vieles selber dazu, indem sie irrsinnig schnell ihre Flügel schlägt. Auch wir werden nicht auskommen, ohne fürs Überleben etwas mehr zu tun als flügellahm schon immer: Für den Frieden eine wirkliche Anstrengung individuell zu wagen.

Hilmar Hoffmann

Frauen mit Waffen im Druck
bei mir zu Hause

Ich habe bewaffnete Frauen bei mir zu Hause. Es wohnt sich friedlich mit ihnen. Sie scheinen so abgeklärt von ihrer Aufgabe besessen, und ihre vermutlichen Feinde, die Faschisten und Imperialisten aller Epochen, sind weder abgebildet, noch dringen sie leibhaftig in meine Wohnung, die Frauen scheinen still verklärt gegen sie gewaffnet, während der Blick aus dem Fenster sich in einem Gestöpsel von Innenhöflein, Hinterhäuslein, Garagen verfängt, wo bei Kälte Laster ihre Motoren warmlaufen lassen und eine Uraltfamilienschreinerei ihre Holzanlieferungen an langen Abenden und die ganzen Sonnabende lang zersägt und zerschlägt und die Uraltfamilienbäckerei, wo man früher den Bäckermeister im Hemd zwischen dem schornsteinrauchenden Innenhäuslein und dem Ladengeschäft zur Straße hinter den Fenstern der Durchgangsbaracke den Teig für die Brote kneten sehen konnte. „Brot macht schlank", stand über den Auslagen von Broten und Brötchen an der Wand der Bäckerei, und die verkaufenden Frauen der Familie waren alle schön fett, aber eines Tages stand ein handgeschriebenes Schild mit mehreren orthographischen Fehlern im Schaufenster, die Miete sei ihnen verdoppelt, und das könnten sie nicht, und herzlichen Dank auch für die treue Kundschaft. Mich haben sie da bestimmt nicht mit gemeint, denn ich ging zu deren Nachbarschaftszeiten lieber fein anonym in die Supermärkte, wo sie dir nicht an der Kasse den letzten Klatsch über das letzte Gemetzel der Terroristen an unschuldigen Lämmern, Babies, ach was sag ich, ich und mein Schoßhund hätten draufgehen können, also derartiges berichteten sie in der Uraltfamilienbäckerei, mit mißtrauischem Blick, daß du dir ein einziges Brötchen kaufst und absolut kein Mitteilungsbedürfnis hast. Als ich diese Wohnung im Frankfurter Nordend 1972 frisch bezogen hatte und meiner Rentnernachbarin eines Tages ankündigte, es könnte vielleicht heute abend etwas lauter werden, ich würde ein Einweihungsfest geben, sie ganz munter: Ach ich liebe Feste, ich finds gar nicht gut, daß es bei Ihnen immer so still ist. Aber — kommen zu Ihnen auch keine Terroristen? Die guckt ja auch auf diesen Hinterhof, wo es uralt und verstöpselt ist und der Mieter so gut wie nicht beobachtet werden kann, aber durch eine kleine Einfahrt zwischen zwei Wohnhäusern eine Spur Durchblick auf die nächste größere Verkehrsstraße kriegt: die U-Bahn, die Demonstrationen, den Polizeiaufmarsch. Da weiß ich doch immer, woran ich bin, hab ich mir gedacht, das ideale Versteck für Terroristen, hat die sich gedacht, Hinterhofgestöpsel, kein Einblick, immer so still, Versteck, und da hatte ich sie noch gar nicht, meine bewaffneten Frauen.
Da hatte ich noch die Rotarmisten von der Renate Gerhardt Bullige Männer, hauen zum 1. Mai mit aller Wucht auf den Amboß 1920, wollen dem Imperialisten Wrangel die zulangende Hand abhauen, ziehen einem Offizierspopanz das schwarze Mäntelchen ab, und siehe da, hält sich sein Kopf nur noch auf einer Stange, und unter dem schwarzen Ordensmantel lauern die Imperialisten Westeuropas, aber das Gesicht der Sonne lebt mit, leidet unter der Drohung des schwarzbemäntelten weißreaktionären Popanzes und strahlt mit dem Sieg des plumpkolossalen Rotgardisten, ist da auch noch ein Roter, der geht mehr ins Violett, das heißt er stolpert, stolpert von einem violetten Felsen in den himmelblauen Abgrund, weil er die Augen verbunden hat, ein Analphabet soll das sein, bei dem Bild hab ich mir immer am meisten gedacht, es war nicht so kolossal, es ging ins Wehmütige, Irdischere — aber alle die von der Roten Armee im russischen Bürgerkrieg, diese plumpen Sieger, jedoch verlegt von einer Frau in Berlin, die es damit schwer hatte, hing ich 1972 im Frankfurter Nordend lieber erstmal ab, erschien mir nicht mehr zeitgemäß, nix Schlacht, nix Sieg. Erstmal aus Fenstern gucken und erstmal Idyllisches an die Wände, wilde

Kraniche über einem schwarzen See, Leistikow hat sich ja wohl vom Grunewaldsee in Berlin inspirieren lassen, wie die Maler so mit ihren realen Eindrücken umgehen, keine Spur Grunewald, aber auch keine Spur Paris, wo ich das 1953 bei einem Bouquinisten kaufte, meine Spur Leistikow fand ich später in einem Film von Alexander Kluge wieder, da blitzte sie plötzlich in der Geschichte der Deutschlands Geschichte durchwühlenden Patriotin. Das wußte ich früher noch nicht. Und hatte mein erstes Idyll des Unheimlichen schon an der Wand.
Es folgten die Idylle der heiter und entschlossen und wie abgeklärt ihre Waffen herzeigenden Frauen. Eine Revolutionäre Palästinenserin, die strahlt so fotogen in die Kamera, als sei die Revolution eine Reklameshow; irische Frauen, munter Waffen putzend in den Fensterhöhlen eines zerbombten Hinterhofes, die Wandruinen bemalt mit dem Frauenzeichen, und fidel ihre Motorräder ankurbelnd; spanische Mutterfrauen, in altertümlicher Kleidung, mütterlich schützend das Gewehr vor den Bauch haltend; eine junge italienische Brigantin in noch tradierterer Kostümierung, wohl um die Jahrhundertwende, den Vorderlader rechts und den Revolver links im Griff, wie eine melancholische Opernheroin blickend; und dazu noch Ulrike mit einem Spruch als Waffe: „Was für ein Land!", und auf einer anderen Graphik hinter den Fenstern einer Tür mit erhobenen Händen, nicht entschlossen und heiter, aber noch unter den Lebenden, noch nicht mit dem Leben fertig.
Die Realität jedoch ist weiter, ist weit weg von meinen Bilderbuchheldinnen, die friedlich mit mir wohnen. Plötzlich mit Fragen aus der Realität von draußen an den vermeintlichen Friedhof des Herzens in Erinnerungen und das Tagesguckloch stechen wie in Wespennester. Frauen mit Waffen im Druck bei mir zu Hause. Sich dem Druck aussetzen. Wespenschwärme aufscheuchen.
Die italienische Brigantin, was soll sie mir denn heute, gehn ja die Arbeiter in ganz Italien auf die Straße, wenn die Roten Brigaden einen Konzernchef oder Regierungsreaktionär auf die Seite bringen, gehen auf die Straße und machen roten Generalstreik gegen rotmordende Provokateure, keinen Schuß rote Revolution. Die bewaffneten Frauen im spanischen Bürgerkrieg, was haben sie denn erreicht in Wirklichkeit. Mußte erst der vergreiste Franco vierzig Jahre später mit Hilfe der teuersten Ärzte einen medizinisch legalen Tod sterben, bis Spanien wenigstens eine bürgerliche Demokratie derzeitigen westlichen Zuschnitts kriegte, und auch die noch suspekt für die altgediente Armee. Aber diese fidel ihre Waffen putzenden Gegenwartsfrauen auf meinem Irlandplakat, die nehmen das Frauenzeichen an den Wänden und den Slogan „The Womens Army is marching" unglaubhaft leicht, wart ihr wirklich in die Straßenkämpfe, Hausdurchsuchungen, in die gefahrvollen Agitationen, in die Ängste des Widerstands, in die Gefängnisqualen verwickelt, von denen ich nordirische Frauen berichten las und ihre Fotos mit den viel mutigeren und schmerzvollen und standhaften Gesichtern sah. Euer gestelltes Spielchen ist eine Perversion des wirklichen Kampfes, da machtet ihr grad Show für irgendein dubioses Feministinnengrüppchen, ihr habt es ja im gefährlichen Irland nichtmal nötig, euch zu tarnen mit euren kostbaren Gewehren; die forschkampfbereite Weiblichkeit in Pose — Kitschfoto, einer ausgeruht gaggelaunten Frauenbewegtheit ins Album. Im Druck realer Erinnerungen könnte ich auch meiner siegesgewiß strahlenden Revolutionären Palästinenserin meinen Widerwillen ans bildschöne Konterfei spucken und in ihrem schwarzen Zauberblick und dem weißen Jackettkronenlächeln ein Fotomodell aus Hollywood in Verdacht kriegen. Hing diese faszinierend schöne Frau mit erhobenem Gewehr nicht über dem Bett des deutschen Terroristenpaares,

das 1967 ein Flugzeug der Air France nach Entebbe entführte und dort nach deutscher Tradition die Juden aller Länder von den anderen Reisenden selektierte. Den Reisenden geschah nichts. Alle Terroristen wurden getötet. Aber die Schande der Brutalität, die so endgültig über deutsche Terroristen kam. Ulrike hatte sich sowieso grad vorher umgebracht. Hat sie ja wohl. Die war jetzt in ihrem düsteren Deutschlandbild „Was für ein Land!" auch an ihren Genossen verzweifelt, hatte verzweifelt mit allem abgeschlossen, schloß mit dem Leben ab. Und die Bildzeitung war um ihre Star-Rädelsführerin ärmer, die hatte ihr doch noch Bild-gerecht aus der Isolierzelle in Stammheim hauptverantwortlich zu jeder staatsgefährdenden Schülerfrechheit angestiftet, diese längst zur Karikatur entstellte klarsichtige Frau, samt ihren in den Terrorismus getriebenen Schwestern, die als düsterharte, häßlichaufgedunsene Monsterkarikaturen durch alle Medien und Fahndungsplakate trieben — Frauen gegen den Staat, da gehören Monsterkarikaturen aufs Papier und in die Köpfe des Publikums gepreßt. „Ist doch gut, daß die alte Zicke endlich tot ist", sagte mir ein liberal denkender, älterer deutscher Herr auf einer Reise in England kurz nach Ulrikes Tod.

Allein bin ich, im Druck zwischen den waffentragenden Bilderbuchheiligen an den Wänden und den fratzenhaftverzerrten Gegenwartskämpferinnen in Zeitung und Fernsehen. Die aufgescheuchten Wespen verdecken und verdunkeln die Ursachen und Ziele revolutionären Denkens und Handelns in Geschichte und Gegenwart. Zynisch brüllt ein zum Töten verdammter Roter im Bürgerkrieg mit der Mauser in der Hand: „Das Gras noch müssen wir ausreißen, damit es grün bleibt", wird mit sich und seinem tödlichen Auftrag nicht mehr fertig, stellt sich den roten Genossen zur Hinrichtung, nicht einsichtig, sondern aussichtslos verbittert, und läßt mich im Druck allein. „And leaves the world" — wie heißt es gleich — to sadness? — ich würde sagen: to madness — aber jener englische Dichter sagte damals: „to darkness ... and to me."

To me! Werde ich denn suchen, ob ich im härtesten Druck aus der Finsternis rauskomme und in der Flucht der Fotos zu einleuchtenderen Bildern.

Hatten wir's zuletzt und immer noch mit den Karikaturen. Aber schon die Communarden und insbesondere die Frauen der Commune wurden seinerzeit mit Karikaturen entstellt, im Druck bei mir zu Hause in einem Ausstellungskatalog. Hüftenschwenkende, kokett sich auf Gewehre stützende Dämchen, die den Preußen die „Kolben hochbringen", wie ein zwar republikanischer, aber unbeirrt chauvinistischer Karikaturist die „Amazonen von der Seine" zeichnete und betextete. Die Frauen der Commune hatten ein eigenes Amazonenbataillon, schon die der Französischen Revolution hatten eines; die Frauen waren nicht nur, wenn sie sich wild zusammenrotteten und im Oktober 1789 nach Versailles zogen, um den König nach Paris zu holen, unter den Aufständischen oft die Gefürchtetsten, und sie waren in der Commune nicht nur die Agitierenden, Anfeuernden und im Hintergrund der Kämpfe Helfenden, sie verstanden es auch — so weit sie zu Waffen greifen wollten — sich bewaffnet zu organisieren.

Aus dem von Familie und Staat angezogenen Umhang des Sorgens, Versorgens, Umsorgens rücksichtslos heraustreten nach vorn und kämpfen gegen soziale Unterdrückung, damit gerechter Frieden und Eigenständigkeit der Frau erreicht werden. Gerade meine Heldinnen aus den besonders patriarchalisch katholisch geprägten Ländern haben das Äußerste an Auflehnung gewagt und mit der Waffe in der Hand über das Diktat ihrer Verdecktheit durch sorgenvolle Umhänge gesiegt. Meine italienische Brigantin muß mich nicht an eine melodramatische Verdiheroin erinnern, sondern an die massenhaften Landarbeiteraufstände in Süditalien Ende des vorigen Jahrhunderts, aus deren harten Klassenkämpfen die gewerkschaftliche Organisation und 1907/08 die erste Generalstreikwelle Italiens

hervorging. Und welche Wespe verirrte sich mir denn da ins Hirn, als mir nur einfiel, die italienischen Arbeiter streiken heute, wenn ihnen Rote Brigaden einen Boß entführen. Die streiken ja auch um eine Stunde weniger Arbeitszeit und hundert Lire mehr Lohn, ganz Italien mal rasch im Generalstreik, nix ist, wenn du da mit deinem Koffer auf dem Bahnhof als Tourist stehst, nehmen dich gar nicht zur Kenntnis, diese alten Räuber, diese Streikbriganten. (Ich hab jetzt mal bewußt gesagt, als Tourist. Denn als Touristin bist du ihnen immer noch was wert, diesen Sexbanditen, darüber haben die italienischen Frauen nicht gesiegt.) — Von den kämpfenden Frauen in den republikanischen Milizen im spanischen Bürgerkrieg habe ich eine behäbige, nachdenkliche Matronin bei mir im Druck zwischen verschiedenen an die Front rufenden Frauenorganisationen und den zurückhaltenden und sich durchsetzenden Warnungen der männlichen Genossen. Jedoch: in Barcelona gab es ein Frauenbataillon, und der Tod einer Milizionärin erschütterte das Volk am tiefsten. Vielleicht weil eben doch, ungeachtet aller besonderen patriarchalisch katholischen Vorgeprägtheit, eine getötete Amazone an die unheimliche Kraft archaischer Mythen erinnert. Einleuchtend unheimliche Bilder. Aus solchem von fernher kommenden Blickwinkel gefallen mir sogar auf einmal meine ungeniert lachenden irischen Frauen, die den Eindruck erwecken wollen, sie könnten mit Gewehren spielen. Über dem Elend der realen Kämpfe schauspielern sie lachend, und Spaß provoziert zum Hinausblicken über die Realität. Auch meine strahlende Revolutionäre Palästinenserin siegt über die Realität, diejenige von Amman 1970 mit den Tausenden gemetzelten Kindern, Frauen, Männern in den palästinensischen Flüchtlingslagern im Süden des Jordantals, wo Husseins Truppen die friedlichen Flüchtlinge überfielen und mordeten, damit sie nicht etwa Fuß faßten in jenem fruchtbaren Tal. Und keine Revolutionäre verteidigten damals, die wurden später zur Rache beschworen und zum Überleben derer, die übriggeblieben waren und nun im Libanon Fuß zu fassen suchten. Wenn sie Religion nötig haben, glauben sie an Mohammed, und der Frau gehört dann ein Tuch vors Gesicht. Aber meine Revolutionäre Palästinenserin trägt ein bauschiges Tuch um den Hals und die schwarzen Locken und Augen und die weißen Zähne so frei, als würden sie in Palästina die Frauen der Freiheit lieben und bewundern. Diesen Herz und Sinne erlösenden Sieg sprach auch Luigi Nono den Frauen der sozialistischen Revolutionen zu in seiner Oper „Unter der großen Sonne von Liebe getragen" und setzt in seinem Programmheft die von einem Herrenmagazin hergenommene erpreßte Pose verzweifelter Animierwut dem Druck aus, die Marilyn Monroe in einem Animierfilm den Herren vorspielen mußte. Da wußte Nono mit zornigem Mitleid, wie Marilyn gestorben war, verzweifelt am Sinn ihrer Rollen, die Sinnlichkeit nicht befreiten, sondern zur Pose weiblicher Brauchbarkeit preßten, herrische Freiheitsberaubung dieser faszinierend sinnlichen und am liebsten schön frechen Hollywood-Frau.

„Über den bewaffneten Kampf in Westeuropa" vom Kollektiv RAF, im Druck bei mir zu Hause, schön frech und sinnlich anschaulich geschrieben 1971, provozierend damals für die sich straff organisierenden kommunistischen Gruppen in Westdeutschland, und als mir das Buch 1973 beim Ausräumen meines Arbeitsplatzes bei der von den Gewerkschaften liquidierten Europäischen Verlagsanstalt in Frankfurt in die Hände fiel, schon verboten. Ein gelungener Text ist ein Sieg. Aber der Wahnsinnskampf in den Köpfen gegen den Wahnsinnskrieg der Verhältnisse, bis er zustandekommt, und die Selbstzerfleischung und das blutige Gehack der Mordgemetzel, die er in den realen Verhältnissen auslöst. Bis der Sieg in den Köpfen zur Fata Morgana, zum Heiligenbild verkommt, ungenießbar, unberührbar, starr vor den leiblichen Bittenden. Was soll die unbewaffnete, aber gegen die atomare Rüstung, gegen Kernkraftwerke, gegen soziale Ungerechtigkeiten Widerstand leistende Jugend

der Gegenwart mit einem Zitat aus dem Druck der RAF wie diesem: „Abzutragen ist der Berg der militärischen Potenz des bürgerlichen Staates. Wir können nicht erwarten, daß sich diese Potenz in einem internationalen Krieg, der ein Weltkrieg wäre, verschleißt. Ein solcher Krieg würde in Mitteleuropa nicht nur die Armeen des Klassenfeindes, sondern auch die proletarische Bevölkerung vernichten. Eine Revolution stünde nicht mehr zur Debatte. Ein solcher Krieg muß mit allen Mitteln verhindert werden. Er ist nur durch eine Revolution zu verhindern."
Sind nun wieder die Wespenschwärme des modernen westlichen Alltags aufgescheucht und lassen uns in madness und darkness? Gibt es für die unbewaffnete Jugend einleuchtende Bilder des Widerstands? Ich habe in meinem Versteck bewaffnete Frauen als Heiligenbilder, die ihren Auftrag weitergeben wollen. Verrat ist das gemeinste Verbrechen. Aber auch Niederlage ist eine Schuld vor den ums Überleben Kämpfenden. Die Patriotin in Kluges Film sucht und sucht in Geschichte und Gegenwart die deutsche Schuld am Krieg, und Leistikows Kraniche sind da nur ein Moment in einer eingeblendeten Bildersequenz der Idylle, diese leidenschaftlich wilden weißen Flügeltiere, die etwas vom Leben verstehen und keine Wohnung brauchen. Sind da häuslich aufgehängt bei mir in der Wohnung, und an einer der Vorderfronten zur Straße meines Hinterhofgestöpsels steht mit Farbe gesprüht: Haben Sie eine Wohnung? Wir nicht. — Die haben nicht Kampfbilder und Zitate im Druck bei sich zu Hause. Die verstecken sich, besetzen und werden in Zellen im Knast gesteckt. Einmal kamen mir zwei kleine türkische Jungen im Hausflur vom Innenhofgestöpsel her entgegengelaufen und fragten mich höflich in gutem Deutsch und in Eile — ich glaube, es handelte sich um ein Versteckspiel —, ob sie durch die Haustür zur Straße laufen dürften. Ich war so perplex, daß ich nur sagte: Ja. — Die wohnen aber nicht in den Häusern hier. Ich weiß nicht, wo die wohnen. Die wohnen vielleicht gar nicht.

Ilse Braatz

Für Ilse Braatz
und die Frauen im Druck

Sollten nicht die Gesichter
der kämpfenden Frauen
heiter sein
wie das Morgenlicht?

Aus welcher Nacht
treten wir hervor
mit dem ersten
gemeinsamen Schritt!

Elisabeth Steffen

vanichdses
vanichdses
de ganzn vanichdungswaffn

rüsds ob
rüsds ob

rüsds ob
ehs zschbad is

rüsds ob
solangds no kennds

vanichdses
vanichdses
de ganzn vanichdungswaffn

schnäi
schnäi
schiggsd eich

no gähds

rüsds ob
rüsds ob
rüsds biddschen ob

es gibd koa andare möglichkeid
oda ois is hi

heads auf
mid dem rüsdn

heads auf
mid dem wahnsinn

heads auf
heads endlich auf

rüsds ob
rüsds ob

vanichdses
vanichdses
de ganzn vanichdungswaffn

weads doch
endlich
endlich
endlich
endlich
vanünfdig

Johannes Glötzner

Die geballte Ohnmacht könnte bei der geballten Macht für Überraschung sorgen

Das ist das Neue an dieser Bewegung, das Neue, was Politiker so fassungslos macht: Eine Bewegung ohne Führer. Da sind wir doch nun alle gute Deutsche und kämpfen, wie deutsch auch dies, um einen Wald. Hundertfünfzigtausend waren in Wiesbaden, zweihundertzwanzigtausend Unterschriften — aber oh Wunder: keine Führer. Ein wirklicher deutscher Politiker hat da nur eine Möglichkeit. Ignorieren. Was nicht einmal einen richtigen Sprecher hat, einen Vorstand und einen Kassenwart (Sie alle erinnern sich an die berechtigte Erzürnung des Herrn Gries in der Fernsehdiskussion, als er sagte, wer ist denn nun eigentlich Ihr Sprecher? Mit wem verhandeln wir denn eigentlich?), also: was keine bei ihren Funktionen festzunagelnde Einzelpersonen hat, das gibt es nämlich gar nicht. Deshalb — weil ich ein Anhänger der Führungslosigkeit bin — habe ich eigentlich nicht reden wollen, auch keine neue Rede schreiben, obwohl seit dem 10. Oktober ziemlich viel passiert ist und sich scheinbar viel verändert hat. Ich mache es jetzt trotzdem, weil ich's früher zugesagt habe und weil etwas zu erzählen ist über die Ereignisse der letzten Tage und darüber — und das ist eben noch nicht allen bekannt, daß da ganz nebenbei auch Leute zerrieben werden. Leute, die man unter Zuhilfenahme eines unbeschreiblichen juristischen Kuddelmuddels in Haft gesteckt hat. Ich sage, es hat sich in den letzten sechs Wochen scheinbar viel verändert — in Wirklichkeit natürlich gar nichts. Es ist nur einiges noch klarer geworden, als es vorher war. Die Lüge ist klarer geworden, nicht nur durch den „Wortbruch" des Herrn Gries. Ich könnte mir sowieso denken, daß das ganz anders gelaufen ist. Da war ein von den vielen Machtquerelen und Parteiengequatsche ermatteter Mann ganz unversehens mit einer großen Gruppe von Leuten zusammengetroffen, die offensichtlich glaubten, was sie sagten, die sichtbar etwas taten, um ihre Meinung zu bekräftigen, kurz, er ist auf ein paar Leute getroffen, denen es nicht um den Koalitionserhalt oder die Machtprobe ging, sondern um ein Stück Wald. Auf den bereits ruinierten Stellen stand er nun auch, er konnte sich's angucken und eben die Leute dazu, und das muß so eine Art Wirklichkeitsschock in ihm ausgelöst haben, er war ja auch ganz allein. Da hat er wohl mal versehentlich gesagt, was er so fühlte, und sicher hat er das in dem Moment auch geglaubt. Und da ja dann auch noch diese widerlichen Mikros und Kameras jedes Wörtchen mitgekriegt haben, war ihm auch der Weg versperrt, das zu sagen, was Politiker in solchen Fällen immer sagen — daß er das erstens nie und zweitens nie so und drittens in einem ganz anderen Zusammenhang gesagt habe. Ging nun nicht, in diesem Fall. Es ist ihm sicher schon auf dem Heimweg ganz übel geworden. Und er hat die Regierung damit gezwungen, zu sagen, daß eins ihrer Mitglieder was Falsches gesagt hat und daß auch ein Regierungsmitglied nicht regieren kann, wie er's fühlt oder für richtig hält, nicht regieren und nicht einmal reagieren.

Wär's eigentlich so schwierig gewesen zu sagen, ich bin im Wort und laß mich nicht zwingen, wortbrüchig zu werden? Jenes höhere Wesen, das wir verehren, hat doch nicht nur die Ministerämter geschaffen, sondern auch den Rücktritt. Nein, er hat ganz sicher an jenem berühmten Tag auf der Startbahn nicht gelogen. Aber eben früher und später. Zu den Lügen: Sie werden nicht wahrer davon, daß man sie wiederholt. Zum wirtschaftlichen Nutzen, ja, zur blanken Notwendigkeit der Startbahn habe ich in all diesen Monaten nichts gehört als dessen Behauptung. Die Gegenseite hat da wohl üppigeres Material, mit der sie den Unnutzen vielfältig belegen kann. Aber das hilft ja alles nichts, denn so lang, daß sie die Früchte ihres Fiaskos essen müßten, werden diese Herren nicht mehr im Amt sein. Politiker müssen überhaupt beklagenswert selten die Suppen auch essen, die sie anrichten. Nur wir, wir müssen es und haben die Schnauze voll davon. Rekapitulieren wir, was in den Wochen nach der Räumung des ersten Dorfes geschehen ist, nach dem Polizeieinsatz, bei dem man brave Bürger zu Demokraten geprügelt hat, so traurig das ist, die Reaktionen haben es gezeigt. Da konnte man nicht mehr Ruhe und das ungestörte Weiterverwüsten herstellen, sondern das Gegenteil ist geschehen. Auch die bürgerliche Presse hatte sich zu ungewohnter Deutlichkeit durchgerungen, siehe Erich Böhme im „Spiegel", der sagt, daß unter diesen Voraussetzungen Widerstand die erste Bürgerpflicht würde — ungewohnte Töne. Die führerlose Menge, die nicht wahrzunehmen die Politiker sich so sehr bemüht hatten, ist wahrgenommen worden. Wir müssen uns darüber im klaren sein — der Wald ist verloren —, und dennoch haben die, die den Verlust zu verantworten haben, ihrerseits verloren, unwiderruflich, und größeres als diesen Wald. Die Durchsetzung dieses Baus ist jetzt Politik der verbrannten Erde, nichts weiter. Und die Durchsetzung findet statt, weil es in den etablierten Parteien längst und seit Jahren nicht mehr um den Nutzen oder die Nutzlosigkeit von Dingen geht, sondern nur noch um das Inganghalten einer Machterhaltungsmaschinerie. Es sind sich darin alle gleich. In Frankfurt beispielsweise wird weiter Salz gestreut, damit wir vielleicht auch eines Tages den Palmengarten oder den Bethmannpark zu Hubschrauberlandeplätzen machen können. Und die Entscheidung für dieses Salz ist nicht etwa gefallen, weil irgendjemand einen Beweis für dessen Unschädlichkeit hat oder für eine ansteigende Unfallziffer bei Nichtverwendung — nein. Weil die einen sagten: Salz nein, sagten die anderen: Salz ja — es geht nur mehr um die Macht und nicht mehr um die Dinge, schon lange nicht mehr. Wir, die Bürger, haben uns auf die Dinge besonnen, weil wir sie spüren, weil die Sachvernunft auf unserer Seite ist, weil wir so viel zu verlieren haben — nur eben nicht die Macht. Denn die ist nicht auf unserer Seite. Jetzt, gerade jetzt, sind wir in einer ziemlich gefährlichen Situation. Es sieht doch so aus, als bliebe uns, im wahrsten Sinn des Wortes, nichts mehr übrig. Verschanzt hinter einem inhaltsleeren Wortungetüm wie Rechtsstaatlichkeit, bei dessen Beschwörung auch niemand mehr stumm in die Knie geht, werden uns die Wege der Einflußnahme abgeschnitten. Diese Rechtsstaatlichkeit: Wer soll sich da noch was drunter vorstellen, wenn eine Demonstration wie in Wiesbaden behandelt wird wie ein Fastnachtszug, wenn ein Volksbegehren offen präjudiziert wird — und wenn dann plötzlich die Verantwortlichen, die alles in die Wege geleitet haben, sich von sogenannten Sachverständigen als gar nicht zuständig erklären lassen? Wer versteht die Wege, die so etwas geht, und sie geht unter dem unablässigen Gekreisch der Sägen, die einen Zustand herstellen, der den Widerstand irgendwann sinnlos scheinen läßt, weil nichts mehr da ist, worum wir noch kämpfen könnten? Was ist mit denen in der Partei, die immer wieder, wenn auch zähneknirschend, dafür sorgen, daß die Machterhaltungsmaschine in Gang bleibt, ohne Ansehen der Dinge, über die Dinge hinweg? Widerstand: Wenn ich der CDU-Fraktion folgen würde, woran ich allerdings im Traum nicht denke, dürfte ich das Wort gar nicht mehr benutzen. Das darf nur einer, der im 3. Reich Widerstand geleistet hat. Mir ist bisher nicht bekannt gewesen, daß die CDU viele von denen in ihren Reihen hat. Aber ich habe VVN-Leute erlebt, die für das im Wald das Wort Widerstand benutzen und nicht darauf kämen, es uns zu versagen. Die Herren von der andern Partei werden also verzeihen, aber ich lasse mir nicht die Wörter vorschreiben, und ich lasse sie mir auch nicht verbieten. Wir alle nicht. Wir brauchen keine Vorsager, keine Sprecher, keine Führer. Aschu, Gott sei Dank, ist auch keiner und wird sich, glaube ich, da auch nicht hinstilisieren lassen. Wir haben keine Pfründen zu verteidigen, keine Aufsichtsratsposten, keinen Parteivorsitz, keine Hausmacht: Nur einen Wald, und mit ihm etwas mehr, das ist auch Herrn Börner schon aufgefallen: Es geht längst um mehr. Die Experten sind Legion, die Bürger sind Millionen, die einen wissen es, wir andern sehen und spüren es:

Daß es so nicht mehr weitergehen kann mit dem Umgang mit unserer Umgebung, daß es so ziemlich fünf nach zwölf ist. Da gibt's Beweise — zum Beispiel die Studie Globa 2000 —, daß es einem ganz anders werden kann. Irgendwann und irgendwo fangen die Betroffenen an, sich zu wehren, das kann in den Regenwäldern des Amazonas sein oder in Minamata, in Harrisburg oder in Gorleben, in La Hague oder eben, wie hier, im Flörsheimer Wald. Wir alle wissen doch ziemlich genau, daß wir der Teil eines Ganzen sind und daß die Abwehr der Zerstörung des Ganzen gilt. Ach, wenn sie wüßten, da in Bonn und in Wiesbaden, wie verräterisch ihre Sprache ist. Der Kanzler begann's mit dem nun wirklich beispiellosen Argumentationshinweis, daß die Leute wohl nicht mit dem Zug nach Mallorca fahren wollten. Da sind seine Untertanen klüger, jedenfalls viele von ihnen: Es geht gewiß nicht darum, und das wissen die auch — die Zeit ist voraussehbar, wo wir ganz froh sind, überhaupt noch irgendwo hinfahren zu können, und wenn's der Vogelsberg ist, unter der Bedingung, daß man ihn nicht mit Raketenabschußbasen vollgekleistert hat. Herr Börner wiederum hat gesagt, er habe sich die Entscheidung schwer gemacht. Ich will das glauben, aber es ist egal — die Entscheidung war falsch, und das hat mich zu interessieren. Er fand seinen Kollegen Albrecht schlapp, der gesagt hat, sein Entsorgungsprojekt sei eben politisch nicht durchsetzbar. Da haben wir es: Mit widerwärtigen Kategorien wie „schlapp" oder „Flaggezeigen" werden hier Umweltmorde begangen, ein Ersatz vielleicht für ganz andere Bewährungen, wer weiß? Aber man hat uns die Reaktionsmöglichkeiten zugestellt, jeden Tag ein bißchen mehr — und das ist gefährlich. Ein Individuum, das beharrlich behandelt wird, als sei es nicht auf der Welt, wird zu unvorhersehbaren Reaktionen tendieren. Eine Menge, eine Summe von Individuen, die sich erstaunt einer offensichtlich taubblinden Regierung gegenübersieht — stumm ist sie allerdings nicht! —, wird ähnlich reagieren wie ein einzelner, immer wütender, immer trauervoller, immer leidenschaftlicher wird er sich Gehör zu schaffen suchen. Das steht in jedem Psychologielexikon und ist so logisch und absehbar wie irgendwas. Und wenn das dann passiert, ich glaube, in verblüffend geringem Ausmaß angesichts der Enttäuschung und der Wut, die ein ziemlich ungesunder Dauerzustand ist — oh, wie dann Gewalt geschrien wird und wie scheinheilig sich die Zeigefinger heben und wie es plötzlich alle gewußt haben, und daß doch die sicher sehr ehrenwerten Umweltschützer sich nicht mißbrauchen lassen sollen von den Fremdstämmigen, den Chaotenhorden, die ja nicht mal hier wohnen! Es ist die wahre Pracht. Wiesbaden war in diesem Zusammenhang ein scheußlicher Frust für die Regierung. Tags drauf war's schon besser, ein bißchen mühsam zwar, und die Wagenladungen von Molotowcocktails hätte man doch der staunenden Bevölkerung mal vorführen sollen, anstatt sie immer nur zu behaupten — genug. Es war immerhin schon besser als in Wiesbaden. Auf diesem Weg soll weitergegangen werden, auch wenn da seltsame Sachen passieren, wenn schon keine Führer da sind, an die man sich halten kann, muß man sich kriminelle Gallionsfiguren eben schaffen. Dabei ist man nun fündig geworden, und wie es aussieht, wird dies nun die neue Taktik. Von 26 nächtens Festgenommenen, die man erst mal ein bißchen in Polizeigewahrsam schmoren ließ (ein bißchen länger, als vom Gesetz eigentlich zugelassen, aber Strafe muß sein!), sind nun zwei Inhaftierte übrig geblieben. Die Räumung des dritten Dorfes geschah vor Ablauf des Ultimatums, die Leute wurden im Dorf verhaftet — nicht auf der bekannten frischen Tat —, und jetzt ist etwas Neues geschehen. Da man der Stärksten nicht habhaft werden konnte, weil es sie nicht gab, da man den Kopf nicht abschlagen konnte, weil's halt viele Köpfe sind, hat man sich an ganz Schwache gehalten.
Hans Jörg und Peter sind beide nicht aus Frankfurt, sie haben beide im Sinne des Königlich-Bayrischen Amtsgerichts Rüsselsheim keinen festen Wohnsitz. Haftbefehl ist ergangen, weil einer

Mitglied einer Wohngemeinschaft ist und daher Fluchtgefahr besteht, ein Argument, das ich mir vor zehn Jahren schon eigentlich nicht mehr vorstellen konnte, zum anderen wird über den Heranwachsenden Jörg gesagt, sein Aufenthalt im Hüttendorf beweise ja, daß er ohne feste familiäre und soziale Bindungen sei. Kühn, die Herren Richter. Die Vorwürfe gegen beide gehen über die hektografierten Üblichkeiten nicht hinaus. Es erinnert schon ziemlich an Nürnberg. Nur: Beide sitzen jetzt im Knast, und sie sitzen, ich erlaube mir dies zu vermuten, weil endlich welche sitzen mußten. Aus der führerlosen Menschenmenge werden die Schwachen herausgeholt, abgesondert, kriminalisiert. Angesichts des Aufwands der letzten Tage ist das Ergebnis natürlich ziemlich dünn, die machtvollen, zu allem bereiten, bis an die Zähne bewaffneten Chaotenhorden werden durch einen Jugendlichen und einen verschüchterten, sprachbehinderten jungen Mann repräsentiert. Schäbig, sehr schäbig. Und auch das wird wieder ein Schuß sein, der nach hinten losgeht. Dennoch und gerade deshalb dürfen wir nicht einfach hinnehmen, daß diese beiden Jungen jetzt erst mal in der Haft verschwinden. Der Knast macht nämlich Leute kaputt, das ist eine Binsenweisheit, die nur dann überflüssig wäre, wenn zur Ausbildung von Richtern und Staatsanwälten ein zwangsweiser Aufenthalt eben dort gehörte. Nur damit sie wissen, was sie tun. Der Haftrichter im Fall von Peter hat vor Zeugen gesagt, er habe es sich mit seiner Entscheidung nicht leicht gemacht, man könne das ja schließlich daran sehen, daß er länger als zehn Minuten gebraucht habe. Es geht eben alles Hand in Hand hier — und funktioniert doch nicht mehr so recht. Das ist meine einzige Hoffnung — es funktioniert nicht mehr so, wie sich die Regierenden das gedacht haben, und wenn Herr Börner jetzt sagt, dies Projekt — die Startbahn, sei das bestdurchdachte und -geplante Projekt, das es je in diesem Lande gegeben habe — oder hat Herr Wallmann das gesagt? Und wenn ja, woher weiß er das? Versteht er da etwas davon? Und ist es wichtig, überlege ich gerade, ob Herr Börner oder Herr Wallmann das gesagt hat? Genug, der Bürger lehnt sich nicht, wie er eigentlich sollte, beruhigt zurück und freut sich über die schöne Planung, sondern er sagt sich verschreckt, daß, wenn dieses das Bestgeplante ist, die anderen Pläne vermutlich noch gefährlicherer Mist sein werden. Das haben sie nun davon. Wir sind unbotmäßig geworden, und es genügt nicht, uns zu übersehen oder ein paar bedauernswerte und ganz und gar ungeeignete Symbolfiguren in den Knast zu sperren, es genügt nicht. Ich glaube, das Problem, mit dem wir — und nicht nur im Fall Startbahn — konfrontiert sind, liegt tiefer — die parlamentarische Demokratie hat ihre Vertreter — durch Machterhalt, durch Entfernung von den Sachfragen, durch Unüberprüfbarkeit ihrer Entscheidungen — zu einer Art Vatergesellschaft werden lassen. Der grundsätzliche Tenor ist doch: laß das, faß das nicht an, davon verstehst du nichts. Das Erwachsenwerden der Bürger stößt auf Unverständnis und Schrecken. Und es sind ja auch nicht alle, weil wir hierzulande noch über genügend Süßigkeiten verfügen, gerade heute, auf der Zeil, deutlich sichtbar, um einen großen Teil der Kinder ruhig zu halten. Denkt nicht, das sei ein zu harmloser Vergleich, den ich hier ziehe. Diese Väter werden alles tun, um an der Macht zu bleiben. Zum Umgang mit den Kindern — mit uns — noch eine kleine Anmerkung: Warum hat Herr Börner erst vor vier Tagen gesagt, daß die Geschichte mit der militärischen Nutzung der Startbahn West eine Erfindung der DKP sei? Warum hat er uns das nicht viel früher gesagt? Da wären wir doch beruhigt gewesen!! Aber so entsteht eher das Gefühl, ihnen gingen langsam die Einfälle aus. Wir müssen also etwas zur Haftentlassung von Peter und Hans Jörg unternehmen. Aber was sonst zu tun ist — ich weiß es nicht mehr. Unsere Angestellten in der Wiesbadener Staatskanzlei können stolz sein. Soviel Wut, soviel Tränen, soviel Ohnmacht und soviel wachsenden Zweifel an der Konstruktionsform dieses Staates haben sie produziert — und nur zur Durchsetzung der

Macht, zur Demonstration ihres paternalistischen Wahns. Wenn wir jetzt nachgeben, hat einer von denen mal gesagt, da könnten wir ja nichts mehr durchsetzen, wo kämen wir da hin? Genau dort, wo diese Herren nicht hinwollen, in eine Staatsform durchsichtiger, begründeter und nicht von Macht- und Geldgier bestimmter Entscheidungen würden wir gern kommen, viele von uns, immer mehr von uns. Aber wir wissen nicht mehr, wie. Ich auch nicht. Und ich will aufhören mit diesem ohnmächtigen Satz, denn ich weiß zur Zeit, nach unserer wochenlangen Unterdrückung und Diffamierung, nicht mehr weiter. Nur eins weiß ich: Gedemütigte sind gefährlich. Und die geballte Ohnmacht könnte bei der geballten Macht für Überraschungen sorgen.

Eva Demski

Sag es weiter

Zeug das Kind
pflanz den Baum
bau das Haus
zerbrich das Gewehr
und
sag es weiter.

Zvonko Plepelič

Der Entschluß

An einem kalten Wintertag wurde eine Frau, die wir interesselos Frau K. nennen wollen, mitten auf der Straße von jungen Leuten angesprochen, ob sie nicht auch etwas für den Frieden tun wolle. O ja, sehr gern, antwortete Frau K. Soll ich etwas unterschreiben? Zum Beispiel, sagten die jungen Leute. Da zog Frau K. ihre Hand aus der Manteltasche, aber aus dem Ärmel ragte ein blutiger Stumpf, der sofort die ihr hingehaltene Unterschriftenliste beschmierte. Haben Sie nichts anderes, mit dem Sie unterschreiben können? wurde Frau K. gefragt. Sie nickt. Aus der anderen Manteltasche zog sie ein Küchenmesser. Aber damit doch nicht, riefen die jungen Leute. Sofort nahmen sie die Unterschriftenliste an sich und steckten die Köpfe zusammen. Als eine weiße Wolke stand ihr dampfender Atem über ihnen. Frau K. steckte das Küchenmesser in die eine Tasche, die fehlende Hand in die andere Tasche und wartete, die jungen Leute im Auge behaltend. Vielleicht, sagte schließlich einer zaghaft zu ihr, vielleicht wollen Sie doch lieber etwas anderes für den Frieden tun. Oder auch gar nichts. Oder für einen anderen Zweck. Nein, sagte Frau K., mein Entschluß ist gefaßt. Ich unterschreibe.

Ursula Krechel

Aufruf zur Rebellion

Laßt uns nach Frieden
schreien!
Nicht wie die
Fische,
mit offnem Opfermaul
und trotzdem
schweigend —
nicht wie die
toten Männer,
deren Stimmen schon
heiser sind vom
langen
Warngeflüster —
laßt uns den Frieden
fordern, wie
der Hirsch der
Psalmen
nach Wasser
brüllt —
und laßt uns jene
hassen,
die höhnisch
würfeln
um den unteilbaren
Bestand des
Sterns.

Susanne Faschon

Kriegserklärungen

1 Der Krieg
   lohnt nicht.
   Er profitiert
   höchstens.

2 Dem Soldaten
   wird eingeredet,
   daß er seinen Mann
   zu stehen habe.
   Wie sollte
   er sonst fallen können?

3 Der Krieg braucht
   Fußvölker, Truppen
   bis an die Zähne
   bewaffnet, also
   unterhalb des Hirns.

4 Gäbe es
   so viele stehende Heere,
   wie behauptet wird,
   kein Krieg
   käme vom Fleck.

5 Der Todfeind
   ist der Vorgänger
   der Feindtoten.

6 Ein Rüstungsindustrieller
   ist ein Mensch,
   der sein ganzes Vermögen
   auf andere Menschen
   angelegt hat.

7 Bald wird es
   mehr Flinten
   als Kornfelder geben.
   Wohin dann
   mit den Waffen?

8 Die eiserne Ration,
   die den Soldaten zugestanden wird,
   besteht in Wirklichkeit
   aus Blei.
   Die Stiefel der Soldaten
   sind die Hemmschuhe
   der Welt, der Militärmarsch
   ihre Sterbeweise und
   die Rüstungsfabriken
   die Hebammen neuer Kriege.
   Unter dem lächerlichen Stahlhelm
   verbergen sich
   die kurzlebigen Menschen.

9 Feindbild:
   Als Soldat
   haben Sie dem Tod
   mutig ins Auge zu blicken,
   ermahnte der General.
   Der Soldat
   starrte ihn an.

10 Der Gefallene heißt so,
   damit sein Tod
   uns leichter fällt.
   Als wäre er
   irrtümlich von selbst
   über den Stein gestürzt.
   Als gäbe es nur Opfer,
   keine Opferer.
   Sagte man uns:
   die Millionen Ermordeten.
   Zeigte man uns:
   ihre Mörder.
   Hielten wir das noch länger aus?

11 Vorschlag:
   Da die Menschen,
   so heißt es,
   zu allem fähig sind,
   warum nicht auch
   einmal
   zum ewigen Frieden?

12 Wunsch:
   Wünsch mir die Welt,
   in der die Völker sagen:
   wir haben endlich
   den Krieg verloren
   und können ihn
   nicht wiederfinden.

Peter Maiwald

Ode an die Flugzeugträger

1

Auf den Wassern auf den Wolken
Auf Seekarten und Landkarten und Zeitungspapier
Oder sonntags in düsteren Häfen
Seh ich Gebirge aus Eisen tonnenweise zusammengeschweißt
    meergrau gestrichene Stahltürme so hoch
    schwimmende Landebahn vollgestopft mit den funkelnden
    flugfähigen Maschinen immer startklar und gefüllt mit Rake-
    ten so heiß und so still wie Meteore so schnell
Ich sehe die brüllenden Flugzeugträger und will sie nicht sehn

Da sind die blauen Schirme die paradiesischen Spielhöllen
Da sind die Rechenanlagen die die Arbeit der Piraten übernom-
    men haben
    endlos flackernde Daten und Zeichen damit jedes Milli-
    gramm Sprengstoff und jeder Millimeter Waffe noch besser
    noch vernichtender trifft
Da sind die schnellen Neutronen die das Riesenschiff antreiben
    sind die Neutronen blau oder gelb oder neutronengrün
Da ist ein übers Wasser laufender Flugplatz wo nichts mehr gedeiht
    kein Blatt kein Zweig für Moses und kein Mut so hoch über
    den Fischen
Ich sehe ein Riesending über die Meere rasen mit der einzigen
    Botschaft WIR LIEBEN DEN TOD UND SONST NICHTS
    AUF DER WELT
    die größte Kriegsmaschine die größte Friedensmaschine für
    Krieg und ich will sie nicht sehn die ist verflucht
Verflucht sind die Flugzeugträger und was sie tragen
    die handlichen und von allen Oberbefehlshabern gehätschel-
    ten und abgeküßten Hülsen mit der verborgenen Schlagkraft
    die allen bekannt ist
Verflucht die Sprengköpfe die nach allen Regeln des perfekten
    Verbrechens von elektrischen Gehirnen gelenkt und fallend
    alles zerfetzen was Stein ist was Holz ist und was Fleisch
Verflucht was das Knochenmark tötet und die Milz und die
    Lymphgefäße was Geschwüre setzt in Mund Magen und
    Eingeweiden und was die Haut verbrennt und die roten
    Blutkörperchen rötet und dann zerstört und die Schilddrü-
    sen und die Knochen und die Gene kaputtschlägt und den
    grauen Star losläßt und die Ohren sprengt und alles was zeit-
    weilig noch am Leben ist zum Anschwellen und Brennen
    bringt das ist verflucht verflucht

Da sind die Wehrexperten mit dem fettfreien Marine-Steak im
    Bauch und mit den schnörkelfreien Interviews mit dem
    freundlichen Kapitän im Recorder
Da sind sie zu sehen im Totentanz auf dem Betondeck Fox-
    trott mit den Offizieren
    den letzten und noch einen Foxtrott
Da sind sie zu hören und ihre Wörter Abschreckungslücke
    Kräfteübergewicht Vorleistungspazifismus Abwehrbereit-
    schaft Abschreckungsoption
Verflucht wer das schreibt und wer das wiederholt ohne zu er-
    röten und sich verkauft an die Ministerien für Mord und für
    Totschlag

2

Ihr ausgewachsenen Männer
    im Käfig im Stahlberg Stahlsarg Stahlgrab
    nie habt ihr euren Frauen in die Augen gesehen
    nichts wißt ihr von den Gesten der Kinder
    was hat man mit euch gemacht
Ihr frisch gewaschnen Matrosen
    im Mausoleum für Männerwirtschaft
    ich seh euch und will euch nicht sehn ihr Fixer
Ihr Piloten
    schon abgestürzt in den adretten freundlichen Haß
    abgestürzt in die schulterklopfende Härte

verbeulte Teile eurer Maschinen seid ihr geworden
    und immer noch mit dem Nacken zuckend vor Angst
    abgestürzt seid ihr und verflucht
Ihr ahnungslosen Funker
    die ihr alles nachplappert in den pfeifenden Leitstellen jeden
    planetarischen Tod emotionslos
    wer hat euch gelehrt die Gefühle für euch zu behalten zwan-
    zig Jahre lang
Ihr sechstausend Mann
    eingepfercht wie die dümmsten Amphibien
    rückwärts kriechend auf hochtechnologischen Schienen
    uniformierte Hampelmänner seid ihr geworden
    eingesargt seid ihr und verflucht
Ihr kiffenden Landsknechte
    zieht hinaus mit Hurra und Drauf drauf dran
    und ab auf die Wellen und Wolken mit verbundenen Augen
    tätowiert mit den Formeln des Stoffs der alles zerreißt
    und mit dem einzigen Traum vom größten Fick aller Zeiten
    versunken seid ihr und verflucht
Ihr mit den kastrierten Sinnen
    sogar die Ohren müßt ihr zuhalten mit Ohrenschützern die ihr
    Mickey Mouse nennt
    wie Mäuse seid ihr in Kajüten gesperrt die bewohnt sind von
    Geheul und das Deck ist voll Geheul
    was hört ihr noch außer Befehlen
    was hört ihr außer dem Krachen der Triebwerke
    befohlen von den Kontrolltürmen
    und ihr wißt schon nicht mehr wer den Kontrolltürmen be-
    fiehlt
    die Befehle gehen von den Maschinen aus
    und was gut ist bestimmen die ausgereiften die
    hochsensiblen die überaus intelligenten Raketen
Ihr verbrennt die Erde ihr entsalzt das Meer
    ihr verfärbt die Luft und schüttet die Feuer mit Feuer zu
    Ich begreife euch nicht
    ich seh euch und will euch nicht sehn
    ich will nichts wissen von euch und ich kenn euch
    und wenn jemand fragt dann sag ich
    versunken seid ihr und verflucht

3

Verflucht wer sich einläßt auf das Verfluchte
Verflucht sind alle Flugzeugträger und was sie tragen
Verflucht alle Waffenhändler Waffensammler Waffen egal wel-
    che Schlagkraft und welche Namen alles was da Cruise Missile
    oder SS 20 heißt oder Tornado oder Backfire oder Lance-
    rakete oder Pershing oder Leopard alles verflucht verflucht
    verflucht
Verflucht sind die Kampfflugzeuge die Panzerspähwagen
    und alles was in Tarnfarben übern Horizont wischt
    auch die Uniformstoffe alle und alle gefüllten Patronen sie
    sollen verschwinden zerrieseln wie Wasser zwischen den
    Händen
Verflucht dies Schiffsgebirge das meinen Kopf durchpflügt
    mein Leben durchwühlt und mich lächerlich macht
    lächerlich meine Wut auf diese Maschinen
    lächerlich meine Attacken gegen Windmühlen
    lächerlich wie die Flugzeugträger noch hier an Land auf
    dem Trockenen mit voller Kraft voraus auf uns zustürzen
    und wir schweigen und wollen nicht wissen oder schreien
    verflucht verflucht verflucht

4

Sag mir
Wie krieg ich das Ding aus dem Kopf
    mit welchem Tanz sind die Stahlplatten zu schlagen
    mit welchen Reimen die Rechner
    mit welchen Vögeln die Funksprüche zu stören

mit welchen Fäusten die Tragflächen entblättern
welchen Zucker in welchen Tank
Ich weiß nur
das Ding wird eher verschwinden
als der Wunsch daß es verschwindet
Ich weiß nur
Irgendwann wird sich der Rost auf unsere Seite schlagen
und die liebliche Materialermüdung
irgendwann die heilige Inflation
irgendwann werden die Planungsingenieure sich überschlagen und samt ihren Waffen auf den Müllhaufen katapultieren
und was ist wenn die Bergwerke leergeschabt sind
dann werden auch diese Monster verschrottet und zu Brücken verschweißt
Und vielleicht wird es doch einen Tag geben
an dem zu viele Männer sich weigern
Oder einen Tag
an dem das Meer streikt
stellt euch vor das unermüdliche Meer streikt plötzlich und trägt keine Kriegsschiffe mehr und läßt sie einfach fallen verschwinden versinken im Schlamm und verrosten im Schlamm
und wir feiern am Ufer Auf Wiedersehen ihr Saurier Auf Nimmerwiedersehen jetzt kann die Geschichte der Menschheit beginnen

5
Aber
Das dauert zu lange
Für solche Hoffnungen fehlt mir Geduld
Ich schließe die Augen
Ich konzentriere mich
Ich nehme die Wörter
Denn was die Köpfe und Arme und Plakate und Unterschriften nicht schaffen
Das können die Wörter vielleicht
Die deutlichen fließenden zweideutig klaren
Die alleskönnenden kreisenden stechenden Wörter
Die können ja seht was sie können die können
Einen Flugzeugträger aus den Wellen heben
Hoch in die Luft stemmen wassertropfend
Und sogar zum Fliegen bringen
Die können ihn wieder abstürzen lassen ihn durchschütteln
Bis die Matrosen in die Rettungsinseln platschen
Bis alle Kampfflugzeuge auf die Meere verteilt sind auf den Meeresboden
Bis alle Batterien verlöschen
Ja das können die Wörter die Wörter
Können noch mehr sie können in aller Bescheidenheit
Einen Flugzeugträger
Versenken
Nicht nur einen versenken
Alle verfluchten Flugzeugträger aus allen Richtungen
Mit allen Ersatzteilen und allen Flugzeugträgerargumenten
Das können die Wörter
Einfach versenken den Dreck

Also hört her
Also seht her
Einen Augenblick Ruhe bitte

Jetzt
Wird
Er
Versenkt
Auf dieser Zeile versenke ich ihn
In dieser Minute auf dieser Seite auf diesem Blatt
Versenkt

Versenkt
Versenkt
Versenkt im Meer des Gedichts
Vorsicht
Vorm Strudel vorm Sog
Hurra und Adieu da liegt er im Schlamm
Tief tiefer am tiefsten
Versenkt verflucht versenkt

Friedrich Christian Delius

Ortswechsel

Zum Beispiel die Straßen auswechseln.
Berühmte Denkmäler.
Plätze.
Oder ganze Städte. Hauptstädte.
„Biete London, suche für drei Monate Hauptstadt mit tropischem Klima!" So wäre es dann zu lesen auf der internationalen Wechselbörse. Gleich daneben das Angebot: „Tausche ‚Roten Platz' gegen ‚Schiefen Turm von Pisa'!"
Denkbar auch ein Austausch des Volkes.
Oder, weil einfacher zu realisieren, der Wechsel von Regierungen. Jede Regierung dirigiert eine gewisse Zeit jedes Land der Erde.
Das immer reihum, damit der Chef von San Marino genauso lange die USA regiert wie der Chef der USA San Marino.
Völlig neue Dimensionen der Völkerverständigung scheinen möglich. Denn natürlich wandern auch machtsichernde Institutionen von Land zu Land. Um unnötige Komplikationen zu vermeiden, vorerst nur die bewaffneten Organe.
Und selbstverständlich nie parallel mit der eigenen Regierung.
So könnte es dann schon geschehen, daß China zwei Monate lang eine japanische Polizei, die sowjetische Armee, den amerikanischen Geheimdienst und ein Staatsoberhaupt aus der DDR hat.
Wem dies zu konfus klingt, wechselt besser gleich das System.
Das Sonnensystem.
Der kosmische Ortswechsel wird bislang wenig praktiziert, während auf der Erde einzelne Bürger die verblüffendsten Wechsel vollziehen. Wer bei der einen Regierung arbeitete, taucht plötzlich als Vertrauter einer anderen im befeindeten Land auf.
Allerdings bedarf es nicht unbedingt einer sichtbaren Bewegung, um den Standort zu wechseln. Manche Deutschen haben dies, ohne umzuziehen, nicht nur 1933 und 1945 getan.
Letzte Möglichkeit einer Veränderung bliebe das Renovieren der Wohnung. So vermag sich jeder einzureden, immerhin sei etwas erneuert worden.

Lutz Rathenow

13. So kann es sein

Alternative

Das möchte ich erleben:
stellungslose Generale,
die in den Arbeitsämtern betteln müssen;
Polizeispitzel, die Spielplätze pflegen;
Vorstandsherren, die in Kantinen Tische wischen;
Groschenjournalisten, die vor Diffamierungen zittern.
Von den Bändern,
von denen heute Panzer rollen,
laufen Lokomotiven,
wo heute noch der Krieg geübt wird,
toben Kinder.

Kein Mensch aus fremdem Land wird mehr beschimpft,
kein Kind geschlagen,
keine Frau vergewaltigt,
kein Alter abgeschoben,
kein Mann verkrüppelt.

Ich werde es erleben,
wir sind unterwegs dorthin.

Klaus D. Bufe

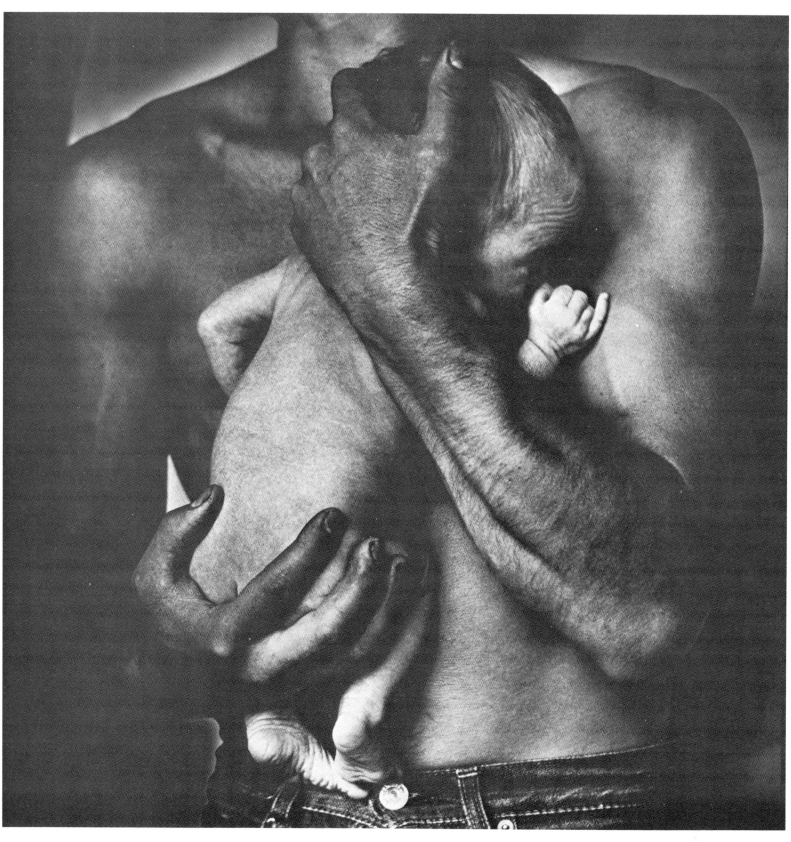

Sprachlos

Alles war wie an jedem anderen Tag in der Scharnhorst-Kaserne. Die Soldaten waren wie üblich morgens vom UvD mit der Trillerpfeife geweckt worden, trotteten dann zur Kantine und frühstückten und saßen nun in den nato-oliven Arbeitsanzügen auf ihren Stuben, wartend auf den Früh-Appell. Dann kam der laute Ruf wie immer: „Ganze Kompanie, Rrrrraustreten!", die Türen flogen auf, im Laufschritt bewegten sich hundertzwanzig junge Männer die Treppen aus dem ersten und zweiten Stock des Blocks hinab, drängten durch die Flügeltüren, bildeten ein nach einer Seite offenes Karree, richteten sich am Nebenmann aus, warteten auf das Kommando „Stillgestanden, die Augen links", dann kam das Kommando, und der Unteroffizier vom Dienst machte auf dem Absatz eine zackige Kehrtwendung, hob den rechten Arm winklig zum Gruß an das Schiffchen und meldete dem jungen Oberleutnant „2. Kompanie, 4. Panzer-Bataillon vollständig angetreten!" Der Leutnant grüßte lässig, ging an dem Unteroffizier vorbei, stellte sich, Arme in den Hüften, vor die Soldaten auf und öffnete den Mund zum „Augen geradeaus rührt euch". Aber der Befehl kam nicht, der Leutnant stand mit offenem Mund vor der Kompanie, bewegte den Kiefer, bewegte ihn hastig, der Befehl schien förmlich zwischen seinen Zähnen zu hängen, kleben zu bleiben und kam nicht hervor.

Die Soldaten wurden leicht unruhig, aber der Leutnant kaute immer noch an seinem kurzen Befehl, brachte ihn nicht hervor, wendete sich ruckartig um, ging zum Kompanie-Block zurück, achtete nicht mehr auf den Gruß des Unteroffiziers, der selbst nicht wußte, was geschehen war, und nun eine Kehrtwendung machte, um seinerseits den Befehl zu geben: „Augen geradeaus, rührt euch!" Aber auch bei ihm schien es Schwierigkeiten zu geben, gerade zuvor hatte er noch den Befehl zum „Stillgestanden" gegeben, und nun, ja, nun war er anscheinend sprachlos. Die Lippen bewegten sich hastig, die Zungenspitze wurde für einen kurzen Augenblick sichtbar, noch einmal, aber das vertrackte Wort wollte nicht über die Lippen kommen.

Auch der Unteroffizier machte kehrt und ging mit zackigem Schritt zur Flügeltür des Kompanie-Blocks, traf dort mit dem Feldwebel zusammen, und nun, ja nun hatte er die Sprache anscheinend wiedergefunden.

— Herr Feldwebel, irgendetwas scheint nicht zu stimmen, ich, — er stotterte —

— ich wollte eben befehlen: „Au.... chg" —
er stotterte wieder, brachte das Wort nicht hervor —

— ich wollte eben befehlen, und es ging nicht, ich bekomme den Befehl nicht über die Lippen und der Herr Leutnant auch nicht.

Der Feldwebel, ein schon älterer Soldat, auf Lebenszeit verpflichtet und allerhand gewohnt, lächelte ironisch und sagte:

— Gehen Sie mal zum Stabsarzt, lassen Sie sich mal untersuchen, Manöver letzte Woche war wohl'n bißchen viel, was.

Dann stelzte er nach draußen, stellte sich in Grundstellung vor die immer noch im „Stillgestanden" stehende Kompanie, öffnete seinen Mund und —

Ja, es geschah das gleiche. Auch er würgte, bekam gerade noch die Klänge des „Au..." von „Augen" heraus, mußte abbrechen und — die Soldaten glaubten ihren Augen nicht zu trauen — übergab sich.

Wenig später herrschte in der Scharnhorst-Kaserne ein großes Durcheinander. Die Wehrpflichtigen zuckten mit den Schultern und gingen kurzerhand auf ihre Stuben, um abzuwarten, wie sich die Lage weiter entwickeln würde. Die Unteroffiziere und Offiziere stellten gegenseitig fest, daß sie sich zwar normal unterhalten konnten, daß aber jede Befehls-Formulierung unweigerlich auf den Lippen erstarb, bei einigen gar zu Übelkeit und Erbrechen führte und daß bei einem Hauptmann bereits ein Kreislaufversagen eingetreten war, weil er eine knappe halbe Stunde krampfhaft versucht hatte, einen Befehl zu formulieren.

Ein Obergefreiter griff schließlich zum Telefon und meldete das ungeheuerliche Vorkommnis an den Stab weiter, von dort ging es an den Korps-General, der schließlich eine Verbindung mit der Hardt-Höhe in Bonn zustande brachte. Dort glühten bereits die Drähte, ständig waren die Telefonleitungen blockiert, denn aus allen Teilen der Bundesrepublik kamen ähnliche Meldungen.

Sofort wurde eine Sondersitzung des Kabinetts einberufen und strengstes Stillschweigen beschlossen. Der Militärische Abschirm-Dienst untersuchte die Vorfälle punktuell und erstattete einem geheimen Parlaments-Ausschuß noch in der gleichen Nacht Bericht. Die Opposition mutmaßte zuerst, daß es sich hier um eine kommunistisch gesteuerte Provokation handele, mußte jedoch ihre Meinung gründlich revidieren, als aus zuverlässigen Geheimdienst-Quellen bekannt wurde, daß ähnliche Vorkommnisse sowohl in Houston/Texas als auch in Wladiwostok zu beobachten waren. Der Versuch des Innenministers, für die befehlsunfähigen Offiziere höhere Polizeibeamte einzusetzen, schlug völlig fehl, da inzwischen auch bei den Polizei- und Bundesgrenzschutztruppen ähnliche Formen der Sprachlosigkeit beobachtet wurden.

Auf einer Blitz-Gipfelkonferenz, an der sich neben dem Präsidenten der Vereinigten Staaten auch der Staats- und Partei-Chef der UdSSR sowie die Regierungschefs der wichtigsten Industrie-Nationen aus Ost und West sowie der 3. Welt beteiligten, wurde dann kurzerhand beschlossen, die Ereignisse hinzunehmen und wenigstens propagandistisch auszunutzen. Noch am Abend des folgenden Tages wurde weltweit via Satellit bekanntgegeben, daß die Staatschefs aller Länder in einer UN-Sondersitzung übereingekommen seien, den weltweiten Frieden zu beschließen. Schon in den folgenden Tagen wurden die Soldaten aller Länder ausgekleidet, die Waffen in festen Bunkern eingemottet und die Kasernentore mit großen Vorhängeschlössern verschlossen.

Die ganze Aktion ging völlig reibungslos vor sich, lediglich aus der Chefetage eines großen Rüstungskonzerns wurde bekannt, daß ein Generalmanager in einer Kurzschlußhandlung aus dem siebten Stock des Hochhauses gesprungen sei. Man bedauerte dies auf höchster politischer Ebene sehr, meinte jedoch in einem Regierungs-Kommuniqué, jedermann müsse bereit sein, für den Frieden Opfer zu bringen.

Heinz Mees

So kann es sein

Und als der letzte Soldat seine Uniform in den Dreck geschmissen hatte und sagte, nie wieder Krieg, und die Panzer eingeschmolzen wurden, um das Metall einem friedlichen Zwecke zuzuführen, und die Bombenentschärfer in unzähligen Überstunden im Schweiße ihres Angesichts auch die letzte Bombe zerlegt hatten, da atmete die gequälte Menschheit auf, und es hob ein weltweiter Jubelschrei an unter der Sonne, Musik spielte auf und die Menschen tanzten drei Wochen lang auf den Straßen und Plätzen, jene, die sich noch niemals im Leben gesehen hatten, schüttelten sich freudig die Hände und umarmten sich.

Dietmar Preisner

über den frieden

der krieg der geschlechter
der krieg zwischen gleichgeschlechtlichen
der kleinkrieg
der krieg unter der bettdecke
der krieg auf der bettdecke
der krieg um die schwangerschaftsunterbrechung
der krieg um gleichberechtigung
der krieg zwischen eltern
der krieg unter geschwistern
der krieg zwischen alt und jung
kriegsspielzeug

der türklinkenkrieg
der versicherungskrieg
der krankenkassenkrieg
der kampf um den lastenausgleich
der kampf um studienplätze
der kampf um arbeitsplätze
der kampf um sitzplätze
der kampf um stehplätze
der fußballkampf

der krieg zwischen lehrern
der krieg zwischen schülern
der krieg in den ministerien
der krieg in den kantinen
der krieg unter wissenschaftlern
der krieg unter schriftstellern
der krieg zwischen künstlern

der arbeitskampf
der kampf der gewerkschaft
der einzelkämpfer
der solidarische kampf
der unsolidarische kampf
der wettkampf

der kampf gegen gefühle
das unterdrückte gefühl
das verhör
die falsche aussage
die handschellen
das gebrochene rückgrat
die unterwürfigkeit
die manipulation

das schreibverbot
das berufsverbot
das ausgehverbot
betreten verboten
bissiger hund
selbstschußanlage
zivilschutz
sicherheitrakt
atombunker

die pressefreiheit
der ordnungshut
die uniform
das grundgesetz
das fest im griff
die starke hand
die schlagkraft
die nato
der doppelbeschluß
die abschreckung
die stationierung

der siebzehnte juni
der dreizehnte august
der landwehrkanal
ber lin
der völker mord
der bruder krieg
der welt krieg
der erste der zweite der

der gesinnungskrieg
der krieg an der mauer
der krieg an den grenzen
der stacheldrahtkrieg
der minenkrieg
der zwanzigjährige krieg
der dreißigjährige krieg
die bauernkriege
die religionskriege

die musterung
der gehorsam
die einberufung
der einmarsch
der graben die kugeln
die tannenbäume
der luftschutzkeller
der fliegeralarm
die stukas die panzer
der waffen stillstand
blockade und hunger
trümmer und aufbau

wirtschaftskrise
wirtschaftswunder
weltwirtschaftskrieg
der parteienkrieg
der konsumkrieg
die steigenden preise
die leerstehenden häuser
die spekulation

die chemische keule
die pflastersteine
das splitternde glas
die fallenden körper
die knüppel die helme
die barrikaden
der kampf in den straßen
der kampf auf den straßen
der schrott der vogelzeig das gericht
die würde des menschen
die antastbarkeit
das messer das gras das heroin
das dumdum
das dideldumdei
der ernst der lage

der kampf in den kaufhäusern
der kampf in den schwimmbädern
der kampf auf den skipisten
der kampf auf den schulhöfen
der kampf in den kneipen

der kampf gegen die startbahn
der kampf gegen die luftverschmutzung
der kampf gegen die verseuchung der flüsse
der kampf um die fanggewässer
der kampf gegen die ölpest

Es grassiert eine Krankheit

der kampf gegen die robbenjagd
der kampf gegen die elefantenjagd
der kampf der umweltschützer
der aussichtslose kampf
mein kampf

die gebrochene hand
der gebrochene fuß
das gebrochene herz
das gebrochene auge

Hanne F. Juritz

Das Metall zeigte Risse, offenbarte Bruchstellen. Die Bakterienkulturen fraßen sich immer weiter in den Stahl, hatten schließlich den gesamten Koloß mit einem gelblichen Film überzogen. Nichts konnte mehr das Wachstum des neuen Metallfressers aufhalten. Interessant daran war nur, daß dieser Vielfraß sich nur an Rüstungsgütern labte: Panzern, Raketen, Düsenjägern, Kriegsschiffen. Militärs, Rüstungstechnokraten aller Couleurs berieten in supranationen Konferenzen die besorgniserregende Lage. Weder Ost noch West, weder Nord noch Süd wurden von dem zersetzenden Feind verschont.

Zuerst machte er das gesamte Vernichtungspotential unbrauchbar, dann griff der Metallfresser auch auf Verteidigungseinrichtungen und -apparaturen über. Entsetzen rund um den Globus, weltweit. Fieberhaft mühte man sich, die Waffenmetalle noch besser zu härten, doch der erhoffte Erfolg blieb aus. Entspannungs-Mikroorganismen wüteten epidemisch. Überall. Nichts blieb verschont: das gesamte Kriegspotential war vernichtet. Jahre des Friedens kündigten sich an ...

H. Jürgen Großkurth

Die verfeindeten Nachbarn

Ein Märchen

In einer Schrebergartenkolonie lebten einmal zwei Schrebergärtner, deren Gärten aneinandergrenzten. Aber wo sich die anderen freundlich über den Zaun hinweg grüßten und die Früchte ihrer Gartenarbeit bewunderten, waren sich unsere beiden Laubenpieper spinnefeind.

Der eine bezichtigte den anderen, er würde des nachts seine Früchte stehlen. Der andere wiederum behauptete, sein böser Nachbar würde seinen Sträuchern und Bäumen heimlich das Wasser abgraben, so daß sie einzugehen drohten. Jeden Tag gab es neuen Streit zwischen den beiden Laubenpiepern. Und selbst ihre Familien, die in den Gärten ihre Ruhe suchten, blieben von dem Streit nicht verschont.

Als einmal der eine Laubenpieper das kleinste Kind des anderen mit allerlei Naschwerk durch den Zaun in seinen Garten herüberlocken wollte, nagelte der andere den Zaun auf seiner Seite einfach zu, so daß keine Katze mehr hätte hindurchstreichen können.

Das regte den Laubenpieper auf dieser Seite des Zaunes natürlich sehr auf; denn er konnte nicht mehr in den Garten des anderen hineinsehen. Er vermutete, daß sein Nachbar auf der anderen Seite im Verborgenen alle möglichen schlimmen Pläne gegen ihn aushecke. Deshalb kaufte er sich beim Tierhändler einen bissigen Wachhund. Als das der andere Laubenpieper merkte, kaufte auch er sich sofort einen scharfen Wachhund.

Das ärgerte den Laubenpieper diesseits des Zaunes, und er ging wieder zum Tierhändler und kaufte sich noch zwei Wachhunde. Aber es dauerte nicht lange, da hörte er auf der anderen Seite des Zaunes ebenfalls drei Wachhunde kläffen.

So ging das Tag für Tag. Immer wenn der eine Laubenpieper vom Tierhändler ein neues, noch gefährlicheres Tier zum Schutze seines Gartens gekauft hatte, hörte er kurz darauf, daß der andere ebenfalls neue Tiere in seinem Garten hatte.

Nach wenigen Monaten wimmelten die Gärten der beiden Streithähne nur so von scharfen Hunden, gefährlichen Raubkatzen, giftigen Nattern und Jagdfalken, deren Klauen mit scharfen Rasiermessern versehen waren. Allmählich fühlten sich die anderen Siedler der Schrebergartenkolonie von den vielen Bestien bedroht, und sie kauften sich ebenfalls gefährliche Tiere zum Schutz ihrer Gärten.

Unser Laubenpieper diesseits des Zaunes hatte durch den Kauf immer gefährlicherer Tiere bei seinem Tierhändler beträchtliche Schulden angehäuft. Deshalb machte er sich große Sorgen. Und allmählich fürchtete er sich nicht nur davor, daß die wilden Tiere seines bösen Nachbarn zu ihm durch den Zaun dringen könnten, sondern er bekam auch Angst vor seinen eigenen.

Aber der Tierhändler, mit dem er sich inzwischen angefreundet hatte, beruhigte ihn wegen seiner Schulden und erklärte ihm, daß alle Tiere sorgfältig dressiert seien und er keine Angst um sich und seine Familie zu haben brauche. Es könne überhaupt nichts passieren. Im übrigen habe er noch einen feuerspeienden Drachen, so groß wie ein Dinosaurier. Den werde er zu seinem und ihrer aller Schutz in seinem Garten anpflocken; denn er habe gehört, daß der Tierhändler der Gegenseite im Garten seines bösen Nachbarn ungeheuer mordlüsterne Raubtiere herumlaufen ließe, die nur danach lechzten, über den Zaun zu springen und unter seiner Familie ein Blutbad anzurichten. Und er ging und holte seinen riesigen feuerspeienden Drachen.

Als unser Laubenpieper das Ungetüm in seinem kleinen Garten stehen sah, bekam er es erneut mit der Angst zu tun. Er fürchtete, der Drache könne seine sorgfältig gepflegten Beete zertrampeln oder mit seinem feurigen Atem seine schöne Laube in

Brand setzen. Aber der Tierhändler stritt diese Gefahr kurzerhand ab und wies ihn darauf hin, daß die eigentliche Gefahr von den Drachen drohe, die sein Nachbar auf der anderen Seite des Zaunes versteckt halte. Im übrigen fühle er, der Tierhändler, sich für den Schutz des Laubenpiepers verantwortlich. Über den Drachen in seinem Garten wolle er nicht mehr diskutieren. Und ganz beiläufig wies er unseren Laubenpieper auf dessen beträchtliche Schulden hin, die er bei ihm hatte.

Da wurde unser Laubenpieper ganz kleinlaut. Und als seine Kinder zu ihm kamen und maulten, daß sie kaum noch Platz zum Spielen im Garten hätten, erklärte er ihnen, daß angesichts der ungeheuren Bedrohung durch ihren bösen Nachbarn jeder Opfer bringen müsse. Da schrie ihn seine Frau an, woher er denn das so genau wisse mit der Bedrohung? Sie habe keinen einzigen Drachen im Garten des Nachbarn erblicken können, und die seien bei ihrer Größe wohl kaum zu übersehen. Die ganze Familie forderte, er solle den Tierhändler auffordern, seinen feuerspeienden Drachen sofort wieder zurückzuholen. Denn er sei ohne ihr aller Einverständnis heimlich im Garten angepflockt worden, und sie wollten nicht mitverantwortlich sein, wenn er sich losreiße und die ganze Laubenkolonie zertrampele und mit seinem feurigen Atem vernichte.

Der Laubenpieper zuckte nur mit den Schultern und entgegnete, er dulde den feuerspeienden Drachen nur, weil er vom Tierhändler das Versprechen habe, daß dieser mit dem Tierhändler der anderen Seite Verhandlungen darüber führen wolle, daß beide ihre Tiere aus den Gärten wieder zurückzögen. Voraussetzung für diese Verhandlungen aber sei ein Gleichgewicht des Schreckens in beiden Gärten. Aber seine Frau und seine Kinder schüttelten nur den Kopf und verlangten, der Drache müsse aus ihrem Garten verschwinden und die giftigen Nattern auch und die Raubkatzen und und und. Sie wollten in ihrem Schrebergarten nicht gefährlich wie im Dschungel leben.

Da eilte plötzlich der Tierhändler herbei mit der Nachricht, er habe einen ganz neuen Drachen aus Neuguinea. Er befinde sich vorerst noch bei ihm in der zoologischen Handlung. Und er beschwichtigte den Laubenpieper, er könne ganz beruhigt wegen seiner Laube sein; denn der giftige Atem dieses — im übrigen viel kleineren — Drachen vernichte nur Lebewesen, aber garantiert keine Lauben. Da entrüstete sich die ganze Familie und andere benachbarte Laubenpieperfamilien, was denn dann aus ihnen würde? Sie seien schließlich auch Lebewesen.

Aber der Tierhändler entgegnete, sie alle verstünden nichts von Abschreckung. Durch die Möglichkeit, die Drachen Gift und Feuer speien zu lassen, werde der Wille, einen Konflikt mit dem bösen Nachbarn zu verhindern, überhaupt erst glaubwürdig. Nur so könne man eine feindselige Auseinandersetzung verhüten. Die Drachen dienten also letztlich nur dem Frieden in der Kolonie.

Da griffen sich die Laubenpieper kurzerhand den Tierhändler und sperrten ihn in ein Irrenhaus. Und den feuerspeienden Drachen ließen sie von der zoologischen Handlung sofort zurückholen. Dann riefen sie über den zugenagelten Zaun dem anderen Laubenpieper zu, sie wollten mit ihm reden. Und nach vielen, vielen endlosen Verhandlungen beschlossen unsere beiden verfeindeten Laubenpieper zusammen mit ihren Nachbarn, alle wilden und gefährlichen Tiere aus den Gärten abzuziehen. So wurde die gesamte Laubenkolonie zu einer drachen-, raubtier- und giftnatterfreien Zone.

Die mächtigen konkurrierenden zoologischen Handlungen wurden von den Laubenpiepern aufgerufen, ihre Wachhunde, Raubkatzen, giftigen Nattern und feuer- und gasspeienden Drachen zurück in die Wildnis zu schaffen, wo sie hingehörten. So lebten die Laubenpieper fürderhin in Frieden miteinander in ihrer schönen Laubenkolonie. Und wenn sie nicht gestorben sind, dann leben sie noch heute.

Der dem Irrsinn verfallene Tierhändler aber muß aus dem Irrenhaus entwichen und unbemerkt in die Vereinigten Staaten von Amerika geflohen sein; denn dort argumentieren und handeln inzwischen der Präsident, sein Außen- und sein Verteidigungsminister genau so wie er.

Werner Geifrig

Weihnachtswünsche

Daß alle Räder rechtzeitig stillstehen,
wenn so ein Kleiner
bei Rot die Straße passiert,

daß die Sehnsucht auch am Fuße
des Nanga Parbat eine Herberge findet,

daß das Gewichtige behutsamer wird
und den Sommerabend hinter dem Haus
nicht aufschreckt,

daß die unmenschlichen Ketten
gelöst werden durch Hände,
die Mut und Wärme haben,

daß ich ein rotes Tuch ausbreiten kann,
ohne gleich rohe Fäuste zu spüren,

daß über die schnellen Brüter
nicht eines Tages der Habicht kommt,

daß einer „Vater" sagt,
weil er weiß, daß mein Vertrauen
stärker ist als der Wunsch nach Kontrolle,

daß sich die Stimme der Hoffnung
nicht heiser schreit,

daß ich dieses „Friede auf Erden"
ganz anders zu sagen verstünde
und sie um mich herum
die Furcht aus den Augen verlieren.

Johannes Jourdan

Wer nicht nein sagt, ist am Ende dabei

Szene für zwei Personen

Die Bühne ist in der Mitte geteilt durch einen Schlagbaum, der im Hintergrund beginnt und ein wenig über die Bühnenrampe hinausragt. Links links die Bühne begrenzt durch ein kleines Häuschen mit Vorgärtchen, in dem einige liebevoll aufgebundene Tomatenpflanzen stehen. Rechts ist die Bühne begrenzt durch ein kleines Häuschen mit Vorgärtchen, in dem zwei schön zurechtgeschnittene Apfelbäume stehen. Das linke Häuschen ist gelb gestrichen, das rechte Häuschen ist grün gestrichen, der Schlagbaum ist weiß und rot. Zuerst ist die Bühne dunkel. Langsam erhellt sie sich. Man hört vom Tonband Vogelgezwitscher, sowohl links wie rechts. Aus der linken Tür tritt Alowein in seiner dunkelblauen Uniform. Er reckt sich, streckt sich, sagt

ALOWEIN Feines Wetter.

Er macht sich an den Tomatenpflanzen ein wenig zu schaffen, zupft ein Unkraut weg, dann ruft er über die Grenze

ALOWEIN He, Zwitschig! Langschläfer! Aufstehen, Grenze bewachen!

Zwitschig in seiner braunen Uniform kommt aus dem rechten Häuschen, reckt sich, streckt sich, sagt

ZWITSCHIG Ein friedlicher Tag.

Er schaut langsam vom Apfelbaum in die Höhe, dann hinüber zu Alowein, einen imaginären Vogel beobachtend, ruft

ZWITSCHIG Guten Morgen, Alowein! Gerade ist ein Vogel aus meinem Land in dein Land über die Grenze geflogen, ohne Paß.

ALOWEIN Wahrscheinlich ist er vor eurem System geflohen.

ZWITSCHIG Sei doch nicht am frühen Morgen so ideologisch, Alowein. Wir wissen doch, daß dem Kleinvieh die Systeme Wurscht sind.

ALOWEIN War nur ein Scherz, Zwitschig. Weißt du doch. Nicht mal Wurscht ist so 'm Piepmatz das System, denn Wurscht könnt er ja picken und schmecken und essen.

ZWITSCHIG Der Vogel ist rübergeflogen zu dir im Rahmen eines Kulturaustausches, Alowein. Von dir kommt nämlich ein fantastischer Kaffeeduft zu mir über die Grenze.

ALOWEIN Ich hab's verstanden, Zwitschig, alter Junge und Kollege. Ich bring den Kaffee an den Schlagbaum, und du bringst Haferbrötchen und das herrliche Apfelgelee, das deine Mutter so gut zubereitet.

ZWITSCHIG (während er in sein Haus geht, über die Schulter)
Nach einem alten Rezept unseres Landes.

ALOWEIN (während er in sein Haus geht, über die Schulter)
Dafür ist bei uns der Kaffee billiger.

Zwitschig kommt wieder aus seinem Haus, trägt in der rechten Hand eine Tüte mit Haferbrötchen, unterm Arm ein großes Apfelgelee-Glas, in der linken Hand eine Kaffeetasse, unterm Arm einen Klappstuhl, in der Uniformjackentasche zwei Messer. Alowein kommt wieder aus seinem Haus, trägt in beiden Händen einen Klappstuhl, darauf balanciert er ein Tablett, auf dem eine große Kaffeekanne, eine Tasse, zwei Teller, Zuckertopf, Milchkanne und zwei Kaffeelöffel sind. Beide gehen zum Schlagbaum. Man sieht, daß sie das alles nicht zum ersten Mal machen. Zwitschig stellt seine Tüte ab, dann die Kaffeetasse, dann den Klappstuhl, dann das Apfelgeleeglas, nimmt dann Alowein das Tablett ab, der baut seinen Klappstuhl auf, während Zwitschig das Tablett auf den Schlagbaum stellt. Alowein nimmt zwei Stäbe, klemmt sie unters Tablett, hält das Tablett. Zwitschig klemmt nun ebenfalls zwei Stäbe unters Tablett, baut seine Eßwaren auf das so gewonnene Tischchen, baut seinen Klappstuhl auf, während Alowein schon den Kaffee einschenkt. Jetzt zieht Zwitschig die Messer aus der Brusttasche, reicht eins Alowein, sagt

ZWITSCHIG Unser regelmäßiger illegaler Waffenhandel.

ALOWEIN Jetzt müssen wir noch die konspirativen Vorbereitungen für unseren täglichen geheimen und unheimlichen Nachrichtenaustausch treffen.

Beide gehen zurück in ihre Häuser, kommen schnell wieder, jeder mit einer Zeitung, jeder mit einem Kofferradio. Beide Radios spielen, auf dem von Alowein hört man Schlagermusik, auf dem von Zwitschig Rockmusik (natürlich sind beides vorher aufgenommene Kassetten). Die Musiken sind sehr laut und mischen sich unharmonisch.

ALOWEIN (hält schon von weitem dem Zwitschig die Zeitung hin, schreit, um die Musik zu übertönen)

Da, lies, was ihr wieder für einen Mist gebaut habt.

ZWITSCHIG (hält schon von weitem dem Alowein die Zeitung hin, schreit, um die Musik zu übertönen)

Mist habt ihr gebaut. Da steht es schwarz auf weiß.

Die beiden stellen ihre Radios ab, tauschen die Zeitungen, setzen sich. Jetzt trinken sie erst einmal jeder einen Schluck Kaffee.

ZWITSCHIG Aah! Euer Kaffee ist fantastisch.

ALOWEIN Dafür ist heute eure Musik besser. Hören wir heute euren Sender?

ZWITSCHIG (beginnt, sich ein Brötchen zu schmieren)

Ich finde, daß heute euer Programm besser ist. Hören wir lieber euren Sender, ja?

ALOWEIN (beginnt, sich ein Brötchen zu schmieren)

Also, da muß ich ganz entschieden und diplomatisch reagieren. Wir haben gestern unseren Sender gehört, heute müssen wir wegen der Gerechtigkeit euren hören.

ZWITSCHIG (seufzt, beißt in sein Brötchen)

Du hast recht. Ich bin es meinem Staat schuldig, mindestens jeden zweiten Tag seinen Sender zu hören.

ALOWEIN (drückt sein Radio aus, beißt in sein Brötchen, nimmt die Zeitung)

So, dann will ich mal die Halb- und Ganzlügen aus eurem Schmierblatt lesen.

ZWITSCHIG (nimmt ebenfalls die Zeitung)

Schmierblatt will ich überhört haben, Alowein. Bei aller Freundschaft, das geht zu weit.

ALOWEIN Das geht zu weit, sagst du? Hier das geht zu weit. (Dabei schlägt er mit der Hand auf die Zeitung) Hier steht, wir seien Kriegstreiber.

ZWITSCHIG Du, das steht hier auch über uns. Sag mal, bin ich etwa ein Kriegstreiber?

ALOWEIN Immerhin sitzt du in einer braunen Uniform an der Grenze und läßt niemanden aus eurem Land in unsers, und niemanden aus unserem Land in eures.

ZWITSCHIG Und du? Du tust doch dasselbe in deiner dunkelblauen Uniform. Sag mal, kratzt deine Uniform auch so am Hals? (Zwitschig fährt sich mit dem Finger in den Kragen)

ALOWEIN Nee, diese Uniform drückt unter den Armen. (Alowein bewegt die Schultern in seiner Uniformjacke)

ZWITSCHIG Warum trägst du denn so ne unbequeme Uniform?

ALOWEIN Und warum trägst du so ne kratzige Uniform?

ZWITSCHIG Erst du, ich hab zuerst gefragt.

ALOWEIN Ach, weißt du, ich krieg ne gute Rente, wenn ich hier lange genug gesessen hab. Und bequem ist der Job auch. Und jetzt du.

ZWITSCHIG Ich hab keine andere Arbeit gekriegt, und da hab ich gedacht, was soll's. Die Bezahlung ist recht gut.

ALOWEIN Macht ja auch nix. Wir sind trotzdem gute Freunde.

ZWITSCHIG Klar, wir haben uns kennengelernt.

ALOWEIN Wenn die da oben und die von den Zeitungen wüßten, was hier so alles über die Grenze geht.

ZWITSCHIG Kaffee, Brötchen, Apfelgelee, Messer, Nachrichten, Freundschaften, Vögel.

ALOWEIN Gerüche, Wolken, Blicke, Schmetterlinge …

ZWITSCHIG Sogar (guckt sich um, ob niemand zuhört, steht auf, beugt sich über den Schlagbaum, flüstert Alowein zu) Liebe.

ALOWEIN Was?

ZWITSCHIG Ich mag das nicht so schreien, Alowein. Mach doch deine Horchlappen auf. Ich sag das nicht zweimal. Hat mich schon beim ersten Mal Überwindung genug gekostet.

ALOWEIN Horchlappen. Horchlappen. Feine Ausdrucksweise das, muß ich dir verraten. Dreh doch lieber dein Radio leiser, und dann, bitte, teile mir das nochmal mit, was du da eben gebrabbelt hast.

ZWITSCHIG (dreht das Radio leise, beugt sich wieder zu Alowein, flüstert noch einmal)

Liebe.

ALOWEIN (schreit) Hast du Liebe gesagt?

Zwitschig nickt.

ALOWEIN Woher weißt du das? Wir habens doch so geheimgehalten.

ZWITSCHIG Wer? Was?

ALOWEIN Deine Schwester und ich. Wir treffen uns abends immer im Niemandsland da hinten links vom Schlagbaum. (und Alowein zeigt nach links, also zum Bühnenhintergrund)

ZWITSCHIG Du mit meiner Schwester im Niemandsland links? Und ich, Alowein, ich mich mit deiner Schwester im Niemandsland auch links. (und Zwitschig zeigt nach links, also zum Zuschauerraum)

ALOWEIN Ob das der Unterschied ist zwischen unseren Ländern?

ZWITSCHIG Was?

ALOWEIN Daß dein Links mein Rechts ist und umgekehrt?

ZWITSCHIG Ach, das. Du, das ist doch ein Glück, was? Stell dir mal vor, wir wären alle vier immer an derselben Stelle gewesen.

ALOWEIN Das verbitt ich mir. Ich will mit deiner Schwester allein sein.

ZWITSCHIG Eben. Und ich mit deiner.

ALOWEIN Dann, das fällt mir jetzt auf, dann werden wir ja doppelte Schwäger. Mensch, Zwitschig! Komm in meine Arme.

Beide erheben sich, fallen sich über den Schlagbaum, neben dem Tablett, in die Arme. In diesem Moment wird die Radio-Musik durch eine Fanfare unterbrochen.

RADIO Achtung, Achtung. Eine Sondermeldung. Seit 9 Uhr siebenunddreißig befinden wir uns im Kriegszustand.

(Diese Meldung wird zuerst einmal wiederholt, mehrfach)

Ganz langsam lösen sich Alowein und Zwitschig voneinander, starren sich an, lauschen.

ALOWEIN Hast du das gehört? Das kann doch nicht wahr sein. Mach mal dein Radio an.

Zwitschig stellt sein Radio an. Aus beiden Radios kommt dieselbe Meldung. Es ist nicht nötig, daß die Meldungen synchron laufen. Man hört jedenfalls aus beiden Radios denselben Text.

RADIOS Seit 9 Uhr siebenunddreißig befinden wir uns im Kriegszustand. Die ständigen Provokationen und Grenzverletzungen unseres Nachbarstaates haben in so unerträglichem Maß zugenommen, daß sich die Regierung entschloß, den Krieg zu erklären.

Beide Radios wiederholen den letzten Satz, um den Spielern Gelegenheit für ihre Worte zu geben.

ZWITSCHIG Erklären. Erklären. Als ob man euch den Krieg erklären müßte. Den kennt ihr doch.

ALOWEIN Wer? Wir? Ich?

ZWITSCHIG Verzeih, Schwager.

ALOWEIN Schwager? Hat sich ausgeschwagert. Feinde sind wir. Hör doch!

RADIOS Heute morgen überfielen die gegnerischen Truppen unsere Stadt Hullesbach. Seit 9 Uhr siebenunddreißig schießen wir zurück. Alle unsere tapferen Soldaten greifen zu den Waffen für Volk, Vaterland, Freiheit, Gerechtigkeit.

Beide Radios wiederholen den letzten Satz.

ALOWEIN (während er zu seinem Haus eilt) Zu den Waffen!

ZWITSCHIG (während er zu seinem Haus eilt) Für Volk, Vaterland, Freiheit, Gerechtigkeit.

Alowein und Zwitschig verschwinden in ihren Häusern, kommen heraus, beide tragen Gewehre in den Händen, legen aufeinander an.

ALOWEIN Du bist der Feind. Ich muß dich erschießen.

ZWITSCHIG Ich muß schneller sein, Alowein.

ALOWEIN Dank dir noch einmal für deine Freundschaft, für dein Apfelgelee, jetzt muß gestorben sein oder getötet.

ZWITSCHIG Dank dir noch einmal für deinen Kaffee. Du warst ein Mensch, aber jetzt kommt es drauf an: du oder ich!
ALOWEIN Ach, Zwitschig, und grüße deine Schwester von mir. Ich liebe sie, werde sie immer lieben, obwohl sie eine Feindin ist.
ZWITSCHIG He, warte mal! Wie kann ich sie denn grüßen, wenn du mich triffst? Und dich will ich nicht treffen, weil du deine Schwester von mir grüßen sollst.
ALOWEIN (läßt das Gewehr sinken) Zwitschig, das ist nicht unser Krieg. Ich zieh die Uniform aus.
ZWITSCHIG Du hast recht, Alowein.
Alowein und Zwitschig werfen die Gewehre weg. Die beiden Radios plärren schreckliche unterschiedliche Marschmusik. Alowein und Zwitschig beginnen, ihre Uniformjacken aufzuknöpfen. Das Licht geht aus. Ein lauter Krach ertönt, einiges Gepolter, Geblitze. Die Radios verstummen. Stille. Dann geht das Licht schlagartig an. Eine Mittelstreckenrakete hat mitten auf dem Schlagbaum eingeschlagen, steckt (optisch, ist also nur halb zu sehen) im Bühnenboden. Überall Splitter. Die Häuschen sind kaputt (ein Bühnenbild weggenommen, dafür ein dahinterliegendes freigelegt), die Tomatenpflanzen liegen herum, die Apfelbäume sind geknickt. Alowein und Zwitschig liegen jeder auf seiner Seite, robben ein wenig aufeinander zu, schwerverletzt.
ZWITSCHIG Eine eurer Raketen.
ALOWEIN Von euch.
ZWITSCHIG Ist doch egal. Hat uns erwischt.
ALOWEIN War zu spät. Hätten früher die Uniformen ausziehen müssen.
ZWITSCHIG Gar nicht anziehen.
Das Licht geht aus.

Karlhans Frank

Friedenssicherung

Ich erfinde
eine bessere Welt
heißt im Kunstunterricht
die Aufgabe

Ein schöneres Kinderzimmer
ein bequemeres Fahrrad
eine andere Schule
ein lustigeres Spielhaus
eine wichtige Ausstellung
einen angenehmen Menschen

Das Kinderzimmer
steckt voller Waffen
das Fahrrad
hat ein Maschinengewehr
die Schule
kreist in der Rakete
im Spielhaus
regiert James Bond
die Ausstellung
zeigt Panzer und Fahnen
der Mensch
trägt eine Uniform

Gesichert ist
der Friede
in dieser besseren Welt

Ingeborg Haberkorn

Brief an eine Freundin

Gegen die unverbindlichen Zeiten
wollen wir Seile knüpfen aus Hoffnungen
stark genug, unsere Träume zu halten
die von der Liebe
von der Gerechtigkeit
und vom Frieden unter den Menschen

Komm
wir verweben die Ausdauer
den Mut
und die Maßlosigkeit
und bauen daraus
bewohnbare Landschaften

Renate Beyer

alleingang

ich will
nichts zu tun haben
mit eurem zerschlissenen tag
nehme meinen federkern
meinen apfelkernhut
und geh

wandere am
blau blauen grat entlang
sturz in den abgrund
hohn für die angst
fliege mit dem
brüchigen wind

kauf seidene schuh für die
schmetterlingsfahrt
fußspitzenklirrend
auf gläsernen pfaden

niedersinkend an
freundlichen ufern
wo nicht wunden
sondern
feuer brennen

Franziska Sellwig

In Friedenszeiten

Der Nachbar
ist freundlich. Die Zeitung
meldet Sonnenschein. Mein Fenster geht
auf den baumbestandenen Hof. Die
Katze schläft schnurrend
im Fadengewirr.

Still steht mein Koffer
neben der Tür.

Hans-Ulrich Treichel

Befriedungsakte

Ist doch was Herrliches, draußen auf dem Feld am Rande der Gräben zu gehn, rauf auf die Hochstände, von wo aus früher, als es noch Wild gab, Rehe und Hirsche beobachtet wurden. Richtig tief in die Gräben kannst du von da oben schauen, und manchmal hast du Glück und siehst den Anfang von Angriff und Gegenangriff. Meistens ist ja alles ganz schnell in Pulverdampf eingehüllt, doch wenn auch kaum was zu sehen ist, du hörst immer noch ein paar aufpeitschende, ausdruckskräftige Schmerzensschreie, das Draufhauen. Mensch, ist das ein Geschrei, das ist viel toller als das größte Geheul von New York. Nicht einmal in Dolby oder Sensorsound kannst du das sonst so gut hören, da muß man schon selbst vor die Stadt gehen, rausfahren mußt du, schlimmstenfalls laufen, wenn du das richtig mitkriegen willst. Da draußen ist alles wie echt, da gibt es keine Maskenbildner, nur Sanitäter laufen rum, die verhindern das Schlimmste. Überall da, wo sich endlich ein blutüberströmter Kopf zeigt, binden sie alles ab, und gleich sieht der Verwundete wieder sauber und adrett dem Feind in die Augen. Schade nur, daß die Regierung das Eintrittsgeld dauernd erhöht.

Wer nicht zahlen will, muß kämpfen. Wenn du nicht dem andern eins zwischen die Augen ballerst oder ihm ein Messer oder ein blankgeputztes Bajonett zwischen die Rippen oder tiefer in die Weichteile stößt, dann bist du selber dran. Entweder tut dir der Feind, wie du ihm tun sollst, oder aber du wirst an die Wand gestellt, wenn eine Wand da ist. Bei besonderem Durcheinander und wenn es keine Wände mehr gibt, hängt man alle, die nicht laut genug hurra schreien, an Bäumen auf. Im historischen Museum hängen einige als Anschauungsmaterial für Schulklassen. Geschmackvoll gerahmt. Aber das ist längst nicht so ergreifend wie das Geschehen draußen vor der Stadt auf dem Felde der Ehre, wenn du auf deinem Hochsitz sitzt, was Liebes fürs Wochenende im Arm, und das sportliche Geschehen unter dir beobachtest. Das ist lebendiger, da ist einfach mehr drin. Auf Bildern ist alles so starr und festgehalten, im Kino weiß man, daß das ja nur gemacht ist und daß da Ketchup im Spiel ist. Nein, man muß schon raus zu den Feldern. Besonders Asthmatikern tut die Luft vor der Stadt gut. Nur hoch genug muß man sitzen. Aber nicht zu hoch. Wenn du zu hoch sitzt,

dann hast du keinen O-Ton mehr, dann ist alles zu weit weg und deine Phantasie wird unnötig strapaziert.

Daß sie die Eintrittspreise dauernd erhöhen, wird noch katastrophale Folgen zeitigen. Die ersten sollen sich schon jetzt völlig ruiniert und ihre Familien ins Elend getrieben haben. Die Fürsorge tritt für selbstverschuldete Schäden nicht mehr in Vorlage. Wer am Ende ist, muß sich selbst einbringen, muß mitmachen, kämpfen. Wie sollte es sonst zur Bildung neuer Armeen kommen, wenn nicht durch den Zwang, Beteiligungsgelder zum Abzahlen der Schulden zu verdienen.

Im Fall des Todes erhalten die Erben ein höheres Entgelt, wenn das Ableben draußen auf dem Felde der Ehre erfolgt. So schlägt der Staat zwei Fliegen mit einer Anweisung: draußen kämpfen selbst die Schwerverletzten weiter, und drinnen bleiben die Lazarette leer. Ohnmächtig gewordene Kämpfer läßt man erstmal liegen. Niemand darf gegen seinen Willen aus der Kampfzone in Sicherheit gebracht werden. Die Kämpfer müssen selbst entscheiden, ob sie aufgeben und erst später in der Pflege durch staatliche Organe sterben wollen. Nur so kann sich der Staat vor Schadenersatzklagen der Erbberechtigten schützen. Ich habe von meinem Vater eine ansehnliche Summe als Startkapital bekommen.

Manche Leute kaufen sich, wenn sie zu Geld gekommen sind, auf einem Hochsitz ein und bleiben dann ganze Wochenenden draußen. Aber das ist ja krankhaft. Ich muß nur von Zeit zu Zeit raus, sie behaupten schon, mein Trieb sei verkümmert, ich sei nicht so normal wie die anderen. Dabei habe ich mich nur besser unter Kontrolle, ich teile mich und meine Bedürfnisse richtig ein. Ich bleibe trotz des inneren Dranges kühl und werde meinen Kopf richtig einsetzen. Noch habe ich alle Abfahrten gehabt, die ich brauchte, ich leide nicht an Entzugserscheinungen. Von Zeit zu Zeit lebe ich mich voll aus, von Zeit zu Zeit bin ich auch gern mal draußen, aber ich muß nicht — und so gern schreie ich nun wirklich nicht hurra!

Frank Arlig

14. Kinder fragen Kinderfragen

Warum Mutter so oft weint

Als ich eben die Nase
übern Küchentisch heben konnte
besaß ich
eine (kaputte) Eisenbahn
ein Dutzend Glasmurmeln
und hundert Knickel
braune rote blaue
ein Fahrrad (mit 'ner Acht)
Niemand besaß mehr

Ich verstand nicht
warum Mutter so oft weinte

Ich würde so alt werden
wie der Stein
auf dem ich saß
wie der Wald
der Rübezahl versteckte
Das war klar
Doch niemand wußte davon

Hinterm Bahndamm
der mit Brettern vernagelt
der Zaun zu hoch
um drüberzuspringen
Die Zechenschornsteine Finger Gottes
Die Ruhr ein Grenzfluß
Die Straßenbahnschienen Anfang und Ende
Dortmund ein fernes Land
Das Wirtschaftswunder ein Nikolaus
der nicht in die Vorstädte kam

Wie meine Spielkameraden aß ich trocken Karo
geröstet auf'm Ofen
geschnippelte Pellemänner als Belag
was anderes
hätte mir nicht geschmeckt
Ich trank täglich einen Viertelliter Milch
mehr wäre ungesund gewesen

Die Witwen- und Waisenrente war
ein Geschenk Adenauers
Mutter nähte bis ihr die Augen zufielen
um dazuzuverdienen

Ungelogen ich konnte
drei Minuten unter Wasser bleiben
(allerdings nur
wenn ich mir die Nase zuhielt)

Ich konnte stundenlang
in der Sofaecke sitzen und schmökern
(in der Schlacht am Little Big Horn
kämpfte ich auf seiten der Sioux Cheyennes und Arapahos)

Ich konnte loslegen
daß sich die Balken bogen
daß selbst der Lebensmittelfritze
mir glaubte
als er mir die Tafel Schokolade
aus der Hand nahm

Ja vor allem klauen
Äpfel Birnen Johannisbeeren
auf dem Markt in den Gärten
(Mundraub nennt man das wohl)
und Kartoffeln
säckeweise

auf Feldern vom Bauern noch nicht freigegeben
für die Spaten und Hacken der Anwohner
ja vor allem klauen
das war Ehrensache

Als Mutterliebe mich
nicht davor bewahren konnte
vom Lehrer verprügelt zu werden
besaß ich
drei Flugzeuge am Himmel
zwei Elefanten im Zoo
auf dem Feld drei Lercheneier
Niemand besaß mehr

Ich verstand nicht
warum Mutter so oft weinte

Rainer W. Campmann

Wiegenlied

schlaf ein mein kind
schlaf ein
draußen ist es wieder
schwarz geworden
man sieht die trümmer
der straßen nicht mehr

schlaf ein mein kind
schlaf ein
dein vater ist
soldat
er schießt
die andren väter tot
damit du schlafen kannst

kann sein mein kind
kann sein
daß heut nacht schon
die stadt
in blut
und asche liegt

schlaf ein mein kind
schlaf ein
dein vater hat keine tränen mehr
er weint mit blut
und lacht mit dem gewehr
dein vater ist kein vater mehr
dein vater ist soldat

kann sein mein kind
kann sein
daß morgen schon
wenn du erwachen willst
dein traum in blut
und asche greift

Peter Jeremy Ettl

Mein liebes Kind

Du schläfst. Ich schaue Dich gerne an, wenn Du schläfst: Deine Hände zu kleinen Fäusten geballt, Dein tiefes, ruhiges Atmen, Dein entspanntes Gesicht. Draußen ist es kalt. Es schneit. Die 20-Uhr-Nachrichten im Fernsehen haben eine andere Art Kälte zu uns gebracht, hierher an Dein Bettchen. Eine Kälte, vor der ich Dich schützen will. Du verstehst noch nichts davon. Sie haben Sachen gesagt, die mir Angst machen: Für den neuen Außenminister Amerikas, General Haig, sei es nicht das höchste Ziel, den Frieden zu erhalten.

Nicht das höchste Ziel, den Frieden zu erhalten? Ich habe plötzlich Angst um Dich. Die so etwas sagen, können noch nie ein kleines Kind wirklich angeschaut haben, während es schläft.

Der neue amerikanische Außenminister hält es nicht für ausgeschlossen, Atomwaffen im „Konfliktfall" einzusetzen, um die „strategischen Interessen Amerikas zu sichern". Du kennst diesen Mann nicht, der das sagt. Würdest Du ihn kennen, wüßtest Du, daß er es ernst meint. Gezeigt hat er es damals in Vietnam, Weihnachten 1972: Kinder, so klein wie Du, sind im Schlaf unter Bomben begraben worden. 40 000 Tonnen Bomben auf Haiphong und Hanoi — wenn Dir später in der Schule das Rechnen beigebracht wird, auch dann wirst Du diese Zahl in ihrem fürchterlichen Ausmaß nicht begreifen können. Auch ich kann es nicht, ich weiß nur, daß sie die Wirkung der Atombomben von Hiroshima und Nagasaki hatten.

Den Befehl für dieses Weihnachtsbombardement in Vietnam gab damals General Haig. Er sagte, diese Bomben hätten „die beabsichtigten Resultate gebracht". Wie werden die beabsichtigten Resultate nach dem Einsatz von Atombomben ausschauen? Atombomben in Europa, die gelagert und angewendet werden sollen, wie Außenminister Haig klarstellte.

Verstehst Du jetzt meine Angst um Dich? Um uns alle? Und verstehst Du jetzt (viele Jahre später, wenn Du diesen Brief liest), warum Dein Vater und ich manchmal weniger Zeit hatten, um mit Dir zu spielen, weil wir so viel Zeit dafür brauchten, gegen solche Absichten, wie sie der amerikanische Außenminister hat, zu kämpfen? — zusammen mit vielen Millionen anderer Menschen in der ganzen Welt, die das gleiche denken wie ich heute abend, während ich Dir das schreibe: daß Du, mein Kind, in Frieden schlafen kannst. Ich will, daß sie Dich später nicht mißbrauchen für falsche Feindbilder, um ungehindert ihre „Bombengeschäfte" machen zu können. Ich bin zuversichtlich. Wäre ich es nicht, würde ich nicht diesen Brief an Dich schreiben, denn ich würde daran zweifeln, daß Du es erlebst, ihn lesen zu können. Ich weiß, daß wir stark sind und stärker werden — wir alle, die keinen Krieg wollen, wir alle, die etwas für den Frieden tun. Deine Mutter

Barbara Danneberg

Das Kind fragt

Was steht da so groß an die Mauer geschrieben, Mama?
Komm weiter, Kind, das ist Schmiererei. Nichts für uns.
Papa, warum schreit der Mann so, der die Zettel verteilt?
Man müßte ihn fragen. Vielleicht denkt er dabei an seinen Vater, der im Rollstuhl gefahren werden mußte. Oder an seine Mutter, die im Keller erstickte, als die Bomben das Haus kaputtmachten.
Hör doch auf damit, Mann. So ein schöner Tag heute.
Auch alle ihre Sachen, Papa?
Ach, Kind, Sachen! Viel mehr. Menschen und Tiere. Das ganze Zuhause mit Möbeln und Bildern, der Balkon mit dem Oleanderbaum, auch das Gartenhäuschen mit dem alten Schaukelpferd. Eben: ALLES.
War da auch'n Wellensittich, Papa?
Alles bedeutet: NICHTS. Es läßt sich nicht aufzählen, Kind. Man sollte sich Tag und Nacht daran erinnern. Aber es gibt Leute, die haben vergessen oder sie hängen sich ein Tuch übers Herz.
Red doch nicht so'n Zeug, Mann. Was soll sich das Kind dabei denken?
Da steht schon wieder was angeschrieben, ganz groß. Kannst du's denn nicht lesen, Mama?
Da steht: NIE WIEDER KRIEG. So, nun weißt du's. Und nun laß den Papa in Ruh, der hat wieder seine Kopfschmerzen. Kriegst auch ein Eis.
Papa, wann ist denn wieder mal Krieg?
Wenn der Himmel schwarz ist und die Erde rot, dann ist Krieg.
Aber heute ist der Himmel blau, Papa.
Ja, heut. Vielleicht auch noch morgen. Schau ihn dir genau an.
Du machst das Kind noch verrückt mit deinen Antworten, Mann.
Da gibt es anderes, um daran verrückt zu werden. Aber lassen wir's. Du hast recht. Kauf der Kleinen ein Eis.
Na Gott sei Dank. Hier, Kind, hast du dein Eis. Aber gib acht und mach keinen Fleck auf das neue Kleid.
Gott steh uns bei.
Sagtest du was, Mann?
Warum weint der Papa?
Aber Kind. Ihm ist etwas ins Auge gekommen. Staub oder so was. Das geht schnell vorüber. Siehst du, er hat genickt. Er lacht schon wieder.

Dorothea Hollatz

Treibhaus

als er groß geworden war
zog er in den Krieg
das war schon alles über ihn

Otto Winzen

Warum tust du das

Der ältere Bruder schlug den jüngeren Bruder.
Der jüngere fragte: „Warum tust du das?"
„Weil ich groß bin und du klein."
Der Vater schlug den älteren Sohn.
Der Sohn fragte: „Warum tust du das?"
„Weil ich groß bin und du klein."
Der Soldat kam und schlug den Vater.
Der Vater fragte: „Warum tust du das?"
„Weil ich groß bin und du klein."
Der Offizier kam und schlug den Soldaten.
Der Soldat fragte: „Warum tust du das?"
„Weil ich groß bin und du klein."
Der General kam und schlug den Offizier.
Der Offizier fragte: „Warum tust du das?"
„Weil ich groß bin und du klein."
Der Präsident kam und schlug den General.
Der General fragte: „Warum tust du das?"
„Weil ich groß bin und du klein."

Da nahm der jüngere Bruder seine Puppe und schlug sie auch.

Fritz Deppert

Oma, hast du Schmerzen?

Wie zu jeder heilgen Nacht
kam die Oma (um zu weinen)
brachte zu dem Friedensfest
ein Geschenk mit für die Kleinen

Bübchen mustert das Geschenk
und die Oma küßt den Süßen
Drück mal ab, dann macht es peng
Damit kannst du richtig schießen

Nach zwei Strophen Stille Nacht
tropften Tränen tropften Kerzen
Bübchen schaut Großmutter an
und fragt Oma „Hast du Schmerzen?"

Ja ich denk an Großpapa
der jetzt ruht in Bjelgorod
Ein Soldat in Feindesland
schoß den lieben Opa tot

Richard Limpert

Kindheit

Väter
sollen
kommen.

Wir
hören
Feinde geben
Kriegsgefangenen
nichts.

Ich
werde
Kaninchen
zeigen.

Wir
müssen
zur Schule.
Warum
Russisch lernen?
Warum
Blauhemden tragen?

Sie
marschieren.

Horst Bingel

geschichte

in meinen geschichtsbüchern
steht viel
über jene
die meinen vater auf dem
gewissen haben

in meinen geschichtsbüchern
steht nichts

über meinen vater

Harald Grill

Ernstfall

Die Schlacht hatte begonnen. Panzer ratterten über das Gelände. Mit ohrenbetäubendem Lärm. Aus den Rohren blitzte ununterbrochen Mündungsfeuer. Hinter den Panzern Infanteristen. Die Soldaten nutzten die Deckung der Panzer. In jeder Gruppe ein MG und Handgranaten.

Auf der anderen Seite erwartete man den Feind. In ausgebauten Verteidigungsstellungen. Achtung, Männer! Der Iwan kommt! rief Ralf. Die Artillerie feuerte nun, was die Rohre hergaben. Geschosse schlugen zwischen den Panzern ein. Treffer, schrie Ralf, als sich einer der Panzer zur Seite neigte und liegenblieb. Entfernung stimmt. Einstellung beibehalten, kommandierte er. Aus den Schützengräben tauchten einzelne Trupps auf. Mutig ließen sie die Panzer herankommen. Bis in Reichweite der Panzerfäuste. Verwundete schrien. Helmut rief: Sanis, Sanis nach vorn. Immer mehr Soldaten stürmten vor. Der heldenhafte Einsatz der deutschen Soldaten brachte den Panzerangriff zum Stoppen. Die Russen warfen ihre letzten Reserven in das Gefecht. Ralf brüllt übermütig: Keine Gefangenen, da ging die Tür auf. Essen ist fertig, sagte die Mutter zu den beiden, wascht euch aber die Hände. Die Kinder reagierten nicht. Hört ihr, kommt essen, wiederholte die Mutter.

Ralf blickte Helmut, der ihm gegenüber auf dem Fußboden kniete, triumphierend an: Laß alles so stehen, nachher spielen wir weiter, bis wir euch geschlagen haben. Ich habe keine Lust

Schulaufsatz

Am Montag gingen wir zum „Anti-Kriegs-Museum" und zum „Zeughaus". Auf dem Hofe des „Zeughauses" waren große Kanonen. Dort sahen wir auch eine Granate der „dicken Berta", die 42 Zentimeter Durchmesser hat. Vom „Zeughaus" bis Babelsberg reicht die Schußweite einiger Kanonen, deren Granaten 5 500 Splitter geben. Der Bau der Kanonen ist etwas eigenartig. Auf dem Hofe sind nur wenige Kanonen vom Weltkriege. Vom Weltkriege ist sonst nicht viel vorhanden, dagegen aus dem Mittelalter und aus den Kriegen der folgenden Jahrhunderte.

Dann gingen wir zum „Anti-Kriegs-Museum".

Wir staunten, daß es so klein ist, wo doch das „Zeughaus" so groß ist. Dafür hat der Staat Geld; aber nicht für ein „Anti-Kriegs-Museum". Dort sahen wir Bilder von Soldaten, die Granatsplitter ins Gesicht bekamen oder deren Körper getroffen und dadurch entstellt wurden. Auf einem Tisch war eine Waage, die auf der einen Seite ein Seitengewehr und auf der anderen nützliches Werkzeug zeigte.

Dies war ein Vergleich, der uns zeigt, wieviel nützliches Handwerkszeug man aus einem einzigen Seitengewehr herstellen könnte.

An den Wänden hingen Bilder, auf denen man sah, was für ein

mehr, sagte Helmut mürrisch. Ich will auch mal gewinnen. Nachher habe ich die Deutschen und du die Russen. Gut, stimmte Ralf zu. Dann spielen wir aber die Schlacht von Stalingrad. Ralf kannte sich aus. Davon zeugte auch der Stapel Landserhefte, der im Regal neben seinen Schulbüchern lag. Was meinst du, was da alles drauf ging, sagte Ralf. Kinder, kommt jetzt endlich, war aus der Küche zu hören. Die Brüder erhoben sich und gingen hinaus.

Gerhard Straube

Elend die Mütter und Kinder im Krieg litten. Dann erzählte uns der Lehrer, daß der Inhaber des „Anti-Kriegs-Museums", der Schriftsteller Ernst Friedrich, schon im Gefängnis saß wegen seiner Anti-Kriegs-Reden und -Schriften. Im „Anti-Kriegs-Museum" bekamen wir erst einen Begriff, wie der Krieg in Wirklichkeit aussieht.

„Berliner Tageblatt", 28. Januar 1930

„Da kann man nichts machen, wenn man in den Rollstuhl muß"

Ich halte vor dem Schaufenster des Bücherladens, in dem ich mir oft die Zeit vertreibe, und schaue mir die Auslage an. Schöne Bildbände über ferne Länder, aber teuer. Im Augenblick habe ich jedoch weder Zeit noch innere Ruhe, mich damit zu beschäftigen.

„Kann ich Ihnen helfen?" Ein dünnes Stimmchen dringt an mein Ohr, und ich spüre sofort, daß ich angesprochen bin. Die zwei Sekunden, ehe ich den Kopf zur Seite gewendet habe in die Richtung, aus der die Frage kommt, sind lang, und ich spüre während dieser Zeit meinen ganzen unkontrollierten Unmut. Um Himmels willen, kann man mich nicht einmal in Ruhe lassen, so daß ich nichts erklären muß, zum unendlichsten Mal. Doch dann steht dieser kleine aschblonde Junge vor mir, treuherzig, spitzbübisch, geduldig. Mein Unmut ist verflogen. „Nein danke, du kannst mir nicht helfen, ich schaff das schon selbst." Unwahrscheinlich, daß der kleine Junge meine Aussprache verstand. Allein mein energisches Kopfschütteln verdeutlichte meine Ablehnung. Er lächelte zustimmend, blieb aber wie selbstverständlich neben mir stehen und beobachtete. Was? Meinen elektrischen Rollstuhl? Mich? Die Grundsituation an sich?

Wollte er selbst die Reisebücher betrachten, die für seine Altersstufe sicher noch viel zu unverständlich waren, oder wollte er nur den Rollstuhl abfahren sehen? Ich spürte wieder Unmut in mir aufsteigen, weil ich eigentlich etwas ungestört umherbummeln wollte. Also nichts war mit der Ungestörtheit. Mißgestimmt griff ich zum Steuerknüppel und fuhr langsam an. Mein kleiner Beobachter ließ mich nicht aus den Augen und folgte mir wie selbstverständlich.

„Es ist schon nicht schön, wenn man im Rollstuhl sitzen muß, aber doch eine feine Sache, daß Sie jetzt von allein fahren können. Im Grunde kann man es nicht ändern, wenn man in den Rollstuhl muß", meinte er ganz nebenbei.

Wieder lächelte er mir aufmunternd zu. Ich aber war perplex über diese logische Schlußfolgerung, für die ich und viele Freunde mit mir Jahre brauchten, um sie zu verstehen und anerkennen zu wollen. Mein kleiner Begleiter merkte sicher meine Hilflosigkeit, darauf nichts antworten zu können, und half mir ganz selbstverständlich darüber hinweg, indem er munter drauflosplapperte.

„Kennen Sie Volker? Da oben im siebten Stock wohnt er!" Der Knirps deutete auf eines der häßlichen Hochhäuser unserer Wohngegend. „Volker und ich gehen zusammen zur Schule, er hat mich schon auf das Hüttchen aufmerksam gemacht, das an Ihrem Haus steht. Es ist wirklich gut und notwendig, daß es so etwas gibt."

Staunend sah ich meinen kleinen Wegbegleiter an. Gab's das? Konnte ein so kleiner Junge schon ein solch verstehendes Wissen um schwierige Zusammenhänge haben? Ich hätte *ihm* viele Fragen stellen mögen. Doch spürte ich, daß das sehr unklug von mir gewesen wäre, da er den augenfälligen Sachverhalt viel selbstverständlicher hinnahm, als ich es durch die ungezählten, fruchtlosen Gespräche der letzten Jahre gewohnt bin. So kann man aus mißlichen Selbstverständlichkeiten ein Problem machen, über die sich dann keiner mehr spontan zu äußern wagt. Bis eben auf siebenjährige Schuljungen von der Sorte meines kleinen Begleiters.

Es regnete stark, und mein Kopftuch war mir in den Nacken gerutscht, meine Frisur drohte sich aufzulösen. „Soll ich Ihnen das Tuch wieder zurechtziehen, damit Sie sich keine Erkältung holen?"

Ich zwang mich, sofort zu reagieren. Rührung verbergend, aber auch das unangenehme Gefühl, womöglich klebrig-heiße Jungenhände unter meinem Kinn spüren zu müssen. „Nein, der Frühlingsregen ist warm, ich mag ihn gern."

An der Brücke, wo die hektische Geschäftswelt zu Ende ist, trennten sich unsere Wege. Er mußte links zu den (hoffentlich mütterlich überwachten) Schulaufgaben, ich geradeaus, meiner täglichen Spazierfahrtsroute treu bleibend. Tschüß, ein schüchternes Winken von ihm, ein temperamentvolles Armgefuchtel von mir. Als ich ein paar Meter weiter war, rief er mir nach, daß ich versehentlich links blinke. Ich schaltete ab, er rief ein „Okay" und rannte weg. Alles bestens, das Leben, meine Ausfahrt konnte weitergehen.
Die Welt war in Ordnung.

Christa Schlett

Überwintern

1

Ich sitze an der Schreibmaschine. Den größten Teil des Tages verbringe ich so. Es ist eine alte Angewohnheit. Ich schreibe schon lange nichts mehr auf. Ich drehe mir eine Zigarette, zünde sie an und denke, daß mit wenigen Worten alles gesagt wäre. Nur die Worte fehlen noch, aber daran habe ich mich gewöhnt.
Draußen, auf dem Baugerüst vor dem Fenster, hocken zwei graue Tauben und sehen mir zu. Sie halten mich jetzt für einen Dichter.

2

Im Augenblick ist alles ruhig. Die Friedhofsgärtner sammeln vergammelte Kränze ein, die Bereitschaftspolizisten spielen Skat, es regnet, die Redaktionskonferenz tagt, der Mörder lauert im Hausflur, der Ministerpräsident eröffnet eine Leistungsschau von Kleintierzüchtern, der Bettler an der Hauptwache zählt die Vormittagseinnahme, der Main führt Hochwasser, der Studienrat spricht über Brecht und den Realismus, der Fahrstuhl erreicht die Aussichtsplattform des Fernmeldeturms, im Palmengarten schreit der Kakadu, es kommt etwas Wind auf, die japanische Delegation bewundert die astrologische Uhr im Goethehaus, die Abgase entwickeln sich innerhalb der vorgesehenen Grenzen, die Holzfäller klotzen ran, der Museumswärter spürt in den Schultern den Wetterumschlag, der Türke in Abschiebehaft kratzt seinen Namen in die Zellenwand, die Aktienkurse behaupten sich, der leitende Offizier am Drücker versucht, sich zu konzentrieren; er muß in der Nacht schlecht geträumt haben, erinnert sich aber nicht mehr, wovon.

3

Vom Thema Apokalypse fühle ich mich überfordert. Natürlich kann ich mir vorstellen, daß wir alle in Gummimänteln auf einen hohen Berg steigen, unserem Astrologen nach, der uns verhältnismäßig preiswert das Datum ausgerechnet hat. Errettung hat er uns nicht versprochen, nur, daß wir so nicht in Panik fallen und alles besser sehen. Da stehen wir dann bis spät in die Nacht, warten auf den Blitz, die gewaltige Wolke in grellen Farben des Infernos, und nichts geschieht. Am Morgen sind wir durchgefroren und freuen uns, daß die Sonne aufgeht, wenn auch sehr langsam. Der Horizont ist rund, wir atmen auf, und nach ein paar Lockerungsübungen stellen wir fest: was für ein Reinfall.

Der Frieden

4

Für Beckett. — Als Keiner und Kern aus dem Verschlag krochen, um aufzubrechen, mußte es schon geschneit haben, denn Kern erinnerte sich, daß Keiner herumnörgelte, weil er für den Winter nur unzureichend beschuht war. Wer sie mit ihren Plastiktüten nebeneinander sah, mußte glauben, er habe es mit Zwillingen zu tun, so ähnlich waren sie sich nicht nur im Aussehen, sondern bis in ihre Bewegungen. Kern sprach ausführlich, wenn auch in kurzen, abgehackten Sätzen, über einen Knopf, der ihm abhanden gekommen sei. Er konnte den Knopf genau beschreiben, die kleine Hornscheibe, diagonal durchzogen von einem hellen Streifen. Keiner äußerte sich dazu nicht, aber da es ihm recht war, wenn Kern redete, murmelte er hin und wieder, ach-oder, so so.

Kern erinnerte sich, daß der Knopf der letzte von dreien gewesen war, die er vor Jahren auf einem Flohmarkt gekauft hatte. Er zog in Erwägung, umzukehren und nach dem Knopf zu suchen, er müsse noch in dem Verschlag liegen.

Sie stritten sich kurz und angestrengt, Keiner warf Kern vor, immer seine Sachen liegenzulassen, Kern beschuldigte Keiner, er habe zu sehr gedrängt, weiterzugehen, beide verstummten beleidigt und setzten ihren Weg fort.

Der Schnee störte sie nicht, sie waren an kalte Winter gewöhnt. Sie zogen durch die Stadt und sahen eher zufrieden, wie der Betrieb allmählich zum Stillstand kam. Die Autos fuhren langsamer, die wenigen Passanten, die ihnen entgegenkamen, achteten auf ihre Schritte. Die Innenstadt umgingen sie, um nicht unter die Menge der Weihnachtseinkäufer zu geraten. Sie wußten, daß sie nur jetzt auf der Welt waren und darum gehen mußten, zur Stadt hinaus, über die Felder, über die Bühnen durch lauter letzte Jahre, einen Ausweg zu suchen, ein paar Himmel und einige Sterne.

5

Wenn es aber um Empörung geht, denk daran, daß das Gesindel nichts begreift. Sie holzen den Wald ab, sie räumen die Menschen weg, sie haben für alles Verständnis, nur möchten sie nicht gestört werden, sie wollen in Ruhe ihre Politik machen, sie fühlen sich wichtig dabei, sie üben ein Amt aus, um sie weht der Hauch der Geschichte, sie rüsten sich aus mit Panzerfahrzeugen und Giftgas, weil sie stärker sind, haben sie recht, sie sind, von Beruf aus, immer sehr optimistisch, sie bestimmen, was machbar ist, das führen sie durch.

6

Dann schlug ich ein Buch auf und las gleich den folgenden Satz: „Wir existieren nur dank der Augenblicke, in denen wir die Wahrheiten, die wir erkannt haben, wieder vergessen."

7

Wie der Tod die Person auslöscht, so löscht der Atomkrieg den Planeten aus. Aber gewöhnt an die Schrecken der Vernichtung, ziehen wir hinter den verkleinerten Hoffnungen her. Früher war der Ozean weit, und wer hinüberwollte, mußte etwas von Navigation verstehen. Später zeigten wir uns den Eingeborenen in tropischen Breiten gern mit Panamahüten, was wollen Sie, es war das 19. Jahrhundert, die Erde lag brach vor unseren Kapitalien, und erinnern Sie sich, wir hatten Musik und Literatur. Die Gesichter freilich, die uns da aus viktorianischen Spiegeln entgegensahen — im Salon während der Überfahrt —, erkannten wir schon damals kaum als unsere eigenen. Heute löscht jede Erinnerung die Zeit aus, die Personen verabschieden sich und gehn ihrer Wege, zeig mir die Tür, ich möchte hinaus ...

Harry Oberländer

Eines Morgens
stand er vor der Tür
verängstigt
die Füße zerschunden
eine Wunde auf der Stirn
die Augen groß vor Hunger
Er hatte seinen Namen vergessen
Wir nannten ihn:
FRIEDEN

Er blieb schüchtern
nachts schrie er im Traum
er konnte nicht wachsen
Wir sparten uns manches
vom Mund ab für ihn
gewannen sein Vertrauen
Er sprach seinen Namen nach:
FRIEDEN

Wir gewöhnten uns an ihn
vergaßen ihn stundenlang
stritten wie früher ums größte
beste, meiste, schrien uns an
Zitternd sprang er zwischen uns
lief von einem zum andern
Wir schämten uns, murmelten:
Also Schluß
um des FRIEDENS willen

Im Spielzeuggeschäft
sah er Panzer, Kanonen
gab sein ganzes Geld dafür aus
lachte glücklich
flüsterte einen Spruch
warf die Panzer, Kanonen in die Luft —
ein Schwarm Vögel stob auf
Wir staunten: was der kann
dieser FRIEDEN

Und wir denken:
Jetzt ist er stark
kann ihm nichts mehr passieren
Da fällt ihm ein Schatten
übers Gesicht
er fröstelt, wird blaß
Wir legen den Arm um ihn
versprechen:
Wir schützen dich, FRIEDEN

Ingeborg Görler

Kriegsbericht

mein urgroßvater
geboren 1796
zog 1815 mit der preußischen armee
in die schlacht bei waterloo
    eine granate
    zerschlug sein linkes bein
    an krücken kehrte er heim

mein großvater
geboren 1842
stürmte im deutsch-französischen krieg
1870 auf den spicherer höhen
    ein bajonett
    durchbohrte seine brust
    er starb in einem lazarett

mein vater
geboren 1871
kämpfte im ersten weltkrieg
1914 bei tannenberg und 1916 bei verdun
    eine maschinengewehrsalve
    zerfetzte seinen bauch
    er verblutete auf dem schlachtfeld

ich
geboren 1917
war im zweiten weltkrieg
von 1939 bis 1945
soldat in polen und frankreich
auf dem balkan und in rußland
    ich kam mit dem grauen davon

mein sohn
geboren 1950
ist kriegsdienstverweigerer

was erwartet meine enkel?

Heinrich Schröter

15. Jeder Mensch hat das Recht auf Leben, Freiheit und Sicherheit der Person

Appelle, Resolutionen, Offene Briefe, Denkschriften, Reden, Statements, Gedanken

Krefelder Appell an die Bundesregierung

Immer offensichtlicher erweist sich der Nachrüstungsbeschluß der NATO vom 12. Dezember 1979 als verhängnisvolle Fehlentscheidung. Die Erwartung, wonach Vereinbarungen zwischen den USA und der Sowjetunion zur Begrenzung der eurostrategischen Waffensysteme noch vor der Stationierung einer neuen Generation amerikanischer nuklearer Mittelstreckenwaffen in Westeuropa erreicht werden können, scheint sich nicht zu erfüllen.

Ein Jahr nach Brüssel ist noch nicht einmal der Beginn solcher Verhandlungen in Sicht. Im Gegenteil: Der neugewählte Präsident der USA erklärt unumwunden, selbst den bereits unterzeichneten SALT-II-Vertrag zur Begrenzung der sowjetischen und amerikanischen strategischen Nuklearwaffen nicht akzeptieren und deshalb dem Senat nicht zur Ratifizierung zuleiten zu wollen.

Mit der Verweigerung dieser Ratifizierung durch die USA würde jedoch die Aussicht auf Verhandlungen zur Begrenzung der eurostrategischen Nuklearwaffen unvermeidbar in noch weitere Ferne rücken. Ein selbstmörderischer Rüstungswettlauf könnte nicht im letzten Augenblick gestoppt werden; seine zunehmende Beschleunigung und offenbar konkreter werdende Vorstellungen von der scheinbaren Begrenzbarkeit eines Nuklearkrieges müßten in erster Linie die europäischen Völker einem untragbaren Risiko aussetzen.

Die Teilnehmer am Krefelder Gespräch vom 15. und 16. November 1980 appellieren daher gemeinsam an die Bundesregierung,
— die Zustimmung zur Stationierung von Pershing-II-Raketen und Marschflugkörpern in Mitteleuropa zurückzuziehen;
— im Bündnis künftig eine Haltung einzunehmen, die unser Land nicht länger dem Verdacht aussetzt, Wegbereiter eines neuen, vor allem die Europäer gefährdenden nuklearen Wettrüstens sein zu wollen.
In der Öffentlichkeit wächst die Sorge über die jüngste Entwicklung. Immer entschiedener werden die Möglichkeiten einer alternativen Sicherheitspolitik diskutiert. Solche Überlegungen sind von großer Bedeutung für den demokratischen Prozeß der Willensbildung und können dazu beitragen, daß unser Volk sich nicht plötzlich vollzogenen Tatsachen gegenübergestellt sieht.
Alle Mitbürgerinnen und Mitbürger werden deshalb aufgerufen, diesen Appell zu unterstützen, um durch unablässigen und wachsenden Druck der öffentlichen Meinung eine Sicherheitspolitik zu erzwingen, die
— eine Aufrüstung Mitteleuropas zur nuklearen Waffenplattform der USA nicht zuläßt;
— Abrüstung für wichtiger hält als Abschreckung;
— die Entwicklung der Bundeswehr an dieser Zielsetzung orientiert.

Krefeld, den 16. November 1980
Gert Bastian, Würzburg — Prof. Dr. Dr. h. c. Karl Bechert, Weilmünster, Petra K. Kelly, Nürnberg — D. Martin Niemöller, Wiesbaden, Prof. Dr. Helmut Ridder, Gießen — Christoph Strässer, Münster, Gösta von Uexküll, Hamburg — Josef Weber, Köln

Der Appell an die Bundesregierung, die Zustimmung zur Stationierung von Pershing-II-Raketen und Marschflugkörpern in Mitteleuropa zurückzuziehen, ist bis zum 6. August 1981, Dem Tag, an dem vor 36 Jahren die erste Atombombe auf Hiroshima abgeworfen wurde, von 2,1 Millionen Bundesbürgern unterzeichnet worden.

DGB: Frieden durch Abrüstung!

In diesem Jahrhundert haben zwei Weltkriege unermeßliches menschliches Leid gebracht und Millionen von Opfern gefordert. Besonders die Arbeitnehmer und ihre Familien haben die verheerenden Folgen dieser Kriege erfahren und tragen müssen.
Die Arbeitnehmer wissen:
— Frieden ist die Grundlage für die Beseitigung von Hunger und Elend und die Erreichung sozialer Sicherheit in allen Teilen der Welt.
— Frieden ist eine elementare Voraussetzung für den wirtschaftlichen, sozialen und kulturellen Fortschritt und für die Schaffung einer menschenwürdigen Gesellschaft.
— Nur im Frieden kann das Lebens- und Selbstbestimmungsrecht aller Nationen verwirklicht und die Verständigung zwischen den Völkern gefördert werden.
— Nur im Frieden können sich die Grund- und Freiheitsrechte der Menschen entfalten und demokratische Strukturen entwickeln.
— Nur im Frieden können freie und unabhängige Gewerkschaften ihren Auftrag erfüllen.
In diesem Bewußtsein haben sich die Gewerkschaften stets für einen dauerhaften Völkerfrieden eingesetzt. Die Gewerkschaftsbewegung ist immer auch eine Friedensbewegung.
Heute ist der Frieden mehr denn je gefährdet. Überall auf der Welt wachsen die Spannungen. Konflikte werden immer häufiger mit militärischer Gewalt ausgetragen:
— Die Besetzung Afghanistans verletzt das Selbstbestimmungsrecht dieses Volkes und versetzte der Entspannungspolitik einen schweren Schlag. Weitere militärische Aktionen dieser Art könnten das Ende jeder Verständigungsbereitschaft bedeuten.
— Die wirtschaftliche und politische Bedeutung des Nahen Ostens läßt die militärischen Konfrontationen in diesem Gebiet zu einer ständigen Bedrohung des Weltfriedens werden.
— Bürgerkriege und militärische Unterdrückung, wie in El Salvador oder wie in der Türkei, fordern täglich neue Opfer an Menschenleben. Die Unterstützung der regierenden Militärs verlängert die Leiden der unterdrückten Völker.
— Politische Auseinandersetzungen in Asien, Afrika, Mittel- und Südamerika fordern täglich unzählige Menschenleben, führen oft zu Massenvernichtungen und selbst zum Völkermord.
Der Deutsche Gewerkschaftsbund und seine Gewerkschaften lehnen die Anwendung militärischer Gewalt zur Lösung politischer und wirtschaftlicher Probleme ab. Sie fordern, daß Friedenspolitik Vorrang vor allen anderen politischen Aufgaben hat. Die einzige Chance für eine dauerhafte Friedenssicherung besteht in der Fortsetzung der Entspannungspolitik. Internationale Konflikte können nur durch Verhandlungen abgebaut und gelöst werden.
Eine wirkliche Entspannung kann nur auf der Grundlage gegenseitigen Vertrauens gedeihen. Die Gewerkschaften erwarten, daß alle Möglichkeiten ausgeschöpft werden, um durch vertrauensbildende Maßnahmen ein Klima der Verständigung zwischen den Völkern zu schaffen. Hierzu gehören insbesondere die Beendigung der Besetzung Afghanistans und die Ratifizierung des SALT-II-Abkommens.
Die weltweit angehäuften Rüstungspotentiale beschwören die Gefahr herauf, daß ein Krieg alles Leben vernichtet. Ein weiteres Wettrüsten macht das militärische Risiko nicht kalkulierbarer. Es steigert die Gefahr militärischer Auseinandersetzungen. Der Deutsche Gewerkschaftsbund verurteilt mit aller Entschiedenheit die jede menschliche Existenz bedrohende Vorstellung eines begrenzbaren atomaren Krieges. Der Deutsche Gewerkschaftsbund und seine Gewerkschaften fordern eine allgemeine, ausgewogene und kontrollierte Abrüstung, um der lebensbedrohenden Gefährdung insbesondere durch Massenvernichtungswaffen Einhalt zu gebieten. Sie erwarten, daß zwischen den Regierungen alle Gesprächschancen genutzt werden, um zu einer Reduzierung der Rüstungen zu gelangen. Besondere Verantwortung tragen hierbei die großen Militärpakte und insbesondere die beiden Supermächte.
Die Gewerkschaften fordern, daß umgehend Verhandlungen mit dem Ziel aufgenommen werden, eine weitere Stationierung von atomaren Mittelstreckenraketen in Ost und West zu verhindern und die vorhandenen abzubauen. Dies liegt im gemeinsamen europäischen Interesse.
Unvereinbar mit der Politik der Friedenssicherung ist der Export von Waffen in Spannungsgebiete und Entwicklungsländer. Dadurch werden enorme Mittel gebunden, die für die Überwindung von Hunger und Not notwendig sind.
Eine stabile Friedensordnung setzt deshalb auch die weltweite Beseitigung von Hunger, Armut und Arbeitslosigkeit, Analphabetentum und Unterdrückung voraus. Die Gewerkschaften verlangen, daß die Industriestaaten

in West und Ost ihrer politischen und moralischen Verpflichtung nachkommen, ihren Einsatz für die Entwicklung der Dritten Welt zu verstärken. Die Gewerkschaften bekräftigen ihren unerschütterlichen Willen, mit ihren Mitteln die wirtschaftlichen und sozialen Voraussetzungen für ein friedliches Zusammenleben der Völker zu ermöglichen.

Wir, die Unterzeichner dieses Aufrufs, fordern die Regierungen der USA und der Sowjetunion auf, unverzüglich Verhandlungen über Rüstungsbegrenzungen und Rüstungsabbau aufzunehmen. Der Deutsche Bundestag und die Bundesregierung werden aufgefordert, alle ihre Möglichkeiten zur schnellen Ingangsetzung solcher Verhandlungen zu nutzen.

Ziel dieser Verhandlungen muß sein:
— auf die Stationierung weiterer Mittelstreckenraketen in Europa zu verzichten,
— die Produktion von Atomwaffen einzustellen,
— die bereits stationierten Mittelstreckenraketen abzubauen.

Dies sind die unerläßlichen Voraussetzungen für Vereinbarungen über das Verbot
— der Entwicklung,
— der Herstellung,
— der Lagerung,
— der Weitergabe und
— der Anwendung
atomarer Waffen und anderer Vernichtungsmittel sowie neuer Waffentechnologien mit dem Ziel einer allgemeinen und kontrollierten Abrüstung.

Dafür trete ich ein!

Erstunterzeichner: Heinz Oskar Vetter, Maria Weber, Gerd Muhr, Irmgard Blättel, Alois Pfeiffer, Gerhard Schmidt, Karl Schwab, Günter Stephan, Gerhard Vater, Rudi Sperner, Adolf Schmidt, Karl Hauenschild, Leonhard Mahlein, Ernst Haar, Erich Frister, Willi Lojewski, Günter Volkmar, Kurt Georgi, Alfred Horné, Helmut Teitzel, Eugen Loderer, Günter Döding, Heinz Kluncker, Günter Schröder, Ernst Breit, Berthold Keller, Lothar Zimmermann, Jakob Deffner, Walter Sickert, Jochen Richert, Georg Drescher, Jan Sierks, Siegfried Bleicher, Julius Lehlbach, Manfred Wagner. 1981

Friedenshetze (1947)

„Inmitten des Trümmerfeldes von Berlin erkennen wir deutschen Schriftsteller, daß unser Volk nur in einem dauerhaften und aufrichtigen Frieden mit den anderen Völkern der Erde gesunden kann. Wir wissen, daß ein neuer Krieg den völligen Untergang unseres Landes nach sich ziehen würde. Wir deutschen Schriftsteller geloben, mit unserem Wort und unserer Person für den Frieden zu wirken — für den Frieden in unserem Lande und für den Frieden der Welt."

Manifest des Ersten Deutschen Schriftstellerkongresses, 1947

Appell
an alle Journalisten und Publizisten in der Bundesrepublik Deutschland

Die Unterzeichner beobachten mit Sorgen die oftmals einseitige Information durch Presse, Funk und Fernsehen in Fragen der Sicherheits- und Rüstungspolitik. Militärisches Denken, die unkritische Verbreitung falscher oder verzerrter Zahlenvergleiche über militärische Potentiale, die fahrlässige Erzeugung von Bedrohungsängsten und die Diffamierung der Friedensbewegung lassen ein Klima entstehen, das sachliche Unterrichtung und nüchterne Urteilsbildung verhindert.

Heute hat jeder Journalist und Publizist die besondere Verantwortung, sich um sachliche und wahrheitsgetreue Berichterstattung zu bemühen.
— Dazu gehört vor allem die gründliche Überprüfung aller Informationen, die geeignet sind, Haß gegen Völker, politische Systeme oder den jeweiligen Gegner zu wecken.
— Dazu gehört auch, der Rüstungspropaganda von Regierungen und der behaupteten militärischen Überlegenheit der anderen Seite kritisch gegenüberzutreten.

In Deutschland haben Journalisten und Publizisten maßgeblich dazu beigetragen, Rassenhaß und Kriegspropaganda, die zu zwei Weltkriegen geführt haben, zu verbreiten. Journalisten und Publizisten in der Bundesrepublik tragen deshalb eine historische Verantwortung.

Die Unterzeichner appellieren an sie, sich dieser Verantwortung zu stellen.

Deutsche Journalisten-Union,
Verband deutscher Schriftsteller, 1982

Appell der Schriftsteller Europas

Die Menschheit soll jetzt an den verbrecherischen Gedanken gewöhnt werden, daß ein begrenzter Atomkrieg führbar sei — mit neuen Raketen, Neutronenbomben, Marschflugkörpern usw. Wir setzen dagegen: mit Atomwaffen ist kein begrenzter Krieg führbar. Er würde die ganze Welt vernichten. Über alle Grenzen von Staaten und Gesellschaftssystemen, über alle Meinungsverschiedenheiten hinweg richten wir an die Verantwortlichen den dringenden Appell, das neue Wettrüsten zu unterlassen und unverzüglich wieder miteinander in Verhandlungen über weitere Abrüstung einzutreten. Wir fordern die Weltöffentlichkeit auf, nicht zu resignieren, sondern sich mit verstärkter Energie für den Frieden einzusetzen. Handeln wir gemeinsam, damit Europa nicht zum atomaren Schlachtfeld eines neuen und dann letzten Weltkriegs wird. Nichts ist so wichtig wie die Erhaltung des Friedens. 20. August 1981

Offener Brief

an den Vorsitzenden des Präsidiums des Obersten Sowjets der UdSSR, Leonid Breshnew

Sehr geehrter Herr Leonid Breshnew!

Voller Sorge um die Zukunft Europas und um den Weltfrieden wenden wir uns an Sie in der Hoffnung, daß Ihr im Herbst erwarteter Besuch der Bundesrepublik Deutschland und Ihr Zusammentreffen mit dem Bundeskanzler Helmut Schmidt einen Weg eröffnen wird, der aus der gegenwärtigen gefährlichen Entwicklung herausführen wird.

Immer mehr Menschen fürchten sich davor, daß nach einem über dreißigjährigen Frieden in Europa nun unserem Kontinent die totale Vernichtung in einem nuklearen Weltkrieg droht. In Westeuropa konkretisiert sich diese Furcht insbesondere in der Opposition gegen die Stationierung neuer amerikanischer Mittelstreckenraketen, den Bau der Neutronenbombe sowie die in Europa lagernden Atomwaffen. Wenn diese Waffen jemals zum Einsatz kommen, werden sie Europa in eine Wüste verwandeln.

Es ist bekannt, daß die Befürworter dieser Politik diese sogenannte Nachrüstung der NATO als rein defensiv bezeichnen. Sie sei nur die Antwort auf die Aufrüstung der Länder des Warschauer Paktes mit den neuen, gleichfalls weitreichenden sowjetischen Mittelstreckenraketen des Typs SS 20 und auf die große zahlenmäßige Überlegenheit der sowjetischen Panzerwaffe.

Angesichts der Größe der uns drohenden Gefahr erscheint es uns müßig, die Frage zu stellen, ob diese Eskalation des Schreckens noch andere Gründe hat: Wie kann die Aufstellung der Raketen und Marschflugkörper und der Neutronenbomben verhindert werden? Wie kann Europa, das heute das Gebiet der Erde mit der größten Anhäufung nuklearer Sprengköpfe ist, in eine atomwaffenfreie Zone verwandelt werden?

Obwohl wir Unterzeichner dieses Briefes die Gründe dieser gefährlichen Entwicklung sehr verschieden einschätzen, wollen wir unterstellen, daß weder die NATO noch der Warschauer Pakt ursprünglich aggressive Ziele verfolgen und einen rein defensiven Charakter haben. Leider hat aber im Laufe der Jahre auf beiden Seiten ein schreckenerregendes Wettrüsten dazu geführt, daß sich heute an der Demarkationslinie in Europa zwei waffenstarrende Militärmaschinen gegenüberstehen. Sie verfügen über ein Vernichtungspotential, das ausreicht, die ganze Menschheit nicht nur einmal, sondern vielleicht fünf oder zehnmal zu töten. Der Grund dieses Wettrüstens besteht hauptsächlich darin, daß keine Seite der anderen die rein defensiven Absichten mehr glaubt.

Beide Seiten sind vielmehr überzeugt, einer wachsenden Bedrohung mit immer neuen Rüstungsanstrengungen begegnen zu müssen. Auf die darin liegenden Gefahren braucht nicht erst hingewiesen zu werden. Bei der Zuspitzung der militärischen Konfrontation in Europa spielt die Teilung Deutschlands eine wesentliche Rolle. Ursprünglich schien hierdurch ein gefährlicher Aggressor für immer entmachtet und damit der Frieden in Europa gesichert. Aber das absolute Gegenteil war die Folge. Denn wenn das nukleare Inferno dereinst über uns kommen wird, dann vor allem, weil die Ost-West-Konfrontation die beiden deutschen Staaten zur Aufmarschbasis und nuklearen Speerspitze des einen gegen den anderen werden ließ. Die Teilung Deutschlands schuf nicht Sicherheit, sondern wurde Voraussetzung der tödlichsten Bedrohung, die es in Europa jemals gegeben hat.

Jede Bombe, jede Rakete, überhaupt jede Waffe, die von unseren Beschützern nach Deutschland gebracht wird, sichert nicht den Frieden, sondern bringt uns dem Untergang näher. Wir brauchen keine Rüstung, wir brauchen Abrüstung. Wir brauchen nicht die Stärke von NATO und Warschauer Pakt, sondern die Fortführung der weltweiten Entspannungspolitik, damit NATO und Warschauer Pakt eines Tages überflüssig werden. Die Sicherheit Europas wird nicht durch Kriegswaffen geschaffen, sondern durch deren Beseitigung.

Es gilt, insbesondere die beiden Teile Deutschlands der Blockkonfrontation zu entziehen. In diesem Zusammenhang sei daran erinnert, daß die Sowjetunion sich bis in die sechziger Jahre immer wieder für die Entmilitarisierung und Neutralisierung ganz Deutschlands ausgesprochen hat. 36 Jahre nach Ende des Krieges ist es jetzt zur dringenden Notwendigkeit geworden, die Friedensverträge zu schließen und alle Besatzungstruppen aus beiden Teilen Deutschlands abzuziehen. (Selbstverständlich müßte die Stellung West-Berlins gesichert bleiben.) Wie wir Deutsche unsere nationale Frage dann lösen werden, muß man schon selbst überlassen und niemand sollte sich davor mehr fürchten als vor dem Atomkrieg.

Dieses Ziel erscheint vielen Deutschen zwar erstrebenswert, aber vorläufig utopisch. Sie können es sich nicht vorstellen, daß die Sowjetunion bereit sein könnte, auf ihre militärische Basis in der DDR zu verzichten. Wir glauben aber, daß dies sehr wohl möglich ist, wenn gleichzeitig die militärische Basis der USA in der Bundesrepublik Deutschland und damit in Europa überhaupt aufgelöst wird. Zugleich müßte im Friedensvertrag festgelegt und durch die Großmächte garantiert sein, daß in Deutschland nie wieder ein aggressives Militärpotential geschaffen wird.

Sehr geehrter Herr Breshnew! Wir wenden uns in vielleicht letzter Stunde an Sie mit der Bitte, diese Vorschläge ernsthaft zu erwägen. Wir sind überzeugt, daß keine westdeutsche Regierung weiterhin auf die Stationierung der neuen Nuklearwaffen der USA beharren kann, wenn die Regierung der Sowjetunion sich bereit erklärt, über einen derartigen Vorschlag zur Lösung der Spannungen in Europa zu verhandeln, und wenn sie überdies solche Verhandlungen erleichtert, indem sie auch ihrerseits darauf verzichtet, die jetzt schon vorhandene Mittelstreckenrüstung gegen Westeuropa noch weiter auszubauen.

Angesichts der 20 Millionen Menschen, die Ihr Land in dem von Deutschland begonnenen Zweiten Weltkrieg verloren hat, und angesichts der über 5 Millionen Toten, die unser Volk zu beklagen hatte, müssen Sicherheit und Sicherung des Friedens besonders für unsere beiden Völker das oberste Gebot der Politik sein.

Mit dem Ausdruck der Hochachtung   Robert Havemann (1981)

Friedensdenkschrift der Evangelischen Kirche

Auszüge

V. Die Friedensaufgabe der Kirche — jetzt

Die Heidelberger Thesen (der EKD über Atomwaffen) suchen 1959 diesen Dienst (des christlichen Zeugnisses für den Frieden) zu leisten, indem sie die Unmöglichkeit einer grundsätzlichen Rechtfertigung des Atomkriegs nach der Lehre vom gerechten Krieg hervorheben, jedoch die Beteiligung an dem Versuch, durch Atomrüstung „einen Frieden in Freiheit zu sichern, als eine heute noch mögliche christliche Handlungsweise anerkennen" ... Diese Anerkennung als „heute noch möglich" bedeutet, daß sie nicht unbefristet gilt, sondern daß sie an eine bestimmte weltpolitische Situation gebunden ist ... Menschen, die an sie die Erwartung knüpften, daß der Versuch einer Kriegsverhinderung durch atomare Abschreckung mit der Zeit durch andere Formen, einen Frieden in Freiheit zu sichern, abgelöst werden würde, sehen sich heute enttäuscht ... Sie erwarten als Friedensdienst der Kirche heute, daß die Kirche die Beteiligung am Versuch, einen Frieden in Freiheit durch atomare Abschreckung zu sichern, nicht mehr als christliche Handlungsmöglichkeiten anerkenne ...

Wenn heute eine so engagierte politische Bewegung gegen den Beschluß der Nato vom 12. Dezember 1979 Widerstand leistet, so liegt das nicht zuletzt daran, daß viele Menschen im Handeln der Politiker, die diesen Beschluß tragen, keine überzeugte und überzeugende Perspektive für eine effektive Überwindung des atomaren Wettrüstens erkennen ... Die Kirche hat für sie Achtung und Verständnis. Gerade auch in der heutigen Situation muß die Kirche deswegen auch den Waffenverzicht als eine christliche Handlungsweise anerkennen ...

Das atomare Zeitalter fordert von uns außerordentliche moralische Anstrengungen. Zu ihnen gehört nicht nur, sich mit der Tatsache atomarer Rüstung nicht abzufinden, sondern vor allem gilt es auch, die Erkenntnis auszuhalten, daß es für einen Frieden in Freiheit weder durch atomare Rüstung noch durch den Verzicht auf sie eine Garantie gibt. Beide Optionen sind mit hohen Risiken verbunden, die sich schwer gegeneinander abwägen lassen. Sie werden von Christen aufgrund unterschiedlicher Analysen unterschiedlich eingeschätzt ... Die Kirche muß auch heute, 22 Jahre nach den Heidelberger Thesen, die Beteiligung am Versuch, einen Frieden in Freiheit durch Atomwaffen zu sichern, weiterhin als eine für Christen noch mögliche Handlungsweise anerkennen ... Deshalb hat die Kirche Achtung und Verständnis für diejenigen, die in der Bundeswehr Dienst leisten. Allein: diese Handlungsweise ist nur in einem Rahmen ethisch vertretbar, in welchem alle politischen Anstrengungen darauf gerichtet sind, Kriegsursachen zu verringern, Möglichkeiten gewaltfreier Konfliktbewältigung auszubauen und wirksame Schritte zur Senkung des Rüstungsniveaus zu unternehmen ...

Die Kirchen müssen sich sowohl in der Bundesrepublik wie in der Ökumene fragen, ob und inwieweit sie gut daran tun, sich in eine detaillierte Erörterung der Beschaffenheit und der Qualität von atomaren und konventionellen Waffensystemen und militärischen Strategiekonzeptionen zu verwickeln ...

Die Kirche muß mehr als bisher dazu beitragen, daß der Versuch, Krieg durch atomare Abschreckung und militärisches Gleichgewicht zu verhüten, von jedermann als schwer erträgliches Provisorium verstanden wird, das mit dem hohen Risiko behaftet ist, Krieg herbeizuführen, statt ihn zu verhindern. Es ist zwar richtig: Weder eine Politik militärischen Gleichgewichts noch die bewußte Verringerung der Bedrohung des Gegners kann den Krieg ausschließen. Aber bei dieser lähmenden Feststellung darf es nicht bleiben. Die Kirche muß deshalb dafür sorgen, daß keine Gewöhnung an dieses Provisorium einer Kriegsverhütung durch atomare Bedro-

hung eintritt. Statt dessen muß sie auf Überwindung dieses Zustandes drängen und konstruktiven Vorschlägen dazu in der öffentlichen Diskussion Raum schaffen.

Bedrohtheitsvorstellungen sind auch dann ein Stück politischer Wirklichkeit, wenn objektive Gründe für sie nicht erkennbar sind. Sie können den Frieden zusätzlich gefährden ... Zu einem bewußten und verständigen Umgang mit Bedrohtheitsvorstellungen gehört, daß man das Schlechte nicht nur im Gegner und im Gegner nicht nur das Schlechte sieht. Wie man den Konfliktpartner sieht, ist selbst ein Element des Konflikts. Den Frieden fördern kann nur eine Sichtweise und Wahrnehmung, die nicht sich selbst idealisiert und den Gegner dämonisiert, sondern das Augenmerk auf die realen beiderseitigen Ansprüche und Interessen richtet, die dem Konflikt zugrunde liegen ... Die Bildung von Vertrauen hängt wesentlich auch davon ab, daß man die eigene Sicherheit nicht auf Kosten der Sicherheit des Gegners sucht und daß das Bemühen erkennbar und glaubwürdig wird, die gegnerische Sicherheit mitzubedenken ...

Die Kirche kann auch zur Versachlichung der Diskussion um den Frieden beitragen, indem sie den notwendigen Zusammenhang von Frieden, Freiheit und Gerechtigkeit begreiflich macht. Aus diesem Zusammenhang ergeben sich viele der Auseinandersetzungen, in denen wir stehen. Frieden, Freiheit und Gerechtigkeit lassen sich stets nur relativ verwirklichen. Vielfach läßt sich Krieg nur vermeiden um den Preis von Ungerechtigkeit oder einen Verzicht auf Freiheit. Verteidigungsbereitschaft jedoch verliert ihren Sinn, sobald sie die Funktion der Abschreckung nicht mehr erfüllen kann und ein Atomkrieg auch zerstört, was verteidigt werden sollte. Die Wahl zwischen Frieden einerseits und Wahrung von Menschenrechten und Freiheit andererseits darf nicht als politische Alternative hingenommen werden. Wer Menschenrechte und die Freiheit will, muß alle Anstrengungen auf die Kriegsverhütung konzentrieren. Wird dies im Meinungsstreit um die Wege, wie beide zu fördern sind, beachtet, so wird auch keine Position falschen Verdächtigungen ausgesetzt werden.

Die politische Auseinandersetzung ist in den letzten Jahren immer schwieriger geworden. Der Graben zwischen politischen Standpunkten wird immer tiefer; politische Begriffe und Positionen werden gleichsam religiös aufgeladen. Der Kompromiß wird diffamiert ... Die Kirche hat einen Beitrag dafür zu leisten, daß die Bereitschaft zum geduldigen Zuhören gefördert wird und eine den eigenen Standpunkt verabsolutierende Haltung, die sich nur auf alles oder nichts einläßt und die politische Auseinandersetzung polarisiert, nicht um sich greift. Diesem Gebot unterliegt auch die politische Predigt ...

Die Kirche hat zuerst und vor allem anderen die Aufgabe, zu bezeugen, daß Frieden für die Welt nur in Christus Jesus gegeben ist. Das politische Zeugnis und der politische Dienst der Kirche für den Frieden können nicht davon absehen, daß jede Ordnung, die dem Frieden dient, nur von relativer Tragweite sein kann und stets überholbar bleibt.

Verhütung kriegerischer Auseinandersetzungen ist ein erster Schritt zum Frieden. Aber die Abwesenheit von Krieg macht noch keinen Frieden. Frieden ist überhaupt nicht als politischer Zustand zu begreifen, sondern viel eher als ein Prozeß schrittweiser Verbreitung jener sozialen Bedingungen von Not und Elend, Gewährleistung von Freiheit und Selbstbestimmung für alle Völker, Aufhebung rassischer und sozialer Unterdrückung und Diskriminierung, Gewährleistung der Menschenrechte, Schutz der natürlichen Lebensgrundlagen in der Umwelt ... Eine solche Ordnung wäre die Übertragung rechts- und sozialstaatlicher Grundgedanken auf die internationale Ebene, der Versuch, unvermeidliche Konflikte aufgrund international vereinbarter Regeln auszutragen. Eine internationale Friedensordnung muß die individuellen und sozialen Menschenrechte verwirklichen, ein gemeinsames Konzept von Sicherheit einschließen und die Durchsetzung von Interessen mit gewaltsamen Mitteln verhindern; sie hat die Selbständigkeit der Völker zu achten und soll die regionale und weltweite Zusammenarbeit fördern.

... Die Kirche hat die Pflicht, die Politiker nachdrücklich zu fragen, wie die Kette von Rüstungsmaßnahmen, die jeweils als Nachrüstung zur Stabilisierung eines verlorengegangenen Gleichgewichts empfunden oder dafür ausgegeben werden, durchbrochen werden kann. Denn daß die Bemühungen um Gleichgewicht stets Erhöhung statt Verringerung der Rüstungspotentiale bewirken, ist zu einer unerträglichen Belastung des Gleichgewichtskonzepts selbst geworden. Wird der Spielraum, den die gegenseitige Abschreckung vorläufig noch einer politischen Sicherung des Friedens gewährt, nicht dazu genutzt, die Kette der Rüstungsmaßnahmen zu durchbrechen, so wird der Zeitpunkt kommen, wo Skandal und Risiko der Rüstungsspirale höher veranschlagt werden müssen als der Nutzen des Abschreckungssystems.

Auch kalkulierte einseitige Schritte sollten ernsthaft geprüft werden, wenn durch sie Abrüstungsverhandlungen gefördert werden können; der Umstand, daß in der Vergangenheit einseitige Schritte beider Seiten nicht das erwartete Echo gefunden haben, sollte uns dabei nicht entmutigen ...   (1981)

Die Stellungnahme des Zentralkomitees der deutschen Katholiken

Auszüge

Verantwortbare politische Lösungen sind nur zu finden, wenn man sich der Pflicht und Mühe historischer und politischer Sachkunde nicht entzieht. Mit dieser Forderung soll nicht die Sehnsucht nach Frieden abgewertet und der Resignation vor den Tatsachen das Wort geredet werden. Sachkunde ist der unumgängliche erste Schritt, der zur Umsetzung von Friedenswillen in Politik notwendig ist. Wenn dieser Schritt unterbleibt, kann Friedenssehnsucht zur Verkennung der politischen Wirklichkeit führen und politische Verführbarkeit begünstigen.

Die meisten Spannungen in der Welt haben mehr als nur eine Ursache. Im Ost-West-Konflikt liegt eine Hauptursache im Gegensatz zwischen dem kommunistischen System unter der Führung der Sowjetunion und jenen Ländern mit freiheitlich-demokratischer Verfassung, die auf der Anerkennung der Menschenwürde und Menschenrechte beruht und ihren Ausdruck in der weltanschaulichen und gesellschaftlichen Pluralität findet. Dieser Gegensatz bestimmt schon seit mehr als 35 Jahren die Lage in Europa und hat längst globale Auswirkungen angenommen. Er ist nicht dadurch ausgelöst worden, daß die Kontrahenten bewaffnet waren oder sind, sondern weil gegensätzliche politische Anschauungen und Interessen fundamentaler Art aufeinandergestoßen sind. Diese Kollision und das gegenseitige Mißtrauen führten zu immer steigender Bewaffnung der beteiligten Mächte.

So offen wir als Christen sein müssen für neue Entwicklungen zu mehr Freiheit und Selbstbestimmung und sosehr wir darauf unsere Hoffnung setzen, so gilt bisher: Der Gegensatz zwischen den kommunistischen und den demokratischen Staaten erhält seinen besonderen Charakter dadurch, daß die kommunistische Seite ihre Politik nach innen und außen unter das Gebot der totalitären Ideologie des Marxismus-Leninismus stellt. Diese Ideologie mißachtet in wesentlichen Fragen die ethischen Maßstäbe und mißbraucht grundlegende Begriffe, die sich im philosophischen und theologischen Denken Europas entwickelt und in den letzten zweihundert Jahren zur Ausbildung des freiheitlich-demokratischen Verfassungsstaates geführt haben. (...)

Fragen des Friedens, der Sicherheit, der Verteidigung und Rüstung sind auch in ganz besonderem Maße Fragen, in denen sich Politik und Ethik berühren. Dies gilt in gesteigertem Maße in einer Zeit lebensbedrohender totalitärer Gewalt und moderner Massenvernichtungswaffen, mit denen ganze Städte, Landstriche, sogar Länder vernichtet werden können, durch die jeder einzelne betroffen werden kann und die weite Teile der Menschheit auslöschen können. Hier — mehr als anderswo — kommt zum Bewußtsein, daß politische Entscheidungen ethisch verantwortet werden müssen. Jede ethische Forderung an die Politik muß aber zugleich die politische Sachgesetzlichkeit zur Kenntnis nehmen und in die Abwägung und Entscheidung miteinbeziehen. Tut sie das nicht, so bleibt sie abstrakt, wird sachfremd, ja unmenschlich, genau wie Politik, die sich von sittlichen Prinzipien abkoppelt und nicht mehr der Menschenwürde und dem Maßstab des Menschengemäßen entspricht. (...)

Auch die Kirche kann diese Spannung nicht aufheben; sie muß gegen jeden Versuch auftreten, die Botschaft des Evangeliums zu einer unmittelbaren politischen Handlungsanweisung zu verkürzen und muß doch zugleich auch für die Politik jenen Geist der Umkehr, der Liebe und des Friedens verkünden, der Feindschaft und Haß von innen her wandeln, zum Abbau von Konflikten beitragen und berechtigtes Vertrauen schaffen kann. Sie muß dabei immer deutlich machen, daß jede Entscheidung, die den rein persönlichen Bereich überschreitet, die Folgen für die Gemeinschaft mitbedenken muß und daß für den, der öffentliche Verantwortung trägt, Maßstab seiner Entscheidung nicht allein die Integrität seiner Überzeugung und das damit verbundene Gefühl einer guten Gesinnung sein darf, sondern das, was das allgemeine Wohl fordert und was unter dem Maßstab des Menschengemäßen jedermann zumutbar ist. Denen aber, die in dieser Entscheidungssituation stehen, muß sie immer wieder bewußt machen, wie groß ihre Verantwortung ist, die sie angesichts der heutigen Rüstungstechnik vor Gott und der Menschheit für Sicherheit, Freiheit und Frieden ihres Volkes tragen. Dieser Einsatz gilt nicht dem bloßen Überleben, sondern dem Leben in Würde unter den Bedingungen von Freiheit und Gerechtigkeit.

Für den Christen gibt es also nicht die Alternative „Friede oder Krieg". Frieden zu schaffen und zu erhalten, ist für ihn eine Pflicht. Friedfertige Gesinnung ist dafür eine notwendige Voraussetzung. Sie muß in der Gemeinschaft der Menschen durch eine Ordnung des Rechtes nach innen und außen Gestalt gewinnen. Diese Ordnung des Rechts herzustellen und zu erhalten, ist Inhalt der Friedenspolitik. (...)

Zur Friedenspolitik gehören aber auch Vorkehrungen zur Gewaltabwehr. Da kein Staat ausschließen kann, daß gegen ihn Gewalt angewandt wird, muß er diejenigen Mittel zur Abwehr bereithalten, die er für seine Sicherheit braucht, und das heißt ganz konkret: zum Schutz von Frieden, Freiheit und Menschenwürde seiner Bürger. (...)

Als erster Schritt ist daher effektive Rüstungskontrollpolitik das Gebot der Stunde. Sie erfordert den Willen zu Verhandlungen sowie die Absicht, zu Vereinbarungen zu gelangen, die das Abschreckungssystem auf ein immer niedrigeres Rüstungsniveau bringen, ohne Stabilität und Gleichgewicht zu beeinträchtigen. Darin erweist sich die Ernsthaftigkeit einer Politik der Kriegsverhütung.

Von großer Bedeutung für die Kriegsverhütung ist nicht zuletzt der feste Wille der Bevölkerung eines Landes, ihre Freiheit und ihre demokratische Lebens- und Verfassungsordnung geistig und politisch zu behaupten und gegen jeden eventuellen Aggressor zu verteidigen. (...)

Nun gibt es aber gegenwärtig eine Tendenz, nicht so sehr bestimmte Einzelaspekte der Friedenspolitik zu erwägen, als grundsätzlich die bisher geltenden Prinzipien zur Bewältigung von Spannungen und Konflikten in Frage zu stellen; ihnen wird vielfach moralische Fragwürdigkeit und konfliktsteigernde Wirkung zugeschrieben.

Hier mischen sich radikale Gesinnungsethik und moralische Verurteilung der heutigen Waffentechnik mit der Hoffnung, durch einseitige Abrüstung Signale zu setzen und die Sowjetunion zu entsprechendem Handeln veranlassen zu können. Vielfach wird auch angesichts der geopolitischen Lage Westeuropas und insbesondere der Bundesrepublik Deutschland sowie mit Blick auf die vorhandenen Vernichtungskapazitäten bestritten, daß Verteidigung überhaupt noch möglich sei. Für manche ergibt sich daraus die Forderung nach einer Auflösung der Verteidigungsallianz. Sie nehmen an, daß Westeuropa oder auch nur die Bundesrepublik Deutschland auf diese Weise eine neutrale Position zwischen den Supermächten gewinnen und sich aus dem heraushalten könne, was man gefährlich verkürzt für deren Supermacht-Rivalität hält. Schließlich sind da auch jene, die — etwa nach der Parole „Lieber rot als tot" — bereit sind, die Bedingungen der Sowjetunion hinzunehmen und im Extremfall vor ihr militärisch und politisch zu kapitulieren. Gerade hinter dieser Auffassung stecken komplexe Gefühle und Vorstellungen. Da sind Ideen von einer Märtyrerrolle, die man für sich zu akzeptieren, aber auch unzähligen anderen als Schicksal zuzumuten bereit ist. Es ist auch etwas von jener zwar immer wieder enttäuschten, aber immer wieder aufkeimenden Sehnsucht nach einem „Sozialismus mit menschlichem Antlitz" darin enthalten und schließlich die Hoffnung, daß nach einer möglichen gewaltsamen Unterwerfung noch die Chance zu einem sogenannten sozialen Widerstand bleiben könnte.

Die Alternativen, die hier zu einer Friedenspolitik auf dem Boden des Gleichgewichts der Kräfte angeboten werden, überzeugen nicht. Sie verharmlosen die unheimliche Konsequenz totalitären Denkens, verkennen die besondere Sicherheitslage Deutschlands und insbesondere Berlins und setzen Bündnisverpflichtungen und Verträge von Partnern aufs Spiel, die uns jahrzehntelang Schutz und Hilfe gewährt haben. Sehr häufig zeigt sich in ihnen die Neigung, private Kategorien auf die Politik zu übertragen. Das macht sie unpolitisch.

In letzter Konsequenz leisten sie damit einem Denken Vorschub, das auf die Zerstörung des politischen Friedens in Freiheit hinausläuft. Solches Denken erkennt nicht mehr, daß politischer Friede in Freiheit nicht nur ein Zustand ist, in dem sich angenehm leben läßt, sondern daß dieser politische Friede in Freiheit die Voraussetzung für ein menschenwürdiges Leben ist. Wo diese Erkenntnis schwindet und wo die Vorstellungskraft fehlt, wie entwürdigend das Leben unter den Bedingungen eines totalitären Systems ist, da finden jene aktiven Minderheiten einen Nährboden, die den Begriff des Friedens und die Friedenssehnsucht lediglich als Vehikel für die Durchsetzung ihrer freiheitsfeindlichen totalitären oder anarchistischen Ziele benutzen. Wo die fatale Neigung zum Sprung aus der Geschichte besteht und sich mit politischer Unkenntnis, fehlender ethischer Unterscheidungsfähigkeit und Unlust zum Einsatz für die gemeinsame Friedensordnung paart, da können diese Minderheiten einen Einfluß gewinnen, der weit über ihre Bedeutung hinausgeht.

In einer Demokratie gehört die Friedenssicherung in die Verantwortung aller Bürger. Deshalb müssen die Politiker darum bemüht sein, ihre Politik den Bürgern verständlich zu machen und stetig um deren aktive Mitarbeit zu werben. Das kann nur gelingen, wenn dem einzelnen Bürger, vor allem auch dem jüngeren, bewußt ist: Unser Vaterland ist es wert, daß wir uns für den Erhalt und die Verteidigung unseres Staates einsetzen. Bei allen Mängeln, die es auch bei uns gibt: Nur wenige Staaten gewähren den Menschen soviel Recht und Freiheit, soviel Achtung seiner Würde und ein solches Maß an sozialer Sicherheit.

(13./14. November 1981)

Rede zur Einleitung der Gießener Friedenswoche

Meine Damen und Herren, liebe Freunde und auch liebe Gegner, vielleicht ist auch der Militärische Abschirmdienst hier im Saale, ich weiß es nicht.

Ich darf zunächst sagen, was mich sehr bewegt: Es ist augenblicklich irgend etwas zu spüren bei uns im Lande. Die Menschen, insbesondere junge Menschen, sind aufmerksam geworden. Wenn ich allein die Einladungen zusammenzähle, die ich bekommen habe, um auf Veranstaltungen wie dieser zu sprechen, dann wäre ich überhaupt nicht mehr zu Hause; und was ich bisher erlebt habe in diesem Jahr, hat immer das gleiche Bild gezeigt: Eine große Gemeinschaft von Menschen, die betroffen sind und die zuhören und dann miteinander reden, und vor allen Dingen eine große Zahl Menschen, die zu erkennen geben, daß sie nicht mehr alles mit sich machen lassen, was andere über sie beschließen.

Ich will zunächst sagen, was ich heute zum Nachdenken vortragen möchte, so kurz wie möglich, so deutlich wie möglich. Ich möchte erstens etwas sagen über die Vergeßlichkeit, an der wir alle leiden. Ich möchte zweitens etwas sagen über die Nüchternheit, die uns allen nötig ist. Ich möchte

drittens etwas sagen über die Einäugigkeit, vor der wir uns schützen müssen, und ich möchte viertens — und für mich am wichtigsten — etwas sagen zu dem Konflikt zwischen angeblicher Wirklichkeit und angeblicher Utopie, zu dem also, was machbar oder nicht machbar ist.
Also zunächst ein paar Bemerkungen zur Vergeßlichkeit. Das geht nun vor allen Dingen Ältere an. Wie ich gesehen habe, sind auch ein paar Ältere hier. Gott sei Dank. Aber es geht auch die Jungen an, weil niemand von uns aussteigen kann aus der Geschichte, weil das vielleicht etwas unbarmherzige Wort aus dem Alten Testament, daß die Schuld der Väter die Kinder heimsucht bis ins dritte und vierte Glied, leider auch seine historische Dimension hat. Ich will das schildern an einem Erlebnis aus diesem Jahr, das mir immer noch nachgeht. Ich war eingeladen nach Stuckenbrok. Kennt hier irgend jemand von euch Stuckenbrok? Die meisten sicher nicht. Wir kennen Dachau, Auschwitz, Buchenwald und all die anderen Orte des Grauens. Dieser jedoch ist fast vergessen. Ich habe den leisen Verdacht, er ist auch vergessen, weil es sich dort nicht um blutrünstige SS gehandelt hat, sondern schlicht um die deutsche Wehrmacht. Stuckenbrok war nämlich nichts weiter als ein Kriegsgefangenenlager, ein sogenanntes Stalag, das heißt ausgeschrieben: Stammlager. Es unterstand dem sogenannten General der Kriegsgefangenen im Kreis Gütersloh, in der Nähe Bielefelds. Dort sind ungefähr 65 000 — in Worten: fünfundsechzigtausend — vor allen Dingen sowjetische Kriegsgefangene oder Zwangsarbeiter verscharrt. Die sind nicht erschlagen worden oder vergast, die sind verhungert oder haben sich zu Tode gearbeitet oder sind an Heimweh gestorben (wie übrigens auch viele Kriegsgefangene in der Sowjetunion. Das hat etwas mit der „Einäugigkeit" zu tun). Und an jedem 1. September versammeln sich dort viele Menschen und legen auf den wenigen noch erkennbaren Gräbern Blumen nieder, Blumen für Stuckenbrok. Und das habe ich nun so erlebt. Da waren ungefähr dreitausend junge Leute, das war unter freiem Himmel. Da waren ein paar wenige Ältere, ein paar Gewerkschafter, ein paar Sozialdemokraten, ein paar Pastoren, ein paar Lehrer, aber es war kein Mensch da, der offiziell die Parteien, die Gewerkschaften, die Kirchen, schon gar nicht die Bundeswehr vertrat. Da waren wir Außenseiter. Und da war natürlich in dieses Vakuum hinein, wie sollte es anders geschehen, alles was dort in der Umgebung zu der Kommunistischen Partei gehörte, in diese Leere hineingeströmt. Hinterher haben die Zeitungen geschrieben: Der Albertz hat wieder mit Kommunisten zusammen geredet. Dazu kann ich nur immer wieder sagen, gleich vorneweg auch als ein Rezept: Wir werden in der Sache, um die es geht, uns daran gewöhnen müssen, Berührungsängste zu überwinden; von allen Leuten, von *allen* Leuten! Eine Sache wird nicht dadurch falsch, daß ein Mensch, dessen politische Auffassung ich nicht teile, sie auch für richtig hält. Und im übrigen sind doch nur deshalb so viele K-Gruppen dagewesen, weil die anderen nicht da waren. Warum waren sie nicht da? Warum war dort nur ein sowjetischer General in voller Montur? Warum war da kein deutscher General? Warum waren da nur ein paar sehr wenige deutsche Bundeswehrangehörige? (Übrigens in Uniform. Sie sind wohl nur deshalb nicht bestraft worden, weil ich vorher schon gesagt hatte, ich würde mich darum kümmern, wenn sie bestraft würden.)
Ich glaube, und darum erzähle ich die Geschichte unter dem Namen der Vergeßlichkeit, daß sich eine Stimmung in unserem Volk ausbreitet, die auf den Glauben hinausläuft, wir hätten den vorigen Krieg gewonnen. Es sieht ja auch so aus. Nicht wir haben die Sowjetunion überfallen, sondern die Sowjetunion hat uns überfallen. Nicht wir haben Deutschland geteilt, was ja faktisch der Fall ist, sondern die anderen. Ich könnte diese Reihe fortsetzen. Doch es kommt mir auf folgendes an: Vergeßlichkeit über die geschichtlichen Zusammenhänge, über das, was geschehen ist, ist eine gefährliche Krankheit, die uns unfähig macht zum Frieden. Man ist nur dann zum Frieden fähig, wenn man weiß, was der frühere oder der gegenwärtige oder der vermeintliche Feind über uns denkt, was er erlebt hat, was er für Ängste hat, was er um jeden Preis verhindern will. Du kannst nur friedensfähig werden, wenn du dir die Mühe machst, aufmerksam zu sein für das, was alle deine Nachbarn sagen. Ich wiederhole: *alle*.
Ich habe bewußt den hauptöstlichen Partner genannt. Daß das in Holland, in Belgien, in Dänemark, in Norwegen nicht viel anders aussieht, auch in tiefen Schichten Frankreichs, weiß jeder, der viel dorthin reist. Bei den Amerikanern ist es ein bißchen anders. Aber, liebe Freunde, als Feststellung: Die Vereinigten Staaten von Nordamerika hat keines fremden Soldaten Fuß berührt, es sei denn als Kriegsgefangener. Dort ist nicht ein Schuß gefallen. Wir, die wir jetzt betroffen sind von dem kälter werdenden Klima, von der neuangezogenen Rüstungsspirale, von dem eben schon erwähnten Nachrüstungsbeschluß, wir müssen wissen, wie die Menschen und Politiker auf der anderen Seite denken und fühlen. Wir sollten uns nicht wundern. Ich verstehe wirklich nicht, warum die Leute sich wundern über den vielberedeten Einmarsch in Afghanistan. Ich finde den schlimm, aber ich wundere mich nicht darüber, wenn ich weiß, was alles inzwischen an Basen rings um den Indischen Ozean und um die Sowjetunion errichtet worden ist. Und ich wundere mich auch nicht, es war ja angekündigt, daß inzwischen das vielberedete deutsch-deutsche Verhältnis komplizierter, abgekühlter und mit unsinnigen Abgrenzungsmaßnahmen überzogen worden ist. Aber als wir das damals gesagt haben, bevor der Beschluß gefaßt wurde, hat man uns für Spinner erklärt. Ich will also das als erstes sagen: Der Kampf um den Frieden gegen sinnlose Rüstung muß einbeziehen die historischen Zusammenhänge und das, was wir selber als Deutsche, leider nun auch die junge Generation, die dafür direkt überhaupt nichts kann, an der Schuld der Väter mitzutragen haben.
Zweitens. Ich möchte gerne ein bißchen über Nüchternheit reden. Es wird allmählich immer unerträglicher, wie entscheidende Vokabeln heute gebraucht werden. Etwa die Vokabel „Krieg". Krieg bedeutet in unseren Breiten die totale Vernichtung Europas, an erster Stelle der beiden deutschen Staaten. Hier auch eine kleine Fußnote: Wenn man hört, wie von „Vorwärtsverteidigung" die Rede ist, von den Möglichkeiten, tief hineinzustoßen in die feindlichen angenommenen Angriffsbewegungen, dann frage ich mich manchmal ganz leise und bescheiden: Von wem reden die denn eigentlich? Doch wohl von den vielgeliebten Brüdern und Schwestern in der sowjetischen Besatzungszone!
Der eher konservative — was heißt eher —, der konservative, gelegentlich etwas zynische Publizist Sebastian Haffner hat in seinem Buch „Überlegungen eines Wechselwählers", das er vor der Wahl herausgebracht hat, am Schluß gesagt, man solle doch lieber die SPD wählen. In schneidender Kälte hat er den Gedanken zu Papier gebracht: Wenn die tapfere Bundeswehr in den NATO-Verbänden bis zur Oder kommt oder wenn die tapfere Nationale Volksarmee in den Verbänden des Warschauer Paktes bis zum Rhein kommen sollte, dann ist jedenfalls von unserem Lande nichts mehr vorhanden, dazu brauchen gar keine atomaren Waffen eingesetzt zu werden. Ich stamme aus der Generation, die den Zweiten Weltkrieg am eigenen Leibe miterlebt hat. Das war schon schrecklich genug, nur — da hörte der Krieg in Deutschland auf! Ich muß diese primitiven Sachen hier nochmals vorbringen, weil sie vielleicht dann doch irgendeine Zeitung, vielleicht eine Gießener Zeitung, schreiben könnte. Diesmal fängt der Krieg in Deutschland an.
Ich kann ein gutes Rezept geben: Ich würde euch, eurer Gruppe raten, geht doch mal zu dem nächsten kommandierenden General und fragt: Was passiert eigentlich in Gießen, wenn etwas passiert? Ich hoffe, Sie bekommen eine ehrliche Antwort. Ich will sie nicht vorwegnehmen. Ich will damit nur sagen: Das Wort „Verteidigung" ist in diesem Sinne eine fromme Lüge, ja, es ist eine zynische Lüge. Das gleiche gilt für die Sicherheit.
Ich weiß, jetzt kommt der Einwand: Soll denn die Bundeswehr ihre Waffen wegwerfen? Das sage ich nicht, daß die Bundeswehr morgen ihre Waffen wegwerfen soll. Das wäre wirklich völlig töricht. Aber ich sage, daß unter den unbestreitbaren, vom Bundeskanzler selbst so zitierten Wirklichkeiten überlegt werden muß: Was ist denn eigentlich das Konzept von militärischer Sicherheit hierzulande? Das Problem ist heute auf eine lebensgefährliche Weise verstärkt, weil es sich nicht nur um die Waffen des Zweiten Weltkriegs plus Napalm und einige andere schöne zusätzliche Erfindungen handelt, sondern weil es sich um atomare Waffen handelt. Seit der Unterschrift des Präsidenten Carter unter die sogenannte „Direktive 59" ist der Einsatz der atomaren Waffen nun plötzlich abgekoppelt von dem großen Schlag. (Der große Schlag heißt ja sinnigerweise „kill" oder „overkill". Deutlicher kann man es nicht sagen. Töten und dann noch mal darüber töten oder morden, muß man da eigentlich sagen.) Die Stationierung von atomaren Mittelstreckenraketen in Europa bedeutet, daß ein auf Europa begrenzter Atomkrieg denkbar und machbar wird. Mit unglaublicher Treffsicherheit können atomare Mittelstreckenraketen von beiden Seiten abgeschossen werden, auf — wie es so schön heißt — politische, militärische und ökonomische Ziele. Und wo liegen diese Ziele? Man kann nicht mal eine Empfehlung geben, noch irgendwohin zu fliehen. Das ist die nächste Wirklichkeit, die nächste nüchterne Wirklichkeit. Ich komme aus Schlesien. Wir hatten damals noch die Möglichkeit, irgendwohin zu fliehen. Ich weiß nicht, wohin man heute fliehen soll — in die Nordsee?
Unter solchen nüchternen Einschätzungen muß gesehen werden, was weitere Aufrüstung mit immer perfekteren Waffen bedeutet. Dazu gehört auch, daß selbst ein reiches Land wie die Bundesrepublik Deutschland die neuen Waffensysteme nicht mehr bezahlen kann. Wenn wir gezwungen werden, sie weiter anzuschaffen, sie immer mehr zu perfektionieren, die Preise immer höher steigen zu astronomischen Größen, dann muß eben an anderer Stelle: im Sozialhaushalt oder beim lieben Auto oder beim BaFög oder bei unseren ehrwürdigen Universitäten noch mehr gespart werden. Von dem Schlimmsten ganz zu schweigen: Dies alles geschieht auf Kosten der drei Viertel verhungernden, in Elend, Krankheit und Unwissenheit versinkenden Welt. *Wir* lassen sie verhungern, weil wir glauben, von unserem Konflikt, dem Ost-West-Konflikt, hänge das Schicksal der Menschheit ab. Doch der Konflikt der nächsten Jahrzehnte, der entscheidende Konflikt der Menschheit, wird der sein zwischen Hungernden und Satten.
Und dann werden die Sowjetunion und die Vereinigten Staaten auf der gleichen Anklagebank sitzen. Dann wird es sich um die weiße Rasse handeln, um die, die die anderen haben verhungern lassen und die ihnen nichts Besseres zu liefern hatten als Waffen. Willy Brandt hat das mit Recht die „Metastasen des Rüstungswettlaufs in der Dritten Welt" genannt. Die Metastasen, die zerstören und zerfressen jetzt schon die Dritte Welt. Diese Nüchternheit, liebe Freunde, muß erst einmal unter die Leute gebracht werden. Sie darf nicht verdeckt werden durch Auseinandersetzungen, die augenblicklich unsere Gemüter erregen, die mich auch erregen. Die Nüchternheit soll ja überspielt werden durch bestimmte traditionelle Formen, wie jetzt die öffentlichen Gelöbnisse. Nur, unsere Erregung in dieser Sache in Ehren, das ist ein Randproblem. Ich muß dazu auffordern, daß wir uns ganz nüchtern mit Zahlen, mit Fakten, mit Waffennamen, mit Waffenwirkung, mit Lokationen von Waffen beschäftigen. Eine schreckliche Beschäftigung, aber wir müssen es tun, um bestimmten Einwänden gegenüber standzuhalten.
Den dritten Punkt kann ich verhältnismäßig kurz abhandeln. Ich habe ihn überschrieben mit Einäugigkeit. Wir können nur glaubwürdig unseren kampf führen, diese Kampagne in Bewegung bringen und dann hoffentlich auch durchhalten, wenn wir nicht so tun, als gäbe es Rüstung nur auf einer Seite. Natürlich ist die magische Formel von dem Gleichgewicht der Kräfte, die immer wieder gebraucht wird, auch von Bundeskanzler Schmidt, das Rezept dazu, daß nun die Erbsen gezählt werden. Aber es sind nun mal

keine Erbsen, sondern es sind Waffen. Wir müssen uns darüber klar sein, daß es nicht nur atomare Stellungen in Westeuropa und insbesondere auf dem Boden in der Bundesrepublik Deutschland gibt. Natürlich gibt es die zuhauf in der Deutschen Demokratischen Republik. Sie werden sich vermutlich nicht verändern. Ich kenne die andere Karte noch aus meiner Amtszeit. (Die war mir komischerweise zugänglich, die andere Karte von der Bundesrepublik hingegen nicht.) Das heißt also: es muß um beide Seiten gehen. Ich hätte es lieber gehabt, wenn im vergangenen Herbst drei oder vier Bataillone amerikanischer Soldaten zurückgezogen worden wären als erster Schritt und nicht sowjetische Soldaten aus der DDR. Wir haben den Abzug sowjetischer Bataillone belächelt als eine Schau. Nun gut, vielleicht sind sie wirklich in Afghanistan gebraucht worden. Ich sage nur, wir müssen hier mit gleichem Maße hinschauen, mit gleichem Maße zuhören. Ich stehe hier also als einer vor Ihnen, der heute noch davon bedrückt ist und — wenn auch nur mit einem ganz winzigen Teil von Schuld, denn ich hatte unmittelbar damit nichts zu tun, aber man kann sich nicht herausstehlen — daran trägt, daß wir Anfang der fünfziger Jahre den letzten realen Vorschlag der Sowjetunion über die Neutralisierung Mitteleuropas nicht ernst genommen haben, ihn nicht einmal beantwortet haben, nicht einmal geprüft haben, ob da nicht etwas Ernstes dran sein könnte. Nein, wir haben ihn hochnäsig weggeschoben, von Polen sowieso. Wer sind denn die Polen? Fußnote: Auch ein Zorn von mir: Wie wir hier herumräsonieren über dieses Volk, dauernd gute Ratschläge geben. Plötzlich sind Streiks, die bei uns von bestimmten Kreisen als Volksverbrechen bezeichnet werden, dort richtig. Das Schlimmste war, daß man das unangenehme Gefühl nicht loswurde, daß bestimmte Leute in diesem Teil Deutschlands nur darauf warten, daß es dort zu einem gewaltsamen Konflikt kommt. Was stellen sich diese Leute eigentlich vor?

Und nun das letzte und — versteht das bitte richtig — für mich das Wichtigste. Auch das an einem Beispiel deutlich gemacht. In einer ähnlichen Veranstaltung auf dem „Katholikentag von unten" in Berlin: Eine riesige Halle von Menschen. Wir haben übers gleiche Thema geredet, ich habe da auch ein paar Sachen vorgebracht. In der Diskussion stand dann ein ehrenwerter Abgeordneter auf. Sie können sich die Fraktion denken, aber das ist ja auch egal, der stand auf und antwortete mir mit einem lapidaren Satz: Herr Albertz, mit dem Herzen gebe ich Ihnen ja recht, aber mit dem Verstande muß ich dagegen sein. Da haben wir den Punkt. Wir haben den ganz gefährlichen Punkt, daß Leute, die sich um diese Fragen bemühen, abgetan werden als Spinner und Träumer, als diejenigen, die von den tatsächlichen Verhältnissen in Europa und in der Welt keine Ahnung haben. Und die Leute, die das sagen, glauben genau Bescheid zu wissen. Tief betroffen gemacht hat mich die Bemerkung eines sehr hochrangigen Bonner Politikers vor ein paar Monaten in einem Gespräch unter vier Augen zu mir: Wissen Sie eigentlich, wie viele Leute hier doch wirklich Bescheid wissen über diese Sache? Seine Antwort: Sechs. Da habe ich nur zu dem gesagt: Hoffentlich gehören Sie auch dazu. Er behauptete das. Ich will das damit auch gleich relativieren. Es behauptet jeder, in dieser Frage plötzlich ein Experte zu sein, und da möchte ich euch herzlich bitten, gerade die Jüngeren unter euch herzlich bitten, als ein Älterer: Wir werden zum Frieden nur fähig, wenn wir uns unsere Utopien nicht ausreden lassen. Ich habe vorhin schon gesagt am Beispiel Bundeswehr: Natürlich ist es ein völliger Nonsens zu glauben, wir ständen hier morgen ohne eine bewaffnete Macht. Ich kann nicht einmal die Formel voll aussprechen: Ohne Waffen leben! So wie die Dinge heute liegen. Aber ich kann voll die Formel aussprechen: Frieden schaffen ohne Waffen! Denn Frieden wird heute mit Waffen nicht mehr geschaffen. Das Zurückholen dieser irrsinnigen Rüstung zum Tode von der menschenvernichtenden Kraft der immer neuen schrecklichen nuklearen Waffen zu anderen Waffen zurück, so müßte das vor sich gehen, langsam vor sich gehen. Von mir aus auf das niedrigste Niveau, wie man sich denken kann. Wieder ein biblisches Beispiel: Am liebsten wäre mir die Sache wie bei David und Goliath. Zwei genügen, wenn sich umbringen wollen. Wobei übrigens da der Schwächere gesiegt hat, wenn auch mit den richtigen Waffen. Nun gut, dieser Kampf ist doch nicht spinnerhaft, sondern der ist nüchtern und real, und jeder, der ein wenig mehr als nur militärische Zusammenhänge sieht, der weiß das doch. Wir müssen uns dagegen wehren, daß es heißt, auf der einen Seite sitzen die Leute mit dem guten Herzen, die den Frieden wollen, aber naiv sind, und auf der anderen Seite sitzen die nüchternen Leute, die alles genau wissen und die nur sagen: Das ist alles dummes Zeug, was hier geredet wird. Ich warte nur darauf, daß wir noch eine Strafvorschrift in das Strafgesetzbuch bekommen — was es zur Hitler-Zeit schon einmal gab —, das nannte man damals „Zersetzung der Wehrkraft". Darauf warte ich nur. Wir zersetzen nicht die Wehrkraft, sondern wir stellen die Frage, die sich jeder Soldat zu stellen hat, an erster Stelle die Offiziere und Generäle zu stellen haben, wenn sie ehrlich sind. Sie befänden sich übrigens in guter Tradition. Es hat immer solche gegeben, die sind allerdings meistens über den Deich gegangen, mehr oder minder schrecklich, aber es hat sie gegeben. Jeder muß sich diese Frage stellen: Was bedeutet heute Verteidigung? Was bedeutet heute Sicherheit? Was bedeutet heute im Vorschlag, den ersten Schritt zu tun, als der angeblich Stärkere etwas zurückzunehmen, indem man Vertrauen schafft und anderen zu vertrauen beginnt? (Wir haben ja gerade eine große fromme Reise durchs Land. Ich hoffe, daß zu unserem Thema noch was kommt. Ich bin allerdings im Augenblick nicht genug unterrichtet, gestern habe ich wieder nur über Ehescheidung und Pillen etwas gehört.) Also wir müssen uns gegen diese Ecke der Träumer und Spinner wehren, und wir müssen alles tun, um uns als die nüchternen, nichtvergeßlichen, nichteinäugigen Leute darzustellen und zu beweisen. Das war der Punkt vier.

Und jetzt möchte ich noch als Nachwort zwei Ermahnungen an wichtige gesellschaftliche Gruppen anfügen. Zuerst an die, zu der ich selber aus Überzeugung gehöre. Die evangelische Kirche. Ich kann nur für sie reden, was die katholische Kirche macht, muß sie selber wissen. Die evangelische Kirche kann nach meiner Überzeugung mit einer Formel, die sie zur Zeit noch gebraucht, auf die Dauer nicht mehr glaubwürdig auskommen. Die Formel heißt zur Zeit: Friedensdienst mit und ohne Waffen. Das ist auf die Dauer nicht durchzuhalten. Es wird eine Situation geben, wo man ja oder nein sagen muß. Das hat übrigens auch der Herr Jesus empfohlen und nicht jein; und zwar nicht nur hinter den Türen des Bundeskanzleramtes oder des Auswärtigen Amtes oder des Bundesverteidigungsministeriums, sondern vor den Türen. Man muß sagen: So, wie die Dinge liegen, ist der Gebrauch von Waffen, um die es sich jetzt handelt, im Sinne der Heiligen Schrift ein Verbrechen.

Zweitens an eine ganz andere Adresse, der ich nicht so nah verbunden bin, aber ein bißchen auch. Es geht um eine wichtige große Gemeinschaft der Gewerkschaften. Wir haben erste ermutigende Zeichen. Die IG-Metall hat einen Beschluß gefaßt zu unserem Thema, sehr deutlich, etwa in dem Sinne, wie wir heute miteinander reden, aber es steckt noch eine Angst drin, die weg muß. Ich hab das voriges Jahr in Kiel so erlebt: Die Gewerkschaften waren Träger einer Kundgebung, deren Motto heißen sollte: Für Frieden und Abrüstung. Die Kieler IG-Metall-Leute forderten, das Wort „und Abrüstung" zu streichen. Begründung: Wenn es ernsthaft Abrüstung gibt, verlieren wir in Kiel auf den Werften, wo die Kriegsschiffe gebaut werden, unsere Arbeitsplätze. Das muß weg! Denn das Wichtigste ist, daß uns die Frage, um die es hier geht, nicht mit der Arbeitsmarktpolitik kaputtgemacht wird. Es wird doch wohl so viel Phantasie in unserem Land bei den begabten Deutschen, auch bei den begabten Managern in allen großen Wirtschaftsbetrieben und bei den Gewerkschaften geben, die etwas einfallen lassen können, wie man Arbeitsplätze erhalten kann, auch ohne daß man U-Boote baut und die dann an irgendwelche Bananenrepubliken verschleudert.

So, jetzt habe ich lange genug geredet, Sie haben lange genug zugehört. Ich möchte herzlich bitten, daß wir versuchen, wenn auch in diesem großen Raum, auch noch miteinander ins Gespräch zu kommen. Aber woran mir liegt, ist, daß wir über diese Friedenswoche hinaus das, was wir erarbeitet, miteinander besprochen haben, daß das dann weitergeht dort, wo wir arbeiten, wo wir lernen, wo wir lehren, wo wir Verantwortung haben. Und ein letzter Satz dazu: Der Zeitpunkt wird kommen, an dem die vielen Gruppen in den vielen Städten sich zusammentun, sich gemeinsam darstellen an einem zentralen Ort, um deutlich zu machen denen, die Verantwortung tragen: Wir lassen nicht alles mit uns geschehen, was andere über uns beschließen.

Heinrich Albertz

Ansprachen bei der Friedenskundgebung im Bonner Hofgarten, 10. Oktober 1981

Liebe Freunde — ja, das war damals noch ein Traum, vor einem Jahr in Gießen — 100 000 in Bonn. Aber nun sind wir hier, wir alle, die meisten von euch die Nacht gefahren und in der Nacht wieder zurück. Nun aber ist es Tag, ich hoffe, ein Tag der Wahrheit und der Hoffnung und des friedlichen Kampfes. Warum sind wir hier? Warum geht diese Welle durch unser Land, immer stärker und unübersehbarer und nun durch die Nervosität der Mächtigen heute als eine Kundgebung des Friedens, an der niemand mehr vorbeikann? Warum geriet der Kirchentag in Hamburg gegen alle Ängstlichkeit zum massierten Widerstand gegen die Vernichtung unseres Landes und womöglich der ganzen Welt?

Zuerst aus einem sehr einfachen Grunde, sozusagen aus einem demokratischen Grundprinzip. Wir wollen wissen, was ist, und wir wollen wissen, was kommt. Und: wir wollen nicht über unsere Köpfe hinweg unser Schicksal und das unserer Kinder und Enkel entscheiden lassen. Ist dies falsch? Muß man deswegen in den politischen Quartieren von Bonn aufgeregt sein? Natürlich: wir haben ein demokratisch gewähltes Parlament, eine aus diesem Parlament korrekt hervorgegangene Regierung. Aber wenn in diesem Parlament Abgeordnete, die unsere Ängste, unsere Fragen, unsere Hoffnungen vorzutragen wünschen, nicht mehr zu Worte kommen, dann müssen wir reden, hier auf diesem Platze, öffentlich, laut. Das ist nicht nur unser von der Verfassung geschütztes Recht, sondern unsere Pflicht. Ich bin äußerst erstaunt, wieviel Unruhe das ausgelöst hat. Diese Art von Unruhe zeugt nicht von der sicheren Überlegenheit derer, die uns zu vertreten haben.

Wir wollen wissen, was ist und was kommt. Nach mir werden andere Freunde davon im einzelnen reden. Ich stelle nur die Fragen: Ist es richtig, daß Krieg heute in Europa die Vernichtung unseres Landes und allen Lebens bedeutet? Ist es richtig, daß also Verteidigung nur um den Preis der Zerstörung alles dessen, was wir gerade aufgebaut haben, möglich ist? Ist es richtig, daß es demnach für das, was man bisher die Zivilbevölkerung nannte, keinen Schutz, ja nicht einmal ärztliche Hilfe gibt? Ist es richtig, daß kein Deutscher im Ernstfall mit zu entscheiden hat, ob und wann und welche atomare Waffen eingesetzt werden? Wenn dies alles richtig ist, und ich fürchte, niemand wird das Gegenteil beweisen können, was bedeutet dann die Sicherheit, die die Supermächte der Bundesrepublik Deutschland und der DDR anzubieten haben? Ja, ich rede ausdrücklich und natürlich auch von der anderen Seite. Denn in keinem Land der Welt bedeutet Krieg zugleich die Zumutung, daß ein Teil des Volkes, zu dem wir doch angeblich alle gehören, den jeweils anderen als erstes Opfer umbringen soll. Diese Fragen sind zu stellen. Diese Fragen blieben bisher unbeantwortet. Wir werden nicht Ruhe geben, bis sie beantwortet sind.

Zweitens: Wir sind hier, um denen, die unmittelbare politische Verantwortung tragen, ihr Gewissen zu schärfen, daß sie, wie es in ihrem Amtseid heißt, Schaden vom deutschen Volke abzuwenden haben. Ich unterstelle niemandem, daß sie dies nicht versuchen. Aber ich frage, ob nach allem, was seit den letzten Jahren geschehen ist — der NATO-Doppelbeschluß, die Entscheidung für die Neutronenbombe und die entsprechenden Entscheidungen der Sowjetunion —, sich die Interessen der Vereinigten Staaten und die der Europäer noch decken. Jedermann weiß, daß dies nicht so ist. Jedermann weiß, daß nach dem heutigen Stand der Rüstung und der strategischen Pläne Deutschland in seinen beiden Teilen der Schießplatz der Supermächte sein wird. Und dies im Zustand völliger Abhängigkeit, ohne volle Souveränität, ohne Friedensvertrag, in einem geteilten Land. Als ich dies in Hamburg den Bundeskanzler öffentlich fragte, löste ich Empörung aus. Nun ist es etwas stiller geworden in dieser Sache. Ein Ausschuß des Bundestages, höre ich, prüft den Deutschlandvertrag und den Truppenvertrag auf diese Frage. Ich bin gespannt, was dabei herauskommt. Ich frage dies alles übrigens als Deutscher, wenn ihr wollt, als deutscher Patriot. Warum sollen wir die nationalen Interessen eigentlich immer der Reaktion überlassen?

Drittens und letztens: Ich stehe hier als einer, der versucht, ein Christ zu sein. Andere haben andere Überzeugungen. Ich achte sie. Ich habe keine Ängste vor einer breiten Front aller Gutwilligen. Aber gerade weil ich mich etwa der „Aktion Sühnezeichen — Friedensdienste" seit den Tagen ihrer Gründung verbunden fühle, frage ich nun besonders die Kirchen in unserem Lande: Wie lange soll wir von Amtswegen das Sowohl-als-Auch noch durchhalten? Die Schaukelformel vom „Friedensdienst mit und ohne Waffen" ist nicht mehr haltbar, wenn unsere Soldaten gezwungen werden sollen, die Waffen der Massenvernichtung und damit eines neuen, unvorstellbaren Holocaust mit zu bedienen. Diese Waffen, das hat das II. Vatikanische Konzil schon vor Jahren festgestellt, sind ein Verbrechen gegen Gott und die Menschen. Wollen wir alle Verbrecher werden? Wollen wir es?

Dies alles sage ich und frage ich, ohne damit irgend jemand stürzen zu wollen. Ich sage und frage es, weil ich denen, die ihre Verantwortung zu tragen haben, helfen will. Es ist mir völlig unbegreiflich, wie man vom Dolchstoß in den Rücken der Regierung, von plattem Antiamerikanismus, von Einäugigkeit reden kann. Sind die Damen und Herren taub? Merken sie nicht, welche Stärke sie gewinnen können, wenn sie in ihren Verhandlungen auf uns verweisen: Seht euch diese Massen an, diese Menschen, vor allem diese jungen Menschen! Wann hat es jemals in Deutschland so etwas gegeben? Die wollen keine fremden Länder mehr besetzen — höchstens mal ein rechtswidrig leerstehendes Haus —, die wollen freilich auch nicht auf ewig in einem besetzten Land leben. Warum nehmen uns die Mächtigen das nicht an und auf? Sind sie nicht mehr handlungsfähig? Hier brauchte doch nur einer herzukommen und zu sagen: „Ich freue mich über euch, ich verstehe euch. Ich bin vielleicht nicht in allem und jedem eurer Meinung. Aber wir wollen Verbündete sein." Keiner der Regierenden kommt. Die über 60 Bundestagsabgeordneten, sie begrüßen wir herzlich. Aber dafür werden sie und der tapfere Erhard Eppler unter einen immer unerträglicheren Druck gesetzt.

Und deshalb wird es bald zu spät sein für die Parteien, die jetzt das große Wort führen.

Nun: Wir jedenfalls sind hier. Und wir werden wiederkommen und weiter reden und fragen und kämpfen — nicht mit Steinen —, aber mit Argumenten und nicht müde werden. Ich danke euch, daß ihr hier seid. Ich danke euch, daß wir in einem einzigen Jahr so viele geworden sind. Ich danke euch sehr.

Heinrich Albertz

Wenn Bundeskanzler Schmidt sagt — und ich bin bereit, ihm das zu glauben —, daß er und Herr Genscher die Verhandlungsbereitschaft der US-Regierung forciert haben, dann hat vielleicht doch die Friedensbewegung — besonders der evangelische Kirchentag in Hamburg — haben die vielen Initiative — vielleicht doch bei diesem Drängen eine Rolle gespielt, und es könnte ja sein, daß auch diese Kundgebung und die vielen, die ihr folgen werden, einmal eine Rolle — eine politische Rolle spielen — insofern ist die Kundgebung keineswegs gegen die Bundesregierung gerichtet; noch ist keine der neuen Raketen hier stationiert, noch keine akzeptiert. Der politische Einfluß dieser Kundgebung — und den wollen wir ja — hängt auch von ihrem Verlauf ab und ich bitte jetzt schon jeden, der einen Stein oder Schlimmeres in der Tasche oder in seinem Campingbeutel hat, ihn fallen zu lassen und der Straßenreinigung der Stadt Bonn zu überlassen, die ohnehin genug Arbeit durch uns hat. Eine weitere Voraussetzung: wir wollen uns nicht vormachen, daß wir allein für den Frieden sind: den wollen die Politiker, denen wir uns hier zeigen — demonstrieren heißt ja zeigen, auch herzeigen und steckt in dem Wort Monstranz — auch; sie wollen den Frieden. Wir demonstrieren also nicht gegen einen geplanten Krieg, sondern gegen die strategischen Bereitstellungen für einen möglichen Krieg, und wenn das Wort Null-Option schon aus höchstem Mund fällt, dann dürfen wir wohl noch für diese Null-Option demonstrieren.

Es ist das Recht, möglicherweise sogar die Pflicht, der amerikanischen Regierung, energisch — gelegentlich brutal — ihre Interessen zu vertreten. Die Frage ist nur, ob diese Interessen mit denen Europas, speziell Deutschlands — und ich sage Deutschland, nicht Bundesrepublik und DDR — übereinstimmen. Wir bestreiten die Übereinstimmung der Interessen im Falle der geplanten Aufrüstung. Das nennt man einen Interessenkonflikt — nichts weiter, eine völlig normale Erscheinung in der internationalen Politik — wir möchten nur von unserer Regierung wissen, *wo* dieser Konflikt beginnt, wo die Grenze zwischen ihren Entscheidungsmöglichkeiten und den möglichen Entscheidungen der US-Regierung verläuft — nichts weiter. Die geographische Lage Deutschlands — ein Blick auf die Europakarte genügt — macht deutlich, daß wir Grund haben, besorgt zu sein — es sei bei einem möglichen Krieg so kommen, daß wir nicht auf dem Schlachtfeld — und das altmodische Wort Schlachtfeld könnte auf eine fürchterliche Weise wörtlich werden —, sondern *als* Schlachtfeld wiedervereinigt werden.

Wir wollen nicht die Opfer vergessen, die die Vereinigten Staaten in Kriegen gebracht haben, die nach 1945 stattgefunden haben — ganz gleich, ob wir die Ziele dieser Kriege billigen oder nicht — eins unterscheidet uns von den Bürgern des nordamerikanischen Kontinents: Europa hat den Krieg erlebt, erlitten, erfahren auf seiner Erde, ja Erde — zwischen Moskau und Cardiff, zwischen Catania und Narvik — es war ein konventioneller Krieg — und ich glaube, es hat uns allen gelangt, ganz gleich, auf welcher Seite wir gestanden haben, welchen Irrtümern wir erlegen waren. 55 Millionen Tote in einem konventionellen Krieg! — und wo wegen „Schutz der Heimat", was immer man darunter verstand: die Zahl der getöteten Zivilisten kam der der Soldaten fast gleich — in diesem konventionellen Krieg.

Zum lächerlichen Vorwurf des Anti-Amerikanismus: auch in den USA ist die Rüstungspolitik der Regierung Reagan umstritten: im Augenblick herrschen im Kongreß und im Senat und in den Ausschüssen Verwirrung, wenn nicht Verworrenheit — ein Hin und Her von Zahlen, Streit um Waffensysteme und ihren Sinn, und auch ein wenig Angst und Besorgnis wegen der gigantischen, der astronomischen Geldsummen, deren Nullen man kaum noch zählen kann; auch in den USA also umstritten wie die Wirtschaftspolitik, die ja einen Zusammenhang hat mit der Rüstungspolitik — und ganz gewiß wird jeder Amerikaner soviel Recht zusprechen wie den Bürgern der US-Staaten Utah und Nevada, die sich mit Erfolg gegen eine wahnsinnige Verbunkerung ihrer Landschaft gewehrt haben (einen Plan der Regierung Carter). — *Nicht* umstritten ist die amerikanische Rüstungspolitik im Augenblick von der Opposition im deutschen Bundestag; man kann ja über manches streiten — aber diese blinde, fast schon manische Gier, mit der ja nach jeder Waffe, nach jedem System gegriffen wird, das auf dem Markt auftaucht — das ist schon krankhaft, ein Fall für die Psychoanalyse — und da erhebt sich nicht eine Stimme in dieser großen Union, da regt sich kein Flügelchen — *das* ist höchst beunruhigend, beängstigend ist es — in den Koalitionsparteien flattern ja wenigstens noch die Flügel, aber bei der Union: Nicht, nicht, nichts — nicht eine Stimme — und es handelt sich ja bei dem, was uns vorgesehen ist, nicht um Hamburger oder Hähnchen. Wenn die Bevölkerung der Bundesrepublik aufgeklärt wäre über die Waffenverseuchung, die schon vorhanden ist, über die Waffenpest, die uns bevorstünde — das könnte die Wahlerfolge dieser geradezu nicht krieg- aber waffensüchtigen Partei erheblich schmälern. Seien wir also froh, daß die CDU/CSU nicht im amerikanischen Senat und im Kongreß sitzt und nicht einige politische Redakteure einiger unserer Zeitungen, die amerikanischer sein möchten als die Amerikaner, die altklugen Besserwisser, die manchmal noch peinlicher sind als diese. Man schämt sich angesichts dieser Anbiederung und Untertänigkeit der Union ja geradezu, ein Deutscher zu sein. Zum Glück sitzen dort Amerikaner, deren Staat einer Revolution, einem Aufstand seine Entstehung verdankt — und gerade Amerikaner werden uns besser verstehen als diese deutschen Radfahrer, die möglicherweise als politische Hilfe im Augenblick willkommen sind — im Grund aber, wie es Musterschülern oft geschieht, verachtet werden. Amerika ist ein Land der Vielfalt, von Amerika haben wir gelernt, daß große Demonstrationen in Demokratien Erfolg haben können — wir verhalten uns nicht und sind nicht antiamerikanisch.

Unsere Bundesregierung kann es anders haben, sie kann ein gelähmtes, apathisches Wählervolk haben, das die Vergangenheit vergessen hat, an die Zukunft nicht denkt, nur von einem Frühstück zum nächsten — willenlos, gehorsam, geduckt dieser Waffenpost entgegensieht — sie kann ein bequemes Wählervolk haben — ich glaube, ein unbequemes sollte ihr lieber sein. Alle Parteien sollen sich klar darüber werden, was sich hier zeigt und weiterhin auch anderswo zeigen wird, ist keine Gruppierung von moralistischen Spinnern — und sie sollten wissen, daß wir unser Denken und Tun nicht abhängig machen vom Lob oder Tadel der Presse und anderer Organe in den sozialistischen Ländern. Mir ist das Lob in diesen Organen so gleichgültig wie der Tadel, den ich oft genug empfangen habe — machen wir uns unabhängig von solch unwürdigen Reflexen. Natürlich fände ich es gut, ich fände es großartig, wenn die Sowjetunion ihre Raketen abziehen würde, sie sind bedrohlich, daran zweifeln wir nicht — und es wäre gut, wenn dieses Argument — die Raketen — beseitigt würde, bevor die Verhandlungen beginnen. Der Overkill bleibt beiden Seiten auch ohne die Raketen — hier und dort — und das sage ich ganz bewußt auch den kommunistischen Demonstranten hier. —

Zum Schluß noch einmal: wir wollen uns nicht vormachen, daß wir allein für den Frieden sind. Und ein letztes Wort zu den Steinen oder gar Schlimmeren, die da möglicherweise in den Taschen oder Campingbeuteln stecken: lassen Sie diese Friedenskundgebung friedlich enden — der Innenminister des Landes NRW hat die Polizeibeamten, gegen die wir nicht demonstrieren — unmartialisch ausgerüstet; sie sind hier auch zu unserem Schutz, sie sind nicht unsere Gegner, schon gar nicht unsere Feinde. — Ein allerletztes Wort an die agent provocateurs, die möglicherweise auch hier anwesend sind. Politiker haben uns aufgefordert, für den friedlichen Verlauf dieser Kundgebung zu sorgen. Das ist reichlich naiv: wir haben keine Geheimdienste, wir haben keine Exekutivgewalt — wir können nur ganz naiv bitten: Lassen Sie uns Frieden — und das tue ich hiermit: Hätten wir die Möglichkeit, *Ihnen* den Verdienstausfall, der Ihnen entsteht, zu ersetzen, wir täten es.

Heinrich Böll

(Manuskript der Ansprache, die aus Zeitgründen nicht im ursprünglichen Wortlaut gehalten wurde.)

Da werden Abgeordnete zur Ordnung gerufen, weil sie zur Zusammenarbeit mit allen Bürgern bereit sind, die sich für die Erhaltung des Friedens einsetzen.

Da nimmt die Bundesregierung das Monopol für sich in Anspruch, sie allein wisse, wie der Friede in Europa gesichert werden könne. Wenn die Bevölkerung dagegen am geheiligten Regierungssitz protestiert, geraten sie in unverständliche, unangebrachte nervöse Hektik.

Da werden jene, die eigene Ideen zur Friedenspolitik vortragen, diffamiert und bezichtigt, sie besorgten die Geschäfte Moskaus oder, noch schlimmer, sie stünden in dessen Diensten.

Da wird die Angst geschürt, so als ob Europa tagtäglich von einem heimtückischen Überfall der militärisch dem Westen angeblich haushoch überlegenen Sowjetunion bedroht sei.

Hier muß wohl einiges zurechtgerückt werden!

1. Abgeordnete dürfen nicht nur, sie müssen sogar mit allen Bürgern auf allen Gebieten zusammenarbeiten. Sie wurden nämlich als deren Sachwalter gewählt.

2. Auch Minister sind keine Halbgötter, auch Minister können irren, auch sie stehen nicht nur an Wahltagen auf dem Prüfstand.

3. Diffamierungen von Menschen, die in Europa den Frieden sicherer machen wollen, erfolgen wider besseres Wissen. Das ist nicht nur infam, es vergiftet nachhaltig das politische Klima und fördert die Polarisierung. Nicht zuletzt hieran ging die Weimarer Republik zugrunde.

4. Und endlich das Wichtigste: Das Geschäft mit der Angst!

Seit 1919 — ich bin mit meinen 86 Jahren Zeitzeuge — ist der vulgäre Antikommunismus ein wirksames Politikum zur Disziplinierung. Allerdings trägt die Sowjetunion nicht gerade wenig dazu bei, daß das Virus des Antikommunismus auch heute noch fortwirkt. Ihre Höchstrüstung ist ein Drohpotential auch gegen Europa, und das bedeutet Unsicherheit. Unsicherheit aber führt zu Fehlschlüssen und Fehlverhalten und bedroht dergestalt unablässig den Frieden. In einem solchen Klima können Böswillige leicht im trüben fischen.

Mit großem Nachdruck und um jeden Zweifel zu beseitigen: Ich spreche keinem verantwortlichen deutschen Politiker den Willen zum Frieden ab. Zum Friedenswillen aber bedarf es überzeugender Beweise. Verbale Geschicklichkeit reicht nicht aus. Es geht nicht um das „Ob", sondern um das „Wie". Und hier scheiden sich die Geister!

1. Im Zeitalter der Massenvernichtungsmittel können wir den Frieden nur politisch sichern, nicht etwa durch Auftürmen von immer mehr Atomraketen, auch nicht durch Giftgas oder Seuchenerreger. Atomtod allein soll wohl nicht mehr genügen.

2. Soldaten und ihre Waffen sind heute mehr denn je dienende Faktoren der Politik zu deren Absicherung. Für Entscheidungen, die über nachgeordnete militärische Fachfragen hinausgehen, sind sie nicht kompetent.

3. Gewalt oder Gewaltandrohung beseitigen nicht die Vernichtungsgefahr, sie steigern sie bis zur Unkontrollierbarkeit.

4. Krieg zwischen Europäern war schon seit langem Bürgerkrieg. Heute ist jeder Krieg Weltbürgerkrieg.

5. Europa ist weder Atom-Kolonie der USA noch deren Erfüllungsgehilfe im weltweiten Ringen mit der Sowjetunion um die Macht.

6. Die Entspannungspolitik hat den Frieden in Europa sicherer gemacht, als Divisionen oder Atomraketen je es könnten. Es gibt zur Entspannung weder eine friedenssichernde Alternative, noch gibt es ohne sie eine Lösung irgendwelcher Zukunftsprobleme.

7. Auch in der Sicherheitspolitik folgt soldatisches Denken eigenen Gesetzen, und das sind keineswegs Gesetze des Friedens. Ein Europa frei von Atomwaffen ist heute kaum mehr als eine Utopie, dafür aber unablässig zu kämpfen, ist unser Realismus.

8. Friede ist mehr als die Abwesenheit von Krieg, Friede heißt auch Freiheit und Menschenwürde. Friede heißt Interessenausgleich zwischen West und Ost, zwischen Nord und Süd, zwischen Hunger und Überfluß.

Wer nun kann — besser wer könnte, wer müßte — seinem Selbstverständnis nach dies alles in Politik umsetzen?

Ich bekenne mich dazu, daß ich mit Willy Brandt einer der Gründer der ersten sozial-liberalen Koalition 1963 in Berlin war, mit dem Ziel, dem Frieden nach außen und innen zu dienen! Daran habe ich mehr als 18 Jahre weitergearbeitet. Das darf nicht umsonst gewesen sein. Wenn heute aus dem friedensorientierten Bündnis der sozial-liberalen Koalition eine Raketenkoalition würde, verlöre sie die Legitimation für ihre Existenz. Die regierende Koalition muß sich um des Friedens willen von ihren Quellen erneuern. Das mögen auch jene begreifen, die bevorzugt hinter Kanonen Schutz suchen.

Wenn ich unentwegt für einen Frieden eintrete, der mehr ist als Abwesen-

heit vom Krieg, dann für eine Zukunft, welche die eure ist. Wir haben nach 1945 Europa in West und Ost nicht wieder aufgebaut, damit es vom Atlantik bis zum Ural endgültig im Blitz von Atombomben untergehe.

Mit der Forderung, daß von uns aus mit friedlichen Mitteln alles geschieht, um einer solchen Gefahr entgegenzuwirken, haben sich heute 150 000 Menschen aus freien Stücken hier zusammengefunden. Sie sind gewissermaßen Delegierte von Millionen, die bisher geschwiegen haben. Diese unsere Forderung wendet sich auch an Moskau. Unsere selbstgewählte Verantwortung nimmt uns niemand ab. Um sie weiterhin tragen zu können, bitte ich euch: Laßt uns nicht allein. Der 10. Oktober ist Auftakt, nicht Ende im Kampf um Frieden, Freiheit und Menschenwürde!

William Borm

I. Friedensbewegung, das ist nicht das Bündnis der Gerissenen mit den Naiven.

Friedensbewegung, das ist das Bündnis derer, die nichts mehr von Rüstung wissen wollen, mit denen, die zu viel davon wissen.

Friedensbewegung, das ist das Zweifeln, ja die Verzweiflung über eine Sicherheitskonzeption, die letztlich nur mit dem eigenen Selbstmord drohen kann.

Friedensbewegung weiß: Der Friede ist eine viel zu ernste Sache, als daß man ihn militärischer Strategie und politischer Taktik, den Raketenzählern und Lobbyisten überlassen dürfte.

Zusammen führt uns der Wille, die Kette der Vor- und Nachrüstungen aufzubrechen, die uns alle in Richtung Abgrund zerrt.

Es kann doch kein Naturgesetz sein, daß Ost und West in gleicher Weise die eigene Rüstung immer als unvermeidliche Nachrüstung deklarieren, während die Rüstung des anderen der größenwahnsinnige Versuch sein soll, ein ohnehin gewaltiges Übergewicht noch weiter auszubauen.

Wir wollen diese Kette zerschlagen, wo wir sie zerschlagen können, hier in Westeuropa, in Deutschland. Und dies läßt sich verantworten, weil der Westen dem Osten in der atomaren Rüstung auch ohne neue Mittelstreckenraketen mehr als gewachsen ist.

Wir lassen uns nicht mehr einschüchtern von Leuten wie Herrn Weinberger, der uns einmal Angst macht vor der Dynamik der kommunistischen Weltrevolution und dann öffentlich darüber nachdenkt, ob das Sowjetsystem demnächst mit einem Knall oder mit einem Winseln verenden wird.

II. Man hat uns Einäugigkeit vorgeworfen, weil wir uns vor allem an unsere Regierung wenden, nicht an die sowjetische.

Der Grund ist sehr einfach: Wir, die meisten unter uns, haben diese Regierung gewählt, nicht die sowjetische. Sie ist unser Ansprechpartner.

Wenn der Bundeskanzler meint, wir wollten ihn drängen, so hat er recht. Ich frage mich nur: Läßt sich in einer Demokratie ein solches Drängen von der eigenen Wählerbasis her wirklich nicht anders deuten denn als Kampfansage? Ein demokratisches Mandat — und die Regierung hat eines — ist schließlich kein Blankoscheck.

Was die Weltmächte angeht, so halten wir uns weniger an ihre Worte als an ihre Interessen. Und wir vergleichen sie mit den unseren.

Natürlich liegt es im amerikanischen Interesse, von europäischem Boden aus die Zentren des europäischen Rußland zu bedrohen und dies bei einer Vorwarnzeit, die politische Entscheidungen über die sowjetische Reaktion nicht mehr möglich macht. Aber damit wird uns aller Überleben in die Hand von Computern gelegt.

Ein Volk, das ohne jede Reaktion dies alles geschehen ließe, müßte man nicht mehr töten, es wäre schon tot. Deshalb bedeutet Friedensbewegung keineswegs, daß da durch Wohlstand ermüdete und degenerierte Westler sich nicht mehr wehren wollen. Friedensbewegung zeigt, daß die alten Nationen Europas mehr sind als Schachfiguren auf dem Brett der Weltmächte, beider Weltmächte.

III. Wir feiern hierzulande den Mut der Polen, die sich nicht mehr vorschreiben lassen wollen, wie sie zu leben haben. Ist es so schlimm, wenn wir uns nicht vorschreiben lassen wollen, wie wir zu sterben haben?

Die Europäisierung Europas findet nicht nur an der Weichsel statt, sondern auch am Rhein. Das bedeutet auch: Eine sowjetische Intervention in Polen träfe uns alle.

Auch wir sind dafür, daß die Weltmächte endlich über Mittelstreckenraketen verhandeln. Insofern stützen wir die Regierung. Ich respektiere den Friedenswillen derer, auch in meiner eigenen, der Sozialdemokratischen Partei, die auf dem Weg über den Brüsseler Doppelbeschluß zu Verhandlungen kommen wollen. Es spricht allerdings einiges dafür, daß die Friedensbewegung die amerikanische Verhandlungsbereitschaft mehr gefördert hat als der Brüsseler Beschluß.

Verhandlungen sind gut. Aber das darf nun nicht heißen, daß drei, fünf oder sieben Jahre Argumente und Vorwürfe hin- und hergeschoben werden, während die Rüstungsspirale sich weiterdreht.

Wir wollen verhindern, daß während der Verhandlungen das alte Spiel der Nachrüstungen und Nach-Nachrüstungen weitergeht, bis man dann als Ergebnis der Verhandlungen festschreibt, was inzwischen an neuem Vernichtungspotential angehäuft wurde.

IV. Höchste Repräsentanten unseres Staates haben uns darüber belehrt. Aber wer verbreitet hierzulande seit Jahrzehnten die Russenangst? Wer macht uns Angst, die Amerikaner könnten uns dem russischen Bären zum Fraße vorwerfen, wenn wir nicht artig sind? Wer hat in diesen Wochen dafür gesorgt, daß die Angst vor der Friedensbewegung umgeht? Nein, die hier versammelt sind, haben weniger Angst als andere.

Wir haben keine Angst davor, daß die Herren im Kreml Tag und Nacht nur darauf sinnen, in Frankfurt oder Marseille die Erfahrungen zu machen, die ihnen in Danzig und Warschau erspart blieben.

Wir haben keine Angst davor, gegenüber unseren Verbündeten unsere Meinung und unsere Interessen zu vertreten.

Wir haben keine Angst davor, einzugestehen, daß im Angesicht atomarer Bedrohung die Deutschen in beiden Staaten gemeinsame Interessen haben.

Wir haben keine Angst vor dem Schlagwort vom Anti-Amerikanismus. Was ist das für eine Sklavensprache, die das Stirnrunzeln einer fremden Regierung zum politischen Maßstab macht!

Wir haben keine Angst davor, was die Medien über uns reden und schreiben. Wir haben keine Angst vor moralischer Abqualifizierung durch den höchsten Repräsentanten unseres Staates.

Wir haben keine Angst davor, als Kommunistenknechte diffamiert zu werden. Das ist Gustav Heinemann nicht anders gegangen.

Wir haben keine Angst vor dem Verfassungsschutz. Dessen Vertreter ich herzlich unter uns begrüße.

V. Angst habe ich nur vor einem: Daß die Friedensbewegung sich selbst diskriminiert.

Wer Frieden will, muß dies in einem täglichen Handeln sichtbar machen. Er darf z. B. Beschimpfungen — und jedem von uns geschieht dies täglich — nicht mit Beschimpfungen vergelten.

Wer schon in Haßgesänge ausbricht, wenn er einem Bundeswehroffizier begegnet, dient nicht dem Frieden. Jeder Stein, der heute geworfen wird, wäre ein Stein gegen die Friedensbewegung. Jede Bombe, die einen Amerikaner treffen soll, trifft uns alle.

Friedensbewegung wird nur mehrheitsfähig, wenn sie nicht ausgrenzt, sondern sich öffnet. Zu ihr gehört jeder, der zu ihr gehören will. Friedensbewegung wird nur mehrheitsfähig, wenn sie zusammenwirkt mit der organisierten Arbeiterbewegung, die seit mehr als einem Jahrhundert für den Frieden wirkt. Und schließlich werden wir nur mehrheitsfähig, wenn Friedensbewegung ansteckend wirkt.

Daher muß dies eine Bewegung sein der Mutigen, nicht der Ängstlichen, der Diskutierenden, nicht der Schreienden, der Selbstkritischen, nicht der Arroganten, der einfallsreich Agierenden, nicht der stumpf Parierenden, der Friedlichen, nicht der Gewalttätigen, der Fröhlichen, nicht der Fanatischen, der Liebenden, nicht der Hassenden.

Wenn wir dies sind, dann wird eines Tages in den Geschichtsbüchern stehen: Die Deutschen haben aus zwei Weltkriegen etwas gelernt.

Erhard Eppler

Wir rücken ihnen jetzt auf den Leib, hier in Bonn. Wir lassen sie nicht mehr alleine machen, nach ihrem alten bequemen Demokratieverständnis. Alle vier Jahre wählen die Bürger, wer regieren und wer opponieren soll, und dann legen wir uns schlafen, eingelullt von den Journalisten in den Massenmedien, die sich willig gleichgeschaltet haben und auch uns nun gleichschalten wollen mit der Großen Koalition der Sicherheitspolitik durch ihre Schlaflieder:

1. „Die da oben wissen's besser!"

2. „Die da oben haben alles fest im Griff!" Mit dem Refrain: „Schlaft ruhig weiter, es kann nichts passieren! — Zahlt ruhig weiter, die Bomben werden nie explodieren!"

Jetzt kommt eine neue, eine echte Weise von Demokratie: Wir kümmern uns selbst, wir urteilen selbst, und wir mischen uns ein. Das erfordert freilich schwere Arbeit von uns allen: nicht nur emotional „Atom pfui!" zu schreien, sondern uns sachkundig zu machen, damit wir von keiner Rüstungspropaganda mehr eingewickelt werden können. Demokratie heißt nicht: Vertrauen zur Obrigkeit, sondern: mißtrauische Kontrolle der Politiker durch die Bürger, heute erst recht. Denn heute ist am Tage, daß die Leute an der Macht in West und Ost samt ihren Experten die Menschheit an den Rand des Untergangs haben geraten lassen. Allein der Aufschrei der Völker kann das noch ändern — allein unsere Weigerung, das schwachsinnige Weitermachen auf dem Wege der Zerstörung der Erde und der Erhöhung der Kriegsgefahr weiter mitzumachen — allein unsere Entschlossenheit, das weitere Aufrüsten, angeblich um abzurüsten, zu verhindern.

Denn wir sind hier nicht eine der häufigen Protestdemonstrationen gegen alles mögliche Unrecht auf Erden, auch nicht gegen den Blödsinn der sowjetischen Rüstung. Wir sind eine Verhinderungsdemonstration. Wir demonstrieren mit dem konkreten Zweck, die Mittelstufenraketen auf unserem Boden zu verhindern und dadurch eine Entwicklung in Gang zu bringen, die unseren Politikern hilft, endlich den Absprung von der Talfahrt in den Untergang zu finden.

Eine neue Qualität von Demokratie, für die der heutige Tag ein historisches Datum ist. Jahrelang demonstrierten wir gegen den Rüstungswahnsinn: die Leute am Straßenrand schauten gleichgültig zu, und wir stöhnten mit dem alten Spruch aus der Arbeiterbewegung: „Der Feind, den wir am meisten hassen — das ist der Unverstand der Massen." Jetzt wachen die Menschen bei uns und in Europa auf aus dem Unverstand, in dem sie künstlich gehalten werden. Jetzt wird das Volk störrisch und erkennt, daß der Friede zu wichtig ist, als daß man ihn den Politikern überlassen dürfte. Jetzt lassen wir uns nicht mehr auseinanderdividieren in Sozialdemokraten, Konservative, Liberale, Grüne, Christen und Kommunisten; denn der Atomtod bedroht uns alle. Jetzt lassen wir uns auch nicht mehr durch Russenangst gegen die Russen aufhetzen.

Denn unser Auftrag an die Politiker wird jetzt genauer formuliert. Sie tun, als laute unser Auftrag an sie nur: „Sichert uns gegen die Russen!" Unser Auftrag aber lautet: „Sichert uns und unsere Kinder gegen das Unbewohnbarwerden der Erde — gegen den Welthunger, der die Satten mit den Hungrigen zugrunde gehen lassen wird — gegen das unerträgliche Risiko der atomaren Vernichtung, das eure sogenannte Sicherheitspolitik uns zumutet!"

Das alles aber geht nicht mit Rüstung gegen die Russen, sondern nur zusammen mit den Russen. Nur gemeinsam können die westlichen Völker mit den östlichen und die östlichen Völker mit den westlichen der Menschheit die Zukunft wiedergewinnen, die schon fast verloren ist. Die Rüstung gegeneinander sichert uns nicht das Leben, sie bringt uns den Tod, ob nun explodiert oder nicht.

Die Christen unter uns könnten das alles längst wissen: aus dem Evangelium. Politik von Christen — das kann nur eine solche Politik sein, die alles daransetzt, diejenigen, die sich jetzt feindlich gegenüberstehen, zur gemeinsamen Arbeit für das Leben zu gewinnen. Wir fragen alle Christen in unserem Lande, ob sie heute anderswo stehen können als bei dieser Friedensbewegung, bei der Bewegung für das Leben gegen die Todesrüstung.

„Friedensbewegung" — eine solche Selbstbezeichnung sei eine Anmaßung, ruft man uns zu; denn unbestreitbar wollen sie doch alle den Frieden, die Aufrüster ebenso wie wir. Aber Helmut Schmidt hat vor der Bundestagswahl vor einem Jahr sehr richtig gesagt: „Es reicht nicht, daß einer friedenswillig ist. Es kommt darauf an, daß er friedensfähig ist." Friedensfähig aber ist nur, wer abrüstungsfähig ist. Daß sie abrüstungsfähig werden, das müssen jetzt die Völker ihren Politikern beibringen durch konsequente Rüstungsverweigerung und Rüstungsverhinderung.

Helmut Gollwitzer

Wer glaubt, dadurch Sicherheit schaffen zu können, daß er die atomare Vernichtung der Menschheit vorbereitet, darf sich nicht wundern, daß die Menschen Angst bekommen und sich auflehnen, wenn sie erfahren, wie mit ihrem Leben umgegangen wird.

In unserem Land breitet sich deshalb Angst aus, weil die Politiker keine Antwort geben können auf die Frage: Was geschieht in Europa, wenn die Abschreckung versagt? Dies ist längst keine hypothetische Frage mehr. Denn die Zeit geht zu Ende, in der die Atomwaffen den amerikanisch-sowjetischen Konflikt gezähmt haben. Jetzt aber werden die Atomwaffen zu militärischen Instrumenten des verschärften Konflikts der beiden Supermächte.

In der Friedensforschung besteht heute fast völlige Übereinstimmung: Es gibt einen alarmierenden Trend, Atomwaffen militärisch einsetzbar zu machen. Der Atomkrieg wird wahrscheinlicher, wenn man meint, ihn auf militärische Ziele und Regionen begrenzen zu können. Das Nein zu der Nato-Nachrüstung ist deshalb ein Nein zu einer Entwicklung, an deren Ende die Selbstvernichtung steht.

Der Hauptgegner der friedenspolitischen Diskussion ist die Ignoranz, diese wachsende Kriegsgefahr zu begreifen. Wer von Antiamerikanismus und Sowjetfreundlichkeit spricht, hat nicht begriffen, daß angesichts der Gefahr der atomaren Vernichtung das innenpolitisch und außenpolitisch Trennende zurücktreten muß.

Um das gemeinsame Übel Hitler zu bekämpfen, hatten die USA und die Sowjetunion eine Zweckkoalition geschaffen. Weshalb bilden wir nicht heute eine Interessengemeinschaft gegen den alles vernichtenden atomaren Holocaust? Weil die Regierungen bislang versagen, bilden die bedrohten Völker selbst eine weltumspannende Interessengemeinschaft für den Frieden.

Die Friedensbewegung in der Bundesrepublik verwahrt sich gegen Streicheleinheiten aus Moskau, solange die aufkeimende Friedensbewegung in Osteuropa und in der DDR behindert wird. Wir sind entschlossen, die Nachrüstung zu verhindern. Aber noch haben zu viele Menschen bei uns Angst vor sowjetischen Raketen. Wenn die ganz neuen amerikanischen Atomwaffen wirklich verhindert werden sollen, muß die sowjetische Führung die Ängste, die ihre Atomrüstung bei uns hervorruft, durch konkrete Maßnahmen abbauen. Wir fordern daher von Breschnew, daß er bei seinem bevorstehenden Besuch hier in Bonn endlich den Schleier der Geheimniskrämerei lüftet und Qualität und Umfang der SS-20-Rüstung offenlegt und deutliche Kürzungen des sowjetischen Mittelstreckenpotentials ankündigt.

Niemand, der den enttäuschenden Verlauf der Rüstungskontrollverhandlungen und die unvereinbaren Positionen in der Mittelstreckenfrage kennt, kann im Ernst von den geplanten Verhandlungen eine Null-Lösung erwarten. Diese ist nur durch die innenpolitische Verweigerung der NATO-Nachrüstung bei gleichzeitigen Beschränkungen der Sowjetunion möglich. Wenn der Bundeskanzler eine auf diese Weise erzwungene Null-Lösung durch einen Rüstungskontrollvertrag absegnen will, dann darf er das gerne tun. Dann würde sich allerdings auch erweisen, daß Helmut Schmidt heute diejenigen bekämpft, die ihn allein vor der Einlösung seiner Rücktrittsdrohung bewahren können.

Ein Wort an alle Konservativen und auch an alle Soldaten in der Bundeswehr. Die Friedensbewegung ist vor allem eine Bewegung der Argumente und unbeantworteten Fragen. Sagt uns bitte: Wie wollt ihr mit Atomwaffen unser Land verteidigen? Würdet ihr kämpfen, ihr würdet die Bundesrepublik zu einer Atomwüste machen. Kann man Werte wie Freiheit und Heimat wirklich dadurch schützen, daß man ihre Vernichtung vorbereitet?

Solange der Bundestag diese Fragen nicht diskutiert, werden Hunderttausende und morgens Millionen dem Parlament das sicherheitspolitische Mandat entziehen und diese Debatte selbst führen. Denn wir nehmen sehr ernst, was in unserer Verfassung steht: „Alle Staatsgewalt geht vom Volke aus!"

Alfred Mechtersheimer

Der Atomtod bedroht nicht nur die, die sich fürchten, sondern auch die, die glauben, mit dem Atomtod an der Hand sicherer zu sein. Aufrüstung tötet auch ohne Krieg. Wenn ein Fluß umkippt, so bedeutet das: die Giftmenge, die ein Lebenszusammenhang noch erträgt, wird zuviel, die Zerstörung nimmt überhand, die Fische sterben, die Pflanzen folgen ihnen, das Wasser stinkt. Wenn ein Fluß umkippt, ist es eigentlich kein Fluß mehr, sondern eine Müllkippe. Und wenn ein Land umkippt? Wenn die Schad- und Giftstoffe so überhand nehmen, daß das Leben erstickt wird, daß die Menschen an der Möglichkeit, hier zu leben, verzweifeln, wenn sie sich nach Auswanderung umsehen oder sich selbst kaputt machen, wenn sie wir Fische in der stinkenden Brühe herumtreiben —? Wenn ein Fluß ökologisch verschmutzt ist, kippt er um. Wenn ein Land militaristisch verschmutzt ist und sich zu Tode rüstet, dann kippt das Land um. Genau das erleben wir.
Stellt euch vor, der Friede bräche aus. Nicht der Friede der Gewalttätigen, die die Megatonnen im voraus berechnen, nicht der Friede der steigenden Dividende für Rüstungsaktien, nicht der Friede der Berufsverbote für Menschen, die ein Verteidigungsrisiko darstellen (und das tun wir doch alle!), nicht der Friede, der die Armen verkommen läßt und in der Türkei für Folterungen sorgt. Ich meine nicht die Friedlosigkeit, die in unserem Land herrscht.
Stellt euch vor, das Volk erklärt der Regierung den Frieden, was das ist: Frieden, und die Regierung versteht es endlich und erklärt es den Amerikanern. Wir verzichten auf euren Schutz. Wir treten aus dem Bündnis aus. Wir wollen uns nicht von euch zu Tode rüsten lassen. Die Hälfte des Geldes, das wir für die Vorbereitung des Holocaust ausgeben, werden wir für die Probleme in unserem Land brauchen, für Wohnraum und Gesundheit und Schulen, für all die Ausländer, die bei uns nichts lernen dürfen. Die andere Hälfte geben wir für friedliche Projekte in der Dritten Welt aus, die die Ursachen des Verhungerns bekämpfen. Der Waffenhandel wird ab sofort verboten, die damit befaßten Firmen werden behandelt als das, was sie sind: Verbrecher.
Stellt euch vor, der Frieden bräche aus. Wir im Herzen Europas wären wehrlos. Wir würden nicht mehr Krieg üben, Krieg lernen, Krieg spielen und Krieg mit unseren Steuern bezahlen. Wir stellten keinerlei Bedrohung für unsere Nachbarn dar. Niemand — nicht einmal das Neue Deutschland — könnte uns Aggressivität, Friedlosigkeit, Vorbereitung eines Angriffskrieges und Erstschlagwünsche unterstellen. Wir wären zum erstenmal in der Geschichte unseres Landes frei, nämlich frei vom Wunsch zu töten, zu vergelten oder vorsorglich zu töten. Wir hätten die Sklaverei, unter der die Menschheit bis heute lebt, abgeschafft. Die Kriegssklaverei und die Atomsklaverei. Und stellt euch die wirkliche Freiheit vor: Niemanden mehr zu bedrohen und zu übervorteilen, zu belügen und zu erpressen. Freiheit von dem Zwang, ein Verbrechen vorzubereiten, das in der bisherigen Geschichte der Menschheit noch nicht vorgekommen ist, die atomare Vernichtung allen Lebens. Freiwerden von der Vorbereitung auf Mord und Selbstmord.
Stellt euch vor, wir wären wehrlos. Wir lebten in einem friedlichen Lande. Würden wir überfallen werden? Wären wir ein Vacuum, das den aggressiven Feind magnetisch anzieht? Auf diese Frage kann niemand mit Sicherheit antworten. Ich halte es nicht für wahrscheinlich, daß die Sowjetunion ein solches Deutschland überfiele, aber da ist ein Restrisiko und eine Restangst, die wir niemandem wegreden können. Die Frage ist nur, ob dieses Risiko und diese Angst nicht beträchtlich kleiner sind als das, was wir jetzt eingehen. Ob die Vorbereitung auf den Erstschlag, mit dem wir den europäischen Teil der Sowjetunion in vier Minuten in ein Trümmer- und Leichenfeld verwandeln können, ob diese Vorbereitung nicht mehr Risiko und größere Gefahr für uns bedeutet als der friedliche dritte Weg, den wir suchen.
Stellt euch vor, der Friede bräche aus. Nicht der bewaffnete Gewaltfriede, sondern der gewaltfreie Friede, für den wir hier stehen und um dessentwillen wir keine Gewalt anwenden; weil wir die Mittel des Kampfes auch das Ziel des Kampfes verformen. Wir können nur gewaltfreie Methoden anwenden, um den Frieden, den wir meinen, vorzubereiten. Wir mißtrauen der Regierung gerade darum, weil sie die gewaltsamste Methode der Weltgeschichte, die Massenvernichtung, anwenden will, um den Frieden zu sichern. Ihre Methode: Aufrüsten widerspricht ihrem Ziel: Abrüsten. Ihre Methode: Gewalt, Atomgewalt widerspricht ihrem Wunsch: Sicherheit. Wir wollen die Ziele und die Methoden unseres Lebens zusammenhalten.
Stellt euch vor, wir könnten der Regierung ganz klarmachen, warum wir hierhergekommen sind. Wir könnten ihr unsere Vision mitteilen, unseren Traum. Wir könnten die verzweifelten Aufrüster daran erinnern, was sie wirklich wollen, und wir könnten die zynischen Aufrüster so entlarven, daß jeder Mensch sieht, was ihre Interessen sind. Was ist denn der Unterschied zwischen Ost und West? Es ist nicht der zwischen SS 20 und Pershing 2, laßt euch nicht für dumm verkaufen! Der reale Unterschied zwischen Ost und West, das sind wir, die Friedensbewegung, die Tatsache, daß im Osten aufgerüstet wird, ohne daß das Volk seine Stimme erheben kann.
Stellt euch vor, der Geist der Wehrlosigkeit, der Verwundbarkeit käme

deutlich zutage, so daß unser Traum wirklich wird: Befreiung aus der Sklaverei, Verbannung der Sklavenhändler, die größte historische Aufgabe der Menschen auf diesem Planeten am Ende des 20. Jahrhunderts. Vielleicht würden wir dabei etwas ärmer, ich glaube, die meisten von uns würden diesen Preis bezahlen wollen. Vielleicht müssen wir für diesen Frieden, von dem wir träumen, noch etwas mehr tun, als nach Bonn zu fahren. Vielleicht müssen wir das Neinsagen üben, die großen und die vielen kleinen Verweigerungen, im Krankenhaus, in der Kaserne, im Betrieb, in der Schule. Wir haben eine ganz einseitige Auffassung, einseitig für das Leben und gegen den Tod, einseitig gegen die Massenvernichtungsmittel, die man so wenig Waffen nennen kann wie das Gas, das Hitler in Auschwitz verwenden ließ, eine „Waffe" war.

Dorothee Sölle

Vor-Abrüstung

Argumente der Friedensbewegung zu Beginn der Gespräche zwischen der Sowjetunion und den USA über Begrenzung der atomaren Rüstung im Bereich der Mittelstrecken-Raketen in Genf

Beitrag zum Friedensforum am 4. Dezember im Münchner Hofbräuhaus und am 12. Dezember 1981 im Messezentrum Nürnberg

Liebe Freunde,
am Tag des Gesprächsbeginns zwischen der Sowjetunion und den USA über die Begrenzung der atomaren Rüstung im Bereich der Mittelstrecken-Raketen in Genf, jenem vielleicht einmal denkwürdigen 30. November, ereignete sich unter anderem zweierlei: Die CSU schloß den Friedensforscher Alfred Mechtersheimer aus ihrer sich christlich nennenden Partei aus, und der amerikanische Verteidigungsminister Weinberger erklärte, die Friedensbewegung in Westeuropa könne die Sowjetunion zur Aggression ermutigen. Die USA seien aber bereit, „gleichzeitig in Europa und am Golf zu kämpfen". Weinberger weiterhin wörtlich: „Die neutralistische Bewegung wird dann zur Sorge werden, wenn sie bis zu einem Punkt anwächst, an dem sie Regierungen zu einseitigen Abrüstungsentscheidungen zwingt."
Von Einseitigkeit ist bei uns nicht die Rede. Aber in der Hauptsache hat Weinberger recht: Wo immer die Friedensbewegung auftritt, in der Bundesrepublik wie in Europa, will sie die Aufstellung der Atomraketen eines neuen Typs, Pershing II und Cruise missile, auf deutschem Boden wie auf dem Boden unserer Nachbarländer verhindern und die eigene Regierung veranlassen, weit entschiedenere Anstrengungen als bisher zu unternehmen, um zur tatsächlichen beiderseitigen kontrollierten Abrüstung beizutragen. Angesichts der Genfer Gespräche, deren Ziele noch unklar und deren Ergebnisse fragwürdig sind, verstärken wir die Forderung der heute schon 2,1 Millionen Unterzeichner des Krefelder Appells gegen den NATO-Rüstungsbeschluß vom 12. Dezember 1979. Wir halten es mit jenen Münchner Frauen, die erklärt haben: „Wir haben es satt: uns vormachen zu lassen, Aufrüstung bringe uns der Abrüstung näher, Abschreckung sei Voraussetzung für den Frieden in Europa. Wir machen dieses wahnwitzige Denken nicht mehr mit."
Nichts ist wünschenswerter, als daß die Genfer Gespräche zum Erfolg, also zur massenweisen Vernichtung der Massenvernichtungsmittel führen. Aber die Bundesregierung, insbesondere Kanzler und Vizekanzler, haben die Bedeutung der Gespräche in der veröffentlichten Meinung so hoch gesteigert, daß die zur Schau gestellte Erwartung ans Illusionäre grenzt. Sie, die der Friedensbewegung mangelnden Realitätssinn unterstellen, lassen es ihrerseits an nüchternem Wirklichkeitsdenken fehlen. Zu den Tatsachen gehört: Die Verhandlungen über beiderseitige kontrollierte Truppenreduzierung laufen in Wien erfolglos im achten Jahr. Das SALT-II-Abkommen wurde von den USA nicht ratifiziert. Noch niemals seit dem Bestehen der Supermächte haben Verhandlungen zwischen den Blöcken zu etwas anderem als zur Fortsetzung des Wettrüstens geführt. Furcht und Mißtrauen sind wechselseitig so unbegrenzt, daß jede Seite der anderen das Schlimmste unterstellt. Was am dringendsten gebraucht wird, ist deswegen, daß Taten den Gesprächen vorangehen. Die *Vor-Abrüstung* der USA und der NATO zum Beispiel um zehn Prozent der heute vorhandenen Nukleargefechtsköpfe auf Mittelstreckenraketen, kontrolliert durch den möglichen Gegner und verbunden mit der Aufforderung, seine eigenen Beteuerungen wahr zu machen und, ebenfalls kontrolliert, das Gleiche zu tun, brächte uns voraussichtlich der Entspannung näher als alle Worte in Genf. Außerdem würde die — immer noch so genannte — Verteidigungsbereitschaft des Westens dadurch keineswegs bedrohlich geschwächt. Wenn jede der Supermächte einschließlich jeder Paktstaaten jeden Gegner vielfach vernichten kann, sind alle Militärdoktrinen überholt.
Die Bundesrepublik kann mit den vorhandenen A.B.C.-Waffen im Ernstfall nicht sinnvoll verteidigt, wohl aber bis auf den Rest allen Lebens zugrundegerichtet werden. Obendrein haben wir uns völkerrechtlich verpflichtet, niemals eigene Atomwaffen zu besitzen. Dennoch ist Westdeutschland das am dichtesten mit Kernwaffen bestückte Land der Erde. Das ist nicht nur absurd, sondern vor allem lebensgefährlich. Aber immer noch pilgern Kabinettsmitglieder nach Amerika und versichern uns bei der Rückkehr der hundertprozentigen Übereinstimmung mit einer Politik, die bei uns tausendfache Vernichtungskraft der Hiroshimabombe aufstellt. Sie haben geschworen, Schaden von der Bevölkerung zu wenden und den Nutzen unseres Landes zu mehren. Doch wer ihnen zuhört, gewinnt immer deutli-

cher den Eindruck, sie beurteilen Waffen von heute mit einem Bewußtseinsstand wie aus dem Ersten oder Zweiten Weltkrieg. Sie scheinen sich der Einsicht zu verweigern, daß zwischen hochgerüsteten Industrieblöcken Krieg technisch nicht mehr führbar ist.

Im dritten Weltkrieg gäbe es keine Front mehr, keine Aussicht, eine Heimat oder Angehörige zu verteidigen, keine Überlebenschance für Zivilisten wie Soldaten auf dem unübersehbaren Kriegsschauplatz. Es gäbe nur noch die anonyme, computergesteuerte Ausmerzung von Hunderten von Millionen Menschen wie Ungeziefer. Das ist kein Krieg mehr, sondern Völkermord. Der Selbstvernichtungszug der Lemminge ist die real mögliche Beendigung jeder Zukunft für Europas Menschen und die abendländische Kultur. Eine Verteidigungspolitik, die im Ernstfall weder Freiheit noch Leben der Bevölkerung schützen kann, verliert im Sinn und Logik, weil die Instrumente der Abschreckung ebenfalls auf Dauer weder technisch noch militärisch, weder politisch noch ökonomisch beherrschbar sind, sondern mit mathematischer Wahrscheinlichkeit zum GAU führen: zum größt anzunehmenden Unfall mit Kernwaffen, möglicherweise in Verbindung mit Kernkraftwerken.

Angesichts dieser Gefahr ist die Friedensbewegung unsere einzige realistische Hoffnung. Sie zählt nach Millionen, und es werden immer mehr. Es ist wichtig, daß sie sich weder auf Parteien noch auf nationale Grenzen festlegen läßt. Die Friedensbewegung darf sich keinen Antikommunismus, aber auch keinen Antiamerikanismus leisten. Sie paßt in kein Links-Rechts-Schema, sondern geht alle an. Die Friedensbewegung ist nicht weltfremd, schon gar nicht romantisch, aber sie versammelt ihre Anhänger in dem Bemühen um eine neue Zusammengehörigkeit. Sie ist keine Angstbewegung, sondern der Protest derer, die leben wollen, gegen die seelenlose Mechanik angeblicher militärischer Sachzwänge. Die Friedensbewegung ist die rationale Anstrengung, herrschende Politik zu verändern, und zwar auf der Grundlage der Wissenschaft namens Friedensforschung wie der genauen Kenntnis der Waffentechnik. Ohne Zweifel verstehen viele Sprecher der Friedensbewegung von Kernwaffen soviel wie die Sprecher der Ökologiebewegung von Kernkraftwerken oder die Sprecher der Bürgerinitiative gegen die Startbahn West vom Unfug betonierter Ausweglosigkeit und der Stahlbauweise herrschenden Bewußtseins.

Wer in Bonn an der Demonstration der Dreihunderttausend teilgenommen hat, wer auf dem zweiten Krefelder Forum in Dortmund in der Westfalenhalle unter den Fünfzehntausend dabei war, hat erlebt, was die verantwortlichsten Politiker sich am wenigsten träumen lassen: die moralische Kraft und die friedfertige Phantasie der Generation, die sich dagegen wehrt, Opfer des dritten Weltkriegs zu werden. Das war und ist nichts Geringeres als der Widerstand der Basis gegen die vereinigten Obrigkeiten.

Denn darüber dürfen wir uns nicht hinwegtäuschen, daß in Deutschland noch allemal die Obrigkeit als Regierung und Opposition mit ihren Bundestagsparteien, aus Wirtschaft, Militär und Kirche, Finanz und leider auch den Spitzen mancher Gewerkschaften, aus Bürokratie, Justiz und den Chefetagen der Medien — daß sie alle sich zusammentun und durch Druck von oben dafür sorgen, daß sich Unruhe in der Bevölkerung nicht zur kritischen Masse entwickelt. Das ist das Monarchische an unserer Demokratie.

So ist auch die Friedensdenkschrift der evangelischen Kirche keine Dokumentation geistiger Erneuerung wie Mitte der sechziger Jahre die Ost-Versöhnungsdenkschrift. Nein, sie ist ausgewogen wie das ARD-Programm. Die Alternative liegt nicht bei der Amtskirche, sondern bei der Aktion Sühnezeichen und den Friedensdiensten, wie sie in der katholischen Kirche bei Pax Christi und einzelnen Jugendorganisationen liegt. Wann jemals hätten sich die obersten Bischöfe mit diesen andersdenkenden Gruppen in ihren eigenen Reihen öffentlich solidarisiert?

Kaum anders ergeht es den Jugendorganisationen der etablierten Parteien, die gerade zum Auffangen der Friedensbewegung mit Alibi-Veranstaltungen geduldet werden. Die Sozialdemokraten wollen am liebsten beides, die Friedensbewegung integrieren und am NATO-Rüstungsbeschluß festhalten. Haben sie wirklich nicht begriffen, daß eins das andere ausschließt? Die SPD verdrängt das Rüstungsthema von ihrem Münchner Bundesparteitag nach der Devise „Jetzt ist es zu früh" — eineinhalb Jahre später werden dann die Delegierten erfahrungsgemäß zu hören bekommen: „Inzwischen ist es zu spät." Die Cruise Missiles jedenfalls sind bei den Boeing-Werken in Kent im US-Staat Washington in Produktion gegangen. 40 Stück pro Monat werden vom Band laufen, zunächst 705 Exemplare, insgesamt sind Tausende vorgesehen, da mögen die Unterhändler in Genf reden, was sie wollen.

Unsere vereinigten Obrigkeiten aber denken angestrengt darüber nach, wie sie der Jugend in den Schulen mehr Sinn für Wehrhaftigkeit beibringen können. Da schaffen die Verantwortlichen in Bayern, Niedersachsen und Baden-Württemberg ihren Beitrag zur Friedensforschung ab, die vorgesehene Wehrertüchtigung in den Schulen aber bezeichnen sie als „Friedensunterricht". Dem ist entgegenzuhalten: Von Frieden — wenn man ihr nicht die Knochen bricht — versteht diese Jugend genug. Wenn ihr wirklich eine friedenswillige Jugend braucht und nicht nur Rekruten und am Ende auch Frauen in Uniform, diese Jugend ist vorhanden — deutlicher als jemals in Deutschland zuvor. Mögen noch so viele Sprachungetüme ans Fließband gehen in der politischen Wortfabrik — „Null-Lösung", „Nachrüstung", „Doppelbeschluß" —, das Unterscheidungsvermögen junger Leute zwischen glaubwürdig und unglaubwürdig werden sie nicht so leicht korrumpieren.

Wir verharmlosen nicht die Rüstung der Sowjetunion. Aber Breschnew kam am Vorabend der Genfer Gespräche zum dritten Mal in die Bundesrepublik und erweiterte sein Verhandlungsangebot. Warum ist es undenkbar, daß Reagan in der DDR ein Gleiches tut? Sehr viele Bewohner der westlichen Industrieländer haben sich ein derartiges moralisches Überlegenheitsbewußtsein angewöhnt, daß sie sich derlei Parität zwischen den beiden mächtigsten Männern der Welt nicht vorstellen können. Dabei paktiert der Westen mit mörderischen Diktaturen, sofern sie antikommunistisch auftreten. Vom Streben nach wirklichem Gleichgewicht zwischen unterschiedlichen Gesellschaftssystemen sind wir weit entfernt.

Klartext Washington Post vom November 1981: „Es gibt eine entscheidende wirtschaftliche Strategie Reagans in seiner Handlungsweise gegenüber der Sowjetunion. Sie besteht darin, daß die Sowjetunion, obgleich eine Supermacht, relativ zurückgeblieben ist und den *Aufrüstungswettlauf* nicht aufrechterhalten kann, ohne unter immer härteren internen Spannungen zu leiden. Dies war natürlich ein bekanntes Element westlichen Denkens über die Sowjetunion seit 1917, und daraus gefolgert wird — daß die Vereinigten Staaten den Kreml durch Ausgaben in die Knie zwingen könnten, oder zumindest zu einem guten internationalen Benehmen — muß noch immer erst erwiesen werden."

Das neueste Jahrbuch 81/82 des Stockholmer Instituts für Friedensforschung, SIPRI, besagt im übrigen: Von den 500 Milliarden Dollar, die 1980 weltweit für die Rüstung ausgegeben wurden — während über 50 Millionen Menschen verhungerten —, entfielen 43 Prozent auf die USA und die NATO, nur 26 Prozent auf die Sowjetunion und den Warschauer Pakt. Beim Rüstungsexport stehen die Vereinigten Staaten mit ebenfalls 43 Prozent an der Spitze, gefolgt von der UdSSR mit 27,4 und Frankreich mit 10,8 Prozent. Nuklearexplosionen, so weit feststellbar oder als ziemlich sicher anzunehmen, haben die USA vom 1945 bis heute 670 ausgelöst, die Sowjetunion etwa 420. Die Nukleargefechtsköpfe des Westens werden — ohne Frankreichs Atommacht und ohne die im Bau befindlichen britischen Trident-Systeme — mit 9000 angegeben, die der Gegenseite mit etwa 7000. So weit bekannt, besitzt die Sowjetunion bisher weder Entsprechungen zur Pershing II noch zu den Cruise Missiles oder der Neutronenwaffe.

Angesichts dieser Lage gibt es für die Friedensbewegung keine dringendere Frage als diese: Wie arbeiten wir weiter? Was können, was müssen wir jetzt und in Zukunft tun? Es geht um Macht. Fest steht: An den Parteien kommen wir nicht vorbei, aber sie auch nicht an uns. Längst haben sie ihren Monopolanspruch an die Macht teilen müssen mit jenem Element direkter Demokratie, das in Bürgerinitiativen gelingt. Die Friedensbewegung ist die mächtigste unter ihnen — sie ist konservativ, denn sie will Vorhandenes bewahren, vor allem das Leben; sie ist progressiv, denn sie weiß, daß dies ohne Veränderung unseres Denksystems unmöglich ist.

Die Friedensbewegung muß die parlamentarischen Parteien und die Regierung weiterhin und verstärkt unter Druck setzen mit den Mitteln gewaltloser Kraft. Es ist ihr legitimes Ziel, die Stationierung neuer Atomwaffen auf deutschem Boden zu verhindern und zur Abrüstung vorhandener A.B.C.-Waffen beizutragen. Wir sagen an die Adresse der Politiker: Hört auf mit dem Rüstungswahnsinn, oder ihr bringt uns noch alle um!

Resignation ist keine Politik. Jeder kann etwas tun, in seinem persönlichen Umkreis, an seinem Arbeitsplatz, in seiner Gruppe und Zugehörigkeit. Zum Schluß zitiere ich Stephan Hermlin, den DDR-Autor, der dieser Tage Friedensforscher, Schriftsteller und Wissenschaftler in Berlin zusammenruft: „Ich möchte", sagt er, „daß in meinem Land Friedensgedanken diskutiert werden von möglichst vielen und daß überlegt wird, was die DDR für den Frieden tun kann."

Wir wollen dasselbe für die Bundesrepublik. Es geht um die Neuentdeckung der deutsch-deutschen Interessen im europäischen Zusammenhang. Wir, das kriegerischste Land Europas in diesem Jahrhundert, müssen das friedlichste werden.

Dieter Lattmann

Zitate

Die Friedensbewegung und die Arbeiten und Reden zu Friedenskonferenzen sind ein großer Mumpitz.
August Keim, Generalmajor, Vorsitzender des „Deutschen Wehrvereins"
(„Hessische Post", 7. 2. 1913)

Eine schwere Stunde ist heute über Deutschland hereingebrochen. Neider überall zwingen uns zu gerechter Verteidigung. Man drückt uns das Schwert in die Hand. Ich hoffe, daß, wenn es nicht in letzter Stunde meinen Bemühungen gelingt, die Gegner zum Einsehen zu bringen und den Frieden zu erhalten, wir das Schwert mit Gottes Hilfe so führen werden, daß wir es mit Ehren wieder in die Scheide stecken können. Enorme Opfer an Gut und Blut würde ein Krieg vom deutschen Volke erfordern, den Gegnern aber würden wir zeigen, was es heißt, Deutschland anzugreifen. Und nun empfehle ich euch Gott. Jetzt geht in die Kirche, kniet nieder vor Gott und bittet ihn um Hilfe für unser braves Heer!
Kaiser Wilhelm II. in Berlin am 31. Juli 1914 um 15 Uhr
„an die vor dem Schluß versammelte vieltausendköpfige begeisterte Menge"
(aus: „Kriegs- und Ruhmesblätter", 1914, Nr. 1)

Die Waffen hoch! Das Schwert ist Mannes eigen,
Wo Männer fechten, hat das Weib zu schweigen,
Doch freilich, Männer gibt's in diesen Tagen,
Die sollten lieber Unterröcke tragen.   *Felix Dahn* gegen Bertha v. Suttner

Denkt an uns, an unsere Lage! Am schrecklichsten ist es, töten zu müssen, oft Mann gegen Mann, Auge in Auge. Wie lange wird dieses Gemetzel noch dauern? Tut Ihr in der Heimat denn nichts, damit endlich Friede werde?   *Unbekannter Soldat*
in einem Brief von der Front, I. Weltkrieg

Seit Menschengedenken hatte man keinen solchen Kraftausbruch erlebt wie den des deutschen Volkes. Vier Jahre lang kämpfte Deutschland, trotzte es fünf Kontinenten zu Lande, zu Wasser und in der Luft.
Die deutschen Armeen hielten ihre wankenden Verbündeten aufrecht, traten auf allen Kriegsschauplätzen siegreich auf, standen überall auf erobertem Boden und fügten ihren Gegnern die doppelten Blutverluste zu ...
Wahrlich, ihr Deutschen, für die Geschichte habt ihr genug geleistet!
Churchill nach dem 1. Weltkrieg

Auch sollen sich vielfach Frauen geweigert haben, ihre Kinder, die früher stets auf Arbeit gegangen und auch dazu kräftig genug sind, in der Zeit der größten Arbeitshäufung bei den so unbedingt der Förderung bedürftigen landwirtschaftlichen Arbeiten mithelfen zu lassen ... Weigern sich Kriegerfrauen, die nach ihren häuslichen Verhältnissen abkömmlich sind und körperlich zu arbeiten vermögen, vor allem junge, alleinstehende Kriegerfrauen, zu arbeiten, so wird angenommen werden können, daß sie dann auch der Familienunterstützung zum Durchkommen nicht bedürfen.
Karl Helfferich
(aus einer Reichstagsrede vom 21. März 1917)

Die Waffe ist ein wichtiger, aber nicht der entscheidende Faktor des Krieges. Der entscheidende Faktor ist der Mensch, nicht aber eine Sache. Das Kräfteverhältnis wird nicht allein durch das Verhältnis der wirtschaftlichen und militärischen Macht bestimmt, sondern auch durch das Verhältnis der Menschenreserven und ihres moralischen Zustandes. Zur Lenkung der militärischen Kräfte und der Wirtschaft braucht man Menschen.
Mao Tse-Tung (1938)

Die Geschichte lehrt uns, daß der Friede eine Atempause für den Krieg ist, der Krieg aber ein Mittel, um einen halbwegs besseren oder schlechteren Frieden zu erreichen.   *Wladimir I. Lenin*

Wenn der Krieg nur eine Fortsetzung der Politik mit anderen Mitteln ist, ist auch der Frieden nur die Fortsetzung des Kampfes mit anderen Mitteln.
Boris M. Schaposchnikow

Die Sozialisten können nicht gegen jeden Krieg sein, ohne aufzuhören, Sozialisten zu sein ... Erstens waren die Sozialisten niemals und können niemals Gegner revolutionärer Kriege sein ... Zweitens: Bürgerkriege sind auch Kriege ... Drittens: schließt der in einem Lande siegreiche Sozialismus keineswegs mit einem Male alle Kriege überhaupt aus. Im Gegenteil, er setzt solche voraus. Die Entwicklung des Kapitalismus geht in verschiedenen Ländern höchst ungleichmäßig vor sich ... Hieraus die unvermeid-

liche Schlußfolgerung: Der Sozialismus kann nicht gleichzeitig in allen Ländern siegen. Er wird zuerst in einem oder in einigen Ländern siegen, andere werden für eine gewisse Zeit bürgerlich oder vorbürgerlich bleiben. Das muß nicht nur Reibungen, sondern auch das direkte Bestreben der Bourgeoisie anderer Länder erzeugen, das siegreiche Proletariat des sozialistischen Staates zu zerschmettern. In solchen Fällen wäre ein Krieg unsererseits legitim und gerecht ...   *Wladimir I. Lenin*

Wir sind einverstanden, daß wir völlig abgerüstet werden, daß unsere reine Kriegsindustrie zerstört wird, daß wir nach beiden Richtungen hin einer langen Kontrolle unterworfen werden.   *Konrad Adenauer*
(aus: „Rheinische Post", 29. 12. 1946)

In der Öffentlichkeit muß ein für allemal klargestellt werden, daß ich prinzipiell gegen eine Wiederaufrüstung der Bundesrepublik Deutschland und damit auch gegen die Errichtung einer neuen deutschen Wehrmacht bin. Die Deutschen haben in den letzten beiden Weltkriegen zu viel Blut vergossen und auch viel zu wenig Menschen, um ein solches Projekt durchzuführen.   *Konrad Adenauer*
(aus: „Die neue Zeitung", 6. 12. 1949)

Der beste Weg, den deutschen Osten wiederzuerlangen, ist die Wiederbewaffnung Deutschlands innerhalb der Europa-Armee.
Konrad Adenauer
(aus: Manchester Guardian, 11. 2. 1952)

Atomare Aufrüstung und Demokratie sind unvereinbar.
Robert Jungk (1959)

Massenvernichtungsmittel und Terror gehören zusammen.   *Ulrike Meinhof*

Fighting for peace is like fucking for virginity.   *Volksmund*

Ich plädiere dafür, mit den Plänen für eine bessere Zukunft rasch zu beginnen. Pläne für Krieg gibt es schon zu viele.   *Willy Brandt*

Discite moniti, lernt, die Ihr gewarnt seid. Nach der „Stern"-Serie „Wahnsinn Rüstung" kann, soviel ist sicher, keiner mehr sagen: Ich habe nicht gewußt, was auf uns zukommt. Die Konsequenz kann meines Erachtens nur die einzige sein: unermüdliches Eintreten für ein atomwaffenfreies Europa, das zu schaffen auch im Sinne jenes anderen und besseren Amerika ist, für das stellvertretend der Name des Friedensstifters und Anwalts des gewaltlosen Widerstandes, Martin Luther King, steht.   *Walter Jens*

Bundesverteidigungsminister Hans Apel hat sich nach Angaben von Regierungssprecher Kurt Becker im Kabinett „besorgt über die Zunahme pazifizistischer Stimmungen" geäußert. (...)
Daß im Bundeskabinett niemand widersprach, wundert mich nicht. Daß auch in den deutschen Zeitungen kaum einer die erstaunliche Formulierung monierte, ist schon seltsamer — zeigt, wie sehr wir uns alle bereits an die rauheren Zeiten, die roheren Töne gewöhnt haben. Natürlich soll Hans Apel warnen, wenn er eine Warnung für nötig hält: vor Aggression und Terror gegen die Bundeswehr; oder vor neutralistischen Stimmungen in Teilen der SPD; oder vor Apathie und politischem Zynismus in Teilen der Jugend. Aber er soll, er darf dabei nicht von „Pazifismus" reden, denn der Pazifist, der pacificus, ist, das Wort korrekt übersetzt, einer, der den Frieden liebt. Der Pazifist ist einer, den das Grundgesetz ausdrücklich schützt und hochachtet, wenn es in Artikel 4 Absatz 3 sein Recht, den Dienst an der Waffe zu verweigern, garantiert. Und schließlich hat man die Bundeswehr immer, bis heute jedenfalls, als eine defensive, friedliebende, den Frieden verteidigende Institution definiert. Worte sind nicht nur Worte, sie sind bereits Politik. Sie machen ein politisches Klima fühlbar, und sie verändern es. Wer öffentlich redet und schreibt, muß wissen, an welche bösen Worte seine scheinbar arglosen Worte erinnern könnten. (...) Hans Apel, den Pazifismus beklagend, hatte dabei gewiß das Wort „Wehrkraftzersetzung" nicht im Sinn. So geht uns mitten im Frieden die Sprache des Friedens (und die Vorsicht der Friedfertigen) verloren; eröffnen wir mitten im Frieden mit den Wörtern den Krieg.   *Benjamin Henrichs* (aus: „Die Zeit", 16. 1. 1981)

Die Soldaten leisten mit ihrem täglichen Weg zur Kaserne einen Friedensmarsch.   *Heinz Volland*, Vorsitzender des Bundeswehrverbandes
in der Zeitschrift „Die Bundeswehr" (aus: „Spiegel", 2/82)

Der Feind hat auch keine Chance, mit der Phrase des sogenannten sozialen „Friedensdienstes" Front zu machen gegen die notwendige militärische Stärkung des Sozialismus, wer auch zu solchen friedens-, sozialismus- und verfassungsfeindlichen Aktionen aufrufen möge. Dabei vergessen diese Leute, daß unsere ganze Republik sozialer Friedensdienst ist.
Werner Walde, Erster Sekretär der SED-Bezirksleitung Cottbus
und Kandidat des Politbüros (aus: FAZ, 6. 1. 1982)

Sie haben in der besten Tradition des amerikanischen Militärs in einem Krieg gekämpft, den zu gewinnen ihnen nicht erlaubt wurde.
Ronald Reagan, amerikanischer Präsident, über die Vietnam-Veteranen
(aus: „Die Zeit", 28. 11. 1981)

Die Friedensbewegung heißt NATO.
Richard V. Allen, Sicherheitsberater des US-Präsidenten
in einem Tagesthemen-Interview (aus: FR, 5. 11. 1981)

Auch Sie können einen Atomkrieg überleben. Informieren Sie sich noch heute über ABC-sichere Schutzräume, die außerhalb Ihres Hauses unter Ihrem Rasen – Terrasse im Fertigbau-System gebaut werden. Der Staat fördert diese Investition großzügig. Verkauf + Beratung durch: ...
Anzeige in: „Die Zeit" Nr. 17, 17. 4. 1981

Im Zeitalter der gegenseitigen gesicherten Zerstörung muß die Abschreckung ersetzt werden durch die Doktrin der gemeinsamen Sicherheit. In unserem Zeitalter ist Sicherheit nicht mehr vor dem Gegner, sondern nur noch mit ihm zu erreichen. Die Gegner wären im Untergang vereint; sie können nur gemeinsam überleben. Dies ist das oberste Gesetz des nuklearen Zeitalters.
Gemeinsame Sicherheit verlangt das Umdenken, den Gegner als Partner zu akzeptieren, weil er durch Gewaltanwendung nicht mehr zu besiegen ist. Fast alle bisherigen Rüstungskontrollverhandlungen und -vereinbarungen haben darunter gelitten, daß beide Seiten sich dabei Vorteile zu verschaffen suchten, indem sie sich Lücken ließen, um ihre Stärken weiterzuentwickeln oder ihre Schwächen auszugleichen. Aber da es keine Vorteile mehr gibt, die das Risiko eines Krieges tragbar machen, wird die Doktrin der gemeinsamen Sicherheit zum natürlichen Vorteil beider Seiten.
Egon Bahr, MdB, Rüstungskontrollexperte (1982)

Es ist gefährlich, die Billigung der Nato-„Nachrüstung" mit dem Gedanken zu beruhigen, daß die Mehrheit der Bevölkerung mehr Angst vor den Russen als vor den amerikanischen Raketen hat, nach dem Motto „lieber tot als rot". Die Gewerkschaften können ihre Politik nicht weiter auf verbale Proteste beschränken, wenn es um die Frage gehen sollte: den Sozialstaat drastisch zu beschneiden, aber den Verteidigungsetat gewaltig aufzustocken. Mit bundespräsidialer oder regierungsamtlicher „Pazifismusschelte" werden diese Grundsatzprobleme nicht gelöst. Wenn es nach 1933 und nach 1945 mehr Pazifismus in Deutschland gegeben hätte, würde die Situation heute nicht so bedrohlich sein. Wahrscheinlich gäbe es auch kein geteiltes Deutschland.
Leonhard Mahlein
Vorsitzender der Industriegewerkschaft Druck und Papier

Niemand glaubt wohl ernsthaft, daß die Forderung der Friedensbewegung nach einer atomwaffenfreien Zone in Europa innerhalb der nächsten Jahre erfüllt würde. Um sich nicht mit Fernzielen und Appellen zu begnügen, wenden sich Friedensinitiativen nun dem Näherliegenden zu, frei dem Motto: Vor der eigenen Haustür mit der Abrüstung beginnen. Die Stadträte der Grünen Liste in Karlsruhe stellten im Gemeinderat den Antrag, Karlsruhe zur atomwaffenfreien Zone zu erklären; begründet wird dies mit der besonderen Gefährdung der Stadt als mögliches Angriffsziel: In der näheren Umgebung Karlsruhes befindet sich nicht nur ein Atomwaffenlager, sondern auch ein Kernkraftwerk und ein Kernforschungszentrum. Während des letzten Studentenstreiks erklärte die Vollversammlung an der Universität Kaiserslautern das Gebiet der Uni zur „entmilitarisierten Zone"; mit dieser Geste wollen die Studenten zeigen, daß sie den Wissenschaftlern auf die Finger sehen wollen, ob sie für die Rüstung forschen. Auch das Hamburger Uni-Viertel Rotherbaum soll nach dem Wunsch der Friedensgruppen ein „unverteidigter Stadtteil" sein: Symbolisch wurde gleich das Kreiswehrersatzamt zugemauert.   (aus: „Die Zeit", 25. 12. 1981)

Worte der Schriftsteller an die Politiker

(...) Wir fühlen uns als die Verbündeten des besseren Amerika, so wie die Amerikaner vor 1945 die Verbündeten des besseren Deutschlands gewesen sind. Das entschiedene Eintreten gegen Kriegstreiber und Säbelrassler ist niemals gegen eine Nation gerichtet. (...)
So sind wir auch verstanden worden, als wir uns mit dem „Appell der Schriftsteller Europas" [s. o., S. 173] zunächst an unsere Kollegen in den Nachbarländern und dann – im Bunde mit Autorenverbänden und PEN-Präsidien Hollands, Frankreichs, Norwegens, der DDR, Italiens, Dänemarks, Schwedens, Finnlands und Jugoslawiens und inzwischen noch vieler weiterer Länder (...) erstmals an die Öffentlichkeit wandten. (...) [Dieser Appell hat] eine unsere Erwartungen weit übertreffende Resonanz gefunden.
Etwas wird – oder sollte doch zumindest – die Politiker zum Nachdenken bringen: nämlich die Tatsache, daß wir uns relativ sehr rasch über alle sonstigen Meinungsverschiedenheiten und gravierenden Unterschiede hinweg, allein um der uns allen vorrangigen Sache willen, verständigen konnten – Autoren nicht nur verschiedener Sprache, höchst unterschiedlichen Genres und politischen Standorts, sondern auch aus verschiedenen Gesellschaftssystemen.
Was *wir* vermochten, das sollte, meine ich, allen Menschen guten Willens, sogar den Politikern, möglich sein.
Bernt Engelmann, Vorsitzender des VS
auf der Bundesdelegiertenkonferenz des VS (Verband deutscher Schriftsteller in der IG Druck und Papier) in Hannover, 1981

Notizen zu einer Friedenswoche

Juni 81:
Ein ohrenbetäubender harter Knall, dumpfes Grollen, noch ein Schlag, näher jetzt – ich fahre aus dem Schlaf auf, es knallt wieder, ganz nah – Krieg, denke ich, Krieg – jetzt ist er da – und schüttele Günther wach. „Das ist doch nur Gewitter", beruhigt er mich, „hier auf Langeoog klingt das anders als bei uns." – Ich lehne mich aufatmend zurück und weiß nicht, ob ich mich jetzt schämen soll: Reagiere ich schon wie Günthers Großmutter, die immer einen Koffer „für den Krieg" gepackt hielt und vor ein paar Jahren, als die Straße vor ihrem Haus so ungewöhnlich leer und autofrei war, den Enkel mit den Worten empfing: „Bub, ich glaub, wir haben Krieg! Alle sind fort!"?
Ich hatte am Abend vor diesem Gewitter mehrere Tatsachen-Papiere über die Folgen eines Atomkrieges gelesen, die uns die Friedensgruppe „Campaign for Nuclear Disarmament" aus Exeter geschickt hatte (wir übersetzten sie dann und verteilten sie während der Friedenswoche). Es gab danach Tage im Urlaub auf Langeoog, an denen ich es nicht mehr fertigbrachte, die DVZ oder Josef Webers Krefelder Informationen zu lesen. Ich wußte zuviel, es ging über meine Kraft. Die Phantasie verselbständigte sich.
Juli/August 81:
In der S-Bahn ab und zu, vor allem bei der Rückfahrt von Frankfurt nach Hause – die Vorbereitung unserer Friedenswoche lief schon auf vollen Touren, und ich hatte fast immer irgendwelche Papiere zu lesen oder vorzubereiten: Ich sah die Leute um mich herum – ahnungslos, dumpf: Der Banker mit Schlips und weißem Kragen, der aufmerksam die letzten Börsenberichte studierte, die zwei Verkäuferinnen, die über die neuesten Mode-Modelle diskutierten, als ginge es um ihr Leben, das Punker-Liebespaar, auf deren struppig-kurze, grell gefärbte Haare der Banker ab und zu einen abfälligen Blick warf – und ich hier, mit der Überschrift auf meinem Papier: NOCH VIER MINUTEN BIS EUROSHIMA! ... Sollte, mußte ich sie nich alle wachrütteln, ihnen dieses Papier in die Hand drücken?

Die Vorbereitung
Die ersten Vorbereitungsabende der Friedenswoche Hochtaunus 81, als sich der Arbeitskreis neu formierte (Februar bis Mai/Juni 81): Gestopft voll der Keller der Volkshochschule, oft mehr als 30 Leute, jung und alt, Jusos, Judos, Grüne, DKP, DFU, Komitee für Frieden, Abrüstung und Zusammenarbeit, Vertreter der Kirchen, Gewerkschafter, Künstler, Arbeiter, Schüler, Studenten ... Lebhafte Grundsatzdiskussionen, das Ringen um eine gemeinsame Plattform, mehrere Abende lang – eigentlich nie zäh, selten total kontrovers, immer sehr lebendig, auch mit Witz und Spaß – nach solchen Abenden manchmal die Euphorie: Wir sind so viele wie nie zuvor, wir schaffen es.
Dann die Einigung auf den Krefelder Appell, auf eine gemeinsame Plattform.
Herausprudelnd dann, sich überschlagend fast, eine Idee, die nächste hervorrufend: Die Programmplanung. Wir sahen: Eine Woche würde gar nicht ausreichen – es wurden 12 Tage mit 19 Veranstaltungen.
Im August dann, 14 Tage vor Beginn, das letzte Treffen. Mein beschwörender Einladungsbrief: Leute, kommt auch und gerade jetzt, es wird ernst, jetzt wird Arbeit verteilt, die beste Vorbereitung nützt nichts, wenn wir jetzt nicht werben. Aber es kam nur der „harte Kern". Einige davon am Rande ihrer Kräfte (fast alle von uns haben einen festen Beruf – bei mir ging's gerade im August mit Überstunden und Termindruck hoch her – ich schlief nur noch mit Beruhigungsmittel) – es knirschte, hörbar ...
Letzter, beschwörender Appell: Kommt zum Treffpunkt beim Bad Homburger Laternenfest. Wir wollen die große Volksfeier direkt vor Beginn unserer Friedenswoche nutzen, um Werbung zu machen. Eine „Buchstaben-Demo" war vorbereitet, 17 Leute brauchten wir dazu,

jeder sollte einen Pappkarton-Buchstaben tragen. Zusammengesetzt ergab das: LEBEN STATT RÜSTUNG. Zwölf Leutchen trudelten nach und nach ein. Verzweiflung. Warten. Wut. Sollten wir mit LEBEN STATT RÜ herumlaufen und dem Publikum überlassen, ob sie RÜBEZAHL oder RÜHREI daraus machten? Jeder, der vorbeikam, fremd, befreundet oder nur entfernt bekannt, wurde von dem Buchstaben-Torso aufgefordert, sich S, T, U, N oder G umzuhängen und mitzugehen. Schließlich war es so weit: Der Lindwurm, alle Altersklassen zwischen 12 und 50 — setzte sich in Bewegung, mitten durch die flanierenden Menschenmassen auf den Festplätzen und durch die Fußgängerzone hindurch. Um uns herum das große Buchstabieren, fröhlich, erstaunt zuerst: „L-E-B-E-N S-T-A-T-T-", dann meist eine Pause, manchmal kam gar nichts mehr oder dann von sehr unterschiedlicher Mimik begleitet: „R-Ü-S-T-U-N-G". Manches „Bravo", manches „Pfui" folgte.
Höhepunkt dann einen Tag später: Wir hatten uns, ermuntert durch das Aufsehen, was wir erregten, vorgenommen, bei dem großen Laternenfest-Umzug (ca. 30 geschmückte Wagen der verschiedenen Vereine — Motto dieses Jahr „Völker, Kulturen, Zeiten" — da paßt LEBEN STATT RÜSTUNG doch gut hinein?!) mitzulaufen, uns „einzuschleichen". — Mit unseren großen Buchstaben behängt, von den Zuschauermassen an eine Hausmauer gedrängt, standen wir und warteten auf eine Lücke. Ein strahlend beleuchteter Festwagen nach dem anderen rollte vorbei, großer Beifall aus der Menge, Musikkapellen paradierten mit Tschingderassassa, und wir hatten Herzklopfen. Eine Lücke ergab sich, das Volk am Rande machte uns Platz, wir schlüpften durch und waren drin.
Es gab Beifall vor allem von älteren Leuten. Aber auch Buh-Rufe, Beschimpfungen, „Geht doch arbeiten" — das übliche eben —, „Ihr macht das hier ja alles kaputt" (das tat weh — wo wir doch gerade gegen die kaputtmachenden Raketen sind!), „das ist Politik, die gehört nicht aufs Laternenfest." Differenziertes Antworten war bei dem schnellen Vorbeimarsch nicht möglich. Gerne hätte ich denen, die sich im Feiern gestört fühlten, sagen mögen: Gerade weil wir, wie ihr, LEBEN, Feste feiern, fröhlich und ausgelassen sein, genießen wollen, sind wir hier und tun etwas für euch und für uns! — Unterwegs wieder Probleme mit der Mannschaft: ein 12jähriger wollte nicht mehr, ein Mädchen mußte weg ... aber wir brauchten doch jeden Buchstaben! Da fragte ein Ausländer, ob er mitlaufen dürfe, etwas später kamen Bekannte dazu, die wieder andere heranholten — ein fliegender Buchstaben-Wechsel, und das Volk machte mit: „Halt, das Ü läuft an der falschen Stelle, wo bleibt das G?" Es hatte eben einen Freund an der Ecke getroffen ...
Nach zweistündigem Marsch fielen wir uns erlöst, glücklich, erschöpft in die Arme — es war geschafft. Zweitausend Flugblätter waren verteilt, hunderttausend Leute hatten uns gesehen ...
Wir konnten ins „Wallstübchen" feiern gehen, zum Griechen Jogo, der unser Plakat in seinem Lokal aufgehängt hatte und uns mit den Worten empfing: „Ich hab euch gesehen, ihr wart prima!" — Der Demestica schmeckte so gut wie selten.

Die Friedenswoche
Zur Eröffnungsveranstaltung (Die Friedensbewegung stellt sich vor — 10 Referenten auf dem Podium) kamen weniger Leute, als erwartet, nur mühsam füllten sich 60, 70 Plätze im großen, kalten Forum des Stadthauses, viele bekannte Gesichter, das alte Problem: „preaching to the saved ..." Kaum einer der Redner hielt sich an die vereinbarten zehn Minuten, es wurde lang, zu lang — auch wenn zwischendurch immer wieder Packendes, Aufrüttelndes gesagt wurde, auch wenn der Liedermacher zwischendrin und der Schriftsteller am Schluß das Zuviel an sachlichem Reden ausglichen.
Oder der zweite Abend, die VVN hatte eingeladen zu „Lieder und Texte gegen den Krieg", als der Liedermacher, der bis 19 Uhr arbeiten mußte, nicht rechtzeitig von der Schicht heimkommen konnte und ich die Zuhörer mit dem alten Kinderlied vertrösten mußte: „Der Spielmann, der Spielmann ist immer noch nicht da. Heut kommt er aber noch, heut kommt er aber noch!" Und die Begeisterung, als er dann doch um neun Uhr kam, noch mit schmutzigen Fingernägeln die Gitarre nahm, als seine Lieder ankamen und übersprangen, als er seinen Namen, Richard Wagner, bestätigte und widerlegte zugleich.
Oder der Diskussionsabend „Frauen in die Bundeswehr?", wo der Bundeswehr-Referent von seinem uniformierten Kollegen mit den Worten „Sieg Heil!" zum Podium geschickt wurde, was — vom Publikum aufgegriffen — eine sachliche Diskussion erheblich erschwerte ...
Oder der Informationsmarkt mit sechs statt sieben Ständen — wir hatten mehr erwartet. Und auch das Volk in der Fußgängerzone blieb auf skeptischer Einkaufsbummel-Distanz. Aber die Buchstaben-Demo, die wir da bei Tageslicht nochmal aufbauten, kam dann doch noch als Foto in alle drei Lokalzeitungen (beim Laternenfest-Umzug war's ja dafür zu dunkel).
Oder aber das Kinderfest, das eine Handvoll Abiturientinnen und Abiturienten alleine geplant, organisiert und aufgebaut hatten (Bretter besorgt, Buden gebastelt, Preise organisiert, kooperative Spiele erfunden ...), bei dem mehr als zweihundert blaue Luftballons mit der Friedenstaube in den strahlenden Spätsommerhimmel stiegen ...
Tage zu Hause, dazwischen, wo mein Telefon nicht stillstand, wo hier ein Referent absagte, dort jemand Flugblätter brauchte, hier ein Transparent verlorengegangen war, da jemand unbedingt Geld brauchte, wo die Stadt anrief und wissen wollte, wieviel Watt wir denn auf unserer Lautsprecheranlage für den Informarkt hätten ...
Und die Ruhe jetzt, das weiterhin strahlende Spätsommerwetter, die nack-

ten Füße in die Sonne gestreckt, Vogelgezwitscher, Schmetterlinge, ab und zu ein Flugzeugbrummen. Endzeitgefühle — Lebensintensität — beides. Ein Tag, wo ich ganz still auf dem Balkon sitze, schreibe und weiß: Die Friedenswoche läuft, wir haben es geschafft. Das wenigstens. Und das ist nicht wenig. „Glaubt ihr denn, daß das was nützt, was ihr macht?" fragen die Leute. „Ja", sage ich, „das glauben wir schon. Es könnte höchstens an solchen Leuten scheitern wie Sie, die fragen, statt etwas zu tun."

Dagmar Scherf

Adressen von Friedensinitiativen

Deutsche Friedens-Gesellschaft — Vereinigte Kriegsdienstgegner (DVG-VK), Bundesgeschäftsstelle. Rellinghauser Str. 214, 4300 Essen
— Beratung und Betreuung von Kriegsdienstverweigerern

Deutsche Friedens-Union (DFU). Amsterdamer Str. 63, 5000 Köln
— Bündnispartei mit Schwerpunktsarbeit für Frieden und Abrüstung

Komitee für Frieden, Abrüstung und Zusammenarbeit. Gottesweg 52, 5000 Köln 51
— Breite Aktionsgemeinschaft zur Vorbereitung und Durchführung von Friedensarbeit, Demonstrationen etc.

Christlicher Friedensdienst — Deutscher Zweig. Rendeler Str. 9-11, 6000 Frankfurt
— Internationale evangelische Friedensinitiative, Schwerpunkt: Jugendarbeit, internationale Camps mit friedensbezogenen Arbeiten

Pax Christi. Windmühlstr. 2, 6000 Frankfurt
— Katholische Friedensbewegung

Aktion Sühnezeichen / Friedensdienste. Jebenstr. 1, 1000 Berlin 12
— Internationale evangelische Friedensinitiative, Schwerpunkt: Jugendarbeit, internationale Camps mit friedensbezogenen Arbeiten.

Aktionsgemeinschaft Dienst für den Frieden. Blücherstr. 14, 5300 Bonn
— Zusammenschluß von Friedens- und Versöhnungsorganisationen im kirchlichen Bereich, Mitglieder u. a. Aktion Sühnezeichen, CfD —

Josef Weber, Amsterdamer Str. 64, 5000 Köln 60
— Kontaktstelle der Krefelder Initiative (Krefelder Appell)

Vereinigung der Verfolgten des Naziregimes — Bund der Antifaschisten (VVN). Rossertstr. 4, 6000 Frankfurt
— Vereinigung mit Schwerpunkt Antifaschismus — Friedensarbeit

Service Civil International (SCI), Deutscher Zweig e. V. Burbacher Str. 193, 5300 Bonn 1
— Organisation von Jugendcamps, Jugendaustausch, für Völkerverständigung und Frieden

Die DFU in Hessen (Lersner Str. 13, 6000 Frankfurt) stellt eine Liste mit allen örtlichen hessischen Friedensinitiativen zusammen.

Autoren

Alexander, Elisabeth   S. 113
geb. 21. 8. 1932 in Linz
ausgeübter Beruf: Schriftstellerin, Kritikerin
und Rezensentin
Veröffentlichungen: Ich bin kein Pferd. Die
Frau, die lachte. Fritte Pomm. Die törichte
Jungfrau. Ich hänge mich ans schwarze Brett.
Und niemand sah mich. Ich will als Kind Kind
sein. Wo bist du Trost. Sie hätte ihre Kinder
töten sollen.

Anton, Rolf   S. 30
geb. 3. 3. 1947 in Merzig
Lehrtätigkeit an einem Gymnasium
Zwei Lyrikbände in Kleinverlagen, Veröffent-
lichungen in Literaturzeitschriften (z. T. unter
Pseudonym R. Rolfson)

Arlig, Frank   S. 160
erlernter Beruf: Kaufmann
ausgeübte Berufe: Reiseleiter, Handelsvertreter,
Journalist, Galerist, Verleger, Redakteur
derzeitige Tätigkeit: Schriftsteller
Die Welt der Tsamassen (68), Tante Nuttchens
Erzählungen (68), Gegenwärtige Zukunft (77),
Zungenrede (82) Mitredaktion: Käfig (76);
jüngste von div. Anthologien: Flax (81)

Axt, Renate   S. 77
geb. in Darmstadt
erlernter Beruf: Redakteurin
derzeitige Tätigkeit: freie Schriftstellerin
Lyrik: Panderma (1960); 365 Tage (1973);
Ohne Angst (1981); Drama: Wir suchen Ma-
nitou (1974); Kasper, paß auf (Musical, 1977);
Jeder in seiner Nacht (1980); Hörspiele bei SWF

Beidler, Barbara   S. 68, s. d.

Beuthel, Rainer   S. 23, 123
geb. 1. 11. 1950 in Köln
erlernte/ausgeübte Berufe: Buchhändler, Bibliothekar
derzeitige Tätigkeit: Bibliothekar
Veröffentlichungen in Zeitungen, Zeitschriften und Anthologien

Beyer, Renate   S. 159
geb. 2. 11. 1947 in Dreieichenhain/Hessen
erlernter Beruf: Lehrerin
ausgeübter Beruf: Lehrerin bis August 1981
derzeitige Tätigkeit: Filmemacherin
Gedichte in Zeitschriften; Anthologie: Lauf-
maschen (Lyrik); Lesung im NDR

Bingel, Horst   S. 35, 107, 167
geb. 6. 10. 1933 in Korbach/Hessen
erlernter Beruf: Buchhändler
derzeitige Tätigkeit: Schriftsteller
Kleiner Napoleon (G, 56); Auf der Ankerwin-
de zu Gast (G, 60); Die Koffer des Felix Lum-
pach (Geschn. 62); Wir suchen Hitler (G, 65);
Herr Sylvester wohnt unter dem Dach (Erzn.,
67); Lied für Zement (G. 75)

Bittner, Wolfgang   S. 77, 108
geb. 29. 7. 1941 in Gleiwitz
erlernter Beruf: Jurist
derzeitige Tätigkeit: freier Schriftsteller
Veröffentlichungen u. a.: Der Aufsteiger oder
Ein Versuch zu leben (Roman, 1978); Rechts-
Sprüche (Texte zum Thema Justiz, 1979); Abhauen (Jugendroman, 1980); Bis an die Grenze
(Roman, 1980); Nachkriegsgedichte (1980)

Braatz, Ilse   S. 139
geb. 1936 in Berlin
erlernte Berufe: Verlagsbuchhändlerin und
Dr. phil.
ausgeübte Berufe: Schriftstellerin und zeit-
weilig Lehrbeauftragte
Betriebsausflug (Roman, 1978); Zu zweit allein — oder mehr? Liebe und Gesellschaft
in der modernen Literatur (1980); Vielleicht
nach Holland (Erzählung, 1982)

Braem, Harald S   S. 36
geb. am 23. 7. 1944 in Berlin
erlernter Beruf: Graphik-Designer
ausgeübte Berufe: Graphiker, Werbeberater,
Creative-Director
derzeitige Tätigkeit: Professor an der Fach-
hochschule f. Gestaltung, Wiesbaden
Die Nacht der verzauberten Katzen (Kurzgeschichten); Ein blauer Falter über der Ra-
sierklinge (Erzählungen); Beiträge in: Bür-
ger-Buch; Reflexionen über d. Wasser, Frohe
Ei-Nacht

Breuer, Thomas   S. 64, 152
geb. am 5. 10. 1952 in Eisenach/DDR
erlernter Beruf: Buchhändler
derzeitige Tätigkeit: Schriftsteller und Kaba-
rettist, freier Mitarbeiter WDR und SWF
Fünf Bücher, eine Zeitung, eine LP; letztes
Buch: Hotel Vaterland (im Selbstverlag)

Bufe, Klaus D.   S. 64, 152
geb. am 4. 4. 1947 in Kaufbeuren
erlernter Beruf: Bürokaufmann, ZBW, Studium der W+S-Geschichte
derzeitige Tätigkeit: Versicherungskaufmann/
HBV und VVN/BdA Funktionsträger, 1. Sprecher des Werkkreises Literatur d. Arbeitswelt
Veröffentlichungen in Sammlungen: Her mit
dem Leben, Chile lebt u. a. — Besprechungen
in Zeitungen von geschichtlich oder literarisch
wichtigen Büchern

Bull, Bruno Horst   S. 114
geb. am 17. 3. 1933 in Stülow (Mecklenburg)
ohne erlernten Beruf
derzeitige Tätigkeit: Kinderschriftsteller und
Jugendjournalist
Neben frühen Lyrikbändchen seit 1964 rund
70 Kinderbücher, darunter zahlreiche Bilder-
buchtexte, Übersetzungen und Herausgaben,
etwa: Glück und Segen; Kreativer Kinder-
alltag; Lieder mit Pfiff

Campmann, Rainer W.   S. 164
geb. am 9. 11. 1944 in Winterberg
erlernter Beruf: Seemann
ausgeübte Berufe: Schlosser, Lastwagenfahrer,
Stahlwerker
derzeitige Tätigkeit: Schriftsteller
Schichtarbeit (Erzählungen, 1973); Herausgabe
mehrerer Anthologien, u. a.: Liebesgeschichten
(1976); Das Faustpfand (1978); Gedichte und
Erzählungen in Zeitschriften und Sammlungen;
Funk- und Fernseharbeiten

Cesaro, Ingo   S. 23, 131
geb. am 4. 11. 1941 in Kronach
erlernter Beruf: Industriekaufmann
derzeitige Tätigkeit: Praktischer Betriebswirt
Verdauungsschwierigkeiten (1975); Kurzer Prozeß (1976); Weiße Raben (1976); Amortisa-
tion (Ges. Werke Bd. I, 1978); Ausweitungen
(1978); Schutzimpfung (1980); (alles Gedichte), Der Goldfisch im Glas redet und redet (1981)

Chotjewitz, Peter O.   S. 90
geb. am 14. 6. 1934 in Berlin
erlernte Berufe: 3; ausgeübte Berufe: 2; derzeitige Tätigkeit: 1
Romane, Erzählungen, Übersetzungen aus dem
Italienischen

Curtius, Dr. Mechthild Elisabeth   S. 105
geb. Wittig, 11. 2. 1939 in Kassel
erlernter Beruf: Literaturwissenschaftlerin (Dis-
sertation 1971 über Canetti)
derzeitige Tätigkeit: Literaturwissenschaftlerin
(Lehre und Forschung), Schriftstellerin
Mode und Gesellschaft (1971); Kritik der Ver-
dinglichung bei Elias Canetti (1973); Theorien
der künstlerischen Produktivität (1976); Was-
serschierling (Geschichten, 1979); Essais (Literatur, Kreativität), Erzählungen (Erotik, Familie, Landschaft) in Zeitschriften

Danneberg, Barbara   S. 165

Delius, Friedrich Christian   S. 148
geb. am 13. 2. 1943 in Rom
derzeitige Tätigkeit: Schriftsteller
Unsere Siemens-Welt (Dokumentarsatire, 1972);
Ein Bankier auf der Flucht (Gedichte und Rei-
sebilder, 1975); Ein Held der inneren Sicherheit (Roman, 1981); Die unsichtbaren Blitze
(Gedichte, 1981)

Demski, Eva   S. 143
geb. am 12. 5. 44 in Regensburg
erlernter Beruf: Journalistin
derzeitige Tätigkeit: Filmemachen + Schreiben
Goldkind; Reise ohne Grund; Karneval; (jede
Menge) Filmdrehbücher

Deppert, Fritz   S. 112, 167
geb. am 24. 12. 1932 in Darmstadt
erlernter Beruf: Lehrer; tätig als Lehrer
Gedichte (1969); Holzholen (1970); Atem-
holen (1974); Zwei in der Stadt (1977); Wir,
Ihr, Sie (1981); Atempause (1981)

Dickhaut, Dagmar Irmgart   S. 135
geb. am 23. 11. 1927 in Bad Homburg-Ober-
eschbach
erlernter Beruf: Journalistin
tätig als: freiberufl. Journalistin und Schriftstellerin, Sozialtherapeutin
versch. Kolumnnen in SPD-Zeitungen, vor
allem in den speziellen Zeitungen der Arbeits-
gemeinschaft sozialdemokratischer Frauen,
Schwerpunkt: „Frauen arbeiten für den Frieden", „Emanzipation", „Benachteiligung der
Frauen auf allen Ebenen des Lebens"

Döpper, Angie   S. 133
geb. am 14. 8. 1953 in Paderborn
ausgeübte Berufe: Schwesternhelferin, Ver-
waltungsangestellte, Sachbearbeiterin
derzeitige Tätigkeit: stud. phil. (Germanistik)

Donus, Bruno   S. 50, 76
geb. am 18. 4. 1921 in Stuttgart-Fellbach
erlernter Beruf: Kaufmann
ausgeübter Beruf: Verwaltungsangestellter
derzeitige Tätigkeit: Schriftsteller
Rusterwin mit Smyrnafeigen, Von Zeiten;
Veröffentlichungen in Zeitungen, Zeitschriften, Magazinen und Anthologien

Droege, Heinrich   S. 49
geb. am 6. 8. 1933 in Frankfurt/Main
erlernter Beruf: Werkzeugmacher
derzeitige Tätigkeit: Fernmeldetechniker
Betriebsräte berichten (1977); Liebesgeschichten (1976); Herausgeber: Schön ist die Jugend (1980)

Ettl, Peter Jeremy   S. 164
geb. am 19. 5. 1954 in Regensburg
erlernter Beruf: Einzelhandelskaufmann
ausgeübte Berufe: Kaufmann, Schriftsteller,
Verleger
derzeitige Tätigkeit: Schriftsteller u. Journalist
Im Zeichen der Trümmer (G, 76); Flucht-
distanz (G 77); Kein Öl für Finistere (G, 78,
79, 81); Tage aus Asche und Wind (Rom., 79);
Schöne Grüße von ihren Kindern (Erzählungen, 82); u. a.

Faschon, Susanne   S. 31, 147
geb. am 3. 5. 1925 in Kaiserslautern
erlernter Beruf: Bibliothekarin
ausgeübte Berufe: Sachbearbeiterin Südwest-
funk, Landesstudio Rheinland-Pfalz
Korn von den Lippen (G, 76); Das Dorf der
Winde (71); Der Traum von Jakobsweiler
(Erzählungen, 80); In Sachen Literatur (79);
Literatur aus Rheinland-Pfalz II, Sachliteratur
(Mitherausgeberin, 1981)

Fechtner, Detlef Ingo   S. 134
geb. am 28. 12. 1964 in Bad Homburg
Schüler
Kabarettexte für das Programm des Kabaretts
„die klappe" (1981)

Feldes, Roderich   S. 109
geb. am 21. 12. 1946 in Offdilln
Schriftsteller
Hörspiele, Fernsehspiele, Essays, Lyrik, Prosa.
Lilar (Rom. 1980), Das Verschwinden der
Harmonie (Roman, 1981); Pitagorische Wech-
selküsse (Sonette, 1982)

Feldhoff, Heiner   S. 91
geb. am 27. 5. 1945 in Steinheim/Westf.
Realschullehrer
Ich wollt, ich wär der liebe Gott (G, 1976);
Wiederbelebungsversuche (G, 1980); Beiträge
im Funk, in Anthologien und Zeitschriften

Fienhold, Wolfgang G.   S. 102, 113, 114
geb. am 10. 9. 1950 in Darmstadt
Studium der Sozialwissenschaften, abgebrochen
ausgeübte Berufe: 2 Jahre Zeitungsjob, sonst
nur Schriftsteller
zuletzt: Manchmal ist mir kein Schuh zu groß
(G, 1979); Draußen auf Terra (science fiction,
1980); Gralsuche (G, 1981)

Frank, Karlhans   S. 157
geb. am 25. 5. 1937 in Düsseldorf
Schriftsteller
Bücher u. a.: Willi kalt und heiß (Roman);
Auf Quazar 17 braucht man keine Ohren
(Kinderroman); Flax (Nonsense-Anthologie);
Himmel und Erde mit Blutwurst (Gedichte und
Geschichten)

Freitag, Karl   S. 48
geb. am 5. 5. 1896 in Langen
erlernter Beruf: Bankkaufmann
ausgeübter Beruf: Sparkassen-Direktor, jetzt
Rentner
Mitarbeit an etlichen Dutzend Zeitungen und
Zeitschriften, bis zur Stunde 4 Buchveröffent-
lichungen

Frickenstein   S. 90

Friedmann, Herbert   S. 19
geb. am 15. 2. 1951 in Groß-Gerau
erlernter Beruf: Einzelhandelskaufmann
ausgeübter Beruf: 10 Jahre kaufm. Angestellter
derzeitige Tätigkeit: freier Schriftsteller
Zwischenstationen (Roman, 1978); Kalle Durchblick (Jugendroman, 1980); Stories im Blau-
mann (Mitherausgeber, 1981); Der Tunnel-
könig (Sportroman, 1982)

Geifrig, Werner   S. 57, 156
geb. am 9. 4. 1939 in Holzminden
ausgeübte Berufe: Lektor, Dramatur, Regisseur,
Journalist
derzeitige Tätigkeit: freier Schriftsteller
Jugendstücke: Stifte mit Köpfen; Bravo, Girl!;
Nachwahl; Abgestempelt; Hit Show Live

Glötzner, Johannes   S. 141

Goebel, Wulf   S. 30, 38
geb. am 11. 4. 1943 in Berlin
Studium der Germanistik u. Amerikanistik
ausgeübte Berufe: Hörfunk- u. Fernsehjournalist
derzeitige Tätigkeit: Schriftsteller u. Publizist,
Zeichner
u. a.: Die Fenster gehen nach innen auf (G,
1980); Ich nehme mich mit — Menschen u.
Bilder, Ausstieg und Ankunft (Prosa, 1981)

Görler, Ingeborg   S. 38, 127, 171
geb. am 12. 10. 1937 in Dessau
erlernter Beruf: Lehrerin, Redakteurin
derzeitige Tätigkeit: Lehrerin
Landgewinn (Lyrik); Brudermord (Drehbuch,
ZDF); So sahen sie Mannheim (Kulturhistor.
Zitatensammlung); Beitr. in Anthologien u.
Rundfunk

Grill, Harald   S. 167
geb. am 20. 7. 1951 in Hengersberg/Niederb.
Pädagogischer Assistent, gleichz. Schriftsteller
Zündholzschachterl (G, 1978); Einfach leben
(G, 1982); Rundumadum ... (G, 1978); Eigfror-
ne Gmiatlichkeit (G, 1980); Hrsg.: Kinderge-
schichten vom Land

Großkurth, H. Jürgen   S. 30, 155
geb. 13. 4. 1949 in Bebra
erlernter Beruf: Haupt- u. Realschullehrer
ausgeübte Berufe: Hilfsarbeiter, Haupt- u.
Realschullehrer, Autor
derz. Tätigkeit: Lehrer, Erster Kreisverbin-
dungslehrer für Schülervertretung, Autor, daneben GEW-Kreisvorstand
Veröffentlichungen in Zeitungen, Zeitschriften,
Anthologien, Funk. Letzte Einzelpublikatio-
nen: Ein liebes Wort (Ged. u. Geschichten); Fi-
ligran zernagt (Ged.); Exil (Ged.)

Haberkorn, Ingeborg   S. 159
geb. 31. 1. 1940 in Teplitz-Schönau/CSSR
Lehrerin, als Nebenberuf: Fotogalerie
Lesezeichen (G, 1978); Regelschule (G, 1979)
Viel Glück (G, 1979)

Hagen, Jens   S. 22, 70
geb. am 12. 3. 44, aufgew. in Dinslaken
erlernter Beruf: Journalist, (immer „frei"-
beruflich, derzeit Schriftsteller (Mitarbeit Presse, Funk, Fernsehen)
Hörspiele, Szenen, Satiren, Reportagen, Berichte, Features, Kommentare; Gedichte in Funk,
Fernsehen, Zeitungen, Zeitschriften; Der Tag,
an dem Oma wegen Beleidigung der National-
mannschaft verhaftet wurde.

Ulli Harth   S. 56
geb. am 28. 7. 48 in Bad Homburg
Studium Germanistik, Anglistik, Amerikani-
stik, Abschluß: Magister
Lehrbeauftragter/Schriftsteller
Wörtliche Untaten (Aphorismen, [2]1980); Der
Tod des Todes ist ein Scheintod (1978); Oland,
eine Hallig (1981); Die unvollendete Sieben der
Achterbahn (Grotesken, 1982), u. a.

Herholz, Gerd   S. 73, 123
geb. am 15. 11. 1952 in Duisburg
Studienreferendar
Anthologie: Her mit dem Leben; Zuhause in
der Fremde; in Veröffentlichungen des Werkkreises Literatur der Arbeitswelt

Hillen, Michael   S. 93

Hiller, Marianne   S. 121
geb. am 31. 3. 1950 in Dörverden
Lehrerin

Hoffbauer, Jochen   S. 18, 64, 131
geb. am 10. 3. 1923 in Geppersdorf/Schlesien
erl. Beruf: Rechtsanwalts- und Notariatsange-
stellter; derz. Tätigkeit: Versicherungs-Scha-
den-Regulierungs-Beauftragter
Gedichte: Winterliche Signatur (1956); Voller
Wölfe und Musik (1960); Passierscheine (1976);
Abromeit schläft im Grünen (Erzählungen, 1967)

Hoffmann, Hilmar   S. 138
geb. am 25. 8. 1925 in Bremen
ausgeübter Beruf: Sachbuchautor
Erwachsenenbildung (1962); Der tschechoslo-
wakische Film (1964); Tauben (1965); Theorie
d. Filmmontage (1969); Castros Cuba (Drehb.,
1970); Perspektive d. Kulturpolitik (1974);
Kultur für alle (1979); Sprache d. Kurzfilms
(Co-A., 1981); Das Taubenbuch (1982)

Hoffmeister, Peter   S. 113
geb. am 20. 1. 1955 in Bad Lauterberg
erl. Beruf: Diplom-Sozialwirt
derz. Tätigkeit: Student und Drucker
Anthologie: Dazu gehört Mut; Gedichte in
Lyrikzeitungen

Hollatz, Dorothea   S. 165
geb. 1900 in Stralsund
Schriftstellerin
erste Veröffentlichung 1922; Gedichte, Erzählungen, Jugendbücher

Horn, Hans   S. 134
geb. am 27. 2. 1942 in Kassel
erl. Berufe: Sortimentsbuchhändler, Diakon
(ev.); ausgeübte Berufe: Buchhändler, Erzieher, Gemeindediakon; derz. Tätigkeit: Leiter
einer Fachschulbibliothek (Diakonie/Soz.Päd.)
Narziss u. Tausendzünder (1978); Mitarbeiter
in Zeitschriften (z. B. Loose-Blätter-Sammlung
Kaktus) u. Anthologien (z. B. Käfig, Wort-
gewalt, Poetisch rebellieren)

Hülsmann, Harald K.   S. 113
Pseudonyme: Aldo Carlo, Harry Holly, Saihoku
geb. am 6. 6. 1934 in Düsseldorf
erlernter Beruf: Kaufmann
Verw.-Angest., Schriftsteller, Grafiker u. Kul-
turjournalist
zahlr. Veröffentlichungen in Zeitungen, Zeitschriften, Büchern, Broschüren u. Rundfunk in
Europa u. Übersee; u. a.: Texturen + Schraffu-
ren, Stuhlgänge, New Yorker Notizen, Griechi-
sche Impressionen; lfd. Nachdichtungen japani-
scher Lyrik

Jourdan, Johannes   S. 76, 157
geb. am 10. Mai 1923 in Kassel
Pfarrer d. ev. Kirche
Lyrik-Bände: Sein Schrei ist stumm, Ehre sei
Gott in der Tiefe, Vertikale Horizonte; Text-
Bild-Bände: Mein Leben ist Gnade; Auf IHN
hofft mein Herz; Gott kommt zu uns. Hrsg.
v. Anthologien mit rel. Lyrik; Lied- und Song-
Texte auf Schallplatten

Juritz, Hanne F.   S. 154
geb. am 30. 8. 1942 in Straßburg
mehrere Berufe; derzeitige Tätigkeit: freie
Schriftstellerin
11 Lyrikbände, 1 Prosaband, 4 Herausgaben
Essays, Gedichte u. Geschichten in int. Lit.-
Zeitschr. u. Anthologien, 4 Literaturpreise

Gert Kalow   S. 49
geb. am 20. 8. 1921 in Cottbus
erlernter Beruf: Soldat
ausgeübte Berufe: Autor (Theater- u. Kunst-
kritik, Rundfunk, Film), Dozent und Rektor
der Hochschule f. Gestaltung Ulm
Schriftsteller, Redakteur, Honorarprofessor
Zwischen Christentum und Ideologie (1956);
Hitler — das deutsche Trauma (1967); erd-
galeere (G, 1969); Poesie ist Nachricht. Münd-
liche Tradition in Vorgeschichte u. Gegenwart (1975)

Klaus, Michael   S. 123
geb. am 6. 3. 1952 in Brilon
Germanistik- und Kunststudium, 1. + 2. Staats-
examen; derz. Tätigkeit: freier Schriftsteller
Ganz normal (G, 1979); Otto Wohlgemuth und
der Ruhrlandkreis (1980); Der Fleck (Roman,
1981); Nordkurve (Roman, 1982); Hörspiele

Knikker, James R.   S. 41
geb. am 9. 5. 1947 in Den Haag — NL
erlernter Beruf: Kartograph
ausgeübte Berufe: Kartograph, Liedermacher,
freier Künstler (Maler)
derz. Tätigkeit: „freier" Künstler, Schriftsteller.
Kurzgeschichten, Artikel, Gedichte in Zeitun-
gen/Zeitschrift. Als Maler: Ausstellungen u. a.
in Den Haag, Frankfurt, Darmstadt, Bad So-
den, Granada, Alsfeld

König, Johann-Günther   S. 56, 69
geb. am 15. 8. 1952 in Bremen
erlernter Beruf: Dipl.-Sozialpädagogen
Schriftsteller / Doktorand
Verlieren ist kein Schicksal (1975); Norderney
— Portrait einer Insel (1977); Stellungswechsel
(1978); Die streitbaren Bremerinnen (1981);
Das Bremer Blockland (1981); Anmerkungen
zur Bremer Sittengeschichte (1982); div. Veröffentlichungen in Funk etc.

Krechel, Ursula   S. 145
geb. am 4. 12. 1947 in Trier
Erika (Theaterstück, 1974); Selbsterfahrung
und Fremdbestimmung (1975); Nach Mainz!
(G, 1977); Verwundbar wie in den besten Zeiten (G, 1979); Zweite Natur (Szenen eines Romans, 1981)

Kubelka, Margarete   S. 57
geb. am 14. 9. 1923 in Haida/Böhmen
Studium der Germanistik und Latinistik
Schriftstellerin
26 Bücher (darunter 7 Romane, 7 Lyrikbände,
Kinder- und Jugendbücher, Erzählungen), Beiträge in über 50 Anthologien, zwei Hörspiele
(gesendet vom WDR und der Deutschen Welle)

Kühner, Otto-Heinrich   S. 77
geb. am 10. 3. 1921 in Nimburg/Baden
Studium der Germanistik
ausgeübte Berufe: Dramatur u. Lektor
freier Schriftsteller
Romane, Erzählungen, Hörspiele, Lyrik, Reise-
Feuilletons, Hörspieldramaturgie, Zeitgeschichte

Lambert, Leonie   S. 65
geb. am 8. 1. 1940 in Trier
Philologiestudium, Filmakademie
ausgeübte Berufe: Tagesschau-Filmredaktion,
Filmemacherin, Journalistin
derz. Tätigkeit: Schriftstellerin, Autorin für
Funk, Fernsehen, Illustrierte, Regisseurin
vertreten in Anthologien, z. B.: Kritisches Le-
sebuch (1976); Ehen in Deutschland (1971)

Lilienthal, Volker   S. 76
geb. am 24. 4. 1959 in Minden/Westf.
Student der Diplom-Journalistik und Literatur-
wissenschaft an der Universität Dortmund
Journalistische Veröffentlichung, vorwiegend
zu kulturellen Themen in Zeitungen und Zeitschriften

Limpert, Richard   S. 167
geb. am 26. 8. 1922 in Gelsenkirchen
erlernter Beruf: Sattler und Polsterer
ausgeübter Beruf: Zechenmaschinist
derzeitige Tätigkeit: Autor (Rentner)
Gedichte, Geschichten, Berichte u. Reportagen
für Kinder u. Erwachsene; 1970 erster Preis
Reportagewettbewerb; 1978 Georg-Weerth-Lit.-
Preis. Einige Lyrik- u. Prosabändchen, zahlreiche Beiträge in Anthologien und Schulbüchern

Redaktionelle Notiz

Auf drei Wegen sind die hier versammelten Arbeiten eingekommen: der hessische VS wünsch-
te eine Anthologie für die Mitglieder — daraus
resultieren die ersten Einsendungen; der VS
wollte während der Buchmesse ein Zeichen
setzen, widmete seinen Stand der Friedens-
tätigkeit, rief dazu Beiträge herbei, die von al-
lerorten kamen — und für diese Anthologie
mit genutzt wurden; als drittes bat die Re-
daktionsgruppe befreundete Autoren, Lekto-
ren etc., sich zu beteiligen. Alle eingekom-
menen Arbeiten wurden gleichwertig behandelt — der Anteil der abgedruckten Arbeiten
gegenüber den eingesandten macht etwa 10 Prozent aus. Wir haben also zu danken:
Den Autoren, die uns etwas zugesandt haben
und deren Arbeiten nicht berücksichtigt werden konnten; den Autoren auch, deren Arbeiten wir veröffentlicht haben; dem Hessischen
VS, daß er uns diese Aufgabe anvertraut hat,
obwohl wir in der einen oder anderen Weise
„unbeschriebene Blätter" sind oder waren;
Evelyn Schwark, Gunter Rambow und seinen Kollegen, daß sie dem Buch ein Gesicht
gegeben haben; den beteiligten Verlagen, daß
sie, als die Vorstellungen noch vage waren,
begannen, mit uns zusammenzuarbeiten; Klaus
Langhoff, der sich für eine schnelle und ad-
äquate Produktion einsetzte; den Kollegen, die
über ihre eigenen Beiträge hinaus uns etwas
für den Dokumentarteil oder die Klassikerstim-
men beisteuerten, insbesondere Herbert Stett-
ner, der einen pazifistischen Zitatenschatz aus
den Beständen der Bibliothek der Arbeiter-
jugend Frankfurt-Bockenheim zog, woraus
wir einiges übernahmen. Schließlich ist auch
den Kolleginnen und Kollegen der Redaktions-
gruppe zu danken, die sich, wenn das Buch fertig ist, ein Jahr lang darum gemüht haben,
angefangen von der Themenstellung (die bei
Beginn noch nicht in aller Munde war), über
Konzeption, Beiträge sammeln, Verleger finden, die Grafiker etc. bitten, bis lesen, aus-
wählen, ordnen, Korrektur lesen, Umbruch
machen, herumrennen. Wir danken für den
kreativen Einsatz von Ursula Pigge bei der Satz-
erstellung, wir danken den Mitarbeitern der
Reprotechnik D. Wörn und der Fuldaer Verlagsanstalt. Wo so viele an einem Projekt
zusammenarbeiten, sind Fehler unvermeidlich,
die bitten wir zu entschuldigen. Wir werden
etwas gelernt haben dabei.   A. S.

Bildnachweis

Associated Press, Frankfurt — Crockett, Bob (S. 114), Zwei Panzer im Manöver

Associated Press, Frankfurt — SGT Courtland S. Ward, 69th Signal Company (S. 96), Kasernengelände — Spinnelli Barracks, Mannheim

Associated Press, Frankfurt (S. 100), Herbstliches Abbrennen, Herbstmanöver

Ballhause, Walter (S. 88), Wahlplakate, aus: Zwischen Weimar und Hitler, Schirmer/Mosel 1981

Baltermants, Dimitri (S. 78), Auf der Suche nach Angehörigen, 1942, Halbinsel Krim, Time Life: Die klassischen Themen, 1970/72

Blum, Heiner (S. 110), o. T.

Borecka, Emilia (S. 28), Warschauer Stadtlandschaft, aus: Warschau 1945, Panstwowe wydawnictwo Naukowe, 1975

Bourke-White, Margaret (S. 12), Nürnberg 1945, aus: The photographs of Margaret Bourke-White, Estate of M. B. W., Time Inc. 1972

Capa, Robert (S. 74), Verdun 1937, Veteranen des Ersten Weltkrieges im Gedenken an die Gefallenen auf dem Soldatenfriedhof, aus: Robert Capa 1913-1954, Grossmann Publishers, New York, 1974; (S. 46) Tide World, TLPA (s. d.)

Cullin, Donald Mc, Magnum (S. 71), Toter Vietnamese, 1968, aus: War, The Ridge Press 1973

dpa — Hoffmann (Umschlag, Rückseite), Friedensaufruf des DGB, Berlin, 1. 9. 1981

Duncan, David Douglas (S. 54), Verfolgung von Vietcong durch südvietnamesische Soldaten. Der Weg führt über einen fünfzehn Jahre zuvor angelegten Militärfriedhof, auf dem gefallene französische Soldaten liegen, 1968, aus: Life im Krieg, Time Life Books 1980, TLPA

Fass, Horst (S. 82), Tod in Dacca, aus: Moments — J. + S. Leekley, N.Y. 1978

Filo, John (S. 84), Der Einsatz der Nationalgarde in Kent State forderte 1971 diesen Toten auf dem Universitätsgelände, Valley News — Dispatch, Tarentum, aus: Moments, J. + S. Leekley, N.Y. 1978

Freed, Leonard (S. 58), Trauerfeierlichkeiten für Konrad Adenauer, den ersten Bundeskanzler der Bundesrepublik Deutschland; (S. 160) Landschaft in Hessen, aus: Leonard Freed's Germany, Thames and Hudson Ltd., London 1971

Grebnev, Victor (S. 168), Panzerwracks u. a. Armeegerät an der Berliner Moltke-Brücke an der Spree, aus: Time Life 1976/77

Hamm, Manfred (S. 25), Artillerieblock Rochonvillers/Maginot-Linie; (S. 154) Wegweiser Maginot-Linie, aus: Tote Technik, Nicolaische Verlagsanstalt, Berlin 1981

Hinrich, Hinni (S. 142, 164), Startbahn West, Frankfurt 1981

Kertész, André (S. 16), Zerbrochene Scheibe, Paris 1929, aus: 60 Jahre Fotografie 1912-1972, Hanns Reich Verlag, Düsseldorf 1972

Keystone (S. 43), Sackgasse Zonengrenze, aus: Die Gründerjahre der BRD, Hoffmann & Campe, Hamburg 1981

Klemm, Barbara, FAZ (S. 20, 62, 118, 124, 128)

Mangoldt, Renate (S. 136), Märkisches Viertel, Berlin, aus: Berlin, Literarisches Colloquium, Berlin 1977

Meisel, Visum (S. 66), aus: Time 12/1981

Ruetz, Michael (S. 26), Zum zwanzigjährigen Bestehen der Betriebskampfgruppen überreicht ZK-Mitglied Werner Kolikowski Auszeichnungen, Dresden, 29. September 1973; (S. 150) Berlin, Volkspark Friedrichshain, das für die im Spanischen Bürgerkrieg gefallenen Antifaschisten von Fritz Cremer gestaltete Denkmal, zwei Tage vor der Enthüllung, 7. September 1968, aus: Im anderen Deutschland, Artemis 1979

Sander, August (Umschlagfoto, Vorderseite), aus: Rheinlandschaften, Schirmer/Mosel; (S. 166) Junger Soldat, Westerwald, ca. 1945, aus: Menschen des 20. Jahrhunderts, Schirmer/Mosel 1980

Saudek, Jan (S. 152), aus: Zoom, 1977

Sawada, Kyoichi (S. 162), Vietnamesische Mutter mit ihren Kindern auf der Flucht, United Press International, aus: Moments, J. + S. Leekley, N.Y. 1978

Schwark, Evelyn (S. 132), Paar 1981 in der Stadt

Topham, John von Black Star (S. 33), Heimatfront, aus: Life im Krieg, TLAP, Time Life Books 1980

Tüllmann, Abisag (S. 104), Spielende Kinder

Wide World (S. 46), Der Toast des Siegers — Juiché Terauchi, Oberkommandeur der japanischen Streitkraft, am 19. Mai 1938 in Sütschou, aus: Life im Krieg, TLPA, Time Life Books 1980

Ohne Nachweis (S. 45), Nach einem japanischen Luftangriff auf Tschungking am 4. Juni 1941, Treppe zu einem Luftschutzbunker, aus: Life im Krieg, TLPA, Time Life Books 1980

Ohne Nachweis (S. 8), In den Kämpfen um Charkow gefangengenommene deutsche Soldaten, 2. Weltkrieg, aus: Der große vaterländische Krieg, UdSSR

Ohne Nachweis (S. 172), I. Weltkrieg